O LIVRO DOS
ESPÍRITOS

Solicite nosso catálogo completo, com mais de 500 títulos, onde você encontra as melhores opções do bom livro espírita: literatura infantojuvenil, contos, obras biográficas e de autoajuda, mensagens espirituais, romances, estudos doutrinários, obras básicas de Allan Kardec, e mais os esclarecedores cursos e estudos para aplicação no centro espírita – iniciação, mediunidade, reuniões mediúnicas, oratória, desobsessão, fluidos e passes.

E caso não encontre os nossos livros na livraria de sua preferência, solicite o endereço de nosso distribuidor mais próximo de você.

Edição e distribuição
EDITORA EME
Avenida Brigadeiro Faria Lima, 1080 – Vila Fátima
CEP 13369-040 – Capivari-SP
Telefones: (19) 3491-7000 | 3491-5449
Vivo (19) 9 9983-2575 | Claro (19) 9 9317-2800
vendas@editoraeme.com.br – www.editoraeme.com.br

@editoraeme /editoraeme editoraemeoficial @EditoraEme

Allan Kardec

O LIVRO DOS
ESPÍRITOS

Contendo os princípios da Doutrina Espírita sobre a imortalidade da alma, a natureza dos Espíritos e suas relações com os homens, as leis morais, a vida presente, a vida futura e o futuro da humanidade, segundo o ensinamento dado pelos Espíritos superiores com a ajuda de diversos médiuns, recolhidos e organizados por Allan Kardec.

Primeira edição em 1857

Tradução e redação final:
Matheus Rodrigues de Camargo

Capivari-SP

© 2001 Editora EME

Os direitos autorais da tradução desta obra foram cedidos à Editora EME, o que propicia a venda dos livros com preços mais acessíveis e a manutenção de campanhas com preços especiais a Clubes do Livro de todo o Brasil.

A Editora EME mantém o Centro Espírita "Mensagem de Esperança" e patrocina, junto com outras empresas, instituições de atendimento social de Capivari-SP.

32ª reimpressão – março/2025 – de 158.001 a 161.000 exemplares

TÍTULO ORIGINAL EM FRANCÊS | *"Le Livre des Esprits"*, primeira edição francesa (original) de 1857. Tradução com base na Édition Dervy, França, de abril de 1995.

REVISÃO DA TRADUÇÃO | Hilda Fontoura Nami
IDEALI, por Maria das Graças Lopes Morin do Amaral
Rubens J. Toledo

CAPA, DIAGRAMAÇÃO E ARTE-FINAL | André Stenico

Ficha catalográfica

Kardec, Allan, 1804-1869
   O Livro dos Espíritos / Allan Kardec; Tradução de Matheus Rodrigues de Camargo – 32ª reimp. mar. 2025 – Capivari, SP : Editora EME.
   360 p.

   1ª edição EME : set. 2001
   ISBN 978-85-7353-337-8

1. Espiritismo. 2. Filosofia Espiritualista.

CDD 133.9

SUMÁRIO

INTRODUÇÃO AO ESTUDO DA DOUTRINA ESPÍRITA 11
PROLEGÔMENOS 41

LIVRO PRIMEIRO: AS CAUSAS PRIMÁRIAS 43

CAPÍTULO I – DEUS 44
    Deus e o infinito • Provas da existência de Deus • Atributos da Divindade • Panteísmo.

CAPÍTULO II – ELEMENTOS GERAIS DO UNIVERSO 49
    Conhecimento do princípio das coisas • Espírito e matéria • Propriedades da matéria • Espaço universal.

CAPÍTULO III – CRIAÇÃO 54
    Formação dos mundos • Formação dos seres vivos • Povoamento da Terra. Adão • Diversidade das raças humanas • Pluralidade dos mundos • Considerações e concordâncias bíblicas concernentes à Criação.

CAPÍTULO IV – PRINCÍPIO VITAL 61
    Seres orgânicos e inorgânicos • A vida e a morte • Inteligência e instinto

LIVRO SEGUNDO: MUNDO ESPÍRITA OU DOS ESPÍRITOS 65

CAPÍTULO I – SOBRE OS ESPÍRITOS 66
    Origem e natureza dos Espíritos • Mundo normal primitivo • Forma e ubiquidade dos Espíritos • Perispírito • Diferentes ordens de Espíritos • Escala espírita • Progressão dos Espíritos • Anjos e demônios.

CAPÍTULO II – ENCARNAÇÃO DOS ESPÍRITOS 81
   Objetivo da encarnação • Sobre a alma • Materialismo.

CAPÍTULO III – RETORNO DA VIDA CORPORAL À VIDA ESPIRITUAL 87
   A alma após a morte; sua individualidade • Vida eterna • Separação da alma e do corpo • Perturbação espiritual.

CAPÍTULO IV – PLURALIDADE DE EXISTÊNCIAS 93
   Sobre a reencarnação • Justiça da reencarnação • Encarnação nos diferentes mundos • Transmigração progressiva • Destino das crianças após a morte • Sexos dos Espíritos • Parentesco, filiação • Semelhanças físicas e morais • Ideias inatas.

CAPÍTULO V – CONSIDERAÇÕES SOBRE A PLURALIDADE DE EXISTÊNCIAS 107

CAPÍTULO VI – VIDA ESPÍRITA 114
   Espíritos errantes • Mundos transitórios • Percepções, sensações e sofrimentos dos Espíritos • Ensaio teórico sobre a sensibilidade dos Espíritos • Escolha das provas • Relações de além-túmulo • Relações simpáticas e antipáticas dos Espíritos • Metades eternas • Lembrança da existência corporal • Comemoração dos mortos. Funerais.

CAPÍTULO VII – RETORNO À VIDA CORPORAL 140
   Prelúdios do retorno • União da alma e do corpo. Aborto • Capacidades morais e intelectuais do homem • Influência do organismo • Idiotismo, loucura • Sobre a infância • Simpatias e antipatias terrestres • Esquecimento do passado.

CAPÍTULO VIII – EMANCIPAÇÃO DA ALMA 157
   O sono e os sonhos • Visitas espíritas entre os vivos • Transmissão oculta do pensamento • Letargia, catalepsia. Mortes aparentes • Sonambulismo • Êxtase • Segunda vista • Resumo teórico do sonambulismo, do êxtase e da segunda vista.

CAPÍTULO IX – INTERVENÇÃO DOS ESPÍRITOS NO MUNDO CORPORAL 173
Penetrabilidade dos Espíritos em nosso pensamento • Influência oculta dos Espíritos em nossos pensamentos e ações • Possessos • Convulsionários • Afeição dos Espíritos por certas pessoas • Anjos guardiães; Espíritos protetores, familiares ou simpáticos • Pressentimentos • Influência dos Espíritos sobre os acontecimentos da vida • Ação dos Espíritos sobre os fenômenos da Natureza • Espíritos durante os combates • Pactos • Poder oculto. Talismãs. Feiticeiros • Bênção e maldição.

CAPÍTULO X – OCUPAÇÕES E MISSÕES DOS ESPÍRITOS 196

CAPÍTULO XI – OS TRÊS REINOS 202
Os minerais e as plantas • Os animais e o homem • Metempsicose.

LIVRO TERCEIRO: LEIS MORAIS 211

CAPÍTULO I – LEI DIVINA OU NATURAL 212
Características da lei natural • Conhecimento da lei natural • O bem e o mal • Divisão da lei natural.

CAPÍTULO II – I. LEI DE ADORAÇÃO 219
Objetivo da adoração • Adoração exterior • Vida contemplativa • Sobre a prece • Politeísmo • Sacrifícios.

CAPÍTULO III – II. LEI DO TRABALHO 227
Necessidade do trabalho • Limite do trabalho. Repouso.

CAPÍTULO IV – III. LEI DA REPRODUÇÃO 230
População do Globo • Sucessão e aperfeiçoamento das raças • Obstáculos à reprodução • Casamento e celibato • Poligamia.

CAPÍTULO V – IV. LEI DE CONSERVAÇÃO 234
Instinto de conservação • Meios de conservação • Usufruto dos bens terrenos • Necessário e supérfluo • Privações voluntárias. Mortificações.

CAPÍTULO VI – V. LEI DE DESTRUIÇÃO 240
    Destruição necessária e destruição abusiva • Flagelos destruidores • Guerras • Homicídio • Crueldade • Duelo • Pena de morte.

CAPÍTULO VII – VI. LEI DE SOCIEDADE 248
    Necessidade da vida social • Vida de isolamento • Voto de silêncio • Laços familiares.

CAPÍTULO VIII – VII. LEI DO PROGRESSO 251
    Estado natural • Marcha do progresso • Povos degenerados • Civilização • Progresso da legislação humana • Influência do Espiritismo no progresso.

CAPÍTULO IX – VIII. LEI DE IGUALDADE 260
    Igualdade natural • Desigualdade de aptidões • Desigualdades sociais • Desigualdade de riquezas • Provas da riqueza e da miséria • Igualdade de direitos do homem e da mulher • Igualdade perante o túmulo.

CAPÍTULO X – IX. LEI DE LIBERDADE 266
    Liberdade natural • Escravidão • Liberdade de pensamento • Liberdade de consciência • Livre-arbítrio • Fatalidade • Conhecimento do futuro • Resumo teórico da força motriz das ações do homem.

CAPÍTULO XI – X. LEI DE JUSTIÇA, AMOR E CARIDADE 279
    Justiça e direitos naturais • Direito de propriedade. Roubo • Caridade e amor ao próximo • Amor maternal e filial.

CAPÍTULO XII – PERFEIÇÃO MORAL 285
    As virtudes e os vícios • Paixões • Sobre o egoísmo • Características do homem de bem • Conhecimento de si mesmo.

LIVRO QUARTO: ESPERANÇAS E CONSOLAÇÕES 295

CAPÍTULO I – PENAS E GOZOS TERRENOS 296
    Felicidade e infelicidade relativas • Perda de entes queridos • Decepção. Ingratidão. Afeições rompidas • Uniões antipáticas • Medo da morte • Desgosto pela vida. Suicídio.

CAPÍTULO II – PENAS E GOZOS FUTUROS 309
    O nada. Vida futura • Intuição das penas e gozos futuros • Intervenção de Deus nas penas e recompensas • Natureza das penas e gozos futuros • Penas temporárias • Expiação e arrependimento • Duração das penas futuras • Ressurreição da carne • Paraíso, inferno e purgatório.

CONCLUSÃO 331

NOTA EXPLICATIVA 343

APÊNDICE 349
    Allan Kardec (foto) • O Codificador • Allan Kardec (Carlos Imbassahy) • Retrato físico e psicológico de Kardec (Anna Blackwell) • A companheira (Amèlie-Gabrielle Boudet) • Um dólmen no Père Lachaise • O presente, a caridade, o Brasil • Tríplice aspecto do Espiritismo • O Mestre e o Apóstolo (Emmanuel/Chico Xavier) • Prece de Cáritas.

Introdução ao estudo da Doutrina Espírita

I

Para coisas novas são necessárias palavras novas. É o que exige a clareza da linguagem, para evitar a confusão intrínseca ao múltiplo sentido de certas palavras. As palavras *espiritual, espiritualista* e *espiritualismo* têm sentidos bem definidos; dar-lhes novos significados para que sejam aplicadas à Doutrina dos Espíritos seria multiplicar as causas de ambiguidade, que já são numerosas. Com efeito, o espiritualismo é o oposto do materialismo; qualquer pessoa que acredite ter em si outra coisa além da matéria é espiritualista; mas isto não significa que ela acredite na existência de Espíritos ou em suas comunicações com o mundo terreno. Para designar esta última crença, em lugar das palavras *espiritual* e *espiritualismo* empregaremos as palavras *espírita* e *espiritismo*, cujas formas lembram a origem e o sentido radical e que, por isso mesmo, têm a vantagem de ser perfeitamente inteligíveis, deixando para a palavra *espiritualismo* o seu sentido próprio. Diremos, então, que a *Doutrina Espírita* ou o *Espiritismo* tem por princípio as relações do mundo material com os Espíritos ou seres do mundo invisível. Os adeptos do Espiritismo serão *os espíritas* ou, se se preferir, *os espiritistas*.

Como especificidade, *O Livro dos Espíritos* contém a *Doutrina Espírita*; como generalidade, ele remete à doutrina *espiritualista*, da qual constitui uma das fases. Esta é a razão pela qual ele tem em seu título as palavras: *Filosofia Espiritualista*.

II

Alma é outra palavra igualmente importante que, por ser uma das pedras angulares de qualquer doutrina moral, tem de ser bem entendida. A falta de uma acepção bem determinada para essa palavra tem sido motivo de inúmeras controvérsias. A divergência de opiniões sobre a natureza da *alma* vem da aplicação particular que cada um faz dessa palavra. Uma língua perfeita, na qual cada ideia tivesse sua representação por um termo próprio, evitaria muitas discussões. Com uma palavra para cada coisa, todos se entenderiam.

Segundo alguns, a alma é o princípio da vida material orgânica; não tem existência própria e se dissipa com a vida: é o materialismo puro. Nesse sentido – e por comparação – costuma-se falar que um instrumento rachado e que não produz mais som não tem alma. De acordo com essa opinião, a alma seria um efeito e não uma causa.

Outros pensam que a alma é o princípio da inteligência, agente universal do qual cada ser absorve uma porção. Segundo eles, haveria para todo o Universo apenas uma única alma, que distribui faíscas entre os diversos seres inteligentes, ao longo de suas vidas. Após a morte, cada faísca retornaria à fonte comum, onde se confundiria com o todo, como os riachos e os rios retornam ao mar de onde vieram. Segundo essa hipótese, há em nós mais do que matéria e, após a morte, algo permanece – é nesse sentido que difere da opinião precedente. Mas é quase como se nada restasse, já que, não havendo mais individualidade, nós não teríamos mais consciência de nós mesmos. Segundo essa opinião, a alma universal seria Deus e cada ser uma porção da Divindade; esta é uma variante do *Panteísmo*.

Para outros, enfim, a alma é um ser moral, distinto, independente da matéria e que, após a morte, conserva a sua individualidade. Essa acepção é, indiscutivelmente, a mais generalizada, pois, tanto sob este como sob outro nome, a ideia de um ser que sobrevive ao corpo encontra-se em estado de crença instintiva – independente de qualquer ensinamento – entre todos os povos, qualquer que seja seu grau de civilização. Essa doutrina, segundo a qual a alma é *a causa* e *não o efeito*, é a doutrina dos *espiritualistas*.

Sem discutir o mérito dessas opiniões, e considerando apenas o aspecto linguístico da questão, diremos que essas três aplicações da palavra *alma* constituem três ideias distintas, que exigiriam, cada uma, um termo diferente. Essa palavra tem, portanto, uma tripla acepção, e cada uma tem sua razão, dentro do ponto de vista adotado para sua definição. A falha está na língua, que, para uma única palavra, oferece três significados diferentes. Para evitar qualquer equívoco, seria preciso restringir o significado da palavra alma a uma dessas três ideias. A escolha desta ou daquela é indiferente, pura convenção; o importante é estabelecer um entendimento. Acreditamos que o mais lógico seja considerar essa palavra em seu sentido mais popular; razão pela qual denominaremos **ALMA** *a parte individual e não material do ser, aquela que reside em nós e que sobrevive ao corpo*. Ainda que esse ser não existisse, e fosse apenas um produto da imaginação, haveria necessidade de um termo para designá-lo.

Na falta de uma palavra específica para cada uma das duas outras ideias apresentadas, chamaremos:

Princípio vital – o princípio da vida material e orgânica, qualquer que seja a sua origem, que é comum a todos os seres vivos, das plantas ao homem. Podendo haver vida sem a capacidade de pensar, o princípio vital é uma coisa distinta e independente. A palavra *vitalidade* não daria a mesma ideia. Para uns, o *princípio vital* é uma propriedade da matéria, um efeito que se produz sempre que esta se encontra em determinadas circunstâncias. Para outros – e esta é a ideia mais difundida –, o princípio vital reside num fluido especial, universalmente espalhado, do qual cada ser absorve e assimila uma parte no decorrer da vida, assim como vemos corpos inertes absorverem a luz. Este seria, então, o *fluido vital,* que, de acordo com algumas opiniões, nada mais é que o fluido elétrico animalizado, também designado de *fluido magnético, fluido nervoso* etc.

Seja como for, há fatos que não poderiam ser contestados, pois são resultado de observação: é que os seres orgânicos têm em si uma força íntima que produz o fenômeno da vida, e, assim como essa vida existe, aquela força também existe; que a vida material é comum a todos os seres orgânicos, sendo independente da inteligência e do pensamento; que a inteligência e o pensamento são capacidades próprias de certas espécies orgânicas, e finalmente que, dentre as espécies orgânicas dotadas de inteligência e de pensamento, há uma dotada de um senso moral especial que lhe concede uma incontestável superioridade sobre todas as outras: a espécie humana.

Acreditamos que, considerada em sua múltipla acepção, a palavra alma não exclui o materialismo nem o panteísmo. Mesmo o espiritualista pode perfeitamente entender a alma conforme uma ou outra das duas primeiras definições, sem prejuízo da ideia do ser imaterial, distinto, ao qual ele então dará um nome qualquer. Assim, essa palavra não representa uma opinião; ela é um proteu, que cada um adapta ao seu modo – daí a fonte de intermináveis controvérsias.

Do mesmo modo, usando a palavra alma nos três casos, evitaríamos a confusão se a ela fosse acrescentado um qualificativo que especificasse o ponto de vista sob o qual é considerada, ou a aplicação que se faz dela. Seria, então, uma palavra genérica que representa, ao mesmo tempo, o princípio da vida material, da inteligência e do senso moral, sendo distinguida por um atributo, a exemplo dos *gases*, que se diferenciam pelo acréscimo das palavras *hidrogênio, oxigênio* ou *azoto*. Portanto, talvez fosse melhor dizer *alma vital,* para designar o princípio da vida, *alma intelectual,* para designar o princípio da inteligência, e *alma espírita,* para o princípio da nossa individualidade após a morte. Como se vê, tudo isso é apenas uma questão de uso de palavras – mas uma questão muito importante a ser compreendida. Sendo assim, a *alma vital* seria comum a todos os seres orgânicos: plantas, animais e homens; a *alma intelectual* seria própria dos animais e dos homens; e a *alma espírita* pertenceria somente ao homem.

Devemos insistir ao máximo nessas explicações, pois a Doutrina Espírita fundamenta-se, naturalmente, na ideia de que existe em nós um ser independente da matéria e que sobrevive ao corpo. Uma vez que a palavra alma aparecerá frequentemente no decorrer desta obra, é imprescindível fixar o sentido que lhe atribuímos, a fim de evitar qualquer equívoco.

Entremos, agora, no assunto principal destas instruções preliminares.

III

Como toda novidade, a Doutrina Espírita tem seus adeptos e seus contraditores. Tentaremos responder a algumas objeções destes últimos, examinando o valor das razões nas quais, muitas vezes, eles se apoiam, sem termos a pretensão de convencer a todos, pois há aqueles que acreditam que a luz foi feita só para eles. Dirigimo-nos às pessoas de boa-fé, que não têm ideias preconcebidas ou mesmo imutáveis, que desejam sinceramente instruir-se. Provaremos a elas que a maior parte dessas objeções atribuídas à Doutrina provêm de uma observação incompleta dos fatos e de um julgamento feito sem profundidade e com precipitação.

Retomaremos inicialmente, em poucas palavras, a série progressiva de fenômenos que deram origem a esta doutrina.

O primeiro fato observado foi o movimento de diversos objetos, vulgarmente chamados de *mesas girantes* ou *dança das mesas*. Esse fenômeno, que parece ter sido observado primeiramente na América – ou, melhor dizendo, que teria voltado a aparecer nessa região, pois a História prova que ele remonta à mais alta antiguidade –, produziu-se acompanhado de circunstâncias estranhas, como barulhos insólitos ou golpes desferidos sem causa ostensiva e conhecida. Depois disso, propagou-se rapidamente pela Europa e por outras partes do mundo, inicialmente despertando muita incredulidade, mas cuja multiplicidade de experiências não mais permitiu duvidar-se de sua realidade.

Se esse fenômeno tivesse se restringido ao movimento de objetos materiais, poderia ser explicado por uma causa puramente física. Estamos longe de conhecer todos os agentes ocultos da Natureza, e mesmo todas as propriedades daqueles que conhecemos; a eletricidade, por sinal, multiplica, diária e infinitamente, os recursos que proporciona ao homem, e parece poder iluminar a Ciência com uma nova luz. Não haveria, portanto, nada que impedisse de se pensar que a eletricidade, modificada por certas circunstâncias ou qualquer outro agente desconhecido, pudesse ser a causa desse movimento. Além disso, a reunião de diversas pessoas, aumentando a potência de ação, parecia apoiar essa teoria, pois poder-se-ia considerar esse conjunto como uma pilha múltipla cuja potência resulta do número de elementos.

O movimento circular não tinha nada de extraordinário: faz parte da Natureza; todos os astros se movem circularmente. Logo, poderíamos estar diante de um reflexo, em menores proporções, do movimento geral do Universo, ou, melhor dizendo: uma causa até então desconhecida poderia produzir, acidentalmente

– em objetos pequenos e em determinadas circunstâncias –, uma corrente análoga àquela que impulsiona os planetas.

Mas o movimento não era sempre circular; ele era, muitas vezes, irregular, desordenado, o objeto era violentamente sacudido, derrubado, impulsionado para uma direção qualquer, e, contrariamente a todas as leis da estática, era suspenso e mantido no espaço. Dentre esses fatos, ainda não havia nada que não pudesse ser explicado pela potência de um agente físico invisível. Não vemos a eletricidade derrubar edifícios, arrancar árvores, lançar longe os corpos mais pesados, atraí-los ou repeli-los?

Supondo-se que os barulhos insólitos e os golpes desferidos não resultassem de um dos efeitos corriqueiros da dilatação da madeira ou de qualquer outra causa acidental, poderiam ainda perfeitamente ser produzidos pelo acúmulo de fluido oculto. A eletricidade não produz barulhos ainda mais violentos?

Até aqui, como se vê, tudo pode enquadrar-se no âmbito dos fatos puramente físicos e fisiológicos. Mesmo sem sair desse círculo de ideias, ainda haveria assunto para estudos sérios, dignos de prender a atenção dos cientistas. E por que não aconteceu assim? É difícil dizê-lo, mas isso se deve a causas que provam, entre milhares de fatos semelhantes, a leviandade do espírito humano. Primeiramente, a vulgaridade do objeto principal que inspirou as primeiras experiências não deve ser ignorada. Quanta influência uma palavra não exerce, muitas vezes, sobre as coisas mais sérias! Sem levar em conta que o movimento pudesse ter sido exercido sobre um objeto qualquer, a ideia das mesas prevaleceu, sem dúvida por ser o objeto mais cômodo, e por se sentar mais naturalmente ao redor de uma mesa do que ao redor de qualquer outro móvel. Ora, os homens superiores algumas vezes são tão pueris, que não seria impossível que certos espíritos de elite se sentissem rebaixados em ocupar-se daquilo que se convencionou chamar *dança das mesas*. É inclusive provável que, se o fenômeno observado por Galvani tivesse sido observado por homens comuns e caracterizado por um nome burlesco, ainda estaria relegado ao mesmo plano dos fenômenos produzidos por uma varinha de condão. Na verdade, que estudioso não se sentiria diminuído em ocupar-se da *dança dos cofrezinhos*?

Alguns, entretanto, suficientemente modestos para admitirem que a Natureza poderia muito bem não ter dado a última palavra a eles, quiseram, por desencargo de consciência, ver. Mas aconteceu que o fenômeno nem sempre correspondeu às suas expectativas e, muitas vezes, não era produzido de acordo com a sua vontade, nem com seu modo de experimentação, levando--os a concluir pela negativa. Apesar de sua sentença, as mesas, posto que há mesas, continuam a girar, e podemos dizer com Galileu: *contudo, elas se movem!* E diremos mais: "por terem se multiplicado tanto é que os fatos têm hoje o direito de ser reconhecidos; trata-se apenas de encontrar para eles uma explicação racional".

Pode-se dizer algo contra a realidade de um fenômeno por ele não se produzir sempre de maneira idêntica, de acordo com a vontade e as exigências do observador? Os fenômenos de eletricidade e de química são subordinados a certas condições, mas, caso se produzam fora dessas condições, poderíamos negá-los? Não haveria, portanto, nada de surpreendente no fato de o fenômeno de movimento dos objetos pelo fluido humano ter também suas condições de existência, e mesmo parar de ser produzido quando o observador, segundo seu próprio ponto de vista, pretende fazê-lo acontecer de acordo com o seu desejo, ou submetê-lo às leis dos fenômenos conhecidos, sem considerar que, para fatos novos, pode e deve haver leis novas. Ora, para conhecer essas leis é preciso estudar as circunstâncias sob as quais os fatos são produzidos. Esse estudo só pode ser o fruto de uma observação fundamentada, meticulosa e, muitas vezes, bastante prolongada.

Porém – contra-argumentam algumas pessoas –, é evidente que muitas vezes há fraude. Primeiramente perguntaremos a elas se têm certeza de que houve fraude e se, por acaso, não tomaram por fraude efeitos dos quais não puderam perceber a causa – mais ou menos como o camponês que tomou um sábio professor de Física, fazendo experiências, por um habilidoso escamoteador. Mesmo supondo que isso pudesse ter acontecido algumas vezes, seria esta uma razão para negar o fato? É preciso negar a Física porque há prestidigitadores que se autodenominam físicos? Além disso, é preciso levar em consideração o caráter das pessoas e os interesses que elas poderiam ter em enganar. Então essa enganação seria uma simples brincadeira? Uma brincadeira até pode ser divertida por um instante, mas indefinidamente prolongada seria igualmente enfadonha, tanto para o mistificador quanto para o mistificado. Ainda assim haveria, numa mistificação que se propaga de um extremo ao outro do mundo, e entre as pessoas mais sérias, honestas e esclarecidas, alguma coisa ao menos tão extraordinária quanto o próprio fenômeno.

IV

Se os fenômenos dos quais nos ocupamos se tivessem limitado ao movimento de objetos, teriam permanecido, como já havíamos dito, no âmbito das ciências físicas; mas não se trata bem disso: seu objetivo era o de nos colocar na pista de fatos de uma ordem incomum. Acreditou-se ter descoberto, não sabemos por iniciativa de quem, que a impulsão dada aos objetos não era somente resultado de uma força mecânica cega, mas que havia nesse movimento a intervenção de uma causa inteligente. Essa via, uma vez aberta, representava um campo inteiramente novo de observações; o véu de muitos mistérios estava sendo levantado. Mas haverá mesmo uma força inteligente? Esta é a questão. Se essa força existe, o que é ela, qual a sua natureza, a sua origem? Será que é superior à Humanidade? Estas são outras questões que decorrem da primeira.

As primeiras manifestações inteligentes aconteceram por meio de mesas que se moviam e desferiam determinados golpes, batendo com um pé para assim responder a uma questão proposta, com um "sim" ou um "não", de acordo com a convenção. Até aí, nada de seguramente convincente para os céticos, pois podia-se acreditar num efeito ocorrido por acaso. Em seguida, obtiveram-se respostas mais elaboradas por meio das letras do alfabeto: o objeto móvel, que desferia um número de batidas correspondentes ao número de ordem de cada letra, permitia que palavras e frases fossem formuladas como respostas às questões levantadas. A exatidão das respostas e a correlação destas com a pergunta causaram espanto. Interrogado a respeito de sua natureza, o ser misterioso que respondia daquela forma declarou que era um *Espírito* ou *Gênio*, identificou-se com um nome e forneceu diversas informações a seu respeito. Essa é uma circunstância muito importante a ser observada. Ninguém havia imaginado os Espíritos como um modo de explicar o fenômeno; foi o próprio fenômeno que revelou a palavra. Nas ciências exatas, frequentemente formulam-se hipóteses para servir de base ao raciocínio; ora, aqui o caso é bem outro.

Esse meio de correspondência era demorado e incômodo. O Espírito, e esta ainda é outra circunstância digna de observação, indicou outro meio. Foi um desses seres invisíveis quem deu a ideia de adaptar um lápis a uma cesta ou a um outro objeto. Essa cesta, colocada sobre uma folha de papel, é posta em movimento pela mesma força oculta que faz mover as mesas; mas, em vez de um simples movimento regular, o lápis realmente escreve, sozinho, caracteres que formam palavras, frases e discursos inteiros, de muitas páginas, tratando das mais sérias questões de filosofia, moral, metafísica, psicologia etc., e faz isso com a mesma rapidez com que se escreve com a mão.

Esse conselho se deu simultaneamente na América, na França e em diversas regiões. Aqui estão os termos em que foi dado em Paris, em 10 de junho de 1853, a um dos mais fervorosos adeptos da doutrina, que, há anos, desde 1849, já se ocupava da evocação dos Espíritos: "Vá pegar, no quarto ao lado, a cestinha; prenda a ela um lápis e posicione-a sobre um papel, pondo os dedos nas bordas". Em seguida, após alguns instantes, a cesta se pôs em movimento e o lápis escreveu, de maneira bem legível, a seguinte frase: "Eu o proíbo expressamente de contar a alguém isso que eu lhe disse; a primeira vez que eu escrever, escreverei melhor".

Uma vez que o objeto ao qual se adapta o lápis é apenas um instrumento, sua natureza e forma são totalmente indiferentes. Buscou-se a disposição mais cômoda, razão pela qual muitas pessoas utilizam uma pequena prancheta.

A cesta, ou a prancheta, só podem ser postas em movimento sob a influência de certas pessoas dotadas, no que diz respeito a esse assunto, de um poder especial, as quais são chamadas *médiuns*, ou seja, meios, intermediários entre os Espíritos e os homens. As condições que dão essa capacidade especial estão ligadas a causas ao mesmo tempo físicas e morais ainda imperfeitamente conhecidas, pois encontram-se médiuns de todas as idades, de ambos os sexos e de todos os níveis de desenvolvimento intelectual. Essa capacidade, por outro lado, se desenvolve através da prática.

V

Mais tarde, reconheceu-se que a cesta e a prancheta funcionavam, na realidade, apenas como complementos da mão. Então o médium, que segurava diretamente o lápis, começou a escrever movido por um impulso involuntário e quase febril. Através desse procedimento, as comunicações tornaram-se mais rápidas, fáceis e completas. Atualmente, é o modo mais difundido, tanto que o número de pessoas dotadas dessa aptidão é considerável e se multiplica todos os dias. Por fim, a experiência fez com que fossem conhecidas diversas outras variedades da capacidade mediúnica, e soube-se que as comunicações podiam acontecer igualmente por meio da fala, da audição, da visão, do tato etc., e, inclusive, pela escrita direta dos Espíritos, isto é, sem a ajuda da mão do médium nem do lápis.

Verificado o fato, restava constatar um fato essencial: o papel do médium nas respostas e a parte que lhe cabia, mecânica e moralmente. Duas circunstâncias principais, que não escapariam a um observador atento, podem resolver a questão. A primeira é a forma como a cesta se move sob a influência do médium, pela simples imposição de seus dedos sobre a borda; a observação demonstra ser impossível qualquer direcionamento. Essa impossibilidade torna-se óbvia principalmente quando duas ou três pessoas tocam, ao mesmo tempo, numa mesma cesta. Seria necessário haver entre elas uma coordenação de movimentos realmente fenomenal; também seria preciso haver uma concordância de pensamentos para que elas pudessem chegar a um consenso quanto à resposta a ser dada para a pergunta formulada. Um outro fato, não menos original, vem aumentar ainda mais a dificuldade: a mudança radical de caligrafia, de acordo com o Espírito que se manifesta; e a cada reaparição de um mesmo Espírito, sua caligrafia é retomada. Seria necessário, portanto, que o médium se empenhasse em mudar sua própria letra, de vinte maneiras diferentes e, principalmente, que pudesse lembrar qual a caligrafia correspondente a cada Espírito.

A segunda circunstância resulta da própria natureza das respostas, que, na maioria das vezes, sobretudo quando se trata de questões abstratas ou científicas, ultrapassam notoriamente os conhecimentos e, às vezes, estão fora do alcance da capacidade intelectual do médium, o qual, aliás – o que é mais comum –, não tem a menor consciência daquilo que escreveu sob influência do Espírito. Muito frequentemente o médium não escuta ou não compreende a pergunta formulada, porque esta pode ser feita em uma língua que lhe é estranha, ou mesmo mentalmente, e a resposta pode ser dada naquela língua. Finalmente, acontece muitas vezes de a cesta escrever espontaneamente sobre um assunto qualquer e completamente inesperado, sem uma pergunta previamente formulada.

Essas respostas têm, em alguns casos, um certo toque de sabedoria, de profundidade e de propósito, revelando pensamentos tão elevados, tão sublimes, que só podem provir de uma inteligência superior, marcada pela mais pura moralidade. Outras vezes elas são tão levianas, frívolas e até mesmo triviais, que a razão se recusa a admitir que possam proceder de uma mesma fonte. Essa diversidade de linguagem só pode ser explicada pela diversidade das inteligências que se manifestam. Essas inteligências são da humanidade ou de fora dela? Esta é a questão a ser esclarecida e para a qual se encontrará a explicação completa nesta obra, de acordo com o que foi transmitido pelos próprios Espíritos.

Aqui estão, portanto, efeitos evidentes que se produzem fora do círculo habitual de nossas observações; que não ocorrem misteriosamente, mas sim à luz do dia; que todo mundo pode ver e constatar; que não são o privilégio de um único indivíduo, mas que milhares de pessoas podem repetir à vontade todos os dias. Esses efeitos têm necessariamente uma causa e, a partir do momento que revelam a ação de uma inteligência e de uma vontade, escapam do âmbito exclusivamente físico.

Várias teorias foram formuladas a esse respeito: nós as examinaremos, em seguida, e veremos se podem explicar todos os fatos que se produzem. Admitamos, por enquanto, a existência de seres distintos da humanidade, porque é essa a explicação fornecida pelas inteligências que se revelam, e vejamos o que eles nos dizem.

VI

Os seres que assim se comunicam, como dissemos, autodenominam-se Espíritos ou gênios e, pelo menos segundo alguns, foram homens que viveram na Terra. Eles constituem o mundo espiritual, assim como nós constituímos o mundo corporal, durante nossas vidas.

Resumimos aqui, em poucas palavras, os pontos mais significativos da doutrina que nos foi transmitida, a fim de responder mais facilmente a certas objeções.

Deus é eterno, imutável, imaterial, único, todo-poderoso, soberanamente justo e bom.

Criou o Universo, que compreende todos os seres animados e inanimados, materiais e imateriais.

Os seres materiais constituem o mundo visível ou corporal, e os seres imateriais, o mundo invisível ou espírita, ou seja, dos Espíritos.

O mundo espírita é o mundo normal, primitivo, eterno, que preexiste e sobrevive a tudo.

O mundo corporal é apenas secundário; poderia parar de existir, ou jamais ter existido, sem que isso alterasse a essência do mundo espírita.

Os Espíritos revestem temporariamente um invólucro material perecível, cuja destruição, através da morte, lhes restitui a liberdade.

Entre as diferentes espécies de seres corporais, Deus escolheu a espécie humana para a encarnação dos Espíritos que atingem um certo grau de desenvolvimento, e é isso que dá à raça humana a superioridade moral e intelectual sobre as outras espécies.

A alma é um Espírito encarnado, cujo corpo é apenas o envoltório.

Há três coisas no homem: 1 - o corpo ou ser material, semelhante ao dos animais e animado pelo mesmo princípio vital; 2 - a alma ou ser imaterial, Espírito encarnado no corpo; 3 - o laço que une a alma ao corpo, princípio intermediário entre a matéria e o Espírito.

O homem tem então duas naturezas: por meio de seu corpo, ele participa da natureza dos animais, dos quais possui os instintos; por meio de sua alma, participa da natureza dos Espíritos.

A ligadura ou *perispírito,* que une o corpo e o Espírito, é uma espécie de envoltório semimaterial. A morte é a destruição do envoltório mais grosseiro; o Espírito conserva o segundo, que constitui para ele um corpo etéreo, invisível para nós em seu estado normal, mas que pode acidentalmente tornar-se visível e até mesmo palpável, tal qual acontece no fenômeno das aparições.

Assim, o Espírito não é um ser abstrato, indefinido, que só o pensamento pode conceber. É um ser real, circunscrito, que, em certos casos, é perceptível aos sentidos *da visão,* da *audição* e *do tato.*

Os Espíritos pertencem a diferentes classes e não são iguais em força nem em inteligência, tampouco em conhecimento e moralidade. Os da primeira ordem são os Espíritos superiores, que se distinguem dos outros por sua perfeição, seus conhecimentos, sua proximidade em relação a Deus, sua pureza de sentimentos e seu amor ao bem: estes são os anjos ou Espíritos puros. As demais classes estão mais e mais distanciadas dessa perfeição. Os das escalas inferiores inclinam-se à maior parte de nossas paixões: o ódio, a inveja, o ciúme, o orgulho etc.; comprazem-se no mal. Na totalidade dos Espíritos, há aqueles que não são nem muito bons nem muito maus, estando mais para perturbadores e intrigantes do que para maus. A malícia e a inconsequência parecem ser seus parceiros; estes são os Espíritos travessos ou levianos.

Os Espíritos não pertencem perpetuamente à mesma ordem. Todos se aperfeiçoam passando pelos diferentes estágios da hierarquia espírita. Esse aperfeiçoamento acontece por meio da encarnação, que a alguns é imposta como expiação e a outros como missão. A vida material é uma prova pela qual devem passar por diversas vezes, até que tenham atingido a perfeição absoluta; é uma espécie de peneira ou depurador, de onde saem mais ou menos purificados.

Ao deixar o corpo, a alma retorna ao mundo dos Espíritos, de onde havia saído para retomar uma nova existência material, após um espaço de tempo mais ou menos longo, durante o qual ela se encontra em estado de Espírito errante.

Partindo do fato de que o Espírito deve passar por diversas encarnações, conclui-se que todos nós tivemos diversas existências, e que ainda teremos outras, mais ou menos aperfeiçoadas, seja na Terra ou em outros mundos.

A encarnação dos Espíritos sempre acontece na espécie humana; seria um erro acreditar que a alma ou o Espírito pudessem encarnar no corpo de um animal.[1]

As diferentes existências corporais do Espírito são sempre progressivas e nunca regressivas; mas a velocidade do progresso depende dos esforços que faça para atingir a perfeição.

As qualidades da alma são as do Espírito encarnado; assim, o homem de bem é a encarnação de um Espírito bom, e o homem perverso a de um Espírito impuro.

Antes da encarnação, a alma possuía sua individualidade; ela a conserva após sua separação do corpo.

Ao retornar ao mundo dos Espíritos, a alma reencontra todos aqueles que conheceu na Terra, e todas as suas existências anteriores são retraçadas em sua memória, com a recordação de todo o bem e de todo o mal que fez.

O Espírito encarnado encontra-se sob a influência da matéria; o homem que supera essa influência por meio da elevação e da purificação de sua alma, aproxima-se dos Espíritos bons, aos quais ele se juntará um dia. Aquele que se deixa dominar pelas más paixões e deposita toda sua alegria na satisfação de apetites grosseiros, aproxima-se dos Espíritos impuros, dando prioridade à natureza animal.

Os Espíritos encarnados habitam diferentes globos do Universo.

Os Espíritos não-encarnados ou errantes não ocupam uma região determinada e circunscrita; eles estão por toda parte e ao nosso lado, vendo-nos e acotovelando-se conosco incessantemente. Constituem uma população invisível que se agita ao nosso redor.

Os Espíritos exercem uma ação ininterrupta sobre o mundo moral e inclusive sobre o mundo físico; eles agem sobre a matéria e sobre o pensamento e constituem uma das forças da Natureza, causa eficaz de uma grande quantidade de fenômenos até então inexplicados ou mal-explicados, e que só encontram uma solução racional no Espiritismo.

As relações dos Espíritos com os homens são constantes. Os bons Espíritos nos incitam ao bem, nos sustentam nas provações da vida e nos ajudam a suportá-las com coragem e resignação; os maus nos incitam ao mal: para eles, é uma alegria ver-nos sucumbir e nos assemelhar a eles.

---

(1) Entre a doutrina da reencarnação que estamos a apresentar e a da metempsicose – tal como a admitem algumas seitas –, existe uma diferença característica que será explicada no decorrer desta obra.

As comunicações dos Espíritos com os homens são ocultas ou ostensivas. As comunicações ocultas acontecem por meio da boa ou má influência que os Espíritos exercem sobre nós, sem o sabermos; cabe ao nosso julgamento discernir as boas das más inspirações. As comunicações ostensivas acontecem por meio da escrita, da fala, ou de outras manifestações materiais, mais frequentemente através dos médiuns, que lhes servem de instrumentos.

Os Espíritos se manifestam espontaneamente ou através de evocação. Pode-se evocar todos os Espíritos: tanto os que animaram homens obscuros como os de personagens mais ilustres, seja qual for a época em que viveram; os de nossos parentes, de nossos amigos ou de nossos inimigos, obtendo deles, por meio de comunicações escritas ou verbais, conselhos, informações sobre sua situação de além-túmulo, seus pensamentos a nosso respeito, assim como as revelações que lhes são permitidas fazer-nos.

Os Espíritos são atraídos em razão de sua simpatia pela natureza moral do meio que os evoca. Os Espíritos superiores se comprazem nas reuniões sérias, nas quais predominam o amor pelo bem e o desejo sincero de instruir-se e desenvolver-se. Sua presença afasta os Espíritos inferiores que, caso contrário, encontrariam o caminho livre, podendo agir com toda a liberdade, entre as pessoas frívolas ou guiadas somente pela curiosidade e em todo lugar onde haja maus instintos. Desses Espíritos, longe de se obter bons conselhos ou informações úteis, não se deve esperar nada além de futilidades, mentiras, brincadeiras de mau-gosto ou mistificações, pois eles frequentemente usam nomes respeitados para melhor nos induzirem ao erro.

A distinção entre os bons e os maus Espíritos é extremamente fácil. A linguagem dos Espíritos superiores é constantemente digna, nobre, marcada pela mais alta moralidade, livre de qualquer paixão vulgar; seus conselhos revelam a mais pura sabedoria e têm sempre como objetivo nosso progresso e o bem da humanidade. Já a linguagem dos Espíritos inferiores, ao contrário, é inconsequente, muitas vezes trivial e até mesmo grosseira. Se algumas vezes eles dizem coisas boas e verdadeiras, com muito maior frequência dizem falsidades e absurdos, por malícia ou ignorância. Aproveitam-se da credulidade e se divertem à custa daqueles que os interrogam, afagando sua vaidade e embalando seus desejos com falsas esperanças. Em resumo, as comunicações sérias – na plena acepção da palavra –, só acontecem em centros sérios, nos quais todos os membros são unidos por uma comunhão íntima de pensamentos voltados para o bem.

A moral dos Espíritos superiores se resume, como a moral do Cristo, nesta máxima evangélica: "Agir para com os outros como gostaríamos que os outros agissem para conosco", ou seja, fazer o bem e não fazer o mal. Nesse princípio, o homem encontra a regra universal de conduta, mesmo para as suas menores ações.

Eles nos ensinam que o egoísmo, o orgulho e a sensualidade são paixões que nos aproximam da natureza animal, vinculando-nos à matéria; que o homem que, já neste mundo, se desprende da matéria, pelo desprezo das futilidades mundanas e pelo amor ao próximo, aproxima-se da natureza espiritual; que cada um de nós deve tornar-se útil de acordo com as faculdades e os meios que Deus depositou em nossas mãos para nos testar; que o forte e o poderoso devem amparo e proteção ao fraco, pois aquele que abusa de sua força e de seu poder para oprimir seu semelhante transgride a lei de Deus. Eles ensinam, enfim, que, uma vez que no mundo dos Espíritos nada pode estar oculto, o hipócrita será desmascarado e todas as suas torpezas serão desvendadas; que a presença inevitável e constante daqueles que prejudicamos é um dos castigos que nos são reservados; que as dores e os prazeres que nos são desconhecidos na Terra correspondem ao estado de inferioridade e superioridade dos Espíritos.

Mas eles nos ensinam também que não há erros imperdoáveis que não possam ser apagados por meio da expiação. O homem encontra, nas diferentes existências, o meio que lhe permite avançar, conforme seu desejo e seus esforços na trilha do progresso, rumo à perfeição, que é seu objetivo final.

Este é o resumo da Doutrina Espírita, como ela se apresenta no ensinamento dos Espíritos superiores. Vejamos agora as objeções que lhe são contrapostas.

VII

Para muitas pessoas, a oposição das comunidades científicas é, senão uma prova, pelo menos uma forte suspeita contrária. Não somos daqueles que se voltam contra os sábios, pois não queremos que digam que metemos os pés pelas mãos: ao contrário, temos por eles um grande apreço, e nos sentiríamos muito honrados de estar entre eles. No entanto, a opinião dos sábios não poderia representar, em todas as circunstâncias, um julgamento irrevogável.

Visto que a Ciência surge da observação material dos fatos, tratando de apreciá-los e explicá-los, o campo encontra-se aberto a suposições. Cada um traz consigo seu sistemazinho, que deseja fazer prevalecer e sustentar obstinadamente. Não vemos diariamente as opiniões mais divergentes sucessivamente preconizadas e rejeitadas, que, tão logo repelidas como erros absurdos, são, em seguida, proclamadas como verdades incontestáveis? Os fatos, eis o verdadeiro critério de nossos julgamentos, o argumento sem réplica. Na ausência de fatos, a dúvida é a opinião do sábio.

Para as coisas evidentes, a opinião dos cientistas faz jus à importância que lhe é dada, pois eles as conhecem mais e melhor que o homem comum. No entanto, em termos de princípios novos, de coisas desconhecidas, sua maneira de ver é sempre hipotética, porque eles não estão mais isentos de preconceitos que os outros. Direi, inclusive, que o cientista talvez tenha mais preconceitos que qualquer outra pessoa, pois uma propensão natural o leva a subordinar tudo ao ponto de vista no qual se aprofundou: o matemático só consegue provar algo por meio de uma demonstração algébrica, o químico relaciona tudo à ação dos elementos etc. Todo homem que se formou numa especialidade prende a ela todas as suas ideias. Afastem-no de sua especialidade, e, com frequência, ele perde o bom senso, pois quer submeter tudo a uma mesma fôrma: trata-se de uma consequência da fraqueza humana. Consultarei então, de bom grado e com toda a confiança, um químico a respeito de uma questão de análise, um físico a respeito da potência elétrica e um engenheiro mecânico a respeito de uma força motriz; porém, eles me permitirão – sem que isso afete a reputação que têm em sua área de especialização – não ter a mesma consideração por sua opinião negativa sobre o Espiritismo, assim como não se leva em conta o julgamento de um arquiteto sobre uma questão de música.

As ciências comuns se apoiam nas propriedades da matéria, que podem ser experimentadas e manipuladas à vontade. Os fenômenos espíritas se apoiam na ação de inteligências que têm vontade própria e nos provam, a todo instante, não serem submetidas ao nosso capricho. Portanto, as observações não podem ser feitas da mesma maneira: elas exigem condições especiais e um ponto de partida diferente. Querer submetê-las aos procedimentos ordinários de investigação seria estabelecer analogias que não existem. A Ciência propriamente dita, enquanto Ciência, é, portanto, incompetente para se pronunciar quanto à questão do Espiritismo: não cabe a ela encarregar-se desse assunto, e qualquer que seja o seu parecer, favorável ou não, não poderia ter valor algum. O Espiritismo é o resultado de uma convicção pessoal que os cientistas podem ter como indivíduos, independente do fato de serem eles cientistas. No entanto, querer deferir essa questão à Ciência seria o mesmo que entregar a uma assembleia de físicos ou astrônomos a decisão sobre a existência da alma. Com efeito, o Espiritismo fundamenta-se totalmente na existência da alma e no seu estado após a morte. Ora, é extremamente ilógico pensar que um homem deva ser um grande psicólogo só pelo fato de ele ser um grande matemático ou um grande anatomista. Ao dissecar o corpo humano, o anatomista procura a alma, e por não encontrá-la com seu bisturi, como encontraria um nervo, ou por não vê-la dissipar-se como um gás, conclui que ela não existe, pois parte de um ponto de vista exclusivamente material. O anatomista, em decorrência disso, passa a ter razão contra a opinião universal? Não. Tu verás, portanto, que o Espiritismo não é da alçada da Ciência.

Quando as crenças espíritas estiverem popularizadas, quando forem aceitas pelas massas – e, a julgar pela rapidez com a qual se propagam, esse dia não estaria tão longe –, acontecerá com elas o que tem ocorrido com todas as ideias novas que encontraram oposição: os sábios se renderão à evidência e irão admiti-las, individualmente, por força das circunstâncias. Até que isso ocorra, é inoportuno tentar desviá-los de seus trabalhos especializados para coagi-los a se ocuparem de uma coisa estranha, que não faz parte de suas habituais atribuições nem do seu programa. Enquanto isso, aqueles que, sem um estudo prévio e aprofundado do assunto, pronunciam-se negativamente e caçoam de qualquer pessoa que não pense como eles, esquecem-se de que o mesmo se deu com a maioria das descobertas que honraram a humanidade. Arriscam-se a ver seus nomes aumentar a lista dos ilustres proscritores de ideias novas e escritos ao lado dos nomes de membros da pedante assembleia que, em 1752, recebeu com gargalhadas a dissertação de Franklin sobre os para-raios, julgando-a indigna de figurar entre as comunicações que lhe foram destinadas, bem como aquela outra assembleia que fez a França perder os benefícios da navegação a vapor, ao declarar que o sistema de Fulton era um sonho impraticável. Entretanto, tratava-se de questões científicas. Se essas assembleias, que tinham em seu seio a elite dos sábios de todo o mundo, só receberam com zombaria e sarcasmo as ideias que não compreendiam e que, anos mais tarde, deviam revolucionar a Ciência, o comportamento e a indústria, como esperar que uma questão estranha a seus trabalhos seja bem aceita?

Esses erros lamentáveis de alguns não retirariam dos sábios os títulos por eles conquistados em outros assuntos, com os quais conquistaram a nossa admiração, mas é necessário um diploma oficial para se ter bom senso? E será que fora das cátedras acadêmicas só há estúpidos e imbecis? É só olhar para os adeptos da Doutrina Espírita, ver se há entre eles apenas ignorantes e se o imenso número de homens honrados que abraçaram essa causa permite relegá-la ao rol das crendices populares. O próprio caráter e a sabedoria desses homens nos permitem dizer que, se mesmo eles o afirmam, então deve haver algo.

Ressaltamos ainda que, se os fatos de que nos ocupamos estivessem limitados ao movimento mecânico dos corpos, a pesquisa da causa física desse fenômeno seria dos domínios da Ciência. No entanto, uma vez que se trata de uma manifestação que escapa às leis da humanidade, ela foge da competência da ciência material, pois não pode ser expressa por números nem pela força mecânica. Quando surge um fato novo, que não seja da competência de nenhuma ciência conhecida, o sábio, para estudá-lo, deve afastar-se de sua ciência específica e dizer a si mesmo que se trata de um estudo novo, que não pode ser feito com ideias preconcebidas.

O homem que considera sua razão infalível está bem próximo do erro. Aqueles cujas ideias são as mais falsas apoiam-se em sua própria razão, e é em virtude disso que rejeitam tudo que lhes parece impossível. Aqueles que outrora reagiram contra as admiráveis descobertas de que a humanidade se orgulha, apelaram a esse juiz para rejeitá-las. Aquilo que chamamos razão é, muitas vezes, orgulho disfarçado, e qualquer um que se julgue infalível está se colocando como igual a Deus. Portanto, dirigimo-nos àqueles que são sensatos o suficiente para duvidar daquilo que não viram mas que, julgando o futuro pelo passado, não acreditam que o homem já tenha chegado ao seu apogeu, e tampouco que a Natureza lhe tenha virado a última página de seu livro.

VIII

Acrescentemos que o estudo de uma doutrina, como é o caso da Doutrina Espírita, que subitamente nos lança numa ordem de coisas tão nova e grandiosa, só pode ser feito de maneira proveitosa por homens sérios, perseverantes, isentos de ideias preconcebidas e impulsionados por um firme e sincero propósito de alcançar um resultado. Não poderíamos qualificar dessa forma aqueles que julgam *a priori*, levianamente e sem terem visto tudo, aqueles que não realizam seus estudos com a continuidade, a regularidade e nem o recolhimento necessários. Tampouco poderíamos incluir na qualificação mencionada certas pessoas que, para não perderem a sua reputação de homens espirituosos, esforçam-se por encontrar um lado burlesco nas coisas mais verdadeiras – ou naquelas assim consideradas por pessoas cujo saber, caráter e convicções merecem o respeito dos que se gabam de ter uma boa educação. Abstenham-se, portanto, os que julgam os fatos como indignos de sua atenção; ninguém tem a intenção de violentar sua crença, mas que eles possam respeitar a dos outros.

O que caracteriza um estudo sério é a continuidade com que é encaminhado. Deve-se ficar surpreso por não se obter, muitas vezes, nenhuma resposta sensata às questões naturalmente sérias, quando estas são feitas ao acaso e à queima-roupa, em meio a uma porção de questões impertinentes? Além do mais, uma questão muitas vezes tem tal complexidade que, para que seja esclarecida, exige questões preliminares ou complementares. Todo aquele que deseja adquirir um saber deve fazer disso um estudo metódico, começando pelo começo e seguindo o encadeamento e o desenvolvimento das ideias. Aquele que dirige a um sábio, ao acaso, uma pergunta sobre uma ciência da qual ignora as noções básicas, terá avançado mais? O próprio sábio, mesmo com a maior boa vontade, poderá dar-lhe uma resposta satisfatória? Essa resposta isolada será forçosamente incompleta e, por isso mesmo, muitas vezes, ininteligível, ou poderá parecer absurda ou contraditória. Acontece exatamente o mesmo nas relações que estabelecemos com os Espíritos. Se desejamos aprender com eles, devemos instruir-nos em sua escola; porém, assim como ocorre entre nós, é preciso escolher os professores e trabalhar com assiduidade.

Dissemos que os Espíritos superiores só comparecem às reuniões sérias e, principalmente, àquelas em que reina uma perfeita comunhão de pensamentos e de sentimentos voltados para o bem. A leviandade e as questões supérfluas os afastam, da mesma forma que, entre os homens, afastam as pessoas sensatas. Então o campo fica livre para a multidão de Espíritos mentirosos e frívolos, sempre à espreita de ocasiões para zombarem e se divertirem à nossa custa. Numa reunião destas, no que se transforma uma pergunta séria? Ela seria respondida: mas por quem? Seria o mesmo que, em meio a um grupo de gaiatos, fossem feitas perguntas como: "O que é alma?", "O que é a morte?", e outras coisas recreativas. Se desejas respostas sérias, sê tu mesmo sério, em toda a extensão do termo, e ajusta-te a todas as condições necessárias: só então obterás grandes coisas. Além disso, sê esforçado e perseverante em teus estudos, pois sem isso os Espíritos superiores te abandonam, assim como faz um professor com os alunos negligentes.

IX

O movimento dos objetos é um fato comprovado. A questão é saber se, nesse movimento, há ou não uma manifestação inteligente e, em caso afirmativo, qual a origem de tal manifestação.

Não estamos falando do movimento inteligente de certos objetos, nem de comunicações verbais, e nem tampouco daquelas escritas diretamente pelo médium. Esse tipo de manifestação, evidente para aqueles que viram e se aprofundaram no assunto, não é, à primeira vista, suficientemente independente da vontade para garantir a convicção de um observador novato. Portanto, falaremos apenas da escrita obtida com a ajuda de um objeto qualquer, ao qual esteja acoplado um lápis, como uma cesta, uma prancheta etc. A maneira pela qual os dedos do médium são colocados sobre o objeto desafia, como já dissemos, a mais requintada habilidade para participar, em qualquer sentido, no traçado das letras. Mas admitamos ainda que, através de uma maravilhosa habilidade, se pudesse enganar o observador mais atento. Como explicar a natureza das respostas, quando estas superam todas as ideias e conhecimentos do médium? E note-se bem que não se trata de respostas monossilábicas, mas, quase sempre, de várias páginas escritas com a mais espantosa rapidez, espontaneamente ou sobre um assunto determinado. Pela mão do médium mais leigo em literatura surgem, às vezes, poesias da mais alta sublimidade e de uma pureza irrepreensível, dignas da aprovação dos melhores poetas humanos. À estranheza desses acontecimentos, acrescenta-se ainda o fato de que eles se produzem em toda a parte e que os médiuns se multiplicam, infinitamente. Esses fatos são reais ou não? Para essa pergunta, temos apenas uma coisa a responder: vê e observa; não te faltarão oportunidades; mas, sobretudo, observa muitas vezes, por bastante tempo e de acordo com as condições necessárias.

Diante da evidência, o que respondem os antagonistas? Vós sois, dizem eles, vítimas do charlatanismo ou joguetes de uma ilusão. Diremos, primeiramente, que é preciso descartar a palavra *charlatanismo* daquilo que não rende lucros, pois os charlatães não trabalham *de graça*. Então, seria, quando muito, uma mistificação. Mas por que estranha coincidência esses mistificadores teriam se entendido de um extremo a outro do mundo, para agir da mesma forma, produzir os mesmos efeitos e dar, sobre um mesmo assunto, em línguas diferentes, respostas idênticas, se não quanto às palavras, ao menos quanto ao sentido?

Como é que pessoas sérias, honradas e instruídas se prestariam a semelhantes manobras, e com que objetivo? Como teriam encontrado entre as crianças a paciência e a habilidade necessárias? Pois se os médiuns não são instrumentos passivos, é necessário que tenham habilidade e conhecimentos incompatíveis com certas idades e classes sociais.

Então, acrescenta-se que, se não há fraude, os dois lados podem ser vítimas de uma ilusão. Logicamente, a qualidade das testemunhas tem um certo peso. Ora, seria o caso de perguntar se a Doutrina Espírita, que conta atualmente com milhares de adeptos, só os recruta entre os ignorantes? Os fenômenos em que ela se apoia são tão extraordinários, que ficamos em dúvida; mas o que não se pode admitir é a pretensão de certos incrédulos ao monopólio do bom senso, e que, sem respeito pelas conveniências ou pelo valor moral de seus adversários, sem cerimônia tacham de ineptos todos os que não têm a mesma opinião deles. Aos olhos de qualquer pessoa ajuizada, a opinião de pessoas esclarecidas que, durante muito tempo, viram determinado fato, estudaram e refletiram sobre ele, será sempre uma prova, ou pelo menos uma suposição em seu favor, uma vez que esse fato conseguiu prender a atenção de homens sérios, que não teriam interesse em propagar um erro, nem tempo a perder com futilidades.

X

Entre as objeções, há algumas ponderáveis, pelo menos aparentemente, porque resultam de observação e porque são feitas por pessoas sérias.

Uma dessas objeções diz respeito à linguagem de certos Espíritos, que não parece digna da elevação atribuída a seres sobrenaturais. Se retomarmos o resumo da Doutrina, apresentado nas páginas anteriores, veremos que os próprios Espíritos nos ensinam que eles não são iguais em conhecimentos, nem em qualidades morais, e que não se pode levar ao pé da letra tudo o que dizem. Cabe às pessoas sensatas separar o bom do mau. Certamente aquelas que a partir disso concluem que só lidamos com seres malfeitores, cuja única ocupação é a de nos mistificar, não têm conhecimento das comunicações que acontecem nas reuniões onde só se manifestam Espíritos superiores, pois se soubessem não pensariam assim. É lamentável pensar que o acaso tenha servido tão mal a essas pessoas, a ponto de lhes ter mostrado somente o lado mau do mundo espírita, pois não queremos supor que uma afinidade atraia para elas, em vez dos bons, os maus Espíritos, os Espíritos mentirosos ou aqueles cujo linguajar grosseiro chega a ser revoltante. Poderíamos concluir, quando muito, que a solidez dos princípios dessas pessoas não seja forte o suficiente para afastar o mal e que, ao experimentar um certo prazer em lhes satisfazer a curiosidade sobre esse assunto, os maus Espíritos aproveitam para se introduzir entre eles, enquanto os bons se afastam.

Julgar a questão dos Espíritos a partir desses fatos seria tão ilógico quanto julgar o caráter de um povo por aquilo que se diz e se faz numa reunião com alguns inconsequentes ou gente de má reputação, à qual não comparecem pessoas sábias e sensatas. Aqueles que assim julgam a questão espírita estão na mesma situação de um estrangeiro que, ao chegar no pior subúrbio de uma grande capital, julga inicialmente todos os habitantes pela linguagem e pelos hábitos desse bairro ínfimo. No mundo dos Espíritos, também há uma sociedade boa e uma má. Se aquelas pessoas quiserem estudar direito o que se passa entre os Espíritos de elite, ficarão convencidas de que a cidade celeste não contém somente a escória da sociedade. No entanto, dizem elas, os Espíritos de elite vêm até nós? A isso responderemos: Não vos limiteis ao subúrbio. Vede e observai, e então julgareis. Os fatos apresentam-se para todos, a menos que a essas pessoas possam ser aplicadas estas palavras de Jesus: *Eles têm olhos e não veem; têm ouvidos e não ouvem.*

Uma variante dessa opinião consiste em ver nas comunicações espíritas e em todos os fatos materiais causados por elas apenas a intervenção de um poder diabólico, novo Proteu que se revestiria de todas as formas para melhor nos enganar. Não acreditamos que essa opinião mereça um exame sério, por isso não nos deteremos nessa questão: ela se encontra refutada pelo que acabamos de dizer. Acrescentaremos apenas que, se assim fosse, haveríamos de convir que o diabo é, às vezes, bem esperto, sensato e sobretudo dotado de muita moral, ou então que também existem diabos bons.

Como acreditar, de fato, que Deus permita somente aos Espíritos do mal se manifestarem para nossa perdição, sem nos dar por contrapeso os conselhos dos bons Espíritos? Se Deus não pode fazê-lo, não é onipotente; se Ele pode fazê-lo e não o faz, isso é incompatível com a sua bondade; ambas as suposições seriam blasfêmias. Nota que admitir a comunicação dos Espíritos maus significa reconhecer o princípio das manifestações. Ora, a partir do momento que estas existem, só pode ser com a permissão de Deus. E como acreditar, sem impiedade, que Ele só permite o mal, excluindo o bem? Uma doutrina assim é contrária às mais simples noções do bom senso e da religião.

XI

Uma coisa estranha, acrescentam, é que se fala apenas dos Espíritos de personalidades conhecidas; questionam por que razão somente estes se manifestam. Aí está um erro que, como muitos outros, resulta de uma observação superficial. Entre os Espíritos que se manifestam espontaneamente, há bem maior número de desconhecidos que de ilustres. Eles se designam por um nome qualquer e, muitas vezes, alegórico ou característico. Quanto àqueles que são evocados, a menos que seja um parente ou amigo, é bem natural dirigir-se preferencialmente aos conhecidos. Os nomes de personalidades ilustres impressionam mais, e por isso mesmo são mais notados.

Acha-se igualmente estranho que os Espíritos de homens eminentes atendam familiarmente ao nosso chamado, ocupando-se, às vezes, de coisas insignificantes, se comparadas às que realizaram durante sua vida. Não há nada de espantoso nisso, para os que sabem que o poder ou a consideração que esses homens gozaram aqui não lhes concedem nenhuma supremacia no mundo espírita. Os Espíritos confirmam isso com as seguintes palavras do Evangelho: "Os grandes serão humilhados e os pequenos exaltados", que devem ser entendidas como referindo-se à posição que cada um de nós ocupará entre os Espíritos. É por isso que quem foi o primeiro na Terra, lá poderá ser um dos últimos. Aquele para quem nos curvamos durante sua vida pode, portanto, voltar entre nós como o mais humilde artesão, porque, ao deixar esta vida terrena, deixa toda a sua grandeza, e, no mundo espiritual, o mais poderoso monarca talvez esteja abaixo do último de seus soldados.

XII

Um fato demonstrado pela observação e confirmado pelos próprios Espíritos é que os Espíritos inferiores apresentam-se, muitas vezes, com nomes conhecidos e respeitados. Então, quem pode nos garantir que aqueles que dizem ter sido, por exemplo, Sócrates, Júlio César, Carlos Magno, Fénelon, Napoleão, Washington etc., tenham realmente animado essas personagens? Essa dúvida existe entre alguns adeptos bastante fervorosos da Doutrina Espírita. Eles admitem a intervenção e a manifestação dos Espíritos, mas se perguntam que controle podemos ter sobre sua identidade. Esse controle é, de fato, bastante difícil de se estabelecer. Se ele não pode ser obtido de maneira tão autêntica quanto seria um registro civil, pode-se, ao menos, obtê-lo por presunção, seguindo alguns indícios.

Quando se manifesta o Espírito de alguém que nos é pessoalmente conhecido, um parente ou amigo por exemplo, principalmente se ele morreu há pouco tempo, acontece, geralmente, de sua linguagem corresponder perfeitamente ao caráter que conhecíamos. Isso já é um indício de identidade. Mas a dúvida termina quando esse Espírito fala de coisas privadas ou relembra circunstâncias da família que apenas o interlocutor conhece. Um filho certamente não se enganará quanto à linguagem de seus pais, nem os pais quanto à linguagem do filho. Nesses tipos de evocações íntimas, acontecem, algumas vezes, coisas surpreendentes, cuja natureza convenceria até o mais incrédulo dos homens. O cético mais convicto fica, muitas vezes, aterrorizado com as revelações inesperadas que lhe são feitas.

Uma outra circunstância muito característica serve de indício à identificação. Dissemos que a caligrafia do médium geralmente muda conforme o Espírito evocado, e que essa caligrafia se reproduz exatamente igual cada vez que o mesmo Espírito se manifesta. Constatou-se inúmeras vezes que, para pessoas mortas recentemente, a caligrafia apresentava uma semelhança surpreendente com a caligrafia da pessoa quando viva; viram-se assinaturas perfeitamente idênticas. Estamos longe, entretanto, de citar esse fato como regra e, muito menos, como constante; apenas o mencionamos como algo digno de nota.

Os Espíritos que atingiram um determinado grau de depuração são os únicos livres de qualquer influência corporal. Enquanto não estão completamente desmaterializados (esta é a expressão da qual se utilizam), conservam a maior parte das ideias, tendências e até mesmo *das manias* que tinham na Terra, o que também é um meio de reconhecê-los. Mas podemos identificá-los, sobretudo, numa infinidade de detalhes que somente uma observação atenta e constante pode revelar. Veem-se Espíritos de escritores discutirem suas próprias obras ou suas doutrinas, aprovando ou condenando determinadas partes; veem-se outros Espíritos lembrarem-se de circunstâncias ignoradas ou pouco conhecidas de sua vida ou de sua morte, coisas que, afinal, servem pelo menos como provas morais de sua identidade, as únicas às quais se pode recorrer quando lidamos com coisas abstratas.

Portanto, se a identidade do Espírito evocado pode ser, até certo ponto e em alguns casos, estabelecida, não há razão para que ela não possa sê-lo em outros casos. E se não dispomos dos mesmos meios de controle para as pessoas cuja morte ocorreu há mais tempo, sempre teremos aqueles indícios que se referem à linguagem e ao caráter, pois, certamente, o Espírito de um homem de bem não falará da mesma forma que o Espírito de um homem perverso ou imoral.

Quanto aos Espíritos que se servem de nomes respeitáveis, logo se traem por sua linguagem e por suas máximas. Aquele, por exemplo, que dissesse ser Fénelon, e que ferisse mesmo que acidentalmente o bom senso e a moral, já estaria mostrando a fraude. Se, ao contrário, os pensamentos que exprimisse fossem sempre puros, sem contradições e constantemente à altura do caráter de Fénelon, não haveria motivos para duvidar de sua identidade. Do contrário, seria necessário supor que um Espírito que só prega o bem pode valer-se conscientemente da mentira, e isso sem utilidade alguma. A experiência nos ensina que os Espíritos do mesmo nível, do mesmo caráter e animados pelos mesmos sentimentos reúnem-se em grupos e em famílias. Ora, o número de Espíritos é incalculável, e estamos longe de conhecer todos eles; a maior parte deles nem tem nomes para nós. Um Espírito da categoria de Fénelon pode, portanto, vir em seu lugar, muitas vezes até enviado por ele próprio, como mandatário. Apresenta-se com o nome de Fénelon e, por ser idêntico a ele, pode perfeitamente substituí-lo, porque sempre precisamos de um nome para fixar nossas ideias. Porém, que importa, na verdade, que um Espírito realmente seja ou não o de Fénelon! A partir do momento em que o Espírito só diz coisas boas e fala como o próprio Fénelon falaria, ele é um Espírito bom. O nome pelo qual se faz conhecer é indiferente e, muitas vezes, nada mais é do que um meio de fixarmos nossas ideias. O mesmo não ocorreria nas evocações íntimas, mas nessas, como dissemos, a identidade pode ser confirmada por provas de certa forma evidentes.

Por fim, é certo que a substituição dos Espíritos pode causar uma série de equívocos, resultando em erros e, frequentemente, em mistificações. Esta é uma dificuldade do *Espiritismo prático*. No entanto, jamais dissemos que esta ciência era algo fácil, muito menos que se pudesse aprendê-la brincando, como não ocorre com nenhuma outra ciência. Nunca é demais repetir que ela exige um estudo assíduo e quase sempre muito prolongado. Uma vez que não se pode provocar os fatos, é preciso esperar que aconteçam por si mesmos, e, muitas vezes, os fatos são trazidos por circunstâncias que menos se espera. Para o observador atento e paciente, os fatos são abundantes, pois descobre milhares de nuanças características que são, para ele, raios de luz. O mesmo se dá com as ciências comuns: enquanto o homem dotado de uma visão superficial só consegue ver numa flor uma forma bela, o homem sábio, por seu pensamento, nela descobre tesouros.

XIII

As observações acima levam-nos a discorrer sobre uma outra dificuldade: a divergência que existe na linguagem dos Espíritos.

Uma vez que os Espíritos são diferentes uns dos outros quanto ao conhecimento e à moralidade, é evidente que a mesma questão pode ser resolvida de maneira oposta, segundo suas respectivas categorias, exatamente como se a pergunta tivesse sido feita, entre os homens, alternadamente, a um cientista, a um ignorante, ou a um zombador. O ponto essencial, como dissemos, é saber a quem se dirige.

Mas, acrescentam, como se explica que os Espíritos reconhecidos como superiores não estejam sempre em acordo? Diremos inicialmente que, independente da causa que acabamos de assinalar, há outras que podem exercer certa influência sobre a natureza das respostas, não importando a categoria dos Espíritos. Este é um ponto capital, cujo estudo trará a explicação. Por isso dizemos que esses estudos exigem uma atenção permanente, uma observação profunda e, principalmente – como em todas as outras ciências humanas –, continuidade e perseverança. Vários anos são necessários para formar um médico de nível médio, três quartos da vida para se formar um cientista, e há quem pretenda adquirir, em algumas horas, a ciência do infinito! Que ninguém, portanto, se iluda: o estudo do Espiritismo é imenso; abrange todas as questões da Metafísica e da ordem social; é todo um mundo que se descortina à nossa frente. Deve-se espantar de que isso exija tempo, e muito tempo, para ser aprendido?

A contradição, aliás, nem sempre é tão real como pode parecer. Não vemos, diariamente, homens que professam a mesma ciência divergirem quanto à definição que dão a uma coisa, seja porque empregam termos diferentes, seja porque a consideram sob um outro ponto de vista, embora a ideia fundamental seja sempre a mesma? Que se conte, se for possível, o número de definições que foram dadas da Gramática! Acrescentemos, ainda, que a forma da resposta, muitas vezes, depende da forma da questão. Seria pueril, portanto, ver uma contradição onde existe, na maioria das vezes, apenas uma diferença de palavras. Os Espíritos superiores não se preocupam nem um pouco com a forma. Para eles, a essência do pensamento é tudo.

Tomemos por exemplo a definição de alma. Como essa palavra não tem um sentido único, os Espíritos podem, como nós, divergir quanto à definição atribuída: um poderá dizer que ela é o princípio da vida, outro chamá-la de centelha anímica, um terceiro pode dizer que é interna, um quarto que é externa etc., e cada um, segundo o seu ponto de vista, terá razão. Poderíamos até acreditar que alguns deles professem teorias materialistas, e, no entanto, não ser nada disso. O mesmo se dá com *Deus*, que pode ser: o princípio de todas as coisas, o Criador do Universo, a inteligência suprema, o infinito, o Grande Espírito e assim por diante, mas que, na verdade, sempre será Deus.

Citemos, enfim, a classificação dos Espíritos. Eles formam uma sequência ininterrupta, do mais baixo ao mais alto grau. A classificação é, portanto, arbitrária; há quem possa estabelecê-la em três classes, outros em cinco, dez ou vinte, segundo a sua vontade, e isso não constituirá um erro. Todas as ciências humanas nos oferecem o mesmo exemplo; cada cientista tem o seu sistema. Os sistemas mudam, mas a Ciência não. Que se aprenda Botânica pelo sistema de Linneu, de Jussieu ou de Tournefort, isso não fará com que se conheça menos Botânica. Deixemos então de dar às coisas puramente convencionais mais importância do que elas merecem, para nos concentrarmos naquilo que é verdadeiramente sério, e, então, muitas vezes a reflexão nos fará descobrir, naquilo que parecia ser o maior disparate, uma similitude que nos escapara no primeiro exame.

XIV

Passaríamos brevemente pela objeção de alguns céticos quanto aos erros de ortografia cometidos por alguns Espíritos, se esta não desse margem a uma observação essencial. A ortografia dos Espíritos, deve-se dizer, nem sempre é impecável; mas só a falta de argumento pode torná-la objeto de uma crítica séria, sob a alegação de que, se os Espíritos tudo sabem, eles devem saber ortografia. Poderíamos lhes confrontar os numerosos pecados desse gênero cometidos por mais de um sábio da Terra, o que não lhes diminui em nada o mérito. Há, entretanto, uma questão mais séria nesse fato.

Para os Espíritos – e sobretudo para os Espíritos superiores –, a ideia é tudo, a forma não é nada. Uma vez livres da matéria, a linguagem usada entre eles é rápida como o pensamento, pois é o próprio pensamento que se comunica, sem intermediário. Assim, eles devem sentir-se constrangidos quando, para se comunicarem conosco, são obrigados a utilizar formas longas e complicadas da linguagem humana, tendo dificuldade para expressar suas ideias principalmente devido à insuficiência e à imperfeição dessa linguagem. É curioso também ver os meios de que, muitas vezes, eles se valem para atenuar esse inconveniente. Aconteceria o mesmo conosco se tivéssemos de nos expressar num idioma mais extenso em palavras e em estruturas, e mais pobre em expressões do que aquele por nós utilizado. É a dificuldade que o homem talentoso experimenta, impacientando-se com a lentidão de sua pena, sempre atrasada em relação ao seu pensamento.

Após essas observações, entende-se que os Espíritos deem pouca importância à banalidade da ortografia, principalmente quando se trata de um ensinamento mais sério e importante. Além disso, já não é maravilhoso que eles possam expressar-se indiferentemente em qualquer língua, e que compreendam todas elas? Disso não se deve concluir, entretanto, que a correção convencional da linguagem lhes seja desconhecida; eles a observam quando necessário. É assim, por exemplo, que a poesia ditada por eles muitas vezes desafia a crítica do mais meticuloso purista, e isso *apesar da ignorância do médium.*

XV

Há ainda as pessoas que veem perigo em toda parte, e em tudo o que desconhecem. Não deixam de tirar uma conclusão desfavorável a esse respeito, pelo fato de alguns que se dedicaram a esses estudos terem perdido a razão. Como podem homens sensatos verem nesse fato uma objeção séria? Não ocorre o mesmo com todas as preocupações intelectuais sobre um cérebro frágil? Sabe-se o número de loucos e maníacos produzidos por estudos matemáticos, médicos, musicais, filosóficos e outros? Deve-se, por essa razão, banir tais estudos? O que isso prova? Com os trabalhos corporais, estropiam-se os braços e as pernas, que são os instrumentos de ação material. Com os trabalhos intelectuais, estropia-se o cérebro, que é o instrumento do pensamento. Mas se o instrumento se quebra, o mesmo não acontece com o Espírito: ele se mantém intacto. E, quando se liberta da matéria, continua a usufruir da plenitude de suas faculdades. No seu modo de ser, ele é, enquanto homem, um mártir do trabalho.

Todas as grandes preocupações intelectuais podem levar à loucura: as ciências, as artes e a própria religião apresentam os seus contingentes. A loucura tem como causa principal uma predisposição orgânica do cérebro, que o torna mais ou menos vulnerável a determinadas impressões. Ao haver uma predisposição à loucura, esta irá se manifestar como uma preocupação central, que se tornará uma ideia fixa. Essa fixação poderá ser pelos Espíritos, no caso de quem se ocupa disso, como poderá ser por Deus, pelos anjos, pelo diabo, pela fortuna, pelo poder, pela arte, por uma ciência, pela maternidade ou por um sistema político e social. Se o Espiritismo foi a principal preocupação de um louco religioso, é provável que ele se tenha tornado um louco espírita por essa razão, assim como é provável que o louco espírita se torne um louco religioso sob outra forma, segundo as circunstâncias.

Digo, portanto, que o Espiritismo não tem nenhum privilégio nesse assunto. Vou ainda mais longe: quando compreendido corretamente, o Espiritismo é um preservativo contra a loucura.

Entre as causas mais frequentes da superexcitação cerebral, devemos levar em conta as decepções, as desgraças, as contrariedades afetivas, que são, ao mesmo tempo, as mais frequentes causas do suicídio. Ora, o verdadeiro espírita vê as coisas deste mundo de um ponto de vista mais elevado; elas lhe parecem tão pequenas e mesquinhas diante do porvir que o aguarda; no seu modo de ver, a vida é tão curta e tão fugaz que as atribulações não passam de incidentes desagradáveis de uma viagem. Aquilo que em outra pessoa produziria uma violenta emoção quase não o afeta. Ele sabe, aliás, que as amarguras da vida são provações para o seu progresso, desde que as suporte sem queixas, pois será recompensado conforme a coragem com que as suportar. Suas convicções lhe dão, portanto, uma resignação que o protege do desespero e, consequentemente, de uma incessante causa da loucura e do suicídio. Além disso, o verdadeiro espírita sabe, pelo espetáculo que lhe oferecem as comunicações com os Espíritos, o destino daqueles que abreviam voluntariamente os seus dias, e esse quadro é suficiente para fazê-lo refletir. É também considerável a quantidade dos que foram detidos à beira desse funesto despenhadeiro. Este é um dos resultados do Espiritismo. Que os incrédulos riam o quanto quiserem. Eu lhes desejo as consolações que o Espiritismo proporciona a todos aqueles que se dão ao trabalho de sondar as suas misteriosas profundezas.

Entre as causas da loucura, é preciso ainda incluir o pavor e o medo do diabo, que já perturbaram mais de um cérebro. Quantas são as vítimas causadas pelo abalo das imaginações fracas com essa ameaça, que se procura tornar ainda mais medonha através de horríveis detalhes?

O diabo, dizem, assusta somente criancinhas; é um freio para torná-las maduras. Sim, como o bicho-papão e o lobisomem, e, quando elas não têm mais medo, ficam piores do que antes. Mas para atingir esse belo resultado, não se leva em conta o número de epilepsias causadas pelo abalo de mentes delicadas. A religião ficaria bastante fragilizada se, por falta de temor, seu poder pudesse ser comprometido. Felizmente, isso não ocorre assim; ela tem outros meios de agir sobre as almas. O Espiritismo fornece à religião os meios mais eficazes e sérios para isso, desde que ela saiba tirar proveito deles; mostra-lhe a realidade das coisas, e, desse modo, neutraliza os efeitos funestos de um temor exagerado.

XVI

Resta-nos examinar duas objeções, as únicas que realmente merecem esse nome, por serem baseadas em teorias racionais. Ambas admitem a realidade de todos os fenômenos, materiais e morais, mas excluem a intervenção dos Espíritos.

De acordo com a primeira dessas teorias, todas as manifestações atribuídas aos Espíritos seriam apenas efeitos magnéticos. Os médiuns ficariam num estado que se poderia chamar de sonambulismo desperto, fenômeno do qual toda pessoa que estudou o Magnetismo pode ser testemunha. Nesse estado, as faculdades intelectuais obtêm um desenvolvimento anormal e o círculo das percepções intuitivas se estende fora dos limites de nossa percepção ordinária. A partir desse momento, e por sua lucidez, o médium tiraria de si mesmo tudo o que diz e todas as noções que transmite, inclusive sobre coisas que, no seu estado normal, lhe seriam as mais estranhas.

Não seremos nós que contestaremos o poder do sonambulismo, cujos prodígios presenciamos, estudando todas as fases por mais de trinta e cinco anos. Concordamos que, na verdade, muitas das manifestações espíritas podem ser explicadas por esse meio. No entanto, uma observação contínua e atenta mostra uma grande quantidade de fatos nos quais a intervenção do médium é materialmente impossível, a não ser como instrumento passivo. Àqueles que compartilham dessa opinião, diremos o mesmo que dissemos aos outros: "Vede e observai, pois com certeza ainda não vistes tudo". Em seguida, nós lhes apresentaremos duas considerações tiradas de sua própria doutrina.

De onde veio a teoria espírita? Será que é um sistema imaginado por alguns homens para explicar certos fatos? De maneira alguma. Mas, então, quem a revelou? Exatamente estes mesmos médiuns cuja inteligência vós exaltais. Se, portanto, essa inteligência é tal qual vós supondes, por que teriam eles atribuído aos Espíritos aquilo que eles próprios haviam concluído? Como teriam transmitido esses ensinamentos tão precisos, tão lógicos e tão sublimes sobre a natureza dessas inteligências sobre-humanas? De duas, uma: ou eles são lúcidos ou não o são: se o são, e se podemos confiar em sua veracidade, não se poderia admitir, sem contradição, que não digam a verdade. Em segundo lugar, se todos os fenômenos tivessem sua origem no médium, seriam idênticos em um mesmo indivíduo, e não se veria a mesma pessoa usar linguagens diferentes, nem exprimir alternadamente as coisas mais contraditórias. Essa falta de unidade nas manifestações obtidas pelo médium prova a diversidade das fontes. Portanto, se não se pode encontrá-las todas no médium, é imprescindível procurá-las fora dele.

Segundo uma outra opinião, o médium é mesmo a fonte das manifestações, mas em vez de tirá-las de si mesmo, como acreditam os criadores da teoria do sonambulismo, tira-as do espaço que o rodeia. O médium seria, assim, uma espécie de espelho, refletindo todas as ideias, todos os pensamentos e todos os conhecimentos das pessoas que o cercam; tudo o que dissesse seria conhecido pelo menos por alguns deles. Não se poderia negar – e nisto consiste um dos princípios da Doutrina – a influência exercida pelos assistentes sobre a natureza das manifestações. No entanto, essa influência é bem diferente da que se supõe, e, entre esta e aquilo que faria do médium um eco de seus pensamentos, há uma grande distância, pois milhares de fatos demonstram decisivamente o contrário.

Há, portanto, nessa opinião, um sério erro, que prova, mais uma vez, o perigo das conclusões precipitadas. Essas pessoas, incapazes de negar a existência de um fenômeno do qual a Ciência comum não consegue dar conta, e não querendo admitir a presença de Espíritos, explicam-no à sua maneira. Sua teoria seria sedutora, se pudesse abranger todos os fatos, mas não é bem o que acontece. Mesmo quando se demonstra, até à evidência, que algumas comunicações do médium são completamente estranhas aos pensamentos, aos conhecimentos e até às próprias opiniões de todos os assistentes, e que essas comunicações são frequentemente espontâneas e contradizem todas as ideias preconcebidas, isso não é suficiente para convencê-las. A irradiação, dizem, expande-se muito além do círculo imediato que nos rodeia; o médium é o reflexo de toda a humanidade, de forma que, se não tira as inspirações de seu redor, vai procurá-las externamente, na cidade, no país, em todo o globo e até mesmo em outras esferas.

Não creio que se encontre nessa teoria uma explicação mais simples e mais provável que a do Espiritismo, pois ela pressupõe uma causa bem mais maravilhosa. A ideia de que seres povoam os espaços e que, ao estarem em contato permanente conosco, nos comuniquem seus pensamentos, em nada mais pode chocar a razão do que a suposição de uma irradiação universal, vinda de todos os pontos do Universo para se concentrar no cérebro de um único indivíduo.

Diremos, mais uma vez, e este é um ponto fundamental, sobre o qual nunca será demais insistir: a teoria do sonambulismo e aquela que se pode chamar de *reflectiva* foram imaginadas por alguns homens; são opiniões individuais formuladas para explicar um fato, ao passo que a Doutrina dos Espíritos não é uma concepção humana. A Doutrina dos Espíritos foi ditada pelas próprias inteligências que se manifestam, quando ninguém esperava e quando a opinião geral a repelia. Ora, perguntamos, de onde os médiuns teriam tirado uma doutrina que não existia no pensamento de ninguém na Terra? Perguntamos, além disso, também, por que estranha coincidência milhares de médiuns, espalhados por todos os pontos do globo e sem nunca se terem visto, estão de acordo para dizer a mesma coisa? Se o primeiro médium que surgiu na França sofreu a influência de opiniões já aceitas na América, por que estranho motivo foi ele buscar essas ideias a duas mil léguas além-mar e no seio de um povo estranho, em modos e em linguagem, em vez de apropriar-se das que estavam ao seu redor?

Mas há uma outra circunstância na qual não se pensou o bastante. As primeiras manifestações, tanto na França como na América, não aconteceram nem por meio da escrita nem pela palavra, mas por meio de golpes desferidos que, de acordo com as letras do alfabeto, iam formando palavras e frases. Foi por esse meio que as inteligências que se revelavam declararam ser Espíritos. Portanto, se era possível supor a intervenção do pensamento dos médiuns nas comunicações verbais ou escritas, o mesmo não se poderia pensar dos golpes desferidos, cuja significação não poderia ser previamente conhecida.

Poderíamos citar numerosos fatos que demonstram, na inteligência que se manifesta, uma individualidade evidente e uma absoluta independência de vontade. Portanto, encaminhemos os dissidentes a uma observação mais atenta e, se eles querem mesmo estudar sem preconceito e sem tirar conclusões antes de ter visto tudo, reconhecerão que suas teorias são incapazes de explicar tudo. Iremos limitar-nos a propor as seguintes questões: Por que a inteligência que se manifesta, seja ela qual for, se recusa a responder a algumas questões sobre assuntos perfeitamente conhecidos, como, por exemplo, o nome ou a idade do interrogador, o que ele traz na mão, aquilo que ele fez na véspera, seus planos para o dia seguinte etc? Se o médium é o espelho do pensamento dos assistentes, nada lhe seria mais fácil do que responder a essas questões.

Os adversários, por sua vez, rebatem o argumento perguntando por que os Espíritos, que tudo devem saber, não podem dizer coisas tão simples, conforme a máxima: *Quem pode muito, pode pouco*? E, a partir disso, concluem que não se trata de Espíritos. Se um ignorante ou um zombador, ao se apresentar a uma assembleia instruída, perguntasse, por exemplo, em pleno meio-dia, "por que é dia", será que a assembleia deveria se dar ao trabalho de lhe responder seriamente? Será que haveria lógica em concluir, por seu silêncio ou pelas zombarias que ela dirigisse ao indagador, que os membros dessa assembleia são apenas tolos? Ora, é justamente por serem superiores que os Espíritos não respondem a perguntas inúteis e ridículas; não querem ser alvo de motejos. Por essa razão eles se calam ou dizem que se ocupam apenas de coisas mais sérias.

Perguntaremos, enfim, por que muitas vezes os Espíritos vêm e se vão num dado momento, e por que, passado esse momento, não há rezas nem súplicas que possam fazê-los voltar? Se o médium agisse somente pelo impulso mental dos assistentes, é claro que, nessa circunstância, a cooperação de todas as vontades reunidas deveria estimular a clarividência. Logo, se ele não cede aos desejos da assembleia, movido por sua própria vontade, é porque obedece a uma influência estranha a ele próprio e àqueles que o rodeiam, e essa influência demonstra, assim, a independência e a individualidade que a caracterizam.

XVII

O ceticismo, no que diz respeito à Doutrina Espírita, quando não é o resultado de uma oposição sistemática, interesseira, provém quase sempre de um conhecimento incompleto dos fatos, o que não impede algumas pessoas de resolverem a questão como se a conhecessem perfeitamente. É possível ser muito engenhoso, possuir até muita instrução, mas não ter bom senso.

Ora, o primeiro indício de falta de bom senso é achar-se infalível. Muitas pessoas também só veem nas manifestações espíritas um objeto de curiosidade. Esperamos que, pela leitura deste livro, elas encontrem nesses fenômenos estranhos algo mais do que um simples passatempo.

A Ciência Espírita contém duas partes: uma experimental, sobre as manifestações em geral, e outra filosófica, sobre as manifestações inteligentes. Qualquer um que tenha observado apenas a parte experimental encontra-se na posição daquele que só conhece a Física pelas experiências recreativas, sem ter penetrado a fundo na ciência.

A verdadeira Doutrina Espírita está no ensinamento dado pelos Espíritos, e os conhecimentos que esse ensinamento comporta são profundos demais para serem adquiridos de outro modo que não seja um estudo sério e contínuo, feito em silêncio e recolhimento. Afinal, somente nessas condições se pode observar uma infinidade de fatos e nuanças que escapam ao observador superficial e permitem firmar uma opinião. Este livro teria como resultado apenas mostrar o lado sério da questão e incitar estudos sérios sobre o assunto – isto já seria bastante e nós nos felicitaríamos por termos sido escolhidos para realizá-lo. No entanto, não pretendemos obter nenhum mérito pessoal sobre esta obra, já que os princípios nela contidos não são criação nossa. Todo o mérito é, portanto, dos Espíritos que a ditaram. Esperamos que este livro obtenha um outro resultado, que é o de guiar os homens ansiosos por esclarecer-se, mostrando-lhes, nesses estudos, um objetivo grandioso e sublime – o do progresso individual e social –, e indicando-lhes o caminho que se deve seguir para atingir esse objetivo.

Terminemos com uma última consideração. Os astrônomos, sondando o espaço, encontraram, na distribuição dos corpos celestes, lacunas injustificáveis e em desacordo com as leis do todo. Suspeitaram que essas lacunas deveriam corresponder a globos que haviam escapado às observações. Por outro lado, observaram alguns efeitos cuja causa lhes era desconhecida, e disseram a si mesmos: "Ali deve haver um mundo, pois não pode existir essa lacuna, e esses efeitos devem ter uma causa". Julgando então a causa pelo efeito, puderam calcular os elementos que a compunham, e, mais tarde, os fatos vieram justificar suas previsões.

Apliquemos esse raciocínio a uma outra ordem de ideias. Se observamos a sequência dos seres, descobrimos que eles formam uma cadeia ininterrupta, desde a matéria bruta até o homem mais inteligente. Mas entre o homem e

Deus, que constituem o alfa e o ômega de todas as coisas, que imensa lacuna! Será racional pensar que ele, o homem, encerre os anéis dessa cadeia? Que ele transponha, sem transição, a distância que o separa do infinito? A razão nos diz que entre o homem e Deus deve haver outras etapas, assim como disse aos astrônomos que, entre os mundos conhecidos, devia haver mundos desconhecidos. Que filosofia preencheu essa lacuna? O Espiritismo nos mostra essa lacuna preenchida por seres de todos os níveis do mundo invisível, e esses seres nada mais são do que os Espíritos dos homens que evoluíram nos diferentes graus que levam à perfeição. Assim, tudo se liga, tudo se encadeia, do alfa até o ômega. Portanto, preenchei, vós que negais a existência dos Espíritos, o vazio que eles ocupam. E vós que rides disso, ousai rir das obras de Deus e de Sua onipotência!

Allan Kardec

Prolegômenos

Fenômenos que escapam às leis da ciência comum se manifestam por toda parte e revelam a ação de uma vontade livre e inteligente como sua causa.

A razão diz que um efeito inteligente deve ter como causa uma força inteligente, e os fatos provaram que essa força pode entrar em comunicação com os homens por meio de sinais materiais.

Essa força, quando interrogada sobre sua natureza, declarou pertencer ao mundo dos seres espirituais que se despojaram do envoltório corpóreo do homem. Assim foi revelada a Doutrina dos Espíritos.

As comunicações entre o mundo espírita e o mundo corpóreo fazem parte da natureza das coisas e não constituem nenhum fato sobrenatural, razão pela qual encontramos suas marcas em todos os povos e em todas as épocas. Atualmente, essas comunicações são genéricas e evidentes em todo o mundo.

Os Espíritos anunciam que é chegado o tempo marcado pela Providência para uma manifestação universal e que, por serem eles os ministros de Deus e os agentes de sua vontade, cabe-lhes a missão de instruir e esclarecer os homens, iniciando uma nova era para a regeneração da humanidade.

Este livro é a seleção de seus ensinamentos; foi escrito sob o comando e o ditado dos Espíritos superiores, para estabelecer os fundamentos de uma filosofia racional livre dos preconceitos do espírito de sistema. Não há, neste livro, nada que não seja a expressão fiel do pensamento dos Espíritos e que não tenha sido submetido ao seu controle. A ordem e a distribuição metódica dos assuntos, bem como as observações e a forma de algumas partes da redação, são o único feito daquele que recebeu a missão de publicá-lo.

Entre os Espíritos que contribuíram para a realização desta obra, há vários que viveram na Terra em diversas épocas, onde pregaram e praticaram a virtude e a sabedoria. Outros não pertenceram, por seus nomes, a nenhum personagem cuja lembrança tenha sido guardada pela História, mas sua grandeza é atestada pela pureza da doutrina que pregam e por sua comunhão com aqueles que portam nomes venerados.

Eis os termos pelos quais eles nos deram, por escrito e através do intermédio de diversos médiuns, a missão de escrever este livro:

"Ocupa-te, com zelo e perseverança, do trabalho que empreendeste com nossa ajuda, pois esse trabalho é nosso. Nele pusemos as bases do novo edifício que se ergue e que, um dia, deve unir todos os homens num mesmo sentimento de amor e caridade. Porém, antes de divulgá-lo iremos revê-lo juntos, a fim de verificar todos os detalhes.

"Estaremos contigo sempre que pedires, para ajudar em teus outros trabalhos, porque esta é apenas uma parte da missão que te foi confiada e que um de nós já te revelou.

"Entre os ensinamentos que recebeste, há alguns que deves guardar só para ti, até segunda ordem; avisaremos quando tiver chegado o momento de publicá-los. Enquanto esperas, medita sobre eles, a fim de estares pronto quando avisarmos.

"Colocarás, no início do livro, o desenho da videira que fizemos para ti[1], porque ela é o emblema do trabalho do Criador. Todos os princípios materiais que podem melhor representar o corpo e o espírito encontram-se nele reunidos: o corpo é a videira, o espírito é a seiva, a alma ou o espírito unidos à matéria são o bago. O homem eleva o espírito ao mais alto grau de depuração através de seu trabalho, e tu sabes que somente pelo trabalho do corpo é que o espírito adquire conhecimentos.

"Não te deixes desanimar pela crítica. Encontrarás contraditores obstinados, principalmente entre pessoas excessivamente interesseiras. Irás encontrá-los inclusive entre os Espíritos, pois aqueles que não são completamente desmaterializados procuram frequentemente, por malícia ou ignorância, semear a dúvida. Mas continua sempre, crê em Deus e caminha confiante: aqui estaremos para te encorajar, e está próximo o dia em que a verdade ecoará por toda parte.

"A vaidade de certos homens, que pensam tudo saber e que tudo querem explicar à sua maneira, dará origem a opiniões dissidentes. Mas todos aqueles que visarem o grande princípio de Jesus irão irmanar-se no mesmo sentimento de amor ao bem, unindo-se por um laço fraternal que abraçará o mundo inteiro. Deixarão de lado as discussões mesquinhas para se ocuparem somente das coisas essenciais, e a doutrina será sempre a mesma, quanto ao fundamento, para todos os que receberem as comunicações dos Espíritos superiores.

"É com perseverança que conseguirás obter o fruto de teus trabalhos. O prazer que sentirás, ao ver a doutrina propagar-se e ser bem compreendida, será para ti uma recompensa cujo valor saberás, integralmente, talvez mais no futuro que no presente. Portanto, não te inquietes com os espinhos e as pedras que os incrédulos e os maldosos semearão em teu caminho; mantém a confiança, pois com ela alcançarás o objetivo e merecerás ser sempre ajudado.

"Lembra-te de que os Bons Espíritos só ajudam aqueles que servem a Deus desinteressadamente e com humildade, e que repudiam qualquer um que procure, no caminho do céu, um degrau para as coisas da Terra; eles se afastam dos orgulhosos e dos ambiciosos. O orgulho e a ambição serão sempre uma barreira entre o homem e Deus; são um véu lançado sobre as claridades celestes, e Deus não pode servir-se do cego para fazer que se compreenda a luz."

SÃO JOÃO EVANGELISTA, SANTO AGOSTINHO, SÃO VICENTE DE PAULO, SÃO LUÍS, O ESPÍRITO DE VERDADE, SÓCRATES, PLATÃO, FÉNELON, FRANKLIN, SWEDENBORG ETC.

(1) Nota da Editora: A ilustração que encabeça o capítulo "Prolegômenos" é uma criação livre da artista plástica e escritora Rita Foelker, inspirada no desenho do original francês de O Livro dos Espíritos.

Livro Primeiro

As Causas Primárias

Capítulo I

DEUS

Deus e o infinito – Provas da existência de Deus – Atributos da Divindade – Panteísmo.

DEUS E O INFINITO

1. Que é Deus?
– *Deus é a inteligência suprema, causa primária de todas as coisas*[1].
2. Que se deve entender por infinito?
– *Aquilo que não tem começo nem fim; o desconhecido. Tudo o que é desconhecido é infinito.*
3. Pode-se dizer que Deus é o infinito?
– *Definição incompleta. Pobreza da linguagem humana, insuficiente para definir o que está além de sua inteligência.*

Deus é infinito em suas perfeições, mas o infinito é uma abstração. Dizer que Deus é o infinito é tomar o atributo pela coisa propriamente dita e definir uma coisa ainda não conhecida por outra que também não é.

PROVAS DA EXISTÊNCIA DE DEUS

4. Onde se pode encontrar a prova da existência de Deus?

---

(1) O texto que se segue às perguntas, em itálico, é a própria resposta dada pelos Espíritos. Distinguiu-se com um outro tipo de letra as observações e o desenvolvimento acrescentados pelo autor, sempre que havia a possibilidade de confundi-los com o texto da resposta. Quando as notas e as explicações formam capítulos inteiros, de maneira que não haja a possibilidade de confusão, conservamos a letra normal.

– *Numa máxima que aplicais às vossas ciências: não há efeito sem causa. Procurai a causa de tudo o que não é obra do homem, e a razão vos responderá.*

Para crer em Deus, basta lançar os olhos às obras da Criação. O Universo existe; portanto, existe uma causa. Duvidar da existência de Deus seria negar que todo efeito tem uma causa e pretender que o nada pôde dar origem a algo.

5. Que consequência se pode tirar do sentimento intuitivo que todos os homens têm em si da existência de Deus?

– *Que Deus existe; pois de onde lhes viria esse sentimento, se não se apoiasse em nada? É mais uma consequência do princípio de que não há efeito sem causa.*

6. O sentimento íntimo que temos em nós da existência de Deus não seria obra da educação e produto das ideias adquiridas?

– *Se assim fosse, por que os selvagens teriam esse sentimento?*

Se o sentimento da existência de um ser supremo fosse apenas produto de um ensinamento, não seria universal, e só existiria, como as noções científicas, entre os que pudessem receber esse ensinamento.

7. Pode-se encontrar, nas propriedades íntimas da matéria, a causa primária da formação das coisas?

– *Mas então qual seria a causa dessas propriedades? Sempre é preciso haver uma causa primária.*

Atribuir a formação primeira das coisas às propriedades íntimas da matéria seria tomar o efeito pela causa, pois essas propriedades são, por si mesmas, um efeito que deve ter uma causa.

8. O que pensar da opinião que atribui a formação primeira a uma combinação fortuita da matéria, em outras palavras, ao acaso?

– *Outro absurdo! Que homem de bom senso pode ver o acaso como um ser inteligente? E depois, o que é o acaso? Nada.*

A harmonia que rege as forças do Universo patenteia combinações e desígnios determinados, e, por isso mesmo, revela um poder inteligente. Atribuir a formação primária ao acaso seria insensato, pois o acaso é cego e não pode produzir efeitos inteligentes. Um acaso inteligente já não seria o acaso.

9. Onde se vê, na causa primária, uma inteligência suprema, superior a todas as inteligências?

– *Tendes um provérbio que diz: "Pela obra se conhece o criador". Pois bem: vede a obra e procurai o autor. É o orgulho que produz a incredulidade. O homem orgulhoso não admite nada além de si, e é por isso que se autodenomina um espírito forte. Pobre ser, que um sopro de Deus pode derrubar!*

Julga-se o poder de uma inteligência por suas obras. Já que nenhum ser humano pode criar o que a Natureza produz, a causa primeira é, portanto, uma inteligência superior à humanidade.

Sejam quais forem os prodígios realizados pela inteligência humana, essa inteligência tem uma causa, e quanto maior for o que ela realizar, maior deve ser a causa primeira. É essa inteligência a causa primeira de todas as coisas, qualquer que seja o nome pelo qual o homem a tenha designado.

Atributos da Divindade

10. Pode o homem compreender a natureza íntima de Deus?
– *Não. Falta-lhe um sentido para isso.*
11. Será permitido ao homem, algum dia, compreender o mistério da Divindade?
– *Quando o espírito do homem não estiver mais obscurecido pela matéria e, por sua perfeição, se houver aproximado do mistério da Divindade, ele então O verá e compreenderá.*

A inferioridade das faculdades do homem não lhe permite compreender a natureza íntima de Deus. Nos primórdios da humanidade, o homem O confunde frequentemente com a criatura, cujas imperfeições ele lhe atribui. Porém, à medida que o seu senso moral se desenvolve e que o seu pensamento penetra na essência das coisas, o homem passa a ter uma ideia mais justa e de acordo com a sã consciência, embora sempre incompleta.

12. Se não podemos compreender a natureza íntima de Deus, podemos ter uma ideia de algumas de suas perfeições?
– *Sim, de algumas. O homem as compreende melhor à medida que se eleva em relação à matéria; ele as entrevê pelo pensamento.*
13. Quando dizemos que Deus é eterno, infinito, imutável, imaterial, único, todo-poderoso, soberanamente justo e bom, temos uma ideia completa de seus atributos?
– *De acordo com vosso ponto de vista, sim, porque acreditais tudo abranger; mas sabei que há coisas acima da inteligência do homem mais inteligente, e para as quais a vossa linguagem, limitada às vossas ideias e sensações, não tem como expressar. A razão vos diz, de fato, que Deus deve ter essas perfeições no grau mais supremo, pois, se lhe faltasse uma, ou se não fosse em grau infinito, Ele não seria superior a tudo, e, consequentemente, não seria Deus. Para estar acima de todas as coisas, Deus não deve estar sujeito a qualquer vicissitude e nem ter qualquer das imperfeições concebíveis pela imaginação.*

Deus é *eterno*. Se tivesse tido um início, teria saído do nada, ou então teria sido criado por um ser anterior. É assim que, pouco a pouco, remontamos ao infinito e à eternidade.

Deus é *imutável*. Se fosse sujeito a mudanças, as leis que regem o Universo não teriam nenhuma estabilidade.

Deus é *imaterial*. Isso quer dizer que sua natureza difere de tudo o que chamamos de matéria. Caso contrário, Ele não seria imutável, pois estaria sujeito às transformações da matéria.

Deus é *único*. Se existissem diversos deuses, não haveria nem unidade de propósitos, nem unidade de poder na ordem do Universo.

Deus é *todo-poderoso*, porque é único. Se Ele não tivesse o poder soberano, haveria alguma coisa mais poderosa ou tão poderosa quanto Ele; não teria feito todas as coisas, e as que não tivessem sido feitas por Ele seriam obra de um outro deus.

Ele é *soberanamente justo e bom*. A sabedoria providencial das leis divinas se revela tanto nas menores coisas como nas maiores, e essa sabedoria não nos permite duvidar nem de sua justiça nem de sua bondade.

PANTEÍSMO

14. Deus é um ser distinto, ou seria, segundo a opinião de alguns, a resultante de todas as forças e de todas as inteligências do Universo reunidas?

– *Se assim fosse, Deus não existiria, pois seria o efeito e não a causa; Ele não pode ser ao mesmo tempo um e outro.*

Deus existe, não podeis duvidar, e isso é o essencial. Crede em mim, e não vades além. Não vos percais num labirinto de onde não podereis sair. Isso não vos tornaria melhores, mas um pouco mais orgulhosos, talvez, já que julgaríeis saber, quando na realidade nada saberíeis. Então, deixai de lado todos esses sistemas; vós já tendes muitas coisas que vos tocam mais diretamente, a começar por vós mesmos. Estudai vossas próprias imperfeições para vos livrardes delas; isto será mais útil do que querer penetrar no que é impenetrável.

15. O que pensar da opinião segundo a qual todos os corpos da Natureza, todos os seres e todos os planetas do Universo seriam partes da Divindade e constituiriam, em seu conjunto, a própria Divindade; ou seja, da doutrina panteísta?

– *Uma vez que o homem não pode fazer-se Deus, quer ao menos ser uma parte de Deus.*

16. Aqueles que professam essa doutrina pretendem encontrar nela a demonstração de alguns dos atributos de Deus. Já que os mundos são infinitos, Deus é, por essa mesma razão, infinito; por não haver em parte alguma o vazio e o nada, Deus está em toda parte; já que Deus está em todo lugar, pois é parte integrante de tudo, Ele dá a todos os fenômenos da Natureza uma razão de ser inteligente. O que se pode opor a esse raciocínio?

– *A razão. Refleti atentamente e não vos será difícil reconhecer o absurdo disso.*

Essa doutrina faz de Deus um ser material que, embora dotado de uma inteligência suprema, seria em grandes proporções aquilo que nós somos em pequenas proporções. Ora, já que a matéria se transforma sem cessar, Deus, nesse caso, não teria nenhuma estabilidade. Estaria sujeito a todas as vicissitudes e mesmo a todas as necessidades da humanidade. Faltar-lhe-ia um dos atributos essenciais da Divindade: a imutabilidade. As propriedades da matéria não podem se aliar à ideia de Deus sem rebaixá-Lo, em nosso pensamento, e todas as sutilezas do sofisma não conseguirão resolver o problema de sua natureza íntima. Não sabemos tudo o que Deus é, mas sabemos o que Ele não pode deixar de ser. O sistema panteísta está em contradição com suas propriedades mais essenciais, por confundir o criador com a criatura, precisamente como se quiséssemos que uma máquina engenhosa fosse parte integrante do mecânico que a concebeu.

A inteligência de Deus se revela em Suas obras como a de um pintor em seu quadro; mas as obras de Deus não são o próprio Deus, assim como o quadro não é o pintor que o concebeu e executou.

Capítulo II

ELEMENTOS GERAIS DO UNIVERSO

Conhecimento do princípio das coisas – Espírito e matéria – Propriedades da matéria – Espaço universal.

CONHECIMENTO DO PRINCÍPIO DAS COISAS

17. O homem pode conhecer o princípio das coisas?
– *Não, Deus não permite que tudo seja revelado ao homem aqui na Terra.*
18. O homem penetrará um dia o mistério das coisas que lhe são ocultas?
– *O véu lhe é levantado à medida que ele se depura. No entanto, para compreender certas coisas, precisa de faculdades que ainda não possui.*
19. O homem não pode, por meio de investigações científicas, desvendar alguns dos segredos da Natureza?
– *A Ciência foi dada ao homem para que ele avançasse em todas as coisas, mas ele não pode ultrapassar os limites fixados por Deus.*

Quanto mais é permitido ao homem mergulhar nesses mistérios, maior deve ser sua admiração pela força e a sabedoria do Criador. No entanto, seja por orgulho, seja por fraqueza, sua própria inteligência frequentemente o torna joguete da ilusão. Ele acumula sistema sobre sistema, e, a cada dia, exibe quantos erros tomou por verdades e quantas verdades repeliu como se fossem erros. São outras tantas decepções para o seu orgulho.

20. Fora das investigações da Ciência, o homem pode receber comunicações de uma ordem mais elevada sobre o que escapa ao testemunho dos sentidos?

– Sim. Se Deus o julgar útil, pode revelar-lhe aquilo que a Ciência não pode apreender.

É por meio dessas comunicações que o homem, dentro de certos limites, tem acesso ao conhecimento sobre seu passado e seu destino futuro.

Espírito e Matéria

21. Será que, assim como Deus, a matéria existe desde toda a eternidade, ou ela foi, em algum momento, criada por Ele?
– *Só Deus o sabe. Entretanto, há uma coisa que vossa razão vos deve mostrar: é que Deus, modelo de amor e caridade, nunca esteve inativo. Por mais distante que imagineis o início da ação de Deus, podereis compreendê-Lo um segundo na ociosidade?*
22. Define-se geralmente a matéria como aquilo que tem extensão, que pode causar impressão aos nossos sentidos e que é impenetrável. Essas definições são exatas?
– *São exatas do vosso ponto de vista, porque só falais a partir do que conheceis. Mas a matéria existe em estados que vos são desconhecidos; ela pode ser, por exemplo, tão etérea e sutil a ponto de não causar nenhuma impressão aos sentidos. No entanto, é sempre matéria, embora não o seja para vós.*
22. a) Que definição podeis dar da matéria?
– *A matéria é o laço que prende o espírito; é o instrumento que ele usa e sobre o qual, ao mesmo tempo, exerce sua ação.*

De acordo com esse ponto de vista, pode-se dizer que a matéria é o agente, o intermediário com ajuda do qual e sobre o qual o Espírito atua.

23. O que é o espírito?
– *O princípio inteligente do Universo.*
23. a) Qual é a natureza íntima do espírito?
– *Não é fácil analisar o Espírito por meio da vossa linguagem. Para vós, ele não é nada, porque não é uma coisa palpável; mas para nós é alguma coisa. Sabei que o nada é um vazio, e o vazio não existe.*
24. O espírito é sinônimo de inteligência?
– *A inteligência é um atributo essencial do espírito, mas ambos se confundem em um princípio comum, de maneira que, para vós, trata-se de uma mesma coisa.*
25. O espírito é independente da matéria ou é apenas uma propriedade dela, como as cores são propriedades da luz e o som uma propriedade do ar?
– *Ambos são distintos; mas é preciso a união do espírito e da matéria para que esta se torne inteligente.*

25. a) Essa união é igualmente necessária para a manifestação do espírito? (Aqui, entendemos por espírito o princípio de inteligência, deixando de lado as individualidades designadas com esse nome.)
– *É necessária para vós, porque não sois providos de órgãos para perceber o espírito sem a matéria; vossos sentidos não são apropriados para isso.*
26. Pode-se conceber o espírito sem a matéria e a matéria sem o espírito?
– *Sim, sem dúvida, através do pensamento.*
27. Haveria, assim, dois elementos gerais no Universo: a matéria e o espírito?
– *Sim, e acima de tudo isso, Deus, o Criador, o Pai de todas as coisas. Essas três coisas são o princípio de tudo o que existe, a trindade universal. Mas é preciso acrescentar, ao elemento material, o fluido universal, que desempenha o papel de intermediário entre o espírito e a matéria propriamente dita, esta muito rudimentar para que o espírito possa agir sobre ela. Embora possamos, sob um determinado ponto de vista, classificar o fluido universal como elemento material, ele se distingue por propriedades especiais. Se fosse precisamente matéria, não haveria razão para que o espírito também não o fosse. Ele encontra-se entre o espírito e a matéria; é fluido, assim como a matéria é matéria. Pelas inúmeras combinações que estabelece com ela, e sob a ação do espírito, o fluido universal é suscetível de produzir uma infinita variedade de coisas das quais conheceis apenas uma pequena parte. Por ser o agente empregado pelo espírito, esse fluido universal, ou primitivo, ou elementar, é o princípio sem o qual a matéria permaneceria em perpétuo estado de divisão, e nunca adquiriria as propriedades que lhe dá a gravidade.*
27. a) Seria esse fluido aquilo que chamamos de eletricidade?
– *Dissemos que ele é suscetível a inúmeras combinações. O que chamais de fluido elétrico, fluido magnético, são modificações do fluido universal, que é, precisamente, apenas uma matéria mais perfeita, mais sutil, que se pode considerar como independente.*
28. Já que o próprio espírito consiste em alguma coisa, não seria mais exato, e menos controverso, designar esses dois elementos gerais pelos termos *matéria inerte* e *matéria inteligente*?
– *As palavras pouco nos importam. Cabe a vós formular a linguagem de maneira a vos entenderdes. Vossas controvérsias advêm quase sempre do fato de não vos entenderdes quanto às palavras, porque a vossa linguagem é incompleta para exprimir o que não vos toca os sentidos.*

Um fato incontestável domina todas as hipóteses; vemos matéria que não é inteligente; vemos um princípio inteligente independente da matéria. A origem e a conexão dessas duas coisas nos são desconhecidas. Que elas tenham ou não uma origem comum, pontos de contato necessários; que a inteligência tenha existência própria, ou que ela seja uma propriedade, um efeito; que seja, até mesmo, segundo a opinião de alguns, uma emanação da Divindade – é o que ignoramos: elas nos aparecem distintas, e é por isso que as admitimos formando dois princípios constituintes do Universo. Vemos, acima de tudo isso, uma inteligência que domina todas as outras, que governa todas elas, e que delas se distingue por atributos essenciais: é a essa inteligência suprema que chamamos Deus.

PROPRIEDADES DA MATÉRIA

29. A ponderabilidade é um atributo essencial da matéria?
– *Da matéria tal qual conheceis, sim; mas não da matéria considerada como fluido universal. A matéria etérea e sutil que forma esse fluido é imponderável para vós, mas nem por isso deixa de ser o princípio da vossa matéria ponderável.*

A gravidade é uma propriedade relativa. Fora das esferas de atração dos mundos, não há peso, assim como não há alto nem baixo.

30. A matéria é formada por um só ou por diversos elementos?
– *Por um só elemento primitivo. Os corpos que considerais simples não são verdadeiros elementos, e sim transformações da matéria primitiva.*

31. De onde vêm as diferentes propriedades da matéria?
– *Das modificações que as moléculas elementares sofrem ao se unirem, em determinadas circunstâncias.*

32. Sendo assim, os sabores, os odores, as cores, o som, as qualidades venenosas ou salutares dos corpos seriam apenas modificações de uma única e mesma substância primitiva?
– *Sim, sem dúvida, e só existem devido à disposição dos órgãos destinados a percebê-las.*

Esse princípio é demonstrado pelo fato de que nem todos percebem as qualidades dos corpos de uma mesma maneira: um acha determinada coisa agradável ao paladar, outro a acha ruim; alguns enxergam azul o que outros veem vermelho; aquilo que é um veneno para alguns é inofensivo ou saudável para outros.

33. A mesma matéria elementar é suscetível de receber todas as modificações e de adquirir todas as propriedades?
– *Sim, e é isso que se deve entender quando dizemos que* tudo está em tudo[1].

---

(1) Este princípio explica o fenômeno, conhecido por todos os magnetizadores, que consiste em dar a uma substância qualquer – à água por exemplo –, conforme a vontade, propriedades bem diversas: um gosto determinado e mesmo as qualidades ativas de outras substâncias. Por haver apenas um elemento primitivo, e por serem as propriedades dos diferentes corpos apenas modificações desse elemento, resulta que a substância mais inofensiva tem o mesmo princípio da mais venenosa. Assim, a água, formada por uma parte de oxigênio e duas de hidrogênio, torna-se corrosiva, se dobramos a proporção de oxigênio. Uma transformação análoga pode produzir-se pela ação magnética dirigida pela vontade.

O oxigênio, o hidrogênio, o azoto, o carbono e todos os corpos que vemos como simples são apenas modificações de uma substância primitiva. Na impossibilidade, que é o nosso caso até o presente, de remontar a essa primeira matéria de uma outra forma que não seja pelo pensamento, esses corpos são, para nós, verdadeiros elementos, e podemos sem grandes consequências considerá-los como tais, até segunda ordem.

33. a) Essa teoria não parece dar razão àqueles que admitem, na matéria, apenas duas propriedades essenciais: a força e o movimento, e que pensam que todas as outras propriedades são somente efeitos secundários que variam segundo a intensidade da força e a direção do movimento?

– *Essa opinião está correta. É preciso acrescentar que esses efeitos variam também de acordo com a disposição das moléculas, como se vê, por exemplo, em um corpo opaco que pode tornar-se transparente, e vice-versa.*

34. As moléculas têm uma forma determinada?

– *Sem dúvida, as moléculas têm uma forma, mas vós não podeis apreciá-las.*

34. a) Essa forma é constante ou variável?

– *Constante para as moléculas elementares primitivas, mas variável para as moléculas secundárias, que são apenas aglomerações das primeiras; pois o que chamais de molécula ainda está longe de ser a molécula elementar.*

ESPAÇO UNIVERSAL

35. O espaço universal é infinito ou limitado?

– *Infinito. Supõe limites para ele, o que haveria além? Isto confunde a tua razão, bem o sei, e, no entanto, a razão te diz que não pode ser de outro modo. O mesmo ocorre com o infinito, em todas as coisas; e não é na vossa pequena esfera que podereis compreendê-lo.*

Supondo-se um limite para o espaço, em qualquer distância que o pensamento possa concebê-lo, a razão diz que, após esse limite, há alguma coisa, e assim pouco a pouco, até o infinito; pois essa alguma coisa, mesmo que fosse o vazio absoluto, seria ainda espaço.

36. O vazio absoluto existe, em alguma parte, no espaço universal?

– *Não, nada é vazio. O que te parece vazio está ocupado por uma matéria que escapa aos teus sentidos e aos teus instrumentos.*

Capítulo III

CRIAÇÃO

Formação dos mundos – Formação dos seres vivos – Povoamento da Terra. Adão – Diversidade das raças humanas – Pluralidade dos mundos – Considerações e concordâncias bíblicas concernentes à Criação.

FORMAÇÃO DOS MUNDOS

O Universo abrange a infinidade dos mundos que vemos e aqueles que não vemos, todos os seres animados e inanimados, todos os astros que se movem no espaço e os fluidos que o preenchem.

37. O Universo foi criado ou existe desde toda a eternidade, como Deus?

– *Sem dúvida, o Universo não pode ter sido feito por si só, e, se existiu desde sempre, como Deus, não poderia ser obra de Deus.*

A razão nos diz que o Universo não pode ter sido feito por si só, e que, não podendo ser obra do acaso, deve ser obra de Deus.

38. Como Deus criou o Universo?

– *Para responder com uma só expressão: por Sua vontade. Nada exprime melhor essa vontade toda-poderosa do que estas belas palavras do Gênesis: "Deus disse: 'Haja luz', e houve luz".*

39. Podemos conhecer o modo de formação dos mundos?

– *Tudo o que se pode dizer, e que podeis compreender, é que os mundos se formam pela condensação da matéria disseminada no espaço.*

40. Os cometas seriam, como se acredita atualmente, um começo de condensação da matéria e de mundos em via de formação?

– *Exatamente. O absurdo, porém, é acreditar em sua influência. Refiro-me a esta influência que vulgarmente se atribuem aos cometas; pois todos os corpos celestes têm sua parte de influência sobre certos fenômenos físicos.*
41. Um mundo completamente formado pode desaparecer, e a matéria que o compõe ser novamente disseminada no espaço?
– *Sim, Deus renova os mundos assim como renova os seres vivos.*
42. Podemos conhecer a duração da formação dos mundos? Da Terra, por exemplo?
– *Não posso dizer-te, pois somente o Criador o sabe, e tolo seria quem pretendesse sabê-lo ou conhecer o número de séculos dessa formação.*

FORMAÇÃO DOS SERES VIVOS

43. Quando a Terra começou a ser povoada?
– *No início, tudo era caos; os elementos estavam misturados. Pouco a pouco, cada coisa tomou o seu lugar; então apareceram os seres vivos apropriados ao estado do globo.*
44. De onde vieram os seres vivos que estão na Terra?
– *A Terra continha os germes que esperavam o momento adequado para se desenvolverem. Os princípios orgânicos se agruparam, assim que cessou a força que os mantinha afastados, e eles formaram os germes de todos os seres vivos. Os germes permaneceram em estado latente e inerte, como a crisálida e as sementes das plantas, até o momento propício à eclosão de cada espécie. Então, os seres de cada espécie se agruparam e se multiplicaram.*
45. Onde estavam os elementos orgânicos antes da formação da Terra?
– *Encontravam-se, por assim dizer, no estado de fluido no espaço, em meio a Espíritos, ou em outros planetas, esperando a criação da Terra para começar uma nova existência sobre um novo globo.*

A Química nos mostra as moléculas dos corpos inorgânicos unindo-se para formar cristais de uma regularidade constante, de acordo com cada espécie, tão logo eles se encontrem nas condições necessárias. A menor alteração nessas condições é suficiente para impedir a reunião de elementos ou, pelo menos, a disposição regular que constitui o cristal. Por que não ocorreria o mesmo com os elementos orgânicos? Conservamos durante anos sementes de plantas e animais, que se desenvolvem somente a uma temperatura determinada e em um meio propício; vimos grãos de trigo germinarem depois de vários séculos.

Há, portanto, nessas sementes, um princípio *latente* de vitalidade, que só espera uma circunstância favorável para desenvolver-se. O que se passa diariamente diante de nossos olhos não pode ter ocorrido desde a origem do globo? Por ter surgido do caos, pela própria força da Natureza, essa formação dos seres vivos diminui em alguma coisa a grandeza de Deus? Longe disso, ela corresponde melhor à ideia que fazíamos do poder exercido por Deus sobre os mundos infinitos através de leis eternas. É verdade que essa teoria não resolve a questão da origem dos elementos vitais; mas Deus tem seus mistérios e estabeleceu limites às nossas investigações.

46. Ainda há seres que nascem espontaneamente?
– *Sim, mas o germe primitivo já existia no estado latente. Todos os dias, sois testemunhas desse fenômeno. Os tecidos do homem e dos animais não contêm os germes de uma multidão de vermes que, para eclodir, aguardam a fermentação pútrida necessária à sua existência? É um pequeno mundo que dormita e que se cria.*

47. A espécie humana se encontrava entre os elementos orgânicos contidos no globo terrestre?
– *Sim, e ela veio a seu tempo; foi isso que levou a dizer-se que o homem havia sido formado do barro da terra.*

48. Podemos saber a época da aparição do homem e dos outros seres vivos na Terra?
– *Não, todos os vossos cálculos são quimeras.*

49. Se o germe da espécie humana estava entre os elementos orgânicos do globo terrestre, por que os seres humanos não se formam espontaneamente, como em sua origem?
– *O princípio das coisas é um dos segredos de Deus. No entanto, pode-se dizer que os homens, uma vez espalhados sobre a Terra, absorveram em si os elementos necessários para a sua formação, para transmiti-los de acordo com as leis da reprodução. Ocorre o mesmo com as diferentes espécies de seres vivos.*

Povoamento da Terra. Adão.

50. A espécie humana começou a partir de um só homem?
– *Não. Aquele que chamais de Adão não foi nem o primeiro nem o único a povoar a Terra.*

51. Podemos saber em que época viveu Adão?
– *Quase na época que assinalastes; por volta de 4.000 anos antes de Cristo.*

O homem cuja tradição se conservou sob o nome de Adão foi um dos que sobreviveram, numa região, a alguns dos grandes cataclismas que em diversas épocas abalaram a superfície do globo terrestre, e tornou-se o tronco de uma das raças que hoje povoam a Terra. As leis da Natureza se opõem à ideia de que os avanços da humanidade – constatados muito tempo antes de Cristo – poderiam ter sido realizados apenas em alguns séculos, como seria o caso se o homem tivesse aparecido na Terra somente a partir da época de Adão. Alguns, e com muita razão, consideram Adão um mito ou uma alegoria que personifica as primeiras eras do mundo.

DIVERSIDADE DAS RAÇAS HUMANAS

52. De onde provêm as diferenças físicas e morais que distinguem as variedades de raças de homens na Terra?
– *Do clima, da vida e dos hábitos. O mesmo ocorre com dois filhos de uma mesma mãe, que, criados um longe do outro e de maneiras diferentes, em nada se assemelhariam no tocante à moral.*
53. O homem surgiu em vários pontos do globo?
– *Sim, e em diversas épocas, e esta é uma das causas da diversidade das raças. Mais tarde os homens, dispersando-se nos diferentes climas e aliando-se a outras raças, formaram novos tipos.*
53. a) Essas diferenças constituem espécies distintas?
– *Certamente não, todos pertencem a uma mesma família. As diferentes variedades do mesmo fruto impedem-no de pertencer à mesma espécie?*
54. Se a espécie humana não provém de um só fruto, os homens devem deixar de se ver como irmãos?
– *Todos os homens são irmãos em Deus, porque são animados pelo espírito e tendem a um mesmo objetivo. Vós sempre quereis tomar as palavras ao pé da letra.*

PLURALIDADE DOS MUNDOS

55. Todos os globos que circulam no espaço são habitados?
– *Sim, e o homem da Terra está longe de ser, como pensa, o primeiro em inteligência, em bondade e em perfeição. Há, no entanto, homens que se acham poderosos e imaginam que apenas esse pequeno globo tem o privilégio de ter seres racionais. Orgulho e vaidade! Acreditam que Deus criou o Universo somente para eles!*

Deus povoou os mundos com seres vivos que tendem ao mesmo objetivo final da Providência. Acreditar que os seres vivos estão limitados a um único ponto do Universo, habitado por nós, seria colocar em dúvida a sabedoria de Deus, que não fez nada inutilmente. Ele deve ter designado a esses mundos um objetivo mais sério do que o de distrair nossos olhos. Aliás, nem a posição, nem o volume, tampouco a constituição física da Terra, nada pode fazer supor que só o globo terrestre tenha o privilégio de ser habitado, excluindo-se tantos milhares de mundos semelhantes.

56. A constituição física dos diferentes globos é a mesma?
– *Não, eles não se assemelham de forma alguma.*

57. A constituição física dos mundos não sendo a mesma para todos, segue-se que há uma organização diferente para os seres que os habitam?

– Sem dúvida, assim como em vosso mundo os peixes foram feitos para viver na água e os pássaros no ar.

58. Os mundos que estão mais distantes do Sol são privados de luz e de calor, já que o Sol só aparece para eles como uma estrela?

– Então, credes que não haja outras fontes de luz e de calor senão o Sol, e nem levais em conta a eletricidade, que, em certos mundos, desempenha um papel que desconheceis totalmente e que é bem mais importante e diferente do que o que lhe cabe na Terra? Além disso, não dissemos que todos os seres vivem da mesma forma que vós e com os órgãos semelhantes aos vossos.

As condições de existência dos seres que habitam os diferentes mundos devem ser apropriadas ao meio em que são chamados a viver. Se nunca tivéssemos visto peixes, não compreenderíamos que seres pudessem viver dentro da água. É o que ocorre com os outros mundos que, sem dúvida, possuem elementos que nos são desconhecidos. Não vemos, na Terra, as longas noites polares iluminadas pela eletricidade das auroras boreais? O que há de impossível no fato de que, em certos mundos, a eletricidade seja mais abundante do que na Terra, e que lá desempenhe um papel geral, cujos efeitos não podemos compreender? Esses mundos podem, portanto, conter em si mesmos as fontes de calor e de luz necessárias aos seus habitantes.

CONSIDERAÇÕES E CONCORDÂNCIAS BÍBLICAS CONCERNENTES À CRIAÇÃO

59. Os povos formaram ideias bem divergentes sobre a Criação, conforme o grau de suas luzes. A razão, apoiada na Ciência, reconheceu a inverossimilhança de algumas teorias. O que foi revelado pelos Espíritos confirma a opinião há muito tempo admitida pelos homens mais esclarecidos.

A objeção que se pode fazer a essa teoria é a de estar em contradição com o texto dos livros sagrados. No entanto, uma análise séria leva a reconhecer que essa contradição é mais aparente que real, e que resulta da interpretação dada a um sentido muitas vezes alegórico.

A questão do primeiro homem, representado por Adão, como único tronco da humanidade, não é, de forma alguma, a única a respeito da qual as crenças religiosas tiveram que se modificar. O movimento da Terra pareceu, numa certa época, tão contrária ao texto sagrado, que não há forma de perseguições de que essa teoria não tenha sido o pretexto. E, no entanto, a Terra gira, apesar dos anátemas, e hoje em dia ninguém poderia contestar este fato sem pôr em risco a sua própria razão.

A Bíblia diz igualmente que o mundo foi criado em seis dias, e fixa a época da criação em cerca de 4.000 anos antes da era cristã. Até então, a Terra não existia; ela foi tirada do nada. O texto é formal; e eis que a Ciência positiva, a Ciência inexorável vem provar o contrário. A formação do globo terrestre está escrita em caracteres irrecusáveis no mundo fóssil, e está provado que os seis dias da criação constituem outros tantos períodos, cada um deles possuindo, talvez, várias centenas de milhares de anos. Isso não é mais um sistema, uma doutrina, uma opinião isolada; trata-se de um fato tão certo como aquele do movimento da Terra, que a teologia não pôde deixar de admitir, prova evidente do erro a que se está sujeito quando se tomam ao pé da letra as expressões de uma linguagem que quase sempre é figurada. Com isso, devemos então concluir que a Bíblia é um erro? Não; mas que os homens se enganaram ao interpretá-la.

Ao explorar os arquivos da Terra, a Ciência descobriu a ordem em que os diferentes seres vivos apareceram na superfície, e essa ordem está de acordo com aquela indicada no *Gênesis*, com a diferença de que, em vez de ter saído miraculosamente das mãos de Deus em algumas horas, realizou-se, sempre por sua vontade, mas segundo a lei das forças da Natureza, em alguns milhões de anos. Deus seria, por essa razão, menos grandioso e menos poderoso? Sua obra seria menos sublime por não gozar do prestígio da instantaneidade? Evidentemente não; seria necessário ter uma ideia bem mesquinha da Divindade para não reconhecer Sua onipotência nas leis eternas que estabeleceu para reger os mundos. A Ciência, longe de desmerecer a obra divina, apresenta-a para nós sob um aspecto mais grandioso e mais conforme às noções que temos do poder e da majestade de Deus, pelo fato mesmo de que ela se realiza sem derrogar as leis da Natureza.

A Ciência, quanto a isso de acordo com Moisés, coloca o homem por último na ordem da criação dos seres vivos. Contudo, Moisés coloca o dilúvio universal no ano de 1654, enquanto a geologia nos mostra o grande cataclisma como anterior à aparição do homem, visto que até hoje não se encontra, nas camadas primitivas, nenhum indício de presença humana nem de animais pertencentes à mesma categoria do homem, do ponto de vista físico. Porém, nada prova que isso seja impossível; diversas descobertas já lançaram dúvidas a esse respeito. Portanto, pode ser que de uma hora para outra se adquira a certeza material dessa anterioridade da raça humana, e, então, reconhecer-se-á que, nesse ponto como em outros, o texto bíblico é uma figura. A questão que resta a saber é se o cataclisma geológico é o mesmo que o de Noé. Ora, a duração necessária para a formação de camadas fósseis não permite confundi-los, e a partir do momento em que se tiver descoberto os indícios da existência do homem antes da grande catástrofe, ficará provado que Adão não é o primeiro homem, ou que sua criação se perde nos confins dos tempos. Contra a evidência não há raciocínios possíveis, e será preciso aceitar esse fato, como se aceitou o do movimento da Terra e os seis períodos da Criação.

A existência do homem antes do dilúvio geológico é, na verdade, ainda hipotética, mas não nos parece ser tanto assim. Admitindo-se que o homem tenha surgido pela primeira vez sobre a Terra há 4.000 anos antes de Cristo, e que 1.650 anos mais tarde toda a raça humana foi destruída, com exceção de uma única família, conclui-se que o povoamento da Terra date somente da época de Noé, ou seja, 2.350 anos antes da nossa era. Ora, quando os hebreus emigraram para o Egito, no século XVIII a.C., encontraram esse país bastante povoado e já bem avançado em civilização. A História prova que, nessa época, as Índias e outras regiões eram igualmente prósperas, mesmo sem levar em conta a cronologia de certos povos, que remonta a uma época bem mais remota. Teria sido então necessário que, do século XXIV a.C. ao XVIII a.C., ou seja, no espaço de seiscentos anos, não somente a posteridade de um único homem tivesse podido povoar todas as imensas regiões então conhecidas, supondo-se que as outras não o fossem, mas que, nesse curto intervalo, a espécie humana tivesse podido elevar-se da ignorância absoluta do estado primitivo ao mais alto grau de desenvolvimento intelectual, o que contraria todas as leis antropológicas.

A diversidade de raças vem ainda reforçar essa opinião. O clima e os hábitos produzem, sem dúvida, modificações nas características físicas, mas sabe-se até onde pode ir a influência dessas causas, e, além disso, o exame fisiológico prova haver, entre certas raças, diferenças estruturais mais profundas que aquelas produzidas pelo clima. O cruzamento das raças produz os tipos intermediários; ele tende a apagar os caracteres extremos, mas não os produz; apenas cria variedades. Ora, para que tenha ocorrido cruzamento de raças, seria necessário que houvesse raças distintas. Como explicar a existência delas, atribuindo-se-lhes um tronco comum e, sobretudo, tão próximo? Como admitir que, em alguns séculos, certos descendentes de Noé tivessem se transformado a ponto de produzir a raça etíope, por exemplo? Tal metamorfose não é mais admissível do que a hipótese de um tronco comum para o lobo e a ovelha, o elefante e o pulgão, a ave e o peixe. Ainda uma vez: nada pode prevalecer contra a evidência dos fatos. Tudo se explica, pelo contrário, admitindo-se a existência do homem antes da época que lhe é comumente designada; admitindo-se a diversidade das origens; Adão como alguém que viveu há 6.000 anos e povoou uma região ainda desabitada; o dilúvio de Noé como uma catástrofe parcial confundida com o cataclisma geológico; levando-se em conta, enfim, a forma alegórica característica do estilo oriental, que se encontra nos livros sagrados de todos os povos. Por isso é prudente não acusar tão levianamente de falsas as doutrinas que podem, cedo ou tarde, e como tantas outras, oferecer provas de sua autenticidade àqueles que as combatem. As ideias religiosas, longe de perderem algo, engrandecem-se quando caminham ao lado da Ciência. É o único meio de não mostrar ao ceticismo um lado vulnerável.

Capítulo IV

PRINCÍPIO VITAL

Seres orgânicos e inorgânicos – A vida e a morte – Inteligência e instinto

SERES ORGÂNICOS E INORGÂNICOS

Os seres orgânicos são os que trazem em si uma fonte de atividade íntima que lhes dá a vida; eles nascem, crescem, reproduzem-se e morrem; são providos de órgãos especiais para a realização dos diferentes atos da vida, órgãos apropriados às suas necessidades de conservação. Compreendem os homens, os animais e as plantas. Os seres inorgânicos são todos os que não possuem vitalidade nem movimentos próprios, sendo formados pela simples agregação da matéria; tais são os minerais, a água, o ar etc.

60. A força que une os elementos da matéria nos corpos orgânicos e nos corpos inorgânicos é a mesma?
– *Sim, a lei de atração é a mesma para todos.*

61. Há diferença entre a matéria dos corpos orgânicos e a dos corpos inorgânicos?
– *É sempre a mesma matéria, mas nos corpos orgânicos ela é animalizada.*

62. Qual é a causa da animalização da matéria?
– *Sua união com o princípio vital.*

63. O princípio vital reside num agente particular ou é apenas uma propriedade da matéria orgânica; em resumo, é um efeito ou uma causa?
– *As duas coisas. A vida é um efeito produzido pela ação de um agente sobre a matéria. Esse agente, sem a matéria, não é a vida, da mesma forma que a matéria, sem esse agente, não vive. O princípio vital dá vida a todos os seres que o absorvem e o assimilam.*

64. Vimos que espírito e matéria são dois elementos constitutivos do Universo. O princípio vital seria um terceiro?
– *Ele é, sem dúvida, um dos elementos necessários à constituição do Universo, mas ele próprio tem sua origem na matéria universal modificada. Para*

vós, é um elemento como o oxigênio e o hidrogênio, que, no entanto, não são elementos primitivos, pois tudo deriva de um mesmo princípio.

Disso parece resultar que a vitalidade não tem seu princípio num agente primitivo distinto, mas numa propriedade especial da matéria universal, devido a certas modificações.

É a consequência do que dissemos.

65. O princípio vital reside num corpo que conhecemos?

– Ele tem sua origem no fluido universal; é o que chamais de fluido magnético ou fluido elétrico animalizado. Ele é o intermediário, o elo entre o espírito e a matéria.

66. O princípio vital é o mesmo para todos os seres orgânicos?

– Sim, modificado de acordo com as espécies. É isso que lhes dá o movimento e a atividade, distinguindo-os da matéria inerte; pois o movimento da matéria não é a vida, ela recebe esse movimento, não o concede.

67. A vitalidade é um atributo permanente do agente vital, ou, na verdade, ela só se desenvolve pelo funcionamento dos órgãos?

– Ela só se desenvolve com o corpo. Não dissemos que esse agente sem a matéria não constitui a vida? É preciso a união das duas coisas para produzir a vida.

67. a) Podemos dizer que a vitalidade está em estado latente, quando o agente vital não se encontra unido ao corpo?

– Sim, é isso.

O conjunto dos órgãos constitui uma espécie de mecanismo que recebe seu impulso da atividade íntima ou princípio vital que neles existe. O princípio vital é a força motriz dos corpos orgânicos. Ao mesmo tempo que o agente vital impulsiona os órgãos, a ação destes conserva e desenvolve a atividade do agente vital, mais ou menos como o atrito produz o calor.

A VIDA E A MORTE

68. Qual é a causa da morte nos seres orgânicos?

– Esgotamento dos órgãos.

68. a) Seria possível comparar a morte ao cessar do movimento numa máquina desordenada?

– Sim, se a máquina encontra-se mal montada, a engrenagem se parte; se o corpo estiver doente, a vida se dissipa.

69. Por que uma lesão do coração, mais do que a de outros órgãos, causa a morte?

– O coração é uma máquina de vida; mas não é o único órgão cuja lesão ocasiona a morte. O coração é apenas uma das engrenagens essenciais.

70. No que se transformam a matéria e o princípio vital dos seres orgânicos após a morte?

– A matéria inerte se decompõe e forma novos organismos; o princípio vital retorna à massa.

Com a morte do ser orgânico, os elementos que o formavam submetem-se a novas combinações, constituindo novos seres. Estes retiram da fonte universal o princípio da vida e da atividade, absorvendo-o e assimilando-o para devolvê-lo a essa fonte, quando deixarem de existir.

Os órgãos estão, por assim dizer, impregnados de fluido vital. Esse fluido dá a todas as partes do organismo uma atividade que lhes permite uma comunicação mútua, no caso de determinadas lesões, e restabelece funções momentaneamente suspensas. Mas quando os elementos essenciais ao funcionamento dos órgãos são destruídos, ou profundamente alterados, o fluido vital é incapaz de transmitir-lhes o movimento da vida, e o ser morre.

Os órgãos reagem mais ou menos necessariamente uns sobre os outros; é da harmonia de seu conjunto que resulta sua ação recíproca. Quando uma causa qualquer destrói essa harmonia, as funções dos órgãos cessam, como o movimento de um mecanismo cujas engrenagens essenciais encontram-se desordenadas. Tal qual um relógio que se gasta com o tempo ou se desmonta por acidente, e que a força motriz não tem como pôr em funcionamento.

Num aparelho elétrico, temos uma imagem mais exata da vida e da morte. Como todos os corpos da Natureza, esse aparelho encerra a eletricidade em estado latente. Os fenômenos elétricos só se manifestam quando o fluido é posto em atividade por uma causa especial: então se pode dizer que o aparelho está vivo. Ao cessar a causa da atividade, o fenômeno cessa: o aparelho retorna ao estado de inércia. Os corpos orgânicos seriam, assim, uma espécie de pilha ou aparelho elétrico nos quais a atividade do fluido produz o fenômeno da vida: o cessar dessa atividade ocasiona a morte.

A quantidade de fluido vital não é absoluta em todos os seres orgânicos; varia de acordo com as espécies, e não é constante num mesmo indivíduo nem em indivíduos da mesma espécie. Há os que estão, por assim dizer, saturados de fluido vital, enquanto outros o possuem apenas em quantidade suficiente. Eis por que alguns têm uma vida mais ativa, mais tenaz, e, de certa forma, superabundante.

A quantidade de fluido vital se esgota, podendo tornar-se insuficiente para a manutenção da vida, se não for renovada pela absorção e a assimilação de substâncias que o contêm.

O fluido vital se transmite de um indivíduo a outro. Aquele que tem fluido vital a mais pode doar àquele que tem menos e, em certos casos, prolongar uma vida prestes a extinguir-se.

INTELIGÊNCIA E INSTINTO

71. A inteligência é um atributo do princípio vital?

– Não, pois as plantas vivem e não pensam: elas têm apenas a vida orgânica. A inteligência e a matéria são independentes, pois um corpo pode viver sem inteligência, mas a inteligência só pode manifestar-se por meio dos órgãos materiais. É preciso a união com o espírito para tornar inteligente a matéria animalizada.

A inteligência é uma faculdade especial, própria de certas classes de seres orgânicos, e que, com o pensamento, dá a vontade de agir, a consciência de sua existência e de sua individualidade, assim como os meios de estabelecer relações com o mundo exterior e de prover suas necessidades.

Assim, pode-se distinguir: 1º) os seres inanimados, formados apenas de matéria, sem vitalidade nem inteligência: esses são os corpos brutos; 2º) os seres animados não-pensantes, formados de matéria e dotados de vitalidade, mas desprovidos de inteligência; 3º) os seres animados pensantes, formados de matéria, dotados de vitalidade e possuindo ainda um princípio inteligente que lhes concede a capacidade de pensar.

72. Qual é a fonte da inteligência?

– *Nós já dissemos: a inteligência universal.*

72. a) Pode-se dizer que cada ser tira uma porção de inteligência da fonte universal e a assimila, da mesma forma que o faz com o princípio da vida material?

– *Isso é apenas uma comparação, mas que não é exata, porque a inteligência é uma faculdade própria de cada ser e constitui sua individualidade moral. Além disso, bem o sabeis, há coisas em que o homem não pode penetrar, e esta é, por enquanto, uma delas.*

73. O instinto é independente da inteligência?

– *Não, não exatamente, pois é uma espécie de inteligência. O instinto é uma inteligência irracional, e é por meio dele que todos os seres proveem suas necessidades.*

74. Pode-se marcar um limite entre o instinto e a inteligência, ou seja, precisar onde termina um e onde começa a outra?

– *Não, pois muitas vezes eles se confundem; mas pode-se muito bem distinguir os atos que decorrem do instinto daqueles que pertencem à inteligência.*

75. É correto dizer que as faculdades instintivas diminuem à medida que aumentam as faculdades intelectuais?

– *Não, o instinto sempre existe, mas o homem o negligencia. O instinto também pode conduzir ao bem; ele nos guia quase sempre, e, algumas vezes, de uma forma mais segura do que a razão; o instinto nunca se engana.*

75. a) Por que a razão nem sempre é um guia infalível?

– *Seria infalível se não fosse falseada pela má educação, pelo orgulho e pelo egoísmo. O instinto não raciocina; a razão permite a escolha e dá ao homem o livre-arbítrio.*

O instinto é uma inteligência rudimentar, que difere da inteligência propriamente dita por serem suas manifestações sempre espontâneas, enquanto as manifestações da inteligência são o resultado de uma combinação e de um ato deliberado.

O instinto varia, em suas manifestações, de acordo com as espécies e suas necessidades. Nos seres que têm a consciência e a percepção das coisas exteriores, ele se alia à inteligência, ou seja, à vontade e à liberdade.

Livro Segundo

Mundo Espírita ou dos Espíritos

Capítulo I

SOBRE OS ESPÍRITOS

Origem e natureza dos Espíritos – Mundo normal primitivo – Forma e ubiquidade dos Espíritos – Perispírito – Diferentes ordens de Espíritos – Escala espírita – Progressão dos Espíritos – Anjos e demônios.

ORIGEM E NATUREZA DOS ESPÍRITOS

76. Que definição se pode dar dos Espíritos?
– *Pode-se dizer que os Espíritos são os seres inteligentes da Criação. Eles povoam o Universo fora do mundo material.*

Nota: A palavra *Espírito* é aqui empregada para designar as individualidades dos seres extracorpóreos, e não mais o elemento inteligente universal.

77. Os Espíritos são seres distintos da Divindade ou são, na realidade, apenas emanações ou porções da Divindade, e por essa razão chamados de filhos de Deus?
– *Ó Deus! Eles são Sua obra, precisamente como um homem que faz uma máquina; essa máquina é obra do homem, e não ele próprio. Sabes que quando o homem faz uma coisa bela e útil, ele a chama de Seu filho, sua criação. Pois bem! O mesmo se dá em relação a Deus: somos Seus filhos, pois somos obra d'Ele.*

78. Os Espíritos tiveram um princípio ou, assim como Deus, existem desde sempre?
– *Se os Espíritos não tivessem tido um princípio, seriam iguais a Deus, mas são Sua criação e submetidos à Sua vontade. Deus existe desde sempre, isso*

é incontestável. Porém, quando e como Ele nos criou não o sabemos. Podes dizer que não tivemos um princípio, se com isso entendes que, por ser eterno, Deus deve ter criado ininterruptamente. No entanto, quando e como cada um de nós foi feito, eu insisto, ninguém o sabe – nisto consiste o mistério.

79. Visto que há dois elementos gerais no Universo, o elemento inteligente e o elemento material, poderíamos dizer que os Espíritos são formados pelo elemento inteligente, da mesma forma que os corpos inertes são formados pelo elemento material?

– *É evidente. Os Espíritos são a individualização do princípio inteligente, assim como os corpos são a individualização do princípio material. A época e o modo dessa formação é que são desconhecidos.*

80. A criação dos Espíritos é permanente ou só ocorreu na origem dos tempos?

– *Ela é permanente, o que quer dizer que Deus nunca parou de criar.*

81. Os Espíritos se formam espontaneamente ou se originam uns dos outros?

– *Deus os criou, assim como todas as outras criaturas, por Sua vontade; mas – mais uma vez – sua origem é um mistério.*

82. É correto dizer que os Espíritos são imateriais?

– *Como se pode definir uma coisa quando faltam termos de comparação, e com uma linguagem insuficiente? Um cego de nascença pode definir a luz? Imaterial não é a palavra adequada; incorpóreo seria mais exato, pois deves compreender que, por ser uma criação, o Espírito deve ser alguma coisa. Trata-se de uma matéria quintessenciada, mas sem analogia para vós, tão etérea que não pode ser percebida pelos vossos sentidos.*

Dizemos que os Espíritos são imateriais porque sua essência difere de tudo o que conhecemos sob o nome de matéria. Um povo de cegos não teria termos para exprimir a luz e seus efeitos. O cego de nascença julga ter todas as percepções pela audição, o olfato, o paladar e o tato; ele não compreende as ideias que lhe indicariam o sentido que lhe falta. Da mesma forma, em relação à essência dos seres sobre-humanos, somos verdadeiros cegos. Só podemos defini-los por meio de comparações sempre imperfeitas, ou por um esforço de nossa imaginação.

83. Os Espíritos têm um fim? Compreende-se que o princípio de que eles emanam seja eterno, mas o que perguntamos é se sua individualidade tem um término e se, num certo tempo, mais ou menos longo, o elemento de que são formados não se dissemina, retornando à massa, como ocorre com os corpos materiais. É difícil compreender que uma coisa que teve começo possa não terminar.

– *Há muitas coisas que não compreendeis, porque vossa inteligência é limitada, e esta não é uma razão para rejeitá-las. A criança não compreende tudo o que seu pai compreende, nem o ignorante tudo o que compreende o sábio. Nós te dizemos que a existência dos Espíritos não tem fim; é tudo que podemos dizer agora.*

Mundo normal primitivo

84. Os Espíritos constituem um mundo à parte, fora daquele que vemos?
– *Sim, o mundo dos Espíritos ou das inteligências incorpóreas.*
85. Qual dos dois, o mundo espírita ou o mundo corporal, é o principal na ordem das coisas?
– *O mundo espírita; ele é preexistente e sobrevivente a tudo.*
86. O mundo corporal poderia deixar de existir, ou jamais ter existido, sem alterar a essência do mundo espírita?
– *Sim, eles são independentes e, no entanto, sua correlação é incessante, pois reagem incessantemente um sobre o outro.*
87. Os Espíritos ocupam uma região determinada e circunscrita no espaço?
– *Os Espíritos estão em toda parte; povoam infinitamente os espaços infinitos. Há aqueles que estão continuamente ao vosso lado, observando-vos e agindo sobre vós, sem que o saibais, pois os Espíritos são uma das forças da Natureza e os instrumentos de que Deus se serve para o cumprimento de Seus desígnios providenciais. Mas nem todos vão a toda parte, pois há regiões interditadas aos menos avançados.*

Forma e ubiquidade dos Espíritos

88. Os Espíritos têm uma forma determinada, limitada e constante?
– *Aos vossos olhos, não; aos nossos, sim. Eles são, se assim quiserdes, uma chama, um clarão ou uma faísca etérea.*
88. a) Essa chama ou faísca tem uma cor qualquer?
– *Para vós, ela varia do escuro ao brilho do rubi, conforme o Espírito seja mais ou menos puro.*

Representa-se comumente os gênios com uma chama ou uma estrela sobre a fronte; é uma alegoria que lembra a natureza essencial dos Espíritos. É colocada no alto da cabeça porque ali está a sede da inteligência.

89. Os Espíritos levam um tempo qualquer para atravessar o espaço?
– *Sim, mas com a rapidez do pensamento.*
89. a) O pensamento não é a própria alma que se transporta?
– *Quando o pensamento está em algum lugar, lá também está a alma, pois é a alma que pensa. O pensamento é um atributo.*
90. O Espírito que se transporta de um lugar a outro tem consciência da distância que percorre e dos espaços que atravessa, ou ele é subitamente transportado para o local aonde quer ir?
– *Ambas as coisas; o Espírito pode muito bem, se quiser, reparar na distância que percorre, mas essa distância também pode apagar-se*

completamente; isso depende de sua vontade, e também de sua natureza mais ou menos depurada.

91. A matéria constitui um obstáculo aos Espíritos?

– Não, eles penetram tudo: o ar, a terra, as águas e mesmo o fogo lhes são igualmente acessíveis.

92. Os Espíritos têm o dom da ubiquidade? Em outras palavras, o mesmo Espírito pode dividir-se ou existir em diversos pontos ao mesmo tempo?

– Não pode haver divisão de um mesmo Espírito. Porém, cada Espírito é um centro que irradia para diferentes lados, e por isso parecem estar em vários locais ao mesmo tempo. Vê o sol; é apenas um, e, no entanto, irradia-se por tudo à sua volta, levando seus raios para bem longe; apesar disso, ele não se divide.

92. a) Todos os Espíritos se irradiam com a mesma intensidade?

– De forma alguma; isso depende do grau de sua pureza.

Cada Espírito é uma unidade indivisível, mas cada um pode expandir seu pensamento em diversas direções, sem por isso dividir-se. É somente nesse sentido que se deve entender o dom da ubiquidade atribuído aos Espíritos – como uma fagulha que de longe projeta sua claridade e pode ser percebida de todos os pontos do horizonte; também como um homem que, sem mudar de lugar e sem se dividir, pode transmitir ordens, sinais e o movimento a diferentes lugares.

PERISPÍRITO

93. O Espírito propriamente dito encontra-se descoberto ou, como pretendem alguns, circundado por uma substância qualquer?

– O Espírito é envolto por uma substância que, para ti, é vaporosa, mas ainda bastante grosseira para nós; no entanto, vaporosa o suficiente para que possa elevar-se na atmosfera e transportar-se para onde quiser.

Assim como o germe de um fruto é revestido pelo perisperma, o Espírito propriamente dito é circundado por um envoltório que, por comparação, pode-se chamar de *perispírito*.

94. De onde o Espírito tira seu envoltório semimaterial?

– Do fluido universal de cada planeta. Por isso ele não é o mesmo em todos os mundos; ao passar de um mundo para outro o Espírito troca de envoltório, assim como vós trocais de roupa.

94. a) Assim, quando os Espíritos que habitam mundos superiores vêm até nós, eles tomam um perispírito mais grosseiro?

– É preciso, como já dissemos, que se revistam da vossa matéria.

95. O envoltório semimaterial do Espírito assume formas determinadas, podendo ser perceptível?

– Sim, a forma que seja do gosto do Espírito, e é assim que ele vos aparece

algumas vezes, seja nos sonhos, seja no estado de vigília, podendo assumir uma forma visível e mesmo palpável.

Diferentes ordens de Espíritos

96. Os Espíritos são iguais ou existe entre eles uma hierarquia qualquer?

– *São de diferentes ordens, conforme o nível de perfeição que tenham alcançado.*

97. Há um número determinado de ordens ou graus de perfeição entre os Espíritos?

– *O número é ilimitado, porque não há entre essas ordens uma linha de demarcação, traçada como uma barreira, e, assim, pode-se multiplicar ou restringir as divisões segundo se queira. No entanto, considerando-se os caracteres gerais, pode-se reduzi-las a três ordens principais.*

Pode-se colocar na primeira ordem aqueles que chegaram à perfeição: os Espíritos puros. Os da segunda ordem são aqueles que chegaram ao meio da escala: a aspiração ao bem é sua preocupação. Os do último grau são aqueles que ainda estão na base da escala: os Espíritos imperfeitos, que se caracterizam pela ignorância, pela aspiração ao mal e todas as más paixões que retardam o seu progresso.

98. Os Espíritos da segunda ordem têm aspiração apenas ao bem; têm também o poder de realizá-lo?

– *Eles têm esse poder conforme o nível de sua perfeição; uns possuem a ciência, outros têm a sabedoria e a bondade, mas todos ainda têm provações a sofrer.*

99. Os Espíritos da terceira ordem são todos essencialmente maus?

– *Não, alguns não fazem nem o bem nem o mal; outros, ao contrário, comprazem-se com o mal e ficam satisfeitos quando têm oportunidade de fazê-lo. Há também os Espíritos levianos ou estouvados, mais desordeiros que maus, que se comprazem muito mais com a malícia do que com a maldade, e que têm prazer em mistificar e causar pequenas contrariedades, das quais se riem.*

Escala espírita

100. *Observações preliminares.* A classificação dos Espíritos é baseada no grau de seu adiantamento, nas qualidades que adquiriram e nas imperfeições das quais ainda precisam livrar-se. Essa classificação, contudo, nada tem de absoluta; se considerada em seu conjunto, cada categoria representa um caráter bem definido. Porém, a transição é imperceptível de um grau a outro, e, nos limites, a nuança se apaga, como acontece nos reinos da Natureza, nas cores do arco-íris ou ainda nos diferentes períodos da vida do homem. Pode-se, portanto, formar um maior ou menor número de ordens conforme o ponto de vista sob o qual a questão é considerada. Ocorre aqui o mesmo que em todos os sistemas de classificações científicas: esses sistemas podem ser mais ou menos completos, mais ou menos racionais, mais ou menos cômodos à inteligência; mas seja como for, nada alteram na essência da Ciência. Portanto, os Espíritos interrogados sobre essa questão podem ter variado no número de categorias, sem que isso tenha maiores consequências. Alguns detiveram-se nesta aparente contradição, sem pensar que os Espíritos não dão a menor importância ao que é meramente convencional. Para eles, o pensamento é tudo: deixam conosco a forma, a escolha dos termos, as classificações; numa palavra, os sistemas.

Acrescentemos ainda esta consideração, que nunca se deve perder de vista: a de que entre os Espíritos, assim como entre os homens, há grandes ignorantes, e nunca será demais se prevenir contra a tendência de acreditar que, por serem Espíritos, devem saber tudo. Toda classificação exige método, análise e profundo conhecimento do assunto. Ora, no mundo dos Espíritos, aqueles que têm conhecimentos limitados são, como os ignorantes deste mundo, incapazes de apreender um todo e formular um sistema. Eles só conhecem ou compreendem uma classificação qualquer de uma maneira imperfeita. Para eles, todos os Espíritos que lhes são superiores são da primeira ordem, sem que consigam apreciar as nuanças de saber, de capacidade e de moralidade que os distinguem, da mesma forma que, entre nós, um homem rude considera os homens civilizados. Mesmo aqueles que são capazes de apreender um todo e formular um sistema podem variar nas classificações, conforme seu ponto de vista, sobretudo quando uma divisão nada tem de absoluta. Lineu, Jussieu e Tournefort tiveram cada um o seu método, e nem por isso a Botânica mudou, pois não foram eles que inventaram as plantas nem suas características; observaram as analogias, a partir das quais formaram os grupos ou ordens. Foi assim que procedemos; não inventamos os Espíritos nem seus caracteres. Vimos e observamos; julgamo--los por suas palavras e seus atos; depois os classificamos pelas semelhanças, baseando-nos nos dados que eles forneceram.

Os Espíritos admitem, geralmente, três categorias principais ou três grandes divisões. Na última, a que fica na base da escala, estão os Espíritos imperfeitos, caracterizados pela predominância da matéria sobre o espírito e pela propensão ao mal. Os da segunda são caracterizados pela predominância do espírito sobre a matéria e pelo desejo do bem: são os Espíritos bons. A primeira, enfim, compreende os Espíritos puros, os que atingiram o grau supremo de perfeição.

Essa divisão nos parece perfeitamente racional e apresenta caracteres bem definidos; restou-nos apenas ressaltar, com um número suficiente de subdivisões, as principais nuanças do conjunto. Foi o que fizemos com a cooperação dos Espíritos, cujas instruções benevolentes nunca nos faltaram.

Com a ajuda desse panorama, será fácil determinar a ordem e o grau de superioridade ou de inferioridade dos Espíritos com os quais podemos relacionar--nos e, por consequência, o grau de confiança e a estima que merecem. Esta é, de certa forma, a chave da Ciência Espírita, pois só ela pode dar conta das anomalias que as comunicações apresentam, esclarecendo-nos sobre as desigualdades intelectuais e morais dos Espíritos. Chamaremos a atenção, no entanto, para o fato de que os Espíritos nem sempre pertencem exclusivamente a esta ou àquela ordem. Seu progresso só se faz gradualmente, e muitas vezes mais num sentido que em outro; podem reunir características de diversas categorias, o que é fácil perceber por sua linguagem e seus atos.

TERCEIRA ORDEM – ESPÍRITOS IMPERFEITOS

101. *Características gerais* – Predominância da matéria sobre o espírito. Propensão ao mal. Ignorância, orgulho, egoísmo e todas as más paixões que lhes são consequentes.

Têm a intuição de Deus, mas não O compreendem.

Nem todos os Espíritos imperfeitos são essencialmente maus; em alguns, há mais leviandade, inconsequência e malícia do que maldade propriamente dita. Uns não fazem nem o bem nem o mal, mas só por não fazerem o bem denotam sua inferioridade. Outros, ao contrário, comprazem-se com o mal, e ficam satisfeitos quando têm oportunidade de praticá-lo.

Podem aliar a inteligência à maldade ou à malícia; porém, seja qual for seu desenvolvimento intelectual, suas ideias são pouco elevadas e seus sentimentos mais ou menos vis.

Seus conhecimentos sobre as coisas do mundo espírita são limitados, e o pouco que sabem se confunde com as ideias e os preconceitos da vida corporal. Só nos podem dar noções falsas e incompletas sobre esse mundo, mas o observador atento quase sempre encontra, mesmo em suas comunicações imperfeitas, a confirmação de grandes verdades ensinadas pelos Espíritos superiores.

Seu caráter se revela por sua linguagem. Todo Espírito que em suas comunicações deixa escapar um mau pensamento pode ser classificado na terceira ordem; por consequência, todo mau pensamento que nos é sugerido vem de um Espírito dessa ordem.

Eles veem a felicidade dos bons, e essa visão é um incessante tormento para eles, pois experimentam todas as angústias que a inveja e o ciúme podem causar.

Conservam a lembrança e a percepção dos sofrimentos da vida corporal, e muitas vezes essa impressão é mais penosa que a realidade. Portanto, eles realmente sofrem, tanto pelos males que suportaram quanto pelos que causaram aos outros; e como sofrem por um longo tempo, acreditam sofrer para sempre. Para puni-los, Deus quer que pensem dessa forma.

Pode-se dividi-los em cinco classes principais.

102. *Décima classe*. ESPÍRITOS IMPUROS – Têm propensão ao mal e fazem dele objeto de suas preocupações. Como Espíritos, dão conselhos pérfidos, insuflam a discórdia e a desconfiança, valendo-se de todos os disfarces para melhor enganar. Apegam-se àqueles que possuem caracteres frágeis o bastante para ceder às suas sugestões, a fim de impeli-los à perdição, satisfeitos por poderem retardar seu adiantamento, fazendo-os sucumbir às provações que sofrem.

Nas manifestações, eles são reconhecidos por sua linguagem. A trivialidade e a grosseria das expressões, tanto entre os Espíritos como entre os homens, é sempre um indício de inferioridade moral, senão intelectual. Suas comunicações evidenciam a baixeza de suas inclinações, e se eles querem enganar falando de uma maneira sensata, não conseguem sustentar por muito tempo esse papel, e acabam sempre por trair a sua origem.

Alguns povos fazem deles divindades malfeitoras, outros os designam pelos nomes de demônios, gênios maus, Espíritos do mal.

Quando encarnados, os seres vivos que eles constituem são propensos a todos os vícios que as paixões vis e degradantes produzem: a sensualidade, a crueldade, a trapaça, a hipocrisia, a cobiça, a avareza sórdida. Fazem o mal pelo prazer de fazê-lo, na maioria das vezes sem motivos, e, por odiarem o bem, quase sempre escolhem suas vítimas entre as pessoas honestas. São flagelos para a humanidade, seja qual for a classe a que pertençam na sociedade, e o verniz da civilização não lhes impede o opróbrio e a ignomínia.

103. *Nona classe*. ESPÍRITOS LEVIANOS – São ignorantes, malignos, inconsequentes e zombeteiros. Metem-se em tudo e a tudo respondem, sem se preocupar com a verdade. Comprazem-se em causar pequenos sofrimentos e ligeiros contentamentos, em fazer intrigas, induzir maliciosamente ao erro através de mistificações e espertezas. A essa classe pertencem os Espíritos comumente chamados de *trasgos, duendes, gnomos, diabretes*. Estão sob a dependência dos Espíritos superiores, que, muitas vezes, deles se servem, como fazemos com os criados.

Em suas comunicações com os homens, sua linguagem às vezes é espiritual e divertida, mas quase sempre sem profundidade. Apreendem as imperfeições e o ridículo dos homens, e expressam isso de forma mordaz e satírica. Se usam nomes falsos, é, na maioria das vezes, mais por malícia que por maldade.

104. *Oitava classe*. ESPÍRITOS PSEUDO-SÁBIOS – Seus conhecimentos são bastante amplos, mas eles julgam saber mais do que realmente sabem. Tendo realizado alguns progressos em diversos pontos de vista, sua linguagem possui um caráter sério que pode enganar quanto às suas capacidades e às suas luzes; mas isso muitas vezes é apenas um reflexo dos preconceitos e ideias sistemáticas da vida terrena. Sua linguagem é uma mistura de algumas verdades com os erros mais absurdos, entre os quais despontam a presunção, o orgulho, a inveja e a teimosia, dos quais não puderam livrar-se.

105. *Sétima classe*. ESPÍRITOS NEUTROS – Não são suficientemente bons para fazer o bem, nem maus o bastante para fazer o mal; pendem tanto para um quanto para outro lado e não se elevam acima da condição vulgar da humanidade, tanto pela moral quanto pela inteligência. Apegam-se às coisas deste mundo, sentindo saudades das suas alegrias grosseiras.

106. *Sexta classe.* ESPÍRITOS BATEDORES E PERTURBADORES – Quanto às suas qualidades pessoais, esses Espíritos não formam uma classe distinta, propriamente falando; podem pertencer a qualquer classe da terceira ordem. Muitas vezes manifestam sua presença por efeitos sensíveis e físicos, tais como golpes, movimento e deslocamento anormal de corpos sólidos, agitação do ar etc. Em relação aos outros Espíritos, mostram-se mais apegados à matéria; parecem ser os agentes principais das vicissitudes dos elementos do globo, seja por agirem sobre o ar, a água, o fogo, os corpos duros, ou nas entranhas da Terra. Reconhece-se que esses fenômenos não se devem a uma causa fortuita e física quando têm um caráter intencional e inteligente. Todos os Espíritos podem produzir tais fenômenos, mas, em geral, os Espíritos elevados deixam isso por conta dos Espíritos subalternos, mais aptos para as coisas materiais do que para as inteligentes. Quando julgam que manifestações desse gênero são úteis, servem-se desses Espíritos como auxiliares.

SEGUNDA ORDEM – ESPÍRITOS BONS

107. *Características gerais* – Predominância do espírito sobre a matéria; desejo do bem. Suas qualidades e sua capacidade de fazer o bem decorrem do grau que alcançaram: uns têm a ciência, outros a sabedoria e a bondade; os mais adiantados reúnem o saber às qualidades morais. Por ainda não estarem completamente desmaterializados, conservam mais ou menos – conforme sua classe – os traços da existência corporal, seja na forma da linguagem, seja em seus costumes, nos quais se encontram inclusive algumas de suas manias; de outra forma, seriam Espíritos perfeitos.

Compreendem Deus e o infinito, e já desfrutam da felicidade dos bons. Sentem-se felizes com o bem que fazem e com o mal que impedem. O amor que os une é, para eles, a fonte de uma felicidade inefável, que não é alterada nem pela inveja, nem pelos remorsos, tampouco por quaisquer das paixões que atormentam os Espíritos imperfeitos. Mas todos ainda têm de passar por provações, até que atinjam a perfeição absoluta.

Enquanto Espíritos, suscitam bons pensamentos, desviam os homens do caminho do mal, protegem os que durante a vida tornam-se dignos disso, e neutralizam a influência dos Espíritos imperfeitos sobre aqueles que não se comprazem nela.

Quando encarnados, esses Espíritos são bons e benévolos aos seus semelhantes; não os movem o orgulho, nem o egoísmo, nem a ambição. Não sentem ódio, rancor, inveja ou ciúme, e fazem o bem pelo bem.

A essa ordem pertencem os Espíritos designados, nas crenças vulgares, sob os nomes de *gênios bons, gênios protetores, Espíritos do bem*. Nos tempos de superstições e ignorância, foram considerados divindades benfeitoras.

Podemos dividi-los em quatro grupos principais:

108. *Quinta classe*. ESPÍRITOS BENFEITORES – Sua qualidade predominante é a bondade; têm prazer em prestar serviços aos homens e em protegê-los, mas seu saber é limitado: seu progresso se realizou mais no sentido moral que no sentido intelectual.

109. *Quarta classe*. ESPÍRITOS SÁBIOS – O que especialmente os distingue é a amplitude de seus conhecimentos. Preocupam-se menos com as questões morais que com as científicas, para as quais têm mais aptidão; no entanto, consideram a ciência apenas do ponto de vista de sua utilidade, sem nenhuma das paixões próprias dos Espíritos imperfeitos.

110. *Terceira classe*. ESPÍRITOS PRUDENTES – As qualidades morais da ordem mais elevada constituem seu caráter distintivo. Sem ter conhecimentos ilimitados, são dotados de uma capacidade intelectual que lhes dá um lúcido julgamento sobre os homens e as coisas.

111. *Segunda classe*. ESPÍRITOS SUPERIORES – Reúnem em si a ciência, a sabedoria e a bondade. Sua linguagem transpira benevolência; é sempre digna, elevada e frequentemente sublime. Sua superioridade os torna mais aptos que os outros a nos fornecer definições mais exatas sobre as coisas do mundo incorpóreo, nos limites do que é permitido ao homem conhecer. Comunicam-se voluntariamente com os que buscam a verdade com sinceridade, e cujas almas estão suficientemente desprendidas dos laços terrenos para compreendê-la; porém, afastam-se dos que agem por simples curiosidade ou que, por influência da matéria, se desviam da prática do bem.

Quando, excepcionalmente, encarnam na Terra, é para cumprir uma missão de progresso, e então nos oferecem o exemplo de perfeição a que a humanidade pode aspirar neste mundo.

PRIMEIRA ORDEM – ESPÍRITOS PUROS

112. *Características gerais* – Nenhuma influência da matéria. Absoluta superioridade moral e intelectual em relação aos Espíritos das outras ordens.

113. *Primeira classe. Classe única* – Os Espíritos dessa classe percorreram todos os graus da escala e se livraram de todas as impurezas da matéria. Por terem atingido o grau máximo de perfeição de que uma criatura é suscetível, não têm mais que sofrer provações nem expiações. Por não estarem mais sujeitos à reencarnação em corpos perecíveis, vivem a vida eterna, plenamente realizados no seio de Deus.

Desfrutam de uma felicidade inalterável, porque não estão sujeitos nem às necessidades nem às vicissitudes da vida material; no entanto, essa felicidade não é a de uma *ociosidade monótona vivida em contemplação perpétua*. Eles são os mensageiros e os ministros de Deus, cujas ordens executam para a manutenção da harmonia universal. Comandam todos os Espíritos que lhes são inferiores, ajudando-os a se aperfeiçoarem e designando suas missões. Assistir os homens em suas aflições, incitá-los ao bem ou à expiação das faltas que os afastam da felicidade suprema é, para eles, uma agradável ocupação. Às vezes, são chamados de *anjos, arcanjos* ou *serafins*.

Os homens podem comunicar-se com esses Espíritos, mas muito presunçoso seria quem pretendesse tê-los constantemente às suas ordens.

PROGRESSÃO DOS ESPÍRITOS

114. Os Espíritos são bons ou maus por natureza, ou eles mesmos procuram melhorar-se?

– *São os próprios Espíritos que melhoram. Melhorando, passam de uma ordem inferior a uma mais elevada.*

115. Entre os Espíritos, uns foram criados bons e outros maus?

– *Deus criou todos os Espíritos simples e ignorantes, isto é, sem conhecimento. A cada um deu uma missão, com a finalidade de iluminá-los e de conduzi-los progressivamente à perfeição – pelo conhecimento da verdade –, para aproximá-los d'Ele. Para eles, a felicidade pura e eterna consiste nessa perfeição. Os Espíritos adquirem esses conhecimentos passando pelas provações que Deus lhes impõe. Alguns aceitam essas provações com submissão e alcançam mais rapidamente o objetivo de seu destino; outros não conseguem suportá-las sem lamento e, assim, por sua culpa, permanecem afastados da perfeição e da felicidade prometida.*

115. a) De acordo com isso, os Espíritos parecem ser, em sua origem, como as crianças, ignorantes e sem experiência, mas que adquirem pouco a pouco os conhecimentos que lhes faltam, percorrendo as diferentes fases da vida?

– *Sim, a comparação é justa; a criança rebelde permanece ignorante e imperfeita; ela se desenvolve mais ou menos de acordo com sua docilidade; mas a vida do homem tem um término, enquanto a dos Espíritos se estende ao infinito.*

116. Há Espíritos que permanecerão perpetuamente nos níveis inferiores?

– *Não, todos irão tornar-se perfeitos. Eles mudam, mas isso demora; pois, como já dissemos, um pai justo e misericordioso não pode banir eternamente seus filhos. Pretenderíeis que Deus, tão grande, bom e justo, fosse pior que vós?*

117. Depende dos Espíritos acelerar seu progresso rumo à perfeição?

– *Certamente. Eles chegam mais ou menos rapidamente, conforme seu desejo e submissão à vontade de Deus. Uma criança dócil não se instrui mais depressa que uma criança teimosa?*

118. Os Espíritos podem degenerar?

– *Não; à medida que avançam, compreendem o que os afasta da perfeição. Concluindo uma provação, o Espírito adquire conhecimento e não o esquece. Pode permanecer estacionário, mas não retrocede.*

119. Deus não poderia liberar os Espíritos das provações que devem sofrer para chegar à primeira ordem?

– *Se tivessem sido criados perfeitos, não teriam mérito para desfrutar dos benefícios dessa perfeição. Sem a luta, onde estaria o mérito? Aliás, a desigualdade que existe entre eles é necessária à sua personalidade, e, depois, a missão que cumprem nesses diferentes graus está nos desígnios da Providência, para a harmonia do Universo.*

Uma vez que, na vida social, todos os homens podem chegar aos primeiros postos, caberia também perguntar por que o soberano de um país não faz, de cada um de seus soldados, um general; por que todos os empregados subalternos não são superiores; por que todos os estudantes não são mestres? Ora, entre a vida social e a vida espiritual existe a diferença de que a primeira é limitada e nem sempre permite que se suba todos os degraus, enquanto a segunda é indefinida e concede a cada um a possibilidade de elevar-se ao posto supremo.

120. Todos os Espíritos passam pelo caminho do mal para chegar ao bem?

– *Não pelo caminho do mal, mas pelo caminho da ignorância.*

121. Por que certos Espíritos seguiram o caminho do bem e outros o do mal?

– *Eles não têm seu livre-arbítrio? Deus não criou Espíritos maus, Ele os criou simples e ignorantes, ou seja, tão aptos para o bem quanto para o mal. Os que são maus tornaram-se assim por sua vontade.*

122. Como os Espíritos, em sua origem, quando ainda não têm consciência de si mesmos, podem ter a liberdade de escolha entre o bem e o mal? Há neles um princípio, uma tendência qualquer que os leve mais para um caminho que para outro?

– *O livre-arbítrio desenvolve-se à medida que o Espírito adquire a consciência de si mesmo. Não mais haveria liberdade se a escolha fosse provocada por uma causa independente da vontade do Espírito. A causa não está nele, e sim fora dele, nas influências a que cede, mas em virtude de sua vontade livre. Esta é a grande figura da queda do homem e do pecado original: uns cederam à tentação, outros resistiram.*

122. a) De onde vêm as influências que são exercidas sobre ele?

– *De Espíritos imperfeitos que procuram envolvê-lo, dominá-lo, e que ficam felizes com o fato de fazê-lo sucumbir. Foi o que se quis simbolizar com a figura de Satanás.*

122. b) Essa influência só é exercida sobre o Espírito em sua origem?

– *Ela o segue em sua vida de Espírito, até que ele tenha adquirido o domínio de si mesmo a ponto de os maus desistirem de obsidiá-lo.*

123. Por que Deus permitiu que os Espíritos pudessem seguir o caminho do mal?

– *Como ousais pedir a Deus satisfações sobre Seus atos? Pensais poder invadir Seus desígnios? No entanto, podeis dizer isto: a sabedoria de Deus está na liberdade de escolha que Ele dá a cada um, pois cada um tem o mérito sobre suas obras.*

124. Por haver Espíritos que, desde o princípio, seguem a rota do bem absoluto, e outros a do mal absoluto, há sem dúvida gradações entre esses dois extremos?

– *Certamente que sim – é a grande maioria.*

125. Os Espíritos que seguiram a rota do mal poderão chegar ao mesmo grau de superioridade que os outros?

– *Sim, mas as eternidades serão mais longas para eles.*

Por essa palavra *eternidades* deve-se entender a ideia que os Espíritos inferiores têm da perpetuidade de seus sofrimentos, pois não lhes é permitido ver seu término, e essa ideia se renova em todas as provas em que sucumbem.

126. Os Espíritos que chegam ao grau supremo após terem passado pelo mal, têm, aos olhos de Deus, menos mérito que os outros?

– *Deus contempla os desgarrados com o mesmo olhar, e os ama a todos do mesmo modo. Eles são chamados de maus porque sucumbiram: até então, eram apenas Espíritos simples.*

127. Os Espíritos são criados iguais em faculdades intelectuais?

– *São criados iguais, mas, por não saberem de onde vêm, é preciso que o livre-arbítrio siga seu curso. Eles progridem mais ou menos rapidamente, tanto em inteligência quanto em moralidade.*

Os Espíritos que seguem a rota do bem desde o princípio nem por isso são Espíritos perfeitos. Se não têm más tendências, nem por isso estão livres de ter de adquirir a experiência e os conhecimentos necessários à perfeição. Podemos compará-los às crianças que, não importa qual seja a bondade de seus instintos naturais, têm necessidade de se desenvolver e se instruir, e não o conseguem sem a transição da infância à idade madura. Porém, assim como existem homens que são bons e outros que são maus desde sua infância, também existem Espíritos que são bons ou maus desde sua origem. A diferença fundamental é que a criança tem seus instintos já formados, enquanto o Espírito, em sua transformação, não possui mais maldade do que bondade; ele tem todas as tendências, e toma uma ou outra direção devido a seu livre-arbítrio.

ANJOS E DEMÔNIOS

128. Os seres que chamamos de anjos, arcanjos e serafins formam uma categoria especial, de uma natureza diferente da dos outros Espíritos?

– Não, eles são os Espíritos puros: aqueles que estão no mais alto grau da escala e reúnem todas as perfeições.

A palavra *anjo* geralmente revela a ideia da perfeição moral; entretanto, é frequentemente aplicada a todos os seres bons e maus que estão fora da humanidade. Diz-se: o anjo bom e o mau; o anjo de luz e o anjo das trevas. Nesse caso, ele é sinônimo de *Espírito* ou de gênio. Aqui, nós a usamos no seu sentido positivo.

129. Os anjos passaram por todos os graus?

– *Percorreram todos os graus, mas, como dissemos, alguns aceitaram sua missão sem reclamar, e chegaram mais depressa; outros levaram um tempo mais ou menos longo para chegar à perfeição.*

130. Se a opinião que admite seres criados perfeitos e superiores a todas as outras criaturas é errônea, como se explica que ela apareça na tradição de quase todos os povos?

– *Deves saber que teu mundo não existe desde sempre e que, muito tempo antes de ele existir, já havia Espíritos que tinham alcançado o grau supremo. Os homens então acreditaram que eles sempre foram assim.*

131. Há demônios, no sentido que é atribuído a essa palavra?

– *Se houvesse demônios, eles seriam obra de Deus. E Deus seria justo e bom se tivesse criado seres eternamente votados ao mal e desgraçados? Se há demônios, eles residem no teu mundo inferior ou em outros semelhantes. São estes homens hipócritas que fazem de um Deus justo um Deus maldoso e vingativo, e que julgam ser-Lhe agradáveis pelas abominações que cometem em Seu nome.*

A palavra *demônio* está ligada à ideia de Espírito mau apenas em sua acepção moderna, pois a palavra grega *daimôn*, a partir da qual é formada, significa *gênio, inteligência*, e foi aplicada a seres incorpóreos, bons ou maus, sem distinção.

A ideia dos demônios, na acepção vulgar da palavra, supõe seres essencialmente malfeitores; como todas as coisas, seriam criação de Deus. Ora, Deus, que é soberanamente justo e bom, não pode ter criado seres naturalmente propensos ao mal e eternamente condenados. Se não fossem obra de Deus, seriam eternos como Ele, e então haveria diversas forças soberanas.

A primeira condição de toda doutrina é ser lógica. Ora, a dos demônios, no sentido absoluto, falha nesse ponto essencial. Que na crença de povos atrasados, que não conhecem os atributos de Deus, admita-se a existência de divindades malfeitoras, ou também demônios, é compreensível; mas para todo aquele que faz da bondade de Deus um atributo por excelência, é ilógico e contraditório supor que Ele possa ter criado seres voltados ao mal e destinados a praticá-lo perpetuamente, pois seria negar a Sua bondade. Os partidários dos demônios se apoiam nas palavras do Cristo; certamente não seremos nós quem contestaremos a autoridade de seu ensinamento, que gostaríamos de ver mais nos corações que nas bocas dos homens. Mas será que se está bem certo do sentido que ele atribuía à palavra demônio? Não se sabe que a forma alegórica é umas das marcas distintivas de sua linguagem, e que tudo o que está no Evangelho não deve ser levado ao pé da letra? Não precisamos de outra prova além desta passagem:

"Logo após esses dias de aflição, o sol escurecerá e a lua não mais derramará a sua luz, as estrelas cairão do céu e as forças celestes serão abaladas. Em verdade vos digo que esta geração não passará antes que todas essas coisas se cumpram."

Não vimos a *forma* do texto bíblico ser contradita pela Ciência, no que diz respeito à criação e ao movimento da Terra? Não poderia ocorrer o mesmo com certas figuras empregadas pelo Cristo, que devia falar de acordo com seu tempo e região? Cristo não poderia ter conscientemente dito uma falsidade. Portanto, se em suas palavras há coisas que parecem chocar a razão, é porque não as compreendemos ou as interpretamos mal.

Os homens fizeram dos demônios o mesmo que fizeram dos anjos. Da mesma forma que acreditaram na existência de seres perfeitos desde sempre, tomaram os Espíritos inferiores por seres perpetuamente maus. A palavra demônio deve ser entendida, portanto, como relativa aos Espíritos impuros, que frequentemente não são melhores que aqueles designados com o nome de demônios, mas com a diferença de que seu estado é apenas transitório. São os Espíritos imperfeitos que reclamam das provações que sofrem e que, por isso mesmo, as sofrem por mais tempo, mas que chegarão por sua vez à perfeição, quando tiverem essa vontade. Portanto, poder-se-ia aceitar a palavra *demônio* com essa restrição; mas como agora ela é entendida num sentido exclusivo, isso poderia induzir ao erro, levando a acreditar na existência de seres especiais criados para o mal.

Quanto a Satanás, ele é evidentemente a personificação do mal sob uma forma alegórica, pois não se poderia admitir um ser mau lutando de igual poder contra a Divindade, e cuja única preocupação fosse contrariar os desígnios divinos. Como o homem precisa de figuras e imagens para impressionar sua imaginação, representou os seres incorpóreos sob uma forma material, com atributos que lembram suas qualidades ou defeitos. Foi assim que os antigos, na tentativa de personificar o tempo, representaram-no sob a figura de um ancião com uma foice e uma ampulheta; a figura de um jovem teria sido um contrassenso. O mesmo se deu com as alegorias da fortuna, da verdade etc. Os modernos representaram os anjos ou Espíritos puros sob uma figura radiante, com asas brancas, símbolo da pureza; Satanás com chifres, garras e os atributos da bestialidade, símbolos das paixões vis. O ignorante, que toma as coisas ao pé da letra, viu nesses símbolos individualidades reais, como outrora tinha visto Saturno na alegoria do Tempo.

Capítulo II

ENCARNAÇÃO DOS ESPÍRITOS

Objetivo da encarnação – Sobre a alma – Materialismo.

OBJETIVO DA ENCARNAÇÃO

132. Qual é o objetivo da encarnação dos Espíritos?
– *Deus lhes impõe a encarnação com a finalidade de levá-los à perfeição: para uns, é uma expiação; para outros, uma missão. Para chegar a essa perfeição, eles devem sofrer todas as vicissitudes da existência corpórea: nisto consiste a expiação. A encarnação ainda tem outra finalidade, que é a de pôr o Espírito em condições de encarregar-se de sua parte na obra da Criação. É para realizá-la que ele toma, em cada mundo, um instrumento que esteja em harmonia com a matéria essencial desse mundo, para, a partir desse ponto de vista, executar as ordens de Deus; e dessa maneira, em sintonia com a obra geral, ele próprio progride.*

A ação dos seres corpóreos é necessária à marcha do Universo; porém, Deus, em sua sabedoria, quis que eles encontrassem nessa mesma ação um meio de progredir e de aproximar-se d'Ele. É assim que, por uma admirável lei de sua providência, tudo se encadeia, tudo é solidário na Natureza.

133. Os Espíritos que desde o princípio seguiram a rota do bem têm necessidade da encarnação?
– *Todos são criados simples e ignorantes; instruem-se através das lutas e das tribulações da vida corpórea. Deus, que é justo, não poderia conceder a felicidade a uns, sem sofrimento e trabalho e, por conseguinte, sem mérito.*

133. a) Mas então de que adianta aos Espíritos terem seguido a rota do bem, se isso não os isenta dos sofrimentos da vida corpórea?

– Eles assim chegam mais rapidamente ao objetivo. Além disso, os sofrimentos da vida muitas vezes são consequência da imperfeição do Espírito; quanto menos imperfeições tem, menos tormentos sofrerá. Aquele que não for invejoso, ciumento, avarento, nem ambicioso, não sofrerá os tormentos decorrentes desses defeitos.

SOBRE A ALMA

134. O que é alma?
– Um Espírito encarnado.

134. a) O que era a alma antes de se unir ao corpo?
– Espírito.

134. b) As almas e os Espíritos são, portanto, idênticos? Uma mesma coisa?
– Sim, as almas nada mais são que Espíritos. Antes de se unir ao corpo, a alma é um dos seres inteligentes que povoam o mundo invisível e que temporariamente revestem um envoltório carnal para purificar-se e instruir-se.

135. Há, no homem, outra coisa além da alma e do corpo?
– Há o laço que une a alma ao corpo.

135. a) Qual é a natureza desse laço?
– Semimaterial, ou seja, intermediário entre o Espírito e o corpo. Ele é necessário para que possa haver comunicação entre um e outro. É através desse laço que o Espírito age sobre a matéria, e vice-versa.

O homem é, portanto, formado de três partes essenciais:
1º – O corpo ou ser material análogo aos animais e animado pelo mesmo princípio vital;
2º – A alma, Espírito encarnado, da qual o corpo é a morada;
3º – O princípio intermediário ou *perispírito*, substância semimaterial, que serve de primeiro envoltório ao Espírito e une a alma e o corpo.

Tais como, num fruto, a semente, a polpa e a casca.

136. A alma é independente do princípio vital?
– O corpo é apenas o envoltório, como repetimos sem cessar.

136. a) O corpo pode existir sem a alma?
– Sim, e, no entanto, assim que o corpo para de viver, a alma o abandona. Antes do nascimento, ainda não há união definitiva entre a alma e o corpo, ao passo que, depois de ser estabelecida essa união, a morte do corpo rompe os laços que o unem à alma, e a alma o deixa. A vida orgânica pode animar um corpo sem alma, mas a alma não pode habitar um corpo sem vida orgânica.

136. b) O que seria o nosso corpo se não tivesse alma?
– Uma massa de carne sem inteligência; tudo o que quiserdes, menos um homem.

137. O mesmo Espírito pode encarnar-se, ao mesmo tempo, em dois corpos diferentes?

– Não, o Espírito é indivisível e não pode animar simultaneamente dois seres diferentes. (Ver *O Livro dos Médiuns*, capítulo VII, *Bi-corporeidade e transfiguração*.)

138. O que pensar da opinião dos que veem a alma como o princípio da vida material?

– *É uma questão de uso de palavras; não nos deteremos nisso; começai vós mesmos a vos entender.*

139. Certos Espíritos e, antes deles, alguns filósofos, assim definiram a alma: *Uma faísca anímica emanada do Grande Todo.* Por que essa contradição?

– *Não há contradição; isso depende da acepção das palavras. Por que não tendes uma palavra para cada coisa?*

A palavra *alma* é empregada para exprimir coisas muito diferentes. Alguns chamam assim o princípio da vida e, nesse sentido, é correto dizer *de maneira figurada* que: a alma é uma faísca anímica emanada do Grande Todo. Essas últimas palavras referem-se à fonte universal do princípio vital, do qual cada ser absorve uma porção, que retorna ao todo após a morte. Essa ideia não exclui absolutamente a de um ser moral, distinto, independente da matéria e que conserva a sua individualidade. É a esse ser que se chama igualmente de *alma*, e é nesse sentido que se pode dizer que a alma é um Espírito encarnado. Ao fornecer diferentes definições de alma, os Espíritos falaram de acordo com a aplicação que davam à palavra e segundo as ideias terrenas de que ainda estavam mais ou menos imbuídos. Isso decorre da insuficiência da linguagem humana, que não dispõe de uma palavra para cada ideia, daí a origem de tantos equívocos e discussões: eis porque os Espíritos superiores dizem que devemos primeiramente nos entender quanto ao uso das palavras[1].

140. O que pensar da teoria da alma subdividida em tantas partes quanto são os músculos, comandando, dessa forma, cada uma das funções do corpo?

– *Isso também depende do sentido que se atribui à palavra alma: se o que se entende por isso é o fluido vital, essa teoria está com a razão; se o que se entende por alma é o Espírito encarnado, está equivocada. Já dissemos que o Espírito é indivisível; ele transmite o movimento aos órgãos através do fluido intermediário, sem, para isso, dividir-se.*

140. a) Entretanto, foram os Espíritos que deram essa definição.

– *Os Espíritos ignorantes podem tomar o efeito pela causa.*

A alma age por intermédio dos órgãos, e os órgãos são animados pelo fluido vital que se reparte entre eles, e mais abundantemente nos que são os centros ou os focos de movimento. Mas essa explicação não pode ser aplicada à alma enquanto Espírito que habita o corpo durante a vida e o deixa após a morte.

141. Há algo de verdadeiro na opinião daqueles que pensam que a alma é externa e que envolve o corpo?

---

(1) Ver na Introdução, item II, a explicação sobre a palavra *alma*.

– A alma não está trancada no corpo como o pássaro numa gaiola; ela brilha e se manifesta exteriormente, como a luz através de um globo de vidro ou o som em torno de um centro sonoro. Assim, pode-se dizer que ela é exterior, mas nem por isso é o envoltório do corpo. A alma tem dois envoltórios: um sutil e leve, o primeiro, que chamamos perispírito; o outro grosseiro, material e pesado, que é o corpo. A alma é o centro de todos esses envoltórios, como o germe dentro do caroço; já o dissemos.

142. O que dizer dessa outra teoria segundo a qual a alma, numa criança, se completa a cada período da vida?

– O Espírito é apenas um, e está por inteiro tanto na criança como no adulto; são os órgãos ou instrumentos de manifestações da alma que se desenvolvem e se completam. Pensar assim ainda é tomar o efeito pela causa.

143. Por que todos os Espíritos não definem a alma de uma mesma maneira?

– Todos os Espíritos não são igualmente esclarecidos sobre esses assuntos; há Espíritos ainda limitados, que não compreendem as coisas abstratas, como as crianças entre vós. Há também Espíritos pseudo-sábios, que fazem malabarismos com as palavras para impor-se, como também ocorre entre vós. Além disso, mesmo os Espíritos esclarecidos podem expressar-se em termos diferentes, que, no fundo, têm um mesmo valor, sobretudo quando se trata de coisas que vossa linguagem é incapaz de expressar claramente. São necessárias figuras e comparações que vós tomais pela realidade.

144. O que se deve entender por alma do mundo?

– É o princípio universal da vida e da inteligência, do qual nascem as individualidades. Mas aqueles que utilizam essas palavras muitas vezes não se entendem entre si. A palavra alma é tão flexível que cada um a interpreta segundo suas fantasias. Algumas vezes, atribui-se inclusive uma alma à Terra. É preciso entender essa palavra como o conjunto de Espíritos devotados que dirigem vossas ações para o bom caminho quando vós os escutais, e que, de alguma forma, são os tenentes de Deus junto a vosso globo.

145. Como tantos filósofos antigos e modernos podem ter discutido longamente sobre a ciência psicológica, sem chegar à verdade?

– Esses homens foram os precursores da doutrina espírita eterna; prepararam o caminho. Eram homens, e podem ter-se enganado, pois tomaram suas próprias ideias por verdades. Porém, os próprios erros que cometeram servem para ressaltar a verdade, mostrando os prós e os contras de suas ideias. Além disso, entre esses erros encontram-se grandes verdades, que um estudo comparativo tornará compreensível.

146. A alma tem uma sede determinada e circunscrita no corpo?

– Não, mas se encontra mais particularmente na cabeça dos grandes gênios e de todos os que pensam muito, e no coração daqueles que têm grande sensibilidade e que dedicam suas ações à humanidade.

146. a) Que pensar da opinião dos que situam a alma num centro vital?

– *É dizer que o Espírito habita mais especificamente essa parte de seu organismo, pois para ali convergem todas as sensações. Aqueles que a situam no que consideram o centro da vitalidade, confundem-na com o fluido ou o princípio vital. Todavia, pode-se dizer que a sede da alma se encontra, mais particularmente, nos órgãos que servem às manifestações intelectuais e morais.*

MATERIALISMO

147. Por que os anatomistas, os fisiologistas e, em geral, aqueles que se aprofundam nas ciências naturais são tão frequentemente levados ao materialismo?

– *O fisiologista relaciona tudo àquilo que vê. Orgulho de homens que julgam tudo saber, não admitindo que algo possa ultrapassar o seu entendimento. Seu próprio conhecimento lhes dá essa presunção; pensam que a Natureza não lhes pode ter ocultado nada.*

148. Não é lamentável que o materialismo seja uma consequência de estudos que deveriam, ao contrário, mostrar ao homem a superioridade da inteligência que governa o mundo? Deve-se concluir que eles são perigosos?

– *Não é verdade que o materialismo seja uma consequência desses estudos; é o homem que deles tira uma falsa consequência, pois pode fazer mau uso de tudo, mesmo das melhores coisas. O nada, aliás, assusta-os mais do que eles querem demonstrar, e os espíritos fortes são, muitas vezes, mais fanfarrões do que valentes. A maior parte deles só é materialista por não ter nada que preencha este vazio experimentado ante o abismo que se abre à sua frente. Mostrai-lhes uma tábua de salvação, e eles se agarrarão prontamente a ela.*

Por uma aberração da inteligência, há pessoas que só veem nos seres orgânicos a ação da matéria, atribuindo a ela todos os nossos atos. Veem, no corpo humano, somente a máquina elétrica. Limitaram o estudo do mecanismo da vida ao funcionamento dos órgãos; viram a vida extinguir-se pela ruptura de um fio, e não perceberam nada além desse fio. Procuraram descobrir se restava algo, e como só encontraram a matéria inerte, não viram a alma escapar e nem puderam apanhá-la, concluíram que tudo estava nas propriedades da matéria e que, assim, após a morte há apenas a aniquilação do pensamento. Triste consequência, se assim fosse, pois então não haveria finalidade para o bem e o mal, o homem estaria certo em pensar apenas em si mesmo e em colocar a satisfação de seus prazeres materiais acima de tudo; os laços sociais seriam rompidos e os afetos mais puros irreversivelmente destruídos. Felizmente, essas ideias estão longe de ser generalizadas; pode-se até dizer que elas são muito circunscritas e que constituem apenas opiniões individuais, pois em parte alguma foram transformadas em doutrina. Uma sociedade fundada sobre essas bases traria em si o germe de sua dissolução, e seus membros iriam dilacerar-se mutuamente como animais ferozes.

O homem tem, instintivamente, a convicção de que, para ele, nem tudo termina com a vida; tem horror ao nada. Em vão se esforça para resistir à ideia da vida futura, quando chega o momento supremo; poucos são os que não se perguntam o que vai ser de si, pois a ideia de deixar a vida sem retorno tem algo de desolador. Quem realmente poderia encarar com indiferença uma separação absoluta e eterna de tudo o que amou? Quem suportaria, sem terror, ver abrir-se diante de si o imenso abismo do nada, onde seriam tragadas todas as nossas faculdades, todas as nossas esperanças, e dizer: "O quê! Depois de mim, nada, mais nada, a não ser o vazio; tudo está irreversivelmente acabado; mais alguns dias e minha lembrança será apagada da memória dos que sobreviveram a mim; em breve não restará nenhum traço de minha passagem pela Terra; até mesmo o bem que fiz será esquecido pelos ingratos a quem ajudei. E não há nada para compensar tudo isso, nenhuma outra perspectiva, a não ser a do meu corpo devorado pelos vermes!"

Esse quadro não tem algo de tenebroso, de glacial? A religião nos ensina que não pode ser assim e a razão nos confirma isso. No entanto, essa existência futura, vaga e indefinida, não tem nada que satisfaça nosso amor pela positividade; e é isso que, em muitos, engendra a dúvida. Temos uma alma, que seja; mas o que é a nossa alma? Ela tem uma forma, uma aparência qualquer? É um ser limitado ou indefinido? Uns dizem que é um sopro de Deus; outros, que é uma centelha, outros, uma parte do Grande Todo, o princípio da vida e da inteligência. Mas o que tudo isso nos ensina? De que nos vale ter uma alma se, extinguindo-se nossa vida, ela se perde na imensidão como as gotas d'água no Oceano? A perda de nossa individualidade não equivale, para nós, ao nada? Diz-se ainda que a alma é imaterial; mas uma coisa imaterial não poderia ter proporções definidas; e, para nós, isso não é nada. A religião também nos ensina que seremos felizes ou infelizes, conforme o bem ou o mal que tivermos feito. Mas que bem-aventurança é esta que nos aguarda no seio de Deus? É uma beatitude, uma contemplação eterna, sem outra finalidade senão cantar louvores ao Criador? As chamas do inferno são uma realidade ou uma figura? A própria Igreja entende o inferno nesse último sentido, mas que sofrimentos são esses? Onde fica esse lugar de suplício? Em resumo, o que se faz e o que se vê nesse mundo que espera por todos nós? Costuma-se dizer que ninguém retornou para nos prestar contas. Isto é um erro, e a missão do Espiritismo é precisamente esclarecer-nos sobre esse futuro, fazer-nos – até certo ponto – tocá-lo com os dedos e olhos, não mais através do raciocínio, mas pelos fatos. Graças às comunicações espíritas, isto não é mais uma presunção, uma probabilidade sobre a qual cada um aborda a seu modo, e que os poetas embelezam com suas ficções ou semeando imagens alegóricas que nos enganam. É uma realidade que nos aparece, pois são os próprios seres de além-túmulo que nos vêm descrever sua situação, dizer-nos o que fazem, permitir-nos assistir, por assim dizer, a todas as peripécias de sua nova vida. Dessa forma, mostram-nos o destino inevitável que nos é reservado, de acordo com nossos méritos e delitos. Há nisto algo de anti-religioso? Muito pelo contrário, pois os incrédulos aí encontram a fé, e os indecisos um meio de renovar o fervor e a confiança. O Espiritismo é, portanto, o mais poderoso aliado da religião. E, se é assim, é porque Deus o permite, e Ele o permite com o intuito de reanimar nossas esperanças vacilantes e de conduzir-nos de volta ao caminho do bem, pela perspectiva do futuro.

Capítulo III

RETORNO DA VIDA CORPORAL À VIDA ESPIRITUAL

A alma após a morte; sua individualidade. Vida eterna – Separação da alma e do corpo – Perturbação espiritual.

A ALMA APÓS A MORTE; SUA INDIVIDUALIDADE. VIDA ETERNA

149. No que se transforma a alma no instante da morte?
– *Ela volta a ser Espírito, isto é, retorna ao mundo dos Espíritos, que havia deixado momentaneamente.*

150. Após a morte, a alma conserva a sua individualidade?
– *Sim, jamais a perde. O que seria dela se não a conservasse?*

150. a) Como a alma constata sua individualidade, já que não tem mais corpo material?
– *Ela ainda tem um fluido que lhe é próprio, que retira da atmosfera de seu planeta e que representa a aparência de sua última encarnação: seu perispírito.*

150. b) A alma nada leva consigo deste mundo?
– *Nada além da lembrança e do desejo de ir para um mundo melhor. Essa lembrança é cheia de doçura ou amargura, conforme o emprego que tiver feito de sua vida; quanto mais pura for a alma, melhor compreenderá a futilidade do que deixa na Terra.*

151. O que pensar da opinião segundo a qual, após a morte, a alma retorna ao todo universal?
– *O conjunto dos Espíritos não constitui um todo? Não é esse todo um mundo completo? Quando fazes parte de uma assembleia, és parte integrante dela, e, no entanto, sempre conservas a tua individualidade.*

152. Que prova podemos ter da individualidade da alma após a morte?

– *Não tendes essa prova por meio das comunicações que recebeis? Se não fôsseis cegos, veríeis; e, se não fôsseis surdos, escutaríeis, pois com muita frequência uma voz vos fala e vos revela a existência de um ser fora de vós.*

Os que pensam que com a morte a alma retorna ao todo universal estão errados se com isso entendem que, semelhante a uma gota d'água que cai no oceano, ela perde a sua individualidade; e estão certos se entendem por *todo universal* o conjunto de seres incorpóreos do qual cada alma ou Espírito é um elemento.

Se as almas fossem confundidas na massa, elas só teriam qualidades do conjunto, e nada as distinguiria entre si. Não teriam nem inteligência nem qualidades próprias; ao passo que, em todas as comunicações, elas revelam a consciência do *eu* e uma vontade distinta. A infinita diversidade que apresentam, sob todos aspectos, é a própria consequência das individualidades. Se após a morte houvesse apenas o que se chama de Grande Todo – que absorve todas as individualidades –, esse Todo seria uniforme e, por consequência, todas as comunicações que se recebesse do mundo invisível seriam idênticas. Uma vez que lá se encontram seres bons e outros maus, sábios e ignorantes, felizes e infelizes, e com todo o tipo de caracteres, alegres e tristes, levianos e sérios etc., evidentemente são seres distintos. A individualidade se torna ainda mais evidente quando esses seres provam sua identidade por meio de sinais incontestáveis, de detalhes pessoais relativos à sua vida terrestre que podem ser constatados. Essa individualidade não pode ser posta em dúvida quando os seres se manifestam à visão em aparições. A individualidade da alma nos foi ensinada, em teoria, como um artigo de fé; o Espiritismo a torna patente e, de certa forma, material.

153. Em que sentido se deve entender a vida eterna?

– *É a vida do Espírito que é eterna; a do corpo é transitória e passageira. Quando o corpo morre, a alma regressa à vida eterna.*

153. a) Não seria mais exato chamar *vida eterna* à dos Espíritos puros, daqueles que, tendo atingido o grau da perfeição, não têm mais provas a cumprir?

– *Isto seria antes felicidade eterna; mas isso é uma questão de palavras. Chamai as coisas como quiserdes, contanto que vos entendais.*

SEPARAÇÃO DA ALMA E DO CORPO

154. A separação da alma e do corpo é dolorosa?

– *Não. Frequentemente o corpo sofre mais durante a vida do que no momento da morte: neste, a alma nada sente. Os sofrimentos que se experimentam algumas vezes no momento da morte são um prazer para o Espírito, que vê chegar o fim de seu exílio.*

Na morte natural, a que ocorre pelo esgotamento dos órgãos em consequência da idade, o homem deixa a vida sem o perceber: é uma lâmpada que se apaga por falta de energia.

155. Como se dá a separação da alma e do corpo?

– *Uma vez que os laços que a retinham são rompidos, ela se desprende.*

155. a) A separação se dá instantaneamente e por uma transição brusca? Há uma linha de demarcação nitidamente traçada entre a vida e a morte?

– *Não, a alma se desprende gradualmente, não escapa como um pássaro cativo que é subitamente libertado. Esses dois estados se tocam e se confundem; dessa forma, o Espírito se desprende pouco a pouco dos laços que o prendiam:* eles se desatam, não se rompem.

Durante a vida, o Espírito está unido ao corpo por seu envoltório semi-material ou perispírito. A morte é a destruição apenas do corpo, e não desse segundo envoltório, que se separa do corpo quando nele cessa a vida orgânica. A observação prova que, no instante da morte, o desprendimento do perispírito não se completa subitamente; opera-se gradualmente, com uma lentidão muito variável, conforme os indivíduos. Em alguns, é bem rápido, e pode-se dizer que o momento da morte é o mesmo da libertação, algumas horas depois. Mas em outros, sobretudo aqueles cuja vida toda foi exageradamente *material e sensual*, o desprendimento é muito mais lento e algumas vezes pode durar dias, semanas e até meses, o que não implica que haja nos corpos a menor vitalidade, nem a possibilidade de um retorno à vida, mas uma simples afinidade entre o Espírito e o corpo, que se deve sempre à importância que o Espírito deu à matéria durante a vida. De fato, é racional conceber que quanto mais o Espírito estiver identificado com a matéria, mais ele sofrerá para separar-se dela, ao passo que a atividade intelectual e moral, a elevação de pensamentos, operam um início de desprendimento, mesmo durante a vida do corpo, e, quando chega a morte, o desprendimento é quase instantâneo. Este é o resultado de estudos feitos sobre todos os indivíduos observados no momento da morte. Essas observações provam ainda que a afinidade que em certos indivíduos persiste entre a alma e o corpo é, às vezes, muito penosa, pois o Espírito pode experimentar o horror da decomposição. Esse caso é excepcional e peculiar a certos gêneros de vida e a certos gêneros de morte; mostra-se em alguns casos de suicidas.

156. A separação definitiva da alma e do corpo pode ocorrer antes que a vida orgânica cesse completamente?

– *Na agonia, a alma às vezes já deixou o corpo: há somente a vida orgânica. O homem não tem mais consciência de si mesmo e, no entanto, ainda lhe resta um sopro de vida. O corpo é uma máquina movida pelo coração; existe enquanto o coração fizer circular o sangue nas veias, e não necessita da alma para isso.*

157. No momento da morte, a alma tem, às vezes, uma aspiração ou êxtase que a faz entrever o mundo no qual vai entrar?

– *Frequentemente a alma sente romperem-se os laços que a prendem ao corpo. Então, ela se esforça ao máximo para desfazê-los totalmente. Já em parte desprendida da matéria, vê o futuro desenrolar-se à sua frente, e usufrui, por antecipação, do estado de Espírito.*

158. O exemplo da lagarta que primeiramente rasteja na terra e depois se fecha em seu casulo, numa morte aparente, para renascer numa existência radiante, pode dar-nos uma ideia da vida terrena, depois do túmulo e, enfim, de nossa nova existência?

– *Uma leve ideia. A figura é boa. Entretanto, seria necessário não a levar ao pé da letra, como fazeis frequentemente.*

159. Que sensação a alma experimenta no momento em que se reconhece no mundo dos Espíritos?

– *Isso depende. Se tu fizeste o mal impelido pelo desejo de fazê-lo, num primeiro momento te sentirás envergonhado. Para o justo é bem diferente: a alma sente-se como que aliviada de um grande peso, pois não teme nenhum olhar perscrutador.*

160. O Espírito reencontra imediatamente os que conheceu na Terra e que morreram antes dele?

– *Sim, conforme sua afeição mútua; muitas vezes eles vêm recebê-lo na sua volta ao mundo dos Espíritos, ajudando-o a desligar-se das amarras da matéria. Também ocorre com frequência de reencontrar os que tinha perdido de vista durante sua vida na Terra; ele vê os que são errantes; os que estão encarnados, vai visitar.*

161. Na morte violenta e acidental, quando os órgãos ainda não enfraqueceram pela idade ou por doenças, a separação da alma e o cessar da vida acontecem simultaneamente?

– *Geralmente acontece assim, mas, em todo caso, o instante que os separa é muito curto.*

162. Após a decapitação, por exemplo, o homem conserva, por alguns instantes, a consciência de si mesmo?

– *Frequentemente ele a conserva durante alguns minutos, até que a vida orgânica seja completamente extinta. Porém, muitas vezes também a apreensão da morte o faz perder essa consciência, antes do instante do suplício.*

Trata-se, aqui, apenas da consciência que o supliciado pode ter de si mesmo, como homem e por intermédio dos órgãos, e não como Espírito. Se não perdeu essa consciência antes do suplício, pode então conservá-la por alguns instantes, mas de curtíssima duração, que cessa necessariamente com a vida orgânica do cérebro. Isso não implica que o perispírito esteja inteiramente desprendido do corpo, ao contrário: em todos os casos de morte violenta, quando esta não ocorre pela extinção gradual das forças vitais, os laços que unem o corpo ao perispírito são mais *tenazes*, e o desprendimento completo é mais lento.

Perturbação espiritual

163. Ao abandonar o corpo, a alma tem imediata consciência de si mesma?
– *Consciência imediata não é a palavra; ela fica algum tempo em estado de perturbação.*

164. Todos os Espíritos experimentam, no mesmo grau de intensidade e pelo mesmo tempo, a perturbação que sucede a separação da alma e do corpo?
– *Não; depende de sua elevação. Aquele que já está purificado se reconhece quase que imediatamente, porque já se desprendeu da matéria durante a vida corpórea, ao passo que o homem carnal, cuja consciência não é pura, conserva por muito mais tempo a impressão dessa matéria.*

165. O conhecimento do Espiritismo exerce uma influência sobre a maior ou menor duração da perturbação?
– *Uma grande influência, pois o Espírito compreendia antecipadamente sua situação; mas a prática do bem e a consciência pura exercem maior influência.*

No momento da morte, tudo é inicialmente confuso; a alma precisa de algum tempo para se reconhecer; ela fica como que atordoada, no estado de uma pessoa que, saindo de um sono profundo, tentasse compreender sua situação. A lucidez das ideias e a memória do passado lhe voltam à medida que se apaga a influência da matéria da qual acabou de desprender-se, quando se dissipa a espécie de neblina que obscurece seus pensamentos.

A duração da perturbação que sucede a morte é muito variável. Pode ser de algumas horas, de diversos meses, ou mesmo de diversos anos. Aqueles para quem ela é menos longa são os que, quando vivos, se identificaram com o seu estado futuro, pois então compreendem imediatamente a sua situação.

Essa perturbação apresenta circunstâncias particulares conforme o caráter dos indivíduos e, principalmente, conforme o tipo de morte. Nas mortes violentas, por suicídio, suplício, acidente, apoplexia, ferimentos etc., o Espírito se surpreende, fica perplexo e não acredita estar morto. Ele defende essa ideia obstinadamente. No entanto, vê seu corpo, sabe que é seu, mas não compreende que esteja separado dele. Vai até as pessoas pelas quais tem afeição, fala com elas e não percebe por que não o entendem. Essa ilusão dura até que se complete o desprendimento do periespírito. Só então o Espírito se reconhece e compreende que não faz mais parte do mundo dos vivos.

Esse fenômeno é facilmente explicável. Surpreso com a morte imprevista, o Espírito fica atordoado com a brusca mudança que se operou nele. Para ele, a morte ainda é sinônimo de destruição e aniquilamento. Ora, como ele pensa, vê e ouve, não percebe que está morto. O que aumenta sua ilusão é o fato de que ele se vê num corpo semelhante ao precedente na forma, mas como ainda não teve tempo de estudar sua natureza etérea, julga-o sólido e compacto como o primeiro. E quando se chama a sua atenção sobre isso, espanta-se por não poder apalpar-se. Esse fenômeno é semelhante àquele dos novos sonâmbulos, que não acreditam estar dormindo. Para eles, o sono é sinônimo de suspensão das faculdades. Ora, como pensam livremente e podem ver, pensam que não dormiram. Certos Espíritos apresentam essa particularidade, ainda que a morte não lhes tenha chegado inesperadamente; mas ela é sempre mais generalizada entre os que, embora doentes, não pensavam que iriam morrer. Vê-se então o singular espetáculo de um Espírito que assiste ao seu próprio funeral como se fosse o de um estranho, dele falando como se fosse uma coisa que não lhe dissesse respeito, até o momento em que compreende a verdade.

A perturbação que sucede a morte nada tem de penosa para o homem de bem! Ela é calma e, em tudo, assemelha-se àquela que acompanha um despertar tranquilo. Para aquele cuja consciência não está limpa, esse momento é cheio de ansiedade e de angústias, que aumentam à medida que ele se compenetra de sua situação.

Nos casos de morte coletiva, observou-se que todos os que perecem ao mesmo tempo nem sempre se reveem imediatamente. Na perturbação que sucede a morte, cada um vai para o seu lado, onde só se preocupam com os que lhes interessam.

Capítulo IV

PLURALIDADE DE EXISTÊNCIAS

> Sobre a reencarnação – Justiça da reencarnação – Encarnação nos diferentes mundos – Transmigração progressiva – Destino de crianças após a morte – Sexos dos Espíritos – Parentesco, filiação – Semelhanças físicas e morais – Ideias inatas.

SOBRE A REENCARNAÇÃO

166. Como a alma que não atingiu a perfeição durante a vida corporal pode terminar de depurar-se?
– *Submetendo-se à prova de uma nova existência.*
166. a) Como a alma cumpre essa nova existência? Por meio de sua transformação como Espírito?
– *Ao se depurar, a alma sem dúvida sofre uma transformação, mas para isso é preciso a prova da vida corporal.*
166. b) A alma passa, portanto, por diversas existências corporais?
– *Sim, todos nós temos muitas existências. Aqueles que dizem o contrário querem vos manter na ignorância em que eles mesmos se encontram; este é o desejo deles.*
166. c) Parece resultar desse princípio que a alma, após ter deixado um corpo, toma um outro; melhor dizendo, ela reencarna em um novo corpo. É assim que se deve entender?
– *É evidente que sim.*
167. Qual é a finalidade da reencarnação?
– *Expiação, aprimoramento progressivo da humanidade; sem isso, onde estaria a justiça?*

168. O número de existências corporais é limitado ou o Espírito reencarna perpetuamente?
– *A cada nova existência, o Espírito dá um passo na estrada do progresso. Quando se despojou de todas as suas impurezas, não tem mais necessidade das provas da vida corporal.*

169. O número de encarnações é o mesmo para todos os Espíritos?
– *Não, aquele que avança rapidamente se poupa de muitas provações. Todavia, essas encarnações sucessivas são sempre muito numerosas, pois o progresso é quase infinito.*

170. Em que se transforma o Espírito, após sua última encarnação?
– *Em Espírito bem-aventurado; um Espírito puro.*

JUSTIÇA DA REENCARNAÇÃO

171. Em que se fundamenta o dogma da reencarnação?
– *Na justiça de Deus e na revelação, pois não cansamos de vos repetir: Um bom pai sempre deixa aos seus filhos uma porta aberta ao arrependimento. A razão não diz que seria injusto privar irrevogavelmente da felicidade eterna todos aqueles cujo aperfeiçoamento não dependeu de si mesmos? Todos os homens não são filhos de Deus? Somente entre os homens egoístas encontra-se a iniquidade, o ódio implacável e os castigos sem perdão.*

Todos os Espíritos tendem à perfeição, e Deus lhes fornece os meios de alcançá-la através das provações da vida corporal. Porém, em Sua justiça, Ele lhes reserva – para suas novas existências – a realização *daquilo que não puderam fazer ou cumprir numa primeira provação.*

Não estaria de acordo com a equidade nem com a bondade de Deus castigar para sempre aqueles que encontraram obstáculos ao seu aprimoramento, independentemente de sua vontade e no próprio meio em que se encontram instalados. Se o destino do homem estivesse irrevogavelmente fixado após sua morte, Deus não teria pesado as ações de todos na mesma balança, e também não os teria tratado com imparcialidade.

A doutrina da reencarnação, isto é, aquela que consiste em admitir para o homem muitas existências sucessivas, é a única que corresponde à ideia que fazemos da justiça de Deus acerca dos homens colocados em uma condição moral inferior; é a única que pode explicar o futuro e consolidar nossas esperanças, uma vez que nos oferece o meio de resgatar os erros através de novas provações. A razão assim nos indica e os Espíritos assim nos ensinam.

O homem que tem consciência de sua inferioridade busca na doutrina da reencarnação uma esperança consoladora. Se acredita na justiça de Deus, não pode esperar ser, por toda a eternidade, igual àqueles que agiram melhor que ele. A ideia de que essa inferioridade não o deserda para sempre do bem supremo, e de que ele poderá conquistá-lo através de novos esforços, sustenta-o e lhe reanima a coragem. Quem é que, ao término de sua carreira, não lamenta ter adquirido tarde demais uma experiência que não pode mais aproveitar? Essa experiência tardia não está perdida; ele a utilizará numa nova vida.

ENCARNAÇÃO NOS DIFERENTES MUNDOS

172. Todas as nossas diversas existências corporais realizam-se na Terra?

– *Nem todas; vivemo-las em diferentes mundos: a existência no mundo terreno não é a primeira nem a última, e é uma das mais materiais e mais distanciadas da perfeição.*

173. A cada nova existência corporal, a alma passa de um mundo a outro ou pode cumprir diversas existências no mesmo globo?

– *Ela pode viver várias vezes no mesmo globo, se não estiver suficientemente adiantada para passar a um mundo superior.*

173. a) Assim, podemos reaparecer várias vezes na Terra?

– *Certamente.*

173. b) Podemos retornar a ela, após termos vivido em outros mundos?

– *Seguramente; podeis já ter vivido em outros lugares e na Terra.*

174. É uma necessidade reviver na Terra?

– *Não. Mas se não avançais, podereis ir para um outro mundo que não é melhor, e que pode ser pior.*

175. Há vantagem em voltar a morar na Terra?

– *Nenhuma vantagem em particular, a menos que se venha em missão; então certamente se avança, nela como em outros mundos.*

175. a) Não se seria mais feliz permanecendo Espírito?

– *Não, não; ficar-se-ia estacionário, quando o que se quer é avançar para Deus.*

176. Após ter encarnado em outros mundos, os Espíritos podem reencarnar neste mundo, sem nunca ter aparecido por aqui?

– *Sim, como vós em outros mundos. Todos os mundos são solidários: o que não se realiza em um pode ser realizado em outro.*

176. a) Sendo assim, há homens que estão na Terra pela primeira vez?

– *Há muitos, e em diversos graus.*

176. b) Pode-se reconhecer, por um sinal qualquer, quando um Espírito está em sua primeira aparição na Terra?

– *Isso não teria nenhuma utilidade.*

177. Para chegar à perfeição e à felicidade suprema, objetivo final de todos os homens, o Espírito deve passar pela série de todos os mundos que existem no Universo?

– *Não, pois há muitos mundos que estão num mesmo grau e, nos quais o Espírito não aprenderia nada de novo.*

177. a) Como então explicar a pluralidade de suas existências num mesmo globo?

– Cada vez ele pode ocupar posições bem diferentes, que representam para ele outras tantas oportunidades de adquirir experiência.

178. Os Espíritos podem encarnar num mundo relativamente inferior àquele onde já viveram?

– Sim, quando têm uma missão a cumprir para auxiliar o progresso. Então aceitam com alegria as tribulações dessa existência, por lhes fornecerem o meio de avançar.

178. a) Isso também não pode ocorrer como uma expiação, e Deus não pode enviar os Espíritos rebeldes para mundos inferiores?

– Os Espíritos podem ficar estacionários, mas não retrocedem; sua punição, então, é a de não avançar e ter de recomeçar as existências mal empregadas, mas num meio que convém à sua natureza.

178. b) Quais são os que devem recomeçar a mesma existência?

– Os que falharam em sua missão ou em suas provações.

179. Todos os seres que habitam cada um dos mundos chegaram ao mesmo grau de perfeição?

– Não; é como na Terra: há os mais e os menos adiantados.

180. Passando da Terra para um outro mundo, o Espírito conserva a inteligência que tinha aqui?

– Sem dúvida; a inteligência não se perde, mas ele pode não dispor dos mesmos meios de manifestá-la. Isso depende de sua superioridade e das condições do corpo que tomará. (Ver item 367, Influência do organismo.)

181. Os seres que habitam os diferentes mundos têm corpos semelhantes aos nossos?

– Sem dúvida eles têm corpos, pois é preciso que o Espírito se revista de matéria para poder agir sobre ela; mas esse envoltório é mais ou menos material segundo o grau de pureza a que chegaram os Espíritos, e é isso que faz a diferença entre os mundos que devemos percorrer; pois há diversas moradas na casa de nosso Pai e, assim, vários graus. Alguns o sabem e têm consciência disso na Terra; com outros, no entanto, o mesmo não acontece.

182. Podemos conhecer exatamente o estado físico e moral dos diferentes mundos?

– Nós, Espíritos, só podemos responder de acordo com o grau de evolução em que vos encontrais; ou seja, não devemos revelar essas coisas a todos, pois nem todos estão em condições de compreendê-las, e isso os perturbaria.

À medida que o Espírito se purifica, o corpo que o reveste também se aproxima da natureza espírita. A matéria é menos densa, ele não mais rasteja penosamente na superfície do solo, as necessidades físicas são menos grosseiras, os seres vivos não têm mais necessidade de se autodestruir para nutrir-se. O Espírito é mais livre e tem, para coisas distantes, percepções que desconhecemos; ele vê com olhos do corpo o que só vemos com o pensamento.

Da depuração dos Espíritos decorre o aperfeiçoamento moral dos seres que constituem quando estão encarnados. As paixões animais se enfraquecem e o egoísmo dá lugar ao sentimento fraternal. Assim, nos mundos superiores à Terra, as guerras são desconhecidas: os ódios e as discórdias não têm fundamento, pois ninguém deseja fazer mal a seu semelhante. A intuição que têm de seu futuro e a segurança que uma consciência isenta de remorsos lhes dá fazem que a morte não lhes cause nenhuma apreensão. Eles a recebem sem medo e como uma simples transformação.

A duração da vida, nos diferentes mundos, parece ser proporcional ao grau de superioridade física e moral desses mundos, e isso é perfeitamente racional. Quanto menos material é o corpo, menos está sujeito às vicissitudes que o desorganizam. Quanto mais puro o Espírito, menos sujeito a paixões que o consomem. Este é mais um benefício da Providência que deseja, dessa forma, abreviar os sofrimentos.

183. Ao passar de um mundo a outro, o Espírito passa por uma nova infância?

– *Em toda a parte a infância é uma transição necessária, mas nem em todo lugar ela é tão obtusa quanto entre vós.*

184. O Espírito pode escolher o novo mundo em que deve habitar?

– *Nem sempre, mas ele pode pedir e obter o que deseja, se merecer; afinal, os mundos só são acessíveis aos Espíritos segundo o grau de sua elevação.*

184. a) Se o Espírito não pede nada, o que determina o mundo onde irá reencarnar?

– *O grau de sua elevação.*

185. O estado físico e moral dos seres vivos, em cada globo, é perpetuamente o mesmo?

– *Não; os mundos também estão sujeitos às leis do progresso. Todos começaram como o vosso mundo, num estado inferior, e a própria Terra sofrerá uma transformação semelhante; ela se tornará um paraíso terrestre quando os homens se tornarem bons.* *

É assim que as raças que hoje povoam a Terra um dia desaparecerão e serão substituídas por seres cada vez mais perfeitos. Essas raças transformadas sucederão a atual, como esta sucedeu outras ainda mais grosseiras.

186. Há mundos onde o Espírito, deixando de habitar um corpo material, tem por envoltório apenas o periespírito?

– *Sim, e mesmo esse envoltório torna-se de tal forma etéreo que, para vós, é como se não existisse. É, portanto, o estado dos Espíritos puros.*

187. a) Parece resultar disso o fato de não haver uma demarcação nítida entre o estado das últimas encarnações e a do Espírito puro?

---

*   Ver nota explicativa na página 343

– Essa demarcação não existe. Uma vez que a diferença se apaga pouco a pouco, ela se torna imperceptível, como a noite que se desfaz ante as primeiras claridades do dia.

187. A substância do perispírito é a mesma em todos os globos?

– Não, ela é mais ou menos etérea. Passando de um mundo a outro, o Espírito se reveste da matéria própria de cada um, com a rapidez do relâmpago.

188. Os Espíritos puros habitam mundos especiais ou estão no espaço universal, sem estarem mais especificamente ligados a um mundo que a outro?

– Os Espíritos puros habitam determinados mundos, mas não ficam confinados a eles, como os homens na Terra. Eles podem, mais facilmente que os outros, estar por toda parte.[1]

TRANSMIGRAÇÃO PROGRESSIVA

189. Desde o início de sua formação o Espírito goza da plenitude de suas faculdades?

– Não, pois o Espírito, assim como o homem, tem também a sua infância. Em sua origem, os Espíritos têm apenas uma existência instintiva e mal têm consciência de si mesmos e de seus atos; a inteligência só se desenvolve pouco a pouco.

190. Qual é o estado da alma em sua primeira encarnação?

– O estado de infância se comparada à vida corporal. Sua inteligência mal desabrocha: *ela ensaia para a vida*.

---

(1) Segundo os Espíritos, de todos os globos que compõem nosso sistema planetário, a *Terra* faz parte daqueles cujos habitantes são menos adiantados física e moralmente. *Marte* lhe seria ainda inferior e *Júpiter* muito superior, sob todos os aspectos. O *Sol* não seria um mundo habitado por seres corpóreos, mas um lugar de encontro dos Espíritos superiores, os quais, de lá, irradiam seu pensamento para outros mundos, que eles dirigem por intermédio de Espíritos menos elevados, com os quais se comunicam por meio do fluido universal. Quanto à sua constituição física, o Sol seria um foco de eletricidade. Todos os sóis parecem estar numa posição semelhante.

O volume e o afastamento do Sol não têm necessariamente nenhuma relação com o grau de desenvolvimento dos mundos, uma vez que Vênus pareceria estar mais adiantado que a Terra, e Saturno menos que Júpiter.

Vários Espíritos que animaram pessoas conhecidas na Terra disseram ter reencarnado em Júpiter, um dos mundos mais próximos da perfeição, e é surpreendente ver, nesse globo tão avançado, homens que a opinião terrena não colocaria no mesmo nível. Nisso nada há que deva surpreender, considerando-se, primeiramente, que alguns Espíritos habitantes daquele planeta podiam ter sido aqui enviados para cumprir uma missão que, aos nossos olhos, não os colocaria no primeiro nível; em segundo lugar, que entre a sua existência terrena e a de Júpiter, podem ter havido existências intermediárias, nas quais se aperfeiçoaram; e em terceiro lugar, enfim, que, tanto naquele mundo como no nosso, há diferentes graus de desenvolvimento, e entre esses graus pode haver a distância que separa, em nosso mundo, o homem selvagem do civilizado. Assim sendo, habitar Júpiter não quer dizer estar no mesmo nível dos seus seres mais adiantados, da mesma forma que não se é do nível de um sábio do Instituto só por morar em Paris.

191. As almas de nossos selvagens são almas no estado de infância?
– *Infância relativa; mas são almas já desenvolvidas; eles já nutrem paixões.*
191. a) As paixões são, portanto, um sinal de desenvolvimento?
– *De desenvolvimento, sim, mas não de perfeição; elas são um sinal da atividade e da consciência do eu, ao passo que, na alma primitiva, a inteligência e a vida estão no estado de germe.*

A vida do Espírito, no seu conjunto, percorre as mesmas fases que vemos na vida corporal. Ele passa gradualmente do estado de embrião ao de infância, para chegar, através de uma sucessão de períodos, ao estado adulto, que é o da perfeição, com a diferença de não ter o declínio e a decrepitude da vida corporal; de sua vida, que teve um começo, não ter um fim; de que ele precisa, sob o nosso ponto de vista, de um tempo imenso para passar da infância espírita a um desenvolvimento completo, e seu progresso não se dá numa única esfera, mas passando por mundos diversos. A vida do Espírito se compõe, assim, de uma série de existências corporais, sendo que cada uma delas representa, para ele, uma oportunidade de progredir, assim como cada existência corporal se compõe de uma série de dias, em cada um dos quais o homem adquire mais experiência e instrução. Mas assim como na vida do homem há dias infrutíferos, na vida do Espírito há também existências corporais que não lhe trazem resultados, por ele não ter sabido aproveitá-las.

192. Podemos, a partir desta vida, com uma conduta perfeita, transpor todos os graus e nos tornarmos Espíritos puros, sem passar por outros graus intermediários?
– *Não, pois o que o homem julga ser perfeito está longe da perfeição. Há qualidades que lhe são desconhecidas e que ele não pode compreender. Ele pode ser tão perfeito quanto permite sua natureza terrena, mas isso não é a perfeição absoluta. Assim como uma criança que, por mais precoce que seja, deve passar pela juventude antes de chegar à idade madura. Ou ainda, como o doente que passa pela convalescência antes de recuperar toda a saúde. Além disso, o Espírito deve progredir em conhecimento e em moralidade. Se ele só*

> As condições de longevidade não são as mesmas da Terra em todos os lugares, e não se pode comparar as idades. Ao ser evocada, uma pessoa falecida há alguns anos diz estar encarnada há seis meses, num mundo cujo nome nos é desconhecido. Interrogada sobre a idade que tinha nesse mundo, respondeu: "Não posso calcular porque não contamos como vós; além disso, nosso modo de vida também não é o mesmo; desenvolvemo-nos bem mais rapidamente. No entanto, embora faça apenas seis dos vossos meses que lá estou, posso dizer que, quanto à inteligência, tenho trinta anos da idade que teria na Terra".
> Muitas respostas semelhantes foram dadas por outros Espíritos, e não há nada de inverossímil nisso. Não vemos na Terra tantos animais adquirirem em alguns meses o seu desenvolvimento normal? Por que o mesmo não poderia ocorrer com o homem em outras esferas? Por outro lado, notemos que o desenvolvimento alcançado pelo homem na Terra aos trinta anos talvez não passe de uma espécie de infância, se comparado ao que ele deve atingir. Achar que somos em tudo os protótipos da criação é ter uma visão muito limitada, e seria rebaixar a Divindade acreditar que, além de nós, nada mais seja possível a Deus.

se adiantou num sentido, é preciso que progrida no outro para atingir o topo da escala. Porém, quanto mais o homem se adiantar em sua vida presente, menos penosas e longas lhe serão as provas seguintes.

192. a) O homem ao menos pode garantir, a partir desta vida, uma existência futura menos cheia de amarguras?

– *Sim, sem dúvida. Pode abreviar a extensão e as dificuldades do caminho. Somente o desleixado permanece sempre no mesmo ponto.*

193. Um homem, em suas novas existências, pode descer mais baixo do ponto em que estava?

– *Em termos de posição social, sim; como Espírito, não.*

194. A alma de um homem de bem pode, numa nova encarnação, animar o corpo de um criminoso?

– *Não, pois ela não pode degenerar.*

194. a) A alma de um homem perverso pode transformar-se na de um homem de bem?

– *Sim, caso ele se tenha arrependido, e, então, é uma recompensa.*

A marcha dos Espíritos é progressiva e nunca retrógrada. Eles se elevam gradualmente na hierarquia, e não descem do posto que alcançaram. Em suas diferentes existências corporais, podem descer como homens, mas não como Espíritos. Assim, a alma de um poderoso na Terra pode mais tarde animar o mais humilde artesão, e vice-versa; pois, entre os homens, as classes muitas vezes estão numa ordem inversa à da elevação dos sentimentos morais. Herodes era rei, e Jesus carpinteiro.

195. A possibilidade de avançar numa outra existência não pode levar algumas pessoas a persistirem num mau caminho, por pensarem que sempre poderão corrigir-se mais tarde?

– *Aquele que assim pensa em nada crê, e a ideia de um castigo eterno não iria reprimi-lo, pois sua razão a repele e essa ideia conduz à incredulidade a respeito de tudo. Se tivessem usado apenas os meios racionais para conduzir os homens, não haveria tantos céticos. Um Espírito imperfeito pode, de fato, pensar da maneira que dizes, durante sua vida corporal; mas uma vez desprendido da matéria ele pensará de outro modo, pois logo perceberá que calculou mal, e então experimentará um sentimento contrário numa nova existência. É assim que se efetiva o progresso, e eis por que encontras, na Terra, alguns homens mais adiantados que outros. Uns já têm uma experiência que outros ainda não tiveram, mas irão adquirir pouco a pouco. Depende deles adiantar seu progresso ou retardá-lo, indefinidamente.*

O homem que se encontra numa posição ruim deseja mudar o mais depressa possível. Aquele que está convencido de que as tribulações desta vida são a consequência de suas imperfeições procurará garantir uma nova existência menos penosa, e esse pensamento irá desviá-lo do caminho do mal mais do que a ideia do fogo eterno, na qual não acredita.

196. Do fato de os Espíritos só poderem aprimorar-se sofrendo as tribulações da existência corporal, segue-se que a vida material seria uma espécie de *filtro* ou de *depuratório*, por onde devem passar os seres do mundo espiritual para alcançarem a perfeição?

– *Sim, é exatamente isso. Eles se tornam melhores nessas provações, evitando o mal e praticando o bem. Mas só depois de diversas encarnações ou depurações sucessivas eles atingem, num tempo mais ou menos longo, e conforme seus esforços, o objetivo ao qual tendem.*

196. a) É o corpo que influi sobre o Espírito, para melhorá-lo, ou o Espírito que influi sobre o corpo?

– *Teu Espírito é tudo; teu corpo é uma vestimenta que apodrece: eis tudo.*

Encontramos, no sumo da videira, uma comparação material dos diferentes graus de purificação da alma. Ele contém o licor chamado espírito ou álcool, mas enfraquecido por uma série de substâncias estranhas que lhe alteram a essência. A pureza absoluta só é atingida após várias destilações, em cada uma das quais vai se despojando de alguma impureza. O alambique é o corpo, no qual ele deve entrar para se depurar; as substâncias estranhas são como o perispírito, que purifica a si mesmo, à medida que o Espírito se aproxima da perfeição.

DESTINO DAS CRIANÇAS APÓS A MORTE

197. O Espírito de uma criança morta com pouca idade é tão adiantado quanto o de um adulto?

– *Algumas vezes muito mais, pois ele pode ter vivido muito mais e ter mais experiência, sobretudo se progrediu.*

197. a) Então o Espírito de uma criança pode ser mais adiantado do que o de seu pai?

– *Isso é muito frequente; vós mesmos não o testemunhais muitas vezes na Terra?*

198. O Espírito de uma criança que morre com pouca idade pertence aos graus superiores, uma vez que não pôde fazer o mal?

– *Se não fez o mal, também não fez o bem, e Deus não o liberaria das provações pelas quais deve passar. Se é puro, não é pelo fato de ser criança, mas porque era mais evoluído.*

199. Por que muitas vezes a vida é interrompida na infância?

– *A duração da vida da criança pode ser, para o Espírito que está encarnado nela, o complemento de uma vida interrompida antes do término devido, e sua morte é, muitas vezes, uma provação ou expiação para os pais.*

199. a) Em que se transforma o Espírito de uma criança que morre com pouca idade?

– *Recomeça uma nova existência.*

Se o homem só tivesse uma existência e se, depois dessa existência, sua sorte futura estivesse fixada para todo o sempre, qual seria o mérito da metade da espécie humana, que morre com pouca idade, para gozar sem esforços a felicidade eterna? E com que direito essa metade poderia ser liberada das condições, muitas vezes tão duras, impostas à outra metade? Tal ordem de coisas não poderia estar de acordo com a justiça de Deus. Pela reencarnação, a igualdade se estende a todos; o futuro pertence a todos, sem exceção e sem favoritismo; os que chegam por último só podem culpar a si mesmos. O homem deve obter o mérito de seus atos, assim como tem a responsabilidade.

Além disso, não é racional considerar a infância como um estado normal de inocência. Não se veem crianças dotadas dos piores instintos, numa idade em que a educação não pôde ainda influenciá-las? Não se vê que algumas parecem trazer de nascença a astúcia, a falsidade, a perfídia, o próprio instinto do roubo e do assassínio, e isso apesar dos bons exemplos de que estão rodeadas? A lei civil absolve seus delitos, porque, diz ela, agiram sem discernimento, e tem razão, pois, de fato, as crianças agem mais instintivamente do que deliberadamente. Mas de onde podem provir esses instintos, tão diferentes entre crianças de mesma idade, criadas nas mesmas condições e submetidas às mesmas influências? De onde vem a perversidade precoce, a não ser da inferioridade do Espírito, já que a educação parece em nada influir? Os que são viciosos o são porque seu Espírito progrediu menos, e então eles sofrem as consequências, não dos seus atos de criança, mas dos de suas existências anteriores, e dessa forma a lei é a mesma para todos, e todos são atingidos pela justiça de Deus.

SEXOS DOS ESPÍRITOS

200. Os Espíritos têm sexo?
– *Não como o entendeis, pois os sexos dependem da constituição orgânica. Há entre eles amor e simpatia, mas baseados na similitude de sentimentos.*
201. O Espírito que animou o corpo de um homem pode, numa nova existência, animar o de uma mulher, e vice-versa?
– *Sim, são os mesmos Espíritos que animam os homens e as mulheres.*
202. Quando se é Espírito, prefere-se ser encarnado no corpo de um homem ou de uma mulher?
– *Isso pouco importa ao Espírito; depende das provas pelas quais deve passar.*

Os Espíritos encarnam como homens ou mulheres, pois não têm sexo. Como devem progredir em tudo, cada sexo, assim como cada posição social, oferece-lhes provações e deveres especiais, e a oportunidade de adquirir experiências. Aquele que sempre tivesse sido homem, saberia apenas o que sabem os homens.

PARENTESCO, FILIAÇÃO

203. Os pais transmitem aos filhos uma porção de suas almas ou apenas lhes concedem a vida animal, à qual uma nova alma vem, mais tarde, adicionar a vida moral?

– Os pais lhes transmitem apenas a vida animal, pois a alma é indivisível. Um pai estúpido pode ter filhos inteligentes, e vice-versa.

204. Já que tivemos várias existências, o parentesco tem sua origem além de nossa existência atual?

– Não pode ser de outra forma. A sucessão de existências corpóreas estabelece, entre os Espíritos, laços que remontam a vossas existências anteriores; daí, muitas vezes, as causas da simpatia entre vós, bem como de certos Espíritos que vos parecem estranhos.

205. Aos olhos de certas pessoas, a doutrina da reencarnação parece destruir os laços de família, fazendo-os ultrapassar os limites da existência atual.

– Ela os amplia, mas não os destrói. Uma vez que o parentesco é baseado em afeições anteriores, os laços que unem os membros de uma mesma família são menos precários. A doutrina da reencarnação aumenta os deveres da fraternidade, já que, em vosso vizinho ou em vosso empregado, pode encontrar-se um Espírito que esteve ligado a vós por laços consanguíneos.

205. a) Essa doutrina diminui, no entanto, a importância que alguns atribuem à sua genealogia, já que se pode ter tido como pai um Espírito que pertenceu a uma raça completamente diferente, ou que viveu em uma condição completamente diversa.

– É verdade, mas essa importância é baseada no orgulho. O que a maioria venera em seus antepassados são os títulos, a classe social e a fortuna. O mesmo que se envergonharia de ter tido por avô um sapateiro honesto, iria gabar-se de descender de um nobre devasso. Mas o que quer que digam ou façam, nada impedirá que as coisas sejam como são, pois Deus não regulou as leis da Natureza segundo a vaidade deles. *

206. Uma vez que não há filiação entre os Espíritos dos descendentes de uma mesma família, o culto aos antepassados é uma coisa ridícula?

– É evidente que não, pois devemos sentir-nos felizes em pertencer a uma família na qual encarnam Espíritos elevados. Embora os Espíritos não procedam uns dos outros, não têm menos afeição pelos que estão ligados a eles por laços da família, pois os Espíritos muitas vezes são atraídos a esta ou àquela família por causa da simpatia ou por ligações anteriores. No entanto, podeis acreditar que os Espíritos de vossos antepassados não se sentem nem um pouco honrados com o culto que vós lhes prestais por orgulho. O mérito deles somente recairá sobre vós na medida que vos esforceis por seguir os bons exemplos que eles vos deram. Só assim vossa lembrança lhes pode ser não apenas agradável, mas também útil.

SEMELHANÇAS FÍSICAS E MORAIS

207. Os pais frequentemente transmitem a seus filhos uma semelhança física. Transmitem também uma semelhança moral?

---

*   Ver nota explicativa na página 343

– Não, pois têm almas ou Espíritos diferentes. O corpo deriva do corpo, mas o Espírito não deriva do Espírito. Entre os descendentes das raças, há apenas consanguinidade. *

207. a) De onde vêm as semelhanças morais que às vezes existem entre pais e filhos?

– São Espíritos simpáticos, atraídos pela afinidade de suas inclinações.

208. O Espírito dos pais não exerce influência sobre o do filho, após seu nascimento?

– Há uma grande influência; como já dissemos, os Espíritos devem contribuir para o progresso uns dos outros. Pois bem, os Espíritos dos pais têm por missão desenvolver o de seus filhos, através da educação; para eles, isso é uma tarefa: se nela falharem, tornar-se-ão culpados.

209. Por que pais bons e virtuosos geram filhos de natureza perversa? Em outras palavras, por que as virtudes dos pais não atraem sempre, por simpatia, um bom Espírito para animar seu filho?

– Um mau Espírito pode pedir bons pais na esperança de que os seus conselhos dirijam-no por um caminho melhor, e muitas vezes Deus o atende.

210. Os pais podem, por meio de seus pensamentos e orações, atrair para o corpo do filho um Espírito bom, em vez de um Espírito inferior?

– Não, mas podem tornar melhor o Espírito do filho que geraram e que lhes foi confiado; é seu dever. Filhos maus são uma prova para os pais.

211. De onde vem a semelhança de caráter que muitas vezes existe entre dois irmãos, principalmente entre os gêmeos?

– São Espíritos simpáticos, que se aproximam pela similitude de seus sentimentos e que se sentem felizes por estarem juntos.

212. Nas crianças cujos corpos nascem ligados, e que têm certos órgãos comuns, há dois Espíritos, ou seja, duas almas?

– Sim, mas a sua semelhança faz deles apenas um aos vossos olhos.

213. Uma vez que os Espíritos encarnam nos gêmeos por simpatia, de onde vem a aversão que, às vezes, se nota entre eles?

– Não há uma regra de que os gêmeos devem ter somente Espíritos simpáticos; Espíritos maus podem querer lutar juntos no teatro da vida.

214. O que pensar das histórias de crianças que lutam no ventre da mãe?

– Uma figura! Para mostrar que seu ódio era arraigado, situam-no num tempo anterior ao nascimento. Vós geralmente não sabeis dar o devido valor às figuras poéticas.

215. De onde vem o caráter distinto que se observa em cada povo?

– Os Espíritos também possuem famílias formadas pela semelhança de suas inclinações, mais ou menos depuradas conforme sua elevação. Pois bem, um povo é uma grande família onde se reúnem Espíritos simpáticos. A tendência que os

---

* Ver nota explicativa na página 343

membros dessas famílias têm para se unir é a fonte da semelhança no caráter distinto de cada povo. Acreditas que Espíritos bons e humanitários buscarão reencarnar num povo bruto e grosseiro? Não. Os Espíritos simpatizam com as massas assim como simpatizam com os indivíduos; entre estes, sentem-se no meio que lhes é próprio.

216. O homem conserva, em suas novas existências, os traços do caráter moral de suas existências anteriores?

– Sim, isto pode acontecer, mas, ao tornar-se melhor, ele muda. Sua posição social também pode não ser mais a mesma. Se de senhor ele passa a ser escravo, seus gostos serão totalmente diferentes, e tereis dificuldades em reconhecê-lo. Uma vez que o Espírito é o mesmo nas várias encarnações, suas manifestações podem ter, de uma encarnação para outra, certas analogias, mas modificadas pelos hábitos de sua nova posição, até que um notável aperfeiçoamento tenha mudado completamente seu caráter, pois de orgulhoso e mau ele pode passar a humilde e humano, se se tiver arrependido.

217. O homem, em suas diferentes encarnações, conserva traços do caráter físico de existências anteriores?

– O corpo é destruído e o novo não tem nenhuma relação com o antigo. Entretanto, o Espírito se reflete no corpo. Certamente, o corpo é apenas matéria, mas, apesar disso, ele é modelado pelas capacidades do Espírito. Este lhe imprime um certo caráter, principalmente ao semblante, e não é à toa que se designam os olhos como o espelho da alma. Isto significa que o semblante reflete mais particularmente a alma; uma pessoa excessivamente feia tem, no entanto, alguma coisa que agrada, quando é o envoltório de um Espírito bom, sábio, humano, ao passo que há semblantes belíssimos que nada te transmitem, podendo até mesmo inspirar-te repulsa. Poderias supor que apenas corpos bem constituídos servem de envoltório a Espíritos mais perfeitos, mas encontrarás todos os dias homens de bem sob aparências disformes. Mesmo sem ter uma semelhança acentuada, a similitude de gostos e inclinações pode compor, portanto, o que se chama um ar familiar.

O corpo que reveste a alma numa nova encarnação não tem nenhuma relação *necessária* com aquele que ela deixou, uma vez que depende de uma origem completamente diversa, e seria absurdo deduzir de uma semelhança apenas casual uma sucessão de existências. No entanto, as qualidades do Espírito muitas vezes modificam os órgãos que servem às suas manifestações, imprimindo no semblante, e mesmo no conjunto das maneiras, uma marca distintiva. Assim, é possível encontrar, sob o envoltório mais humilde, uma expressão de grandeza e dignidade, ao passo que, sob o fraque do grande senhor, vê-se, algumas vezes, uma expressão da baixeza e da ignomínia. Certas pessoas, saídas da mais baixa posição, adquirem sem esforços os costumes e as maneiras da alta sociedade. Parece que elas *reencontram* nesse meio o seu elemento, enquanto outras, apesar de seu nascimento e de sua educação, ali estão sempre deslocadas. Como explicar esse fato de outra forma senão como um reflexo do que o Espírito foi antes?

Ideias Inatas

218. O Espírito encarnado não conserva nenhum traço das percepções que teve e dos conhecimentos que adquiriu em suas existências anteriores?
– Resta-lhe uma vaga lembrança, que lhe dá o que chamamos de ideias inatas.

218. a) A teoria das ideias inatas não é, portanto, uma quimera?
– Não, pois os conhecimentos adquiridos em cada existência não se perdem. O Espírito, desprendido da matéria, sempre se lembra. Durante a encarnação, ele pode esquecer parte deles momentaneamente, mas a intuição que lhe resta auxilia o seu progresso. Sem isso, sempre teria de recomeçar. A cada nova existência, o Espírito toma como ponto de partida aquele em que se encontrava em sua existência precedente.

218. b) Deve, então, haver uma grande conexão entre duas existências sucessivas?
– Nem sempre tão grande quanto poderias imaginar, pois muitas vezes as posições são bem diferentes e, no intervalo entre elas, o Espírito pode progredir. (Ver tópico 216.)

219. Qual é a origem das faculdades extraordinárias de indivíduos que, sem estudo prévio, parecem ter a intuição de determinados conhecimentos, como os idiomas, o cálculo etc.?
– Lembrança do passado; progresso anterior da alma, mas do qual ele próprio não tem consciência. De onde queres que eles venham? O corpo muda, mas o Espírito não, ainda que mude de vestimenta.

220. Mudando de corpo, podem-se perder certas faculdades intelectuais; deixar de ter, por exemplo, o gosto pelas artes?
– Sim, se essa inteligência foi corrompida ou se foi feito um mau uso dela. Além disso, uma capacidade intelectual pode ficar em estado de inércia durante uma existência, se o Espírito quer exercer uma outra que não tenha relação com ela. Então, ela permanece em estado latente para reaparecer mais tarde.

221. O sentimento instintivo da existência de Deus e o pressentimento da vida futura se devem a uma lembrança retrospectiva do homem, mesmo no estado de selvagem?
– É uma lembrança que conservou daquilo que sabia como Espírito, antes de encarnar; mas o orgulho muitas vezes sufoca esse sentimento.

221. a) É a essa mesma lembrança que se devem certas crenças relativas à Doutrina Espírita, e que se encontram em todos os povos?
– Essa doutrina é tão antiga quanto o mundo; por isso é encontrada em toda parte, e aí está uma prova de que é verdadeira. O Espírito encarnado, conservando a intuição de seu estado de Espírito, tem a consciência instintiva do mundo invisível, mas muitas vezes essa consciência é falseada pelos preconceitos, e a ignorância lhe mistura a superstição.

Capítulo V

CONSIDERAÇÕES SOBRE A PLURALIDADE DE EXISTÊNCIAS

222. O dogma da reencarnação, dizem certas pessoas, não é novo; foi ressuscitado de Pitágoras. Nunca dissemos que a Doutrina Espírita era invenção moderna. Por ser uma lei da Natureza, o Espiritismo deve ter existido desde a origem dos tempos, e sempre nos esforçamos para provar que seus traços podem ser encontrados desde a mais remota Antiguidade. Pitágoras, como se sabe, não é o autor do sistema da metempsicose; ele o buscou nos filósofos indianos e nos egípcios, entre os quais existia desde tempos imemoriais. A ideia da transmigração das almas era, portanto, uma crença comum, admitida pelos homens mais eminentes. Por quais caminhos chegou até eles? Por revelação ou por intuição? Não o sabemos; mas, seja como for, uma ideia não atravessa os tempos nem é aceita pelas inteligências de elite se não tem algo sério. A antiguidade desta doutrina seria, portanto, mais uma prova do que uma objeção. Há, no entanto, como se sabe, entre a metempsicose dos antigos e a doutrina moderna da reencarnação, esta grande diferença: os Espíritos rejeitam, de forma absoluta, a transmigração da alma do homem para os animais, e vice-versa.

Ao ensinar o dogma da pluralidade de existências corporais, os Espíritos renovam, portanto, uma doutrina que nasceu nas primeiras eras do mundo, e que se conservou até os nossos dias no pensamento íntimo de muitas pessoas. Apenas apresentam-na sob um ponto de vista mais racional, mais de acordo com as leis progressivas da Natureza e mais em harmonia com a sabedoria do Criador, despojando-a de todos os acréscimos da superstição. Uma circunstância digna de nota é a de que não foi apenas aqui, neste livro, que os Espíritos a ensinaram nos últimos tempos. Já antes da publicação desta obra, numerosas comunicações da mesma natureza foram obtidas em diversas regiões, e, a partir de então, multiplicaram-se consideravelmente. Talvez fosse o caso de se examinar por que todos os Espíritos não parecem estar de acordo sobre esse ponto; voltaremos a ele mais tarde.

Examinemos o assunto sob um outro ponto de vista, e, fazendo abstração de qualquer intervenção dos Espíritos, deixemo-los de lado por um instante. Suponhamos que essa teoria não tenha sido formulada por eles; suponhamos até que isso jamais tenha tido algo a ver com os Espíritos. Coloquemo-nos então, momentaneamente, numa posição neutra, admitindo num mesmo grau de probabilidade as duas hipóteses: a da pluralidade e a da unicidade das existências corporais, e vejamos de que lado nos levarão a razão e nosso próprio interesse.

Certas pessoas repelem a ideia da reencarnação pelo simples motivo de que ela não lhes convém, dizendo que já lhes basta uma existência e que não gostariam de recomeçar outra semelhante. Sabemos de algumas que, à simples ideia de voltar à Terra, reagem enfurecidas. A única pergunta que temos a lhes fazer é se acham que Deus teria pedido sua opinião e consultado seus gostos para ordenar o Universo. Ora, de duas uma: ou a reencarnação existe, ou não existe. Se ela existe, é inútil contrariar essas pessoas, pois terão de passar por ela, e Deus não lhes pedirá permissão para isso. Parece que estamos ouvindo um doente a dizer: "Já sofri o bastante por hoje, não quero mais sofrer amanhã". Até que ele esteja curado, qualquer que seja o seu mau humor, isso não fará com que sofra menos amanhã, nem nos dias seguintes. Logo, se essas pessoas devem reviver corporalmente, tornarão a viver, reencarnarão. Será inútil revoltar-se, como uma criança que não quer ir à escola ou como um condenado à prisão, pois terão de passar por isso. Objeções semelhantes são pueris demais para merecer um exame mais sério. Diremos a essas pessoas, entretanto, para tranquilizá-las, que a Doutrina Espírita sobre a reencarnação não é tão terrível quanto creem, e que se a houvessem estudado a fundo não estariam tão assustadas. Saberiam que a condição dessa nova existência depende delas mesmas; serão felizes ou infelizes de acordo com o que tiverem feito neste mundo. E *já podem, a partir desta vida, elevar-se tão alto que não mais precisarão temer uma nova queda no lamaçal.*

Supomos falar a pessoas que acreditam num futuro qualquer após a morte, e não àquelas que têm o nada como perspectiva, ou que desejam afogar sua alma num todo universal, sem individualidade, como as gotas de chuva no oceano, o que seria quase a mesma coisa. Então, se acreditais num futuro qualquer, certamente não admitis que possa ser o mesmo para todos, pois, de outra forma, qual seria a utilidade do bem? Por que reprimir-se? Por que não satisfazer todas as suas paixões, todos os seus desejos, mesmo à custa de outrem, uma vez que isso não faria a menor diferença? Acreditais que esse futuro será mais ou menos feliz, ou infeliz, de acordo com o que tivermos feito durante a vida; então, desejais ser tão feliz quanto for possível nesse futuro, uma vez que deve ser por toda a eternidade? Teríeis, por acaso, a pretensão de serdes um dos homens mais perfeitos que tenham existido na Terra, e de também terdes direito à suprema felicidade dos eleitos? Não. Admitis, assim, que há homens melhores que vós, e que têm direito a um lugar melhor, sem que estejais, por isso, entre os reprovados. Pois bem! Colocai-vos um instante, mentalmente, nessa situação intermediária que será a vossa, como acabastes de convir, e imaginai que alguém venha dizer-vos: "Vós sofreis, e não sois tão felizes quanto poderíeis ser, enquanto há, diante de vós, seres que gozam de uma ventura completa. Quereis trocar de lugar com eles?" "Sem dúvida", direis, "o que devo fazer?" "Quase nada; recomeçar o que fizestes mal feito e tratar de fazê-lo melhor". Hesitaríeis em aceitar a provação, mesmo ao preço de diversas existências?

Façamos uma comparação mais prosaica. Se a um homem que, apesar de não encontrar-se na extrema miséria, passa por privações decorrentes da precariedade de seus recursos, viessem dizer: "Aqui está uma imensa fortuna, podeis aproveitá-la; para isso, é preciso que trabalheis duro por um minuto". Mesmo que fosse o mais preguiçoso da Terra, esse homem diria, sem hesitar: "Trabalhemos um minuto, dez minutos, uma hora, um dia, se for preciso. O que isso representa, uma vez que minha vida terminará na abundância?". Ora, o que é a duração da vida corporal em relação à eternidade? Menos que um minuto, menos que um segundo.

Temos ouvido o seguinte raciocínio: Deus, que é soberanamente bom, não pode impor ao ser humano o recomeço de uma série de misérias e de tribulações. Acharíamos, por acaso, que há mais bondade em condenar o ser humano a um sofrimento perpétuo, por alguns erros momentâneos, do que em lhe conceder os meios de reparar os seus erros? "Dois fabricantes tinham, cada qual, um operário que podia aspirar a tornar-se sócio do chefe. Ora, acontece que esses dois operários, certa vez, empregaram mal o seu dia de trabalho e mereceram ser despedidos. Um dos fabricantes expulsou o seu operário, apesar de suas súplicas, e este, não tendo encontrado trabalho, morreu na miséria. O outro disse ao seu operário: "Perdeste um dia, e por isso me deves um como compensação; fizeste mal teu trabalho, e me deves uma reparação. Eu te permito recomeçá-lo; encarrega-te de executá-lo bem e eu te conservarei, e poderás continuar aspirando à posição superior que te prometi." É preciso perguntar qual dos dois fabricantes foi mais humano? Deus, que é a própria clemência, seria mais inexorável que um homem? O pensamento de que nossa sorte está para sempre definida por alguns anos de provação, mesmo quando não tenha dependido só de nós atingir a perfeição na Terra, tem algo de pungente, enquanto a ideia contrária é eminentemente consoladora: ela nos deixa a esperança. Assim, sem nos pronunciarmos contra ou a favor da pluralidade de existências, sem admitir uma hipótese mais que outra, diremos que, se pudéssemos escolher, não haveria ninguém que preferisse um julgamento inapelável. Um filósofo disse que se Deus não existisse seria preciso inventá-lo, para a felicidade da espécie humana. O mesmo se poderia dizer da pluralidade de existências; no entanto, e como dissemos, Deus não nos pede permissão, não consulta nosso gosto – ela existe ou não existe. Vejamos de que lado estão as probabilidades, e tomemos a questão sob um outro ponto de vista, sempre fazendo abstração do ensinamento dos Espíritos, e unicamente como estudo filosófico.

Se não há reencarnação, só há uma existência corporal, isso é evidente. Se nossa atual existência corporal é a única, a alma de cada homem foi criada no momento do nascimento, a menos que se admita a anterioridade da alma, caso que leva a se perguntar o que era a alma antes do nascimento, e se esse estado não constituiria uma existência, sob uma forma qualquer. Não há meio-termo: ou a alma existia ou não existia antes do corpo. Se existia, qual era a sua situação? Tinha ou não consciência de si mesma? Se não a tinha, seria quase como se não existisse. Se tinha uma individualidade, era progressiva ou estacionária? Num e noutro caso, a que grau de evolução chegou ao tomar o corpo? Admitindo-se, segundo a crença vulgar, que a alma nasce com o corpo, ou – o que dá no mesmo – que antes da encarnação ela possui apenas faculdades negativas, formulamos as seguintes questões:

1. Por que a alma revela aptidões tão diversas e independentes das ideias adquiridas através da educação?

2. De onde vem a aptidão extranormal de algumas crianças de tenra idade por esta arte ou aquela ciência, enquanto outras permanecem inferiores ou medíocres por toda a vida?

3. De onde vêm, para uns, as ideias inatas ou intuitivas que não existem em outros?

4. De onde vêm, para certas crianças, esses instintos precoces de vícios ou virtudes, os sentimentos inatos de dignidade ou baixeza que contrastam com o meio no qual nasceram?

5. Por que certos homens, independentemente de sua educação, são mais avançados que outros?

6. Por que há selvagens e homens civilizados? Se tomardes uma criança hotentote* recém-nascida e educá-la em nossos colégios mais renomados, não poderíeis fazer dela um Laplace ou um Newton?

Perguntamos qual é a filosofia ou a teosofia que pode resolver esses problemas. Ou as almas são iguais em seu nascimento ou são desiguais; quanto a isso não há dúvida. Se são iguais, por que essas aptidões tão diversas? Dirão que isso depende do organismo? Mas então essa doutrina seria a mais monstruosa e imoral. O homem não passa de uma máquina, um joguete da matéria; não tem mais responsabilidade por seus atos; pode atribuir tudo às suas imperfeições físicas. Se as almas são desiguais, é porque Deus as criou assim. Mas então por que essa superioridade inata concedida a alguns? Essa parcialidade está de acordo com Sua justiça e com o amor que dedica, por igual, a todas as Suas criaturas?

Admitamos, ao contrário, uma sucessão de existências anteriores progressivas, e tudo se explica. Os homens trazem, ao nascer, a intuição do que apren-

---

(*) Natural do Sul da África (*Nota do Editor*).

deram; são mais ou menos adiantados conforme o número de existências que percorreram, conforme a distância que estão do ponto de partida. Exatamente como, numa reunião de indivíduos de todas as idades, cada um terá um desenvolvimento proporcional ao número de anos que tiver vivido. As existências sucessivas serão, para a vida da alma, o mesmo que os anos para a vida do corpo. Reuni, um dia, mil indivíduos, de um a oitenta anos; suponde que um véu seja jogado sobre todos os dias precedentes e que, em vossa ignorância, acrediteis que todos nasceram num mesmo dia. Naturalmente perguntareis como é que uns são grandes e outros pequenos, uns velhos e outros jovens, uns instruídos e outros ainda ignorantes. Porém, se a névoa que vos encobre o passado for retirada, e se compreenderdes que todos viveram por mais ou menos tempo, tudo estará explicado. Deus, em sua justiça, não pode ter criado almas mais ou menos perfeitas; porém, com a pluralidade de existências, a desigualdade que vemos nada tem de contrário à equidade mais rigorosa: é que vemos apenas o presente, e não o passado. Esse raciocínio apoia-se num sistema, numa suposição gratuita? Não; partimos de um fato evidente, incontestável: a desigualdade das aptidões e do desenvolvimento intelectual e moral, e verificamos que nenhuma das teorias correntes o explica, ao passo que, para uma outra teoria, sua explicação é simples, natural, lógica. É racional preferir a teoria que não explica àquela que explica?

Com relação à sexta questão, dirão que o hotentote é de uma raça inferior; então perguntaremos se o hotentote é um ser humano ou não. Se é um homem, por que Deus o deserdou, a ele e à sua raça, dos privilégios concedidos à raça caucásica? Se não é um homem, por que procurar fazê-lo cristão? A Doutrina Espírita é mais ampla que tudo isso; para ela, não há várias espécies de homens, há apenas homens cujo espírito é mais ou menos atrasado, mas suscetível de progredir: isso não é mais conforme à justiça de Deus?

Acabamos de ver a alma em relação ao seu passado e ao seu presente. Se a considerarmos em relação ao seu futuro, encontramos as mesmas dificuldades.

1. Se a nossa existência presente decidir sozinha o nosso destino vindouro, qual é, na vida futura, respectivamente, a posição do selvagem e do homem civilizado? Estão no mesmo nível ou estão distanciados, na soma da felicidade eterna?

2. O homem que trabalhou toda a sua vida para melhorar-se encontra-se no mesmo nível daquele que permaneceu inferior, não por sua culpa, mas por não ter tido tempo nem possibilidade de melhorar?

3. O homem que pratica o mal, por não ter podido esclarecer-se, é culpado de um estado de coisas que não dependeu dele?

4. Trabalha-se para esclarecer os homens, moralizá-los, civilizá-los; mas, para um que se esclarece, há milhões que morrem diariamente sem que a luz os alcance. Qual é o destino destes? São tratados como reprovados? Caso contrário, o que fizeram para merecer estar no mesmo nível que os outros?

5. Qual o destino das crianças que morrem na tenra idade, antes de poder

ter feito o bem ou o mal? Se estão entre os eleitos, por que essa benevolência, sem que nada tenham feito para merecê-la? Por qual privilégio foram liberadas das tribulações da vida?

Há uma doutrina que possa resolver essas questões? Admiti as existências consecutivas, e tudo está explicado de acordo com a justiça de Deus. O que não se pôde fazer numa existência, faz-se em outra; é assim que ninguém escapa à lei do progresso, que cada um será recompensado segundo seu *real* merecimento, e que ninguém está excluído da felicidade suprema, à qual todos podem aspirar, sejam quais forem os obstáculos encontrados no seu caminho.

Essas questões poderiam ser multiplicadas infinitamente, pois os problemas psicológicos e morais que encontram sua solução apenas na pluralidade de existências são inúmeros; limitamo-nos aos mais gerais. Sejam quais forem – talvez se diga –, a doutrina da reencarnação não é admitida pela Igreja. Isso seria, portanto, a subversão da religião. Nosso objetivo não é tratar essa questão neste momento; basta-nos ter demonstrado que ela é eminentemente moral e racional. Ora, o que é moral e racional não pode ser contrário a uma religião que proclama Deus como a bondade e a razão por excelência. No que teria se transformado a religião se, contra a opinião universal e o testemunho da Ciência, tivesse resistido à evidência, e expulsado de seu seio qualquer um que não tivesse acreditado no movimento do sol e nos seis dias da criação? Que crédito mereceria, e que autoridade teria, entre os povos esclarecidos, uma religião baseada em erros evidentes, oferecidos como artigos de fé? Quando a evidência foi demonstrada, a Igreja ficou prudentemente do lado da evidência. Se está provado que certas coisas existentes seriam impossíveis sem a reencarnação, se certos pontos do dogma somente podem ser explicados por esse meio, será preciso admitir e reconhecer que o antagonismo entre esta doutrina e esses dogmas é apenas aparente. Mais adiante mostraremos que talvez a religião esteja menos distante dessa doutrina do que se pensa, e que não se abalaria mais do que o foi com a descoberta do movimento da Terra e dos períodos geológicos que, a princípio, pareceram desmentir os textos sagrados. O princípio da reencarnação, aliás, é ressaltado em várias passagens das Escrituras, e encontra-se particularmente formulado, e de maneira explícita, no Evangelho:

"Quando desceram da montanha (após a transfiguração), Jesus ordenou-lhes: 'Não conteis a ninguém sobre o que acabastes de ver, até que o Filho do Homem tenha ressuscitado dos mortos'. Então seus discípulos o interrogaram, dizendo: 'Por que os escribas dizem que é preciso que Elias venha primeiro?'. Jesus lhes respondeu: 'Em verdade, Elias virá primeiro e restabelecerá todas as coisas. Mas eu vos declaro que Elias já veio, e não o reconheceram, mas fizeram--no sofrer o quanto quiseram. Assim também farão o Filho do Homem padecer'. Então seus discípulos entenderam que era de João Batista que ele lhes havia falado". (Mateus, capítulo XVII.)

Uma vez que João Batista era Elias, houve, portanto, reencarnação do Espírito ou da alma de Elias no corpo de João Batista.

Além disso, seja qual for a opinião que se tenha a respeito da reencarnação, quer seja aceita ou não, não seria por isso menos necessário sofrê-la, não obstante qualquer crença contrária. O ponto essencial é que o ensinamento dos Espíritos é eminentemente cristão. Ele se apoia na imortalidade da alma, nos sofrimentos e nas recompensas futuras, na justiça de Deus, no livre-arbítrio do homem, na moral de Cristo; portanto, o ensinamento dos Espíritos não é anti-religioso.

Raciocinamos, como já dissemos, independentemente de qualquer ensinamento espírita, que, para certas pessoas, não tem autoridade. Se nós – e tantos outros – adotamos a opinião da pluralidade de existências, não é somente porque ela vem dos Espíritos, mas porque ela nos pareceu a mais lógica, e só ela resolveu questões até então insolúveis. Mesmo que ela nos tivesse vindo através de um simples mortal, nós a teríamos adotado, e não teríamos hesitado mais tempo em renunciar às nossas próprias ideias. A partir do momento que um erro é demonstrado, o amor-próprio tem mais a perder que a ganhar obstinando-se numa ideia falsa. Da mesma forma, se ela nos parecesse contrária à razão, nós a teríamos repelido, ainda que tivesse vindo dos Espíritos, como repelimos tantas outras; pois sabemos, por experiência, que não se deve aceitar cegamente tudo o que vem dos Espíritos, assim como o que procede dos homens. Portanto, o primeiro mérito da ideia da pluralidade das existências é, aos nossos olhos, o de ser, antes de tudo, lógica. Há ainda um outro, que é o de ser confirmada pelos fatos: fatos positivos e por assim dizer materiais, que um estudo atento e racional pode revelar a qualquer um que se dê ao trabalho de observar com paciência e perseverança, e diante dos quais a dúvida não é mais permitida. Quando esses fatos se popularizarem, como os da formação e do movimento da Terra, será preciso render-se à evidência, e os oponentes terão usado em vão os argumentos contrários.

Portanto, reconheçamos, em resumo, que a doutrina da pluralidade das existências é a única a explicar aquilo que, sem ela, é inexplicável; que é eminentemente consoladora e conforme à justiça mais rigorosa, e que é a âncora de salvação que Deus, em sua misericórdia, deu ao ser humano.

As próprias palavras de Jesus não podem deixar dúvida a esse respeito. Eis o que se diz no Evangelho segundo João, capítulo III:

"Jesus lhe respondeu [a Nicodemos]: 'Em verdade, em verdade, te digo, que, se um homem *não nascer de novo*, não poderá ver o reino de Deus'.

"Disse-lhe Nicodemos: 'Como um homem pode nascer, já sendo velho? Pode entrar uma segunda vez no ventre de sua mãe e nascer?'

"Jesus respondeu: 'Em verdade, em verdade, te digo, que, se um homem não renascer da água e do espírito, não entrará no reino de Deus. O que é nascido da carne é carne, e o que é nascido do espírito é espírito. Não te admires de que eu te tenha dito: é *preciso nascer de novo*." (Ver, mais adiante, o tópico *Ressurreição da carne*, pergunta nº 1010.)

Capítulo VI

VIDA ESPÍRITA

Espíritos errantes – Mundos transitórios – Percepções, sensações e sofrimentos dos Espíritos – Ensaio teórico sobre a sensibilidade dos Espíritos – Escolha das provas – Relações de além-túmulo – Relações simpáticas e antipáticas dos Espíritos – Metades eternas – Lembrança da existência corporal – Comemoração dos mortos. Funerais.

ESPÍRITOS ERRANTES

223. A alma reencarna imediatamente após sua separação do corpo?

– *Algumas vezes, imediatamente; porém, na maioria das vezes após intervalos mais ou menos longos. Nos mundos superiores, a reencarnação é quase sempre imediata. Sendo a matéria corporal menos grosseira, o Espírito encarnado usufrui de quase todas as suas faculdades de Espírito; seu estado normal é o de vossos sonâmbulos lúcidos.*

224. Que se torna a alma, no intervalo das encarnações?

– *Espírito errante que aspira a um novo destino; ele o aguarda.*

224. a) Qual pode ser a duração desses intervalos?

– *De algumas horas a alguns milhares de séculos. De resto, não há um limite extremo, propriamente dito, demarcado para o estado errante, que pode prolongar-se por muito tempo, mas que, no entanto, nunca é perpétuo. O Espírito sempre procura, cedo ou tarde, recomeçar uma existência que serve à purificação de suas existências precedentes.*

224. b) Essa duração está subordinada à vontade do Espírito, ou pode ser imposta como expiação?

– É uma consequência do livre-arbítrio. Os Espíritos sabem perfeitamente o que fazem, mas para alguns ela é também uma punição infligida por Deus. Outros pedem que seja prolongada, para continuar estudos que só podem ser efetuados com proveito na condição de Espírito livre.

225. A erraticidade é, por si só, um sinal de inferioridade dos Espíritos?

– Não, pois há Espíritos errantes de todos os graus. A encarnação é um estado transitório. Já dissemos: em seu estado normal, o Espírito é livre da matéria.

226. Pode-se dizer que todos os Espíritos que não estão encarnados são errantes?

– Os que devem reencarnar, sim; mas os Espíritos puros, que atingiram a perfeição, não são errantes; seu estado é definitivo.

No que diz respeito às qualidades íntimas, os Espíritos são de diferentes ordens ou graus, os quais percorrem sucessivamente à medida que se purificam. Como estado, podem ser *encarnados,* isto é, unidos a um corpo; *errantes,* isto é, desprendidos do corpo material e à espera de uma nova encarnação para aprimorar-se; *Espíritos puros,* isto é, perfeitos e que não têm mais necessidade de encarnação.

227. De que maneira os Espíritos errantes se instruem, já que certamente não o fazem da mesma maneira que nós?

– *Estudam seu passado e buscam meios de elevar-se. Eles veem, observam o que se passa nos lugares que percorrem; escutam os discursos de homens esclarecidos e os conselhos de Espíritos mais elevados que eles, e isso lhes dá percepções que não possuíam.*

228. Os Espíritos conservam algumas das paixões humanas?

– *Ao perderem seu envoltório, os Espíritos elevados abandonam as más paixões, guardando apenas as boas; mas os Espíritos inferiores as conservam, pois, do contrário, seriam da primeira ordem.*

229. Por que, ao abandonarem a Terra, os Espíritos não deixam nela todas as suas más paixões, uma vez que lhes reconhecem os inconvenientes?

– *Encontras neste mundo pessoas que são excessivamente invejosas. Acreditas que, ao deixá-lo, elas perdem esse defeito? Após a partida da Terra, sobretudo para os que tiveram paixões muito acentuadas, resta uma espécie de atmosfera que os envolve e os expõe a todas essas coisas más, pois o Espírito não está inteiramente desprendido. Ele apenas entrevê por alguns momentos a verdade, como que para mostrar-lhe o bom caminho.*

230. O Espírito progride no estado errante?

– *Pode melhorar muito, sempre segundo sua vontade e desejo; mas é na existência corporal que põe em prática as novas ideias adquiridas.*

231. Os Espíritos errantes são felizes ou infelizes?

– *Mais ou menos, conforme seus méritos. Sofrem com as paixões cujos princípios conservaram, ou são felizes, segundo sejam mais ou menos* desmaterializados. No estado errante, o Espírito entrevê o que lhe falta para ser mais feliz. Então ele procura os meios de alcançá-lo, mas nem sempre lhe é permitido reencarnar à sua vontade, o que acaba sendo, para ele, uma punição.

232. No estado errante, os Espíritos podem ir a todos os mundos?

– Depende. Tendo o Espírito deixado o corpo, ele ainda não se acha completamente desprendido da matéria, e ainda pertence ao mundo onde viveu, ou a um mundo do mesmo grau, a menos que, durante sua vida, ele se tenha elevado. É a esse objetivo que deve voltar-se, do contrário jamais se aperfeiçoaria. Ele pode, no entanto, ir a alguns mundos superiores, mas na qualidade de estrangeiro. Nada mais faz, por assim dizer, do que entrevê-los, e é isso que lhe desperta o desejo de tornar-se melhor para ser digno da felicidade que neles se desfruta, e para poder habitá-los mais tarde.

233. Os Espíritos já depurados vêm aos mundos inferiores?

– Frequentemente, a fim de ajudá-los a progredir. Sem isso, esses mundos estariam entregues a si mesmos, sem guias para orientá-los.

Mundos transitórios

234. Há, como foi dito, mundos que servem de estação e de pontos de repouso aos Espíritos errantes?

– Sim, há mundos particularmente destinados aos seres errantes, mundos que eles podem habitar temporariamente; espécie de bivaques, de campos para repousar de uma erraticidade demasiado longa, que sempre é um estado um tanto penoso. São posições intermediárias entre os outros mundos, graduadas de acordo com a natureza dos Espíritos que para elas convergem, e estes ali desfrutam de um maior ou menor bem-estar.

234. a) Os Espíritos que habitam esses mundos podem deixá-los conforme for sua vontade?

– Sim, os Espíritos que se encontram nesses mundos podem abandoná-los para ir aonde lhes convier. Imaginai aves de arribação pousando em uma ilha, esperando recobrar suas forças para seguir o seu destino.

235. Os Espíritos progridem durante a permanência nos mundos transitórios?

– Certamente; aqueles que assim se reúnem o fazem com o intuito de instruir-se e de poder mais facilmente obter a permissão de dirigir-se a lugares melhores e alcançar a posição obtida pelos eleitos.

236. Os mundos transitórios são, por sua natureza especial, perpetuamente destinados aos Espíritos errantes?

– Não, sua posição é apenas temporária.

236. a) São ao mesmo tempo habitados por seres corporais?

– Não, a superfície é estéril. Aqueles que os habitam não têm necessidade de nada.

236. b) Essa esterilidade é permanente e está ligada à sua natureza especial?
– *Não, são estéreis transitoriamente.*
236. c) Então esses mundos são desprovidos de belezas naturais?
– *A Natureza se traduz pelas belezas da imensidão, que não são menos admiráveis do que aquilo que chamais de belezas naturais.*
236. d) Sendo o estado desses mundos transitório, a Terra um dia fará parte deles?
– *Ela o foi.*
236. e) Em que época?
– *Durante a sua formação.*

Nada é inútil na Natureza; tudo tem sua finalidade, sua destinação. Nada é vazio, tudo é habitado, há vida em toda parte. Assim, durante a longa sucessão de séculos passados antes da aparição do homem na Terra, durante os lentos períodos de transição atestados pelas camadas geológicas, antes mesmo da formação dos primeiros seres orgânicos sobre aquela massa informe, aquele árido caos onde os elementos estavam confundidos, não havia ausência de vida. Seres que não tinham as nossas necessidades, nem as nossas sensações físicas, lá encontraram um refúgio. Deus quis que, mesmo nesse estado imperfeito, a Terra servisse para alguma coisa. Quem então ousaria dizer que, entre esses bilhões de mundos que circulam na imensidão, apenas um – e um dos menores –, perdido na multidão, teve o privilégio exclusivo de ser povoado? Qual seria então a utilidade dos outros? Deus os teria feito somente com o intuito de agradar nossos olhos? Suposição absurda, incompatível com a sabedoria que reluz em todas as suas obras, e inadmissível quando se pensa em todos os mundos que não podemos perceber. Ninguém contestará que há, nessa ideia de mundos ainda impróprios à vida material mas povoados por seres vivos apropriados a esse meio, algo de grandioso e de sublime, onde talvez se encontre a solução de mais de um problema.

PERCEPÇÕES, SENSAÇÕES E SOFRIMENTOS DOS ESPÍRITOS

237. A alma, de volta ao mundo dos Espíritos, ainda tem as percepções que tinha nesta vida?
– *Sim, e outras percepções que não possuía, pois seu corpo era como um véu que as obscurecia. A inteligência é um atributo do Espírito, mas que se manifesta mais livremente quando não há obstáculos.*
238. As percepções e os conhecimentos dos Espíritos são ilimitados; em resumo, eles sabem todas as coisas?
– *Quanto mais se aproximam da perfeição, mais eles sabem. Se são Espíritos superiores, sabem muito; os Espíritos inferiores são mais ou menos ignorantes acerca de tudo.*
239. Os Espíritos conhecem o princípio das coisas?

– Depende de sua elevação e pureza. Os Espíritos inferiores não sabem mais do que os homens a respeito disso.
240. Os Espíritos compreendem a duração do tempo como nós?
– Não, e é isso que faz com que vós nem sempre nos compreendais quando se trata de determinar datas ou épocas.

Os Espíritos vivem fora do tempo tal como o compreendemos. Para eles, a duração anula-se, por assim dizer, e os séculos, tão longos para nós, são aos seus olhos apenas instantes, que se apagam na eternidade, assim como as desigualdades do solo se apagam e desaparecem para quem se eleva no espaço.

241. Os Espíritos têm uma ideia mais precisa e exata do presente do que nós?
– *Mais ou menos da mesma forma que aquele que vê claramente tem uma ideia mais exata das coisas do que um cego. Os Espíritos veem o que não vedes. Portanto, julgam de forma diferente da vossa, mas, uma vez mais, isso depende da elevação deles.*

242. Como os Espíritos têm o conhecimento do passado? Esse conhecimento é ilimitado para eles?
– *O passado, quando nos ocupamos dele, é um presente, precisamente como te recordas de uma coisa que te impressionou no curso de teu exílio. Só que, como não há mais o véu material que nos obscurece a inteligência, recordamo-nos de coisas que para ti estão apagadas. Mas nem tudo é conhecido pelos Espíritos: a começar por sua própria criação.*

243. Os Espíritos conhecem o futuro?
– *Isso depende, ainda, da perfeição. Muitas vezes, eles apenas o entreveem, mas não lhes é sempre permitido revelá-lo. Quando os Espíritos veem o futuro, este lhes parece presente. À medida que se aproxima de Deus, o Espírito vê o futuro mais claramente. Após a morte, a alma vê e abarca suas* migrações passadas *num piscar de olhos, mas não pode ver o que Deus lhe reserva; para isso, é preciso que esteja completamente integrada a Ele, após muitas existências.*

243. a) Os Espíritos que chegaram à perfeição absoluta têm conhecimento completo do futuro?
– *Completo não é a palavra, pois somente Deus é o soberano senhor, e ninguém pode igualar-se a Ele.*

244. Os Espíritos veem a Deus?
– *Somente os Espíritos superiores O veem e compreendem; os Espíritos inferiores O sentem e adivinham.*

244. a) Quando um Espírito inferior diz que Deus proíbe ou permite uma coisa, como sabe que isso vem de Deus?
– *Ele não vê Deus, mas sente Sua soberania, e sempre que uma coisa não deve ser feita ou que uma palavra não deve ser dita, ele sente uma espécie de intuição, uma advertência invisível que o proíbe de fazê-la. Vós mesmos não têm*

pressentimentos que, para vós, funcionam como advertências secretas para fazer ou não fazer determinada coisa? Assim acontece conosco, só que num grau superior, pois compreendeis que, pelo fato de a essência dos Espíritos ser mais sutil que a vossa, podem receber mais facilmente as advertências divinas.

244. b) A ordem é transmitida diretamente por Deus, ou por intermédio de outros Espíritos?

– *Ela não vem diretamente de Deus. Para comunicar-se com Ele, é preciso ser digno disso. Deus transmite suas ordens por meio de Espíritos que estão mais elevados em perfeição e em instrução.*

245. Nos Espíritos, a visão é circunscrita, como nos seres corpóreos?

– *Não, ela reside neles.*

246. Para ver, os Espíritos têm necessidade da luz?

– *Eles veem por si mesmos, sem necessidade de luz exterior. Para eles, não há trevas, exceto aquelas em que podem encontrar-se por expiação.*

247. Os Espíritos têm necessidade de transportar-se para ver em dois pontos diferentes? Eles podem, por exemplo, ver simultaneamente nos dois hemisférios do globo?

– *Como o Espírito se transporta com a rapidez do pensamento, pode-se dizer que ele vê por toda parte ao mesmo tempo. Seu pensamento pode irradiar e dirigir-se para muitos pontos diferentes ao mesmo tempo, mas essa faculdade depende de sua pureza; quanto menos depurado for, mais limitada é sua visão. Somente os Espíritos superiores podem abarcar um todo.*

A faculdade de ver, nos Espíritos, é uma propriedade inerente à sua natureza, e que reside em todo o seu ser, como a luz reside em todas as partes de um corpo luminoso. É uma espécie de lucidez universal que se estende a tudo, abrangendo ao mesmo tempo o espaço, os tempos e as coisas, e para a qual não há trevas nem obstáculos materiais. Compreende-se que deve ser assim: no homem, a visão se opera através de um órgão estimulado pela luz, sem a qual ele fica na obscuridade; no Espírito, como a faculdade de ver é um atributo próprio, independente de qualquer agente exterior, a visão não depende da luz. (Ver *Ubiquidade*, tópico 92.)

248. O Espírito vê as coisas tão distintamente como nós?

– *Mais distintamente ainda, pois sua visão penetra onde a vossa não pode penetrar; nada obscurece a visão do Espírito.*

249. O Espírito percebe os sons?

– *Sim, e percebe sons imperceptíveis aos vossos sentidos obtusos.*

249. a) A faculdade do Espírito de ouvir está em todo o seu ser, assim como a de ver?

– *Todas as percepções são atributos do Espírito e fazem parte de seu ser. Quando ele se reveste de um corpo material, as percepções só lhe chegam através dos órgãos; mas no estado de liberdade elas deixam de ser localizadas.*

250. Uma vez que as percepções são atributos do próprio Espírito, ser-lhe-ia possível livrar-se delas?

– O Espírito vê e ouve apenas o que quer. Isso em geral, mas sobretudo em relação aos Espíritos elevados, pois os que são imperfeitos muitas vezes veem e ouvem, a despeito de sua vontade, o que pode ser útil para seu aprimoramento.

251. Os Espíritos são sensíveis à música?

– Quereis vos referir à vossa música? O que ela é, perante a música celeste? Perante essa harmonia da qual nada na Terra vos pode dar uma ideia? Uma está para outra assim como o canto do selvagem está para a suave melodia. No entanto, Espíritos vulgares podem sentir um certo prazer em ouvir a vossa música, pois ainda não estão capacitados para compreender outra mais sublime. Para os Espíritos, a música tem encantos infinitos, devido às suas qualidades sensitivas muito desenvolvidas. Refiro-me à música celeste, que é tudo o que a imaginação espiritual pode conceber de mais belo e de mais suave.

252. Os Espíritos são sensíveis às belezas naturais?

– As belezas naturais dos mundos são tão diferentes que se está longe de conhecê-las. Os Espíritos são, sim, sensíveis a elas, conforme sua aptidão para apreciá-las e compreendê-las. Para os Espíritos elevados, há belezas de conjunto perante as quais as belezas dos detalhes, por assim dizer, apagam-se.

253. Os Espíritos experimentam as nossas necessidades e sofrimentos físicos?

– Eles os conhecem *porque os sofreram*, mas não os experimentam materialmente, como vós, por serem Espíritos.

254. Os Espíritos experimentam o cansaço e a necessidade de repouso?

– *Eles não podem sentir cansaço tal qual vós o entendeis e, consequentemente, não têm necessidade do repouso corporal*, pois não possuem órgãos cujas forças devem ser restauradas. Mas o Espírito repousa, no sentido de que não está em constante atividade. Ele não atua de uma maneira material; sua ação é toda intelectual e seu repouso inteiramente moral. Isso quer dizer que há momentos em que o pensamento deixa de ser tão ativo, e não se concentra num objeto determinado; é um verdadeiro repouso, mas não comparável ao do corpo. O tipo de cansaço que os Espíritos podem experimentar deve-se à sua inferioridade, pois quanto mais elevados, menos o repouso lhes é necessário.

255. Quando um Espírito diz que sofre, que espécie de sofrimento experimenta?

– *Angústias morais que o torturam mais dolorosamente do que os sofrimentos físicos.*

256. Por que então há Espíritos que se queixam de sofrer de frio ou calor?

– *Lembrança do que suportaram durante a vida, algumas vezes tão penosa quanto a realidade. Muitas vezes, trata-se de uma comparação através da qual exprimem a sua situação por falta de outra forma melhor. Quando se lembram* do corpo, experimentam uma espécie de impressão, como quando se tira uma capa e, algum tempo depois, tem-se a sensação de ainda estar com ela.

ENSAIO TEÓRICO SOBRE A SENSIBILIDADE DOS ESPÍRITOS

257. O corpo é o instrumento da dor; se não for sua causa primeira, é ao menos a causa imediata. A alma tem a percepção dessa dor: essa percepção é o efeito. A lembrança que dela conserva pode ser muito penosa, mas não pode ter uma ação física. De fato, nem o frio nem o calor podem desorganizar os tecidos da alma. Ela não pode congelar nem queimar. Não vemos diariamente a lembrança ou a apreensão de um mal físico produzir o efeito de realidade, ocasionando inclusive a morte? Todos sabem que as pessoas que sofreram amputações sentem dor no membro que não existe mais. Seguramente, não é esse membro a sede nem mesmo o ponto de partida da dor. O cérebro conservou sua impressão, eis tudo. Pode-se então supor que há algo de análogo nos sofrimentos do Espírito após a morte. Um estudo mais aprofundado do perispírito, que desempenha um papel tão importante em todos os fenômenos espíritas (como aparições vaporosas ou tangíveis, o estado do Espírito no momento da morte, a ideia tão frequente que ele tem de que ainda está vivo, o panorama tão surpreendente dos suicidas, dos supliciados, das pessoas que se apegam aos prazeres materiais), e tantos outros fatos vieram lançar luz a essa questão, dando lugar a explicações das quais apresentamos um resumo.

O perispírito é o laço que une o Espírito à matéria do corpo; ele é tirado do meio ambiente, do fluido universal; está ligado ao mesmo tempo à eletricidade, ao fluido magnético e, até certo ponto, à matéria inerte. Poder-se-ia dizer que ele é a quintessência da matéria, o princípio da vida orgânica, mas não o da vida intelectual, pois esta pertence ao Espírito. É, além disso, o agente das sensações exteriores. No corpo, essas sensações estão localizadas nos órgãos que lhes servem de canais. Destruído o corpo, as sensações se tornam generalizadas. Eis por que o Espírito não diz que sofre mais da cabeça do que dos pés. É preciso, porém, tomar cuidado para não confundir as sensações do perispírito, que se tornou independente, com as do corpo: só podemos tomar essas últimas como termo de comparação, e não como analogia. Desprendido do corpo, o Espírito pode sofrer, mas esse sofrimento não é o do corpo: não é, entretanto, um sofrimento exclusivamente moral, como o remorso, uma vez que se queixa do frio e do calor. Ele não sofre mais no inverno do que no verão: vimos os Espíritos passarem através de chamas sem experimentar nenhum tipo de dor. Portanto, a temperatura não lhes causa nenhuma impressão. Logo, a dor que sentem não é uma dor física propriamente dita: é um vago sentimento íntimo, o qual o próprio Espírito nem sempre compreende bem, justamente porque a dor não está localizada e não é produzida por agentes exteriores: é antes uma lembrança que uma realidade, mas uma lembrança muito penosa. Algumas vezes, no entanto, há mais que uma lembrança, como veremos.

A experiência nos ensina que, no momento da morte, o perispírito se desprende mais ou menos lentamente do corpo. Durante os primeiros instantes, o Espírito não entende sua situação; não acredita estar morto, sente-se vivo. Vê seu corpo de um lado, sabe que é o seu, e não compreende que possa estar separado dele. Esse estado dura enquanto existir um elo entre o corpo e o perispírito. Um suicida nos dizia: "Não, eu não estou morto", e acrescentava: *"e, no entanto, sinto os vermes me corroerem"*. Ora, seguramente os vermes não corroíam o perispírito, e muito menos o Espírito, só corroíam o corpo. Mas como a separação do corpo e do perispírito não estava completa, disso resultou uma espécie de repercussão moral que lhe transmitia a sensação do que se passava no corpo. Repercussão talvez não seja o termo próprio, pois poderia dar a ideia de um efeito demasiadamente material; seria antes a visão do que se passava em seu corpo, ao qual seu perispírito continuava ligado, que lhe produzia uma ilusão, considerada por ele como sendo realidade. Assim, não era uma reminiscência, já que, durante a vida, ele não fora corroído pelos vermes; era um sentimento de atualidade. Percebe-se, com isso, as deduções que se pode tirar dos fatos quando observados atentamente.

Durante a vida, o corpo recebe as impressões exteriores e as transmite ao Espírito por intermédio do perispírito, que constitui, provavelmente, o que se chama de fluido nervoso. Morto, o corpo não sente mais nada, porque não possui mais Espírito nem perispírito. Desprendido do corpo, o perispírito experimenta a sensação, mas esta não lhe chega mais por um canal limitado; ela é geral. Ora, como o perispírito é, na realidade, apenas um agente de transmissão, pois é o Espírito que possui a consciência, segue-se que, se pudesse haver um perispírito sem Espírito, ele não sentiria mais que o corpo morto. Da mesma forma, se o Espírito não tivesse perispírito, ficaria inacessível a qualquer sensação penosa. É o que ocorre com os Espíritos completamente purificados. Sabemos que quanto mais se purificam, mais a essência do perispírito se torna etérea, e disso se conclui que a influência material diminui à medida que o Espírito progride, ou seja, à medida que o próprio perispírito se torna menos grosseiro.

Mas, dir-se-á, as sensações agradáveis, assim como as desagradáveis, são transmitidas ao Espírito pelo perispírito. Ora, se o Espírito puro é inacessível a algumas delas, deve sê-lo igualmente às outras. Sim, sem dúvida, no caso das sensações que provêm unicamente da influência da matéria que conhecemos. O som de nossos instrumentos e o perfume de nossas flores não lhes causam nenhuma impressão e, no entanto, os Espíritos desfrutam de sensações íntimas de um encanto indefinível, das quais não podemos fazer a menor ideia, porque, em relação a elas, somos como cegos de nascença em relação à luz. Sabemos que isso existe, mas por que meio se produz? Nossa ciência para aí. Sabemos que há percepção, sensação, audição e visão, e que essas faculdades são atributos de todo o ser, e não apenas de certos órgãos, como acontece com o homem. Mas, ainda uma vez, por intermédio de quê? Isso é o que não sabemos. Os próprios Espíritos não têm como nos explicar, pois nossa língua é inadequada para exprimir ideias que não possuímos, assim como, na língua dos selvagens, não há termos para exprimir nossas artes, nossas ciências e nossas doutrinas filosóficas.

Ao dizer que os Espíritos são inacessíveis às impressões de nossa matéria, referimo-nos aos Espíritos muito elevados, cujo envoltório etéreo não tem analogia neste mundo. O mesmo não ocorre com aqueles cujo perispírito é mais denso, que percebem nossos sons e nossos odores, mas não através de uma parte delimitada de seu organismo, como quando vivo. Poder-se-ia dizer que as vibrações moleculares se fazem sentir em todo o seu ser, e chegam assim ao seu *sensorium commune,* que é o próprio Espírito, mas de uma maneira diferente, e talvez com uma impressão também diferente, o que acarreta uma modificação na percepção. Eles ouvem o som de nossa voz e, no entanto, compreendem-nos sem o auxílio da palavra, pela simples transmissão do pensamento; o que comprova o que dizemos é o fato de que quanto mais o Espírito está desmaterializado, mais fácil é essa penetração. Quanto à visão, ela é independente de nossa luz. A faculdade de ver é um atributo essencial da alma: para ela, a escuridão não existe; essa faculdade é mais ampla e penetrante entre as que estão mais purificadas. A alma, ou o Espírito, tem em si mesma a faculdade de todas as percepções. Na vida corporal, elas são obliteradas pela rudeza de seus órgãos; na vida extracorporal, elas o são cada vez menos, à medida que o envoltório semimaterial se torna menos denso.

Esse envoltório, tomado do meio ambiente, varia segundo a natureza dos mundos. Ao passar de um mundo a outro, os Espíritos trocam de envoltório, assim como trocamos de roupa quando passamos do inverno ao verão, ou do polo ao equador. Os Espíritos mais elevados, quando vêm nos visitar, revestem-se do perispírito terrestre e, então, suas percepções operam como em nossos Espíritos vulgares; mas todos eles, inferiores ou superiores, ouvem e sentem apenas o que querem ouvir e sentir. Sem possuir órgãos sensitivos, podem tornar suas percepções ativas ou nulas segundo sua vontade, havendo apenas uma coisa que são forçados a ouvir: os conselhos dos bons Espíritos. Sua visão é sempre ativa, mas eles podem tornar-se reciprocamente invisíveis, uns para os outros. Conforme a classe que ocupam, podem ocultar-se dos que lhes são inferiores, mas não dos que lhes são superiores. Nos primeiros momentos após a morte, a visão do Espírito é sempre turva e confusa; ela se aclara à medida que o Espírito se desprende, podendo alcançar a mesma nitidez que tinha durante a vida, independente do fato de penetrar em corpos que são opacos para nós. Quanto à sua extensão através do espaço indefinido, no futuro e no passado, ela depende do grau de pureza e de elevação do Espírito.

Toda essa teoria, dir-se-á, não é muito reconfortante. Pensávamos que, uma vez livres do nosso envoltório grosseiro, instrumento de nossas dores, não sofreríamos mais, e eis que vós nos vindes ensinar que ainda sofremos e que, de uma forma ou de outra, isso não significa sofrer menos. Pobres de nós! Sim, ainda podemos sofrer, e muito, e por muito tempo. Mas também podemos deixar de sofrer já no instante em que abandonamos a vida corpórea.

Os sofrimentos deste mundo às vezes independem de nós, mas muitos deles são consequência de nossa vontade. Remontando à origem, ver-se-á que a maior parte deles é consequência de causas que poderíamos ter evitado. Quantos males e enfermidades o homem não deve aos seus excessos, à sua ambição, numa palavra, às suas paixões? O homem que sempre tivesse vivido sobriamente, que não tivesse abusado de nada, que sempre tivesse tido gostos simples e desejos modestos, ter-se-ia poupado de muitas tribulações. O mesmo se dá com o Espírito. Os sofrimentos por que passa são sempre a consequência da maneira como viveu na Terra. Sem dúvida ele não sofrerá mais de gota nem de reumatismo, mas terá outros sofrimentos que não serão menores. Vimos que seus sofrimentos são o resultado dos laços que ainda existem entre o Espírito e a matéria; que quanto mais ele se desprende da influência da matéria, ou, em outras palavras, quanto mais desmaterializado estiver, menos sensações penosas experimentará. Ora, depende dele libertar-se dessa influência a partir desta vida. Ele tem o seu livre-arbítrio e, consequentemente, a escolha entre o fazer e o não fazer. Que dome suas paixões animais, que não sinta ódio, nem inveja, nem despeito e nem orgulho; que não seja dominado pelo egoísmo; que purifique sua alma pelos bons sentimentos; que faça o bem; que não dê às coisas deste mundo mais importância do que elas merecem. Então, mesmo sob seu envoltório corporal, ele já está depurado, já está desprendido da matéria, e quando deixar esse envoltório, não sofrerá mais sua influência. Os sofrimentos físicos pelos quais passou não lhe deixam nenhuma lembrança penosa; não lhe resta nenhuma impressão desagradável, pois elas só afetaram o corpo, e não o Espírito. Sentir-se-á feliz por ter-se libertado, e a tranquilidade de sua consciência irá isentá-lo de qualquer sofrimento moral.

Interrogamos milhares de Espíritos sobre esse assunto, Espíritos pertencentes a todas as classes e posições sociais, estudando-os em todos os períodos da vida espírita, desde o instante em que abandonaram o corpo. Acompanhamo-los passo a passo na vida de além-túmulo, para observar as mudanças que neles se operavam, em suas ideias, em suas sensações, e, sob essa perspectiva, os homens mais vulgares não foram os que nos forneceram os elementos de estudo menos preciosos. Ora, notamos sempre que os sofrimentos têm relação com a conduta, da qual sofrem as consequências, e que essa nova existência é a fonte de uma felicidade inefável para os que seguiram o bom caminho. De onde se conclui que aqueles que sofrem foi porque assim o quiseram, e que só devem queixar-se de si mesmos, tanto no outro quanto neste mundo.

Escolha das Provas

258. No estado errante, e antes de uma nova existência corporal, o Espírito tem a consciência e a previsão das coisas que lhe acontecerão durante a vida?

– *Ele mesmo escolhe o tipo de provações a que deseja submeter-se; nisso consiste o seu livre-arbítrio.*

258. a) Então não é Deus que lhe impõe as tribulações da vida como castigo?

– *Nada acontece sem a permissão de Deus, pois foi Ele quem estabeleceu todas as leis que regem o Universo. Perguntai, então, por que Ele fez esta lei em vez daquela outra. Ao dar ao Espírito a liberdade de escolha, Deus lhe deixa toda a responsabilidade sobre seus atos e suas consequências, e nada lhe obstrui o futuro. O caminho do bem, assim como o do mal, está à sua disposição. Mas, se sucumbir, resta-lhe um consolo, o de que nem tudo está acabado para ele, pois Deus, em sua bondade, permite que recomece o que foi mal feito. Além disso, é preciso distinguir o que é obra da vontade de Deus e o que é da vontade do homem. Se um perigo vos ameaça, não fostes vós quem o criastes, mas Deus. Porém, tivestes o desejo de vos expor a esse perigo, pois vistes nele um meio de progresso, e Deus o permitiu.*

259. Se o Espírito tem a escolha do tipo de provação a que deve submeter-se, isso quer dizer que todas as tribulações que experimentamos na vida foram previstas e escolhidas por nós?

– *Não exatamente todas, pois não se pode dizer que escolhestes e previstes tudo o que vos acontece no mundo, até as menores coisas. Escolhestes o tipo de provação, os detalhes são consequência da situação e muitas vezes de vossas próprias ações. Se o Espírito quis nascer entre malfeitores, por exemplo, sabia dos incitamentos a que se expunha, mas não conhecia cada um dos atos que praticaria; esses atos são efeitos de sua vontade e de seu livre-arbítrio. Ao escolher certo caminho, o Espírito sabe que tipo de luta terá de enfrentar; sabe, pois, a natureza das vicissitudes que irá encontrar, mas não sabe se será antes este que aquele outro acontecimento que o aguarda. Os detalhes nascem das circunstâncias e da força das coisas. Só os grandes acontecimentos, os que influenciam o destino, estão previstos. Se tu optas por um caminho cheio de desvios, sabes que terás de tomar muitas precauções, pois corres o risco de cair, mas não sabes em que trecho cairás, e pode ser que não caias, se fores prudente. Se, ao passar pela rua, cai uma telha em tua cabeça, não penses que isso estava escrito, como se diz vulgarmente.*

260. Como o Espírito pode querer nascer entre pessoas de má vida?

– *É preciso que seja enviado a um meio onde possa passar pela provação que pediu. Pois bem!, é preciso então que haja analogia; para lutar contra o instinto de roubo, é necessário que ele esteja entre pessoas desse tipo.*

260. a) Se não houvesse pessoas de má vida na Terra, o Espírito então não poderia encontrar nela o meio necessário a certas provações?

— *E isso seria algo a se lamentar? É o que acontece nos mundos superiores, onde o mal não tem acesso; é por isso que neles só existem Espíritos bons. Fazei com que logo ocorra o mesmo em vossa Terra.*

261. Nas provações a que deve submeter-se para chegar à perfeição, o Espírito deve experimentar todos os tipos de tentações? Deve passar por todas as circunstâncias que lhe possam provocar o orgulho, o ciúme, a avareza, a sensualidade etc.?

— *Certamente não, pois sabeis que há quem tome, desde o início, um caminho que o livra de muitas das provações. Mas aquele que se deixa levar para o mau caminho corre todos os riscos desse caminho. Um Espírito pode, por exemplo, pedir a riqueza, e esta ser concedida a ele. Então, de acordo com seu caráter, ele poderá tornar-se avarento ou pródigo, egoísta ou generoso, ou ainda entregar-se aos prazeres da sensualidade. Mas isso não quer dizer que ele deverá passar obrigatoriamente por todas essas tendências.*

262. Como o Espírito que em sua origem é simples, ignorante e sem experiência pode escolher uma existência com conhecimento de causa, e ser responsável por sua escolha?

— *Deus supre sua inexperiência, traçando-lhe o caminho que deve seguir, como fazes com uma criança, desde o berço. Porém, pouco a pouco, Ele o deixa livre para escolher, à medida que seu livre-arbítrio se desenvolve. E então, muitas vezes, o Espírito se desvia do bom caminho, preferindo o mau, se não escuta os conselhos dos bons Espíritos. É o que se pode chamar a queda do homem.*

262. a) Quando o Espírito usufrui de seu livre-arbítrio, a escolha da existência corporal depende sempre exclusivamente de sua vontade, ou essa existência pode ser-lhe imposta pela vontade de Deus, como expiação?

— *Deus sabe esperar: Ele não apressa a expiação. No entanto, Deus pode impor uma existência a um Espírito quando este, por sua inferioridade ou má vontade, não está apto a compreender o que lhe poderia ser mais salutar, e também quando Deus vê que tal existência pode contribuir para a sua purificação e crescimento, ao mesmo tempo que lhe serve de expiação.*

263. O Espírito faz sua escolha imediatamente após a morte?

— *Não, muitos creem na eternidade das penas; como já vos foi dito: isso é um castigo.*

264. O que orienta o Espírito na escolha das provações que deve passar?

— *Ele escolhe as que lhe possam servir de expiação, segundo a natureza de seus erros, e que possam fazê-lo progredir mais rapidamente. Portanto, alguns podem impor a si mesmos uma vida de miséria e de privações, para tentar suportá-la com coragem; outros podem querer ser provados através das tentações da fortuna e do poder, muito mais perigosas pelo abuso e pelo mau uso que se pode fazer, e pelas más paixões que desenvolvem; outros, enfim, desejam ser postos à prova através das lutas que terão de travar no contato com o vício.*

265. Se alguns Espíritos escolhem o contato com o vício como provação, há aqueles que o escolhem por simpatia e pela vontade de viver num meio mais de acordo com seus gostos, ou para poder entregar-se às suas inclinações materiais?

– *Há disso, certamente, mas só entre aqueles cujo senso moral ainda é pouco desenvolvido; a provação decorre disso, e eles a sofrem por mais tempo. Cedo ou tarde, compreendem que a satisfação das paixões brutais tem consequências deploráveis, as quais sofrerão durante um tempo que lhes parecerá eterno. Deus poderá deixá-los nesse estado até que tenham compreendido seus erros e, por impulso próprio, peçam para repará-los, por meio de provações proveitosas.*

266. Não parece natural escolher provações menos penosas?

– *Para vós, sim; para o Espírito, não. Quando ele está desprendido da matéria, a ilusão acaba e ele pensa de outra forma.*

Na vida terrena, e sob a influência de ideias carnais, o homem só vê o lado penoso dessas provações. Por isso lhe parece natural escolher aquelas que, sob seu ponto de vista, podem se aliar aos prazeres materiais. Porém, na vida espiritual, ele compara esses prazeres fugazes e grosseiros com a felicidade inalterável que entrevê, e, então, que lhe importam alguns sofrimentos passageiros? O Espírito pode, portanto, escolher a provação mais rude e, por consequência, a existência mais penosa, na esperança de alcançar depressa um estado melhor, como o doente que muitas vezes escolhe o remédio mais desagradável para se curar mais rapidamente. Aquele que deseja associar seu nome à descoberta de um país desconhecido não escolhe um caminho florido. Sabe os perigos que corre, mas sabe também da glória que o espera se triunfar.

A doutrina da liberdade de escolha de nossas existências e das provações às quais nos devemos submeter deixa de parecer extraordinária, se considerarmos que os Espíritos livres da matéria apreciam as coisas de maneira diferente da nossa. Eles têm consciência do objetivo que devem atingir, e isso lhes parece muito mais importante que os prazeres fugazes do mundo. Após cada existência, veem o passo que deram, e compreendem o quanto ainda lhes falta para alcançar a pureza: eis por que se submetem voluntariamente a todas as vicissitudes da vida corporal e pedem, eles mesmos, as provações que possam fazê-los chegar mais rápido ao objetivo. Portanto, não há razão para se espantar com o fato de não se ver o Espírito dar preferência à existência mais suave. Em seu estado de imperfeição, ele não pode gozar de uma vida isenta de amarguras; ele a entrevê, e é para conquistá-la que procura melhorar.

Além disso, não temos diariamente sob nossos olhos o exemplo de escolhas semelhantes? O homem que trabalha uma parte de sua vida, sem trégua nem descanso, a fim de juntar o suficiente para o seu bem-estar, não desempenha uma tarefa que se impôs em vista de um futuro melhor? O militar que se dedica a uma missão arriscada, o navegante que desafia perigos de mesma intensidade em prol da Ciência ou de sua fortuna, não se submetem a provações voluntárias que lhes podem proporcionar honra e proveito se forem bem sucedidas? A quanta coisa o homem não se submete e se expõe, pelo seu interesse ou pela sua glória? Todos os concursos também não são provações voluntárias, às quais nos submetemos para melhorar a carreira que escolhemos? Não se chega a nenhuma posição social de elevada importância nas ciências, nas artes ou na indústria, sem passar pela série de posições inferiores, que são outras tantas provas. Assim, a vida humana é uma cópia da vida espiritual. Nela encontraremos, em menores proporções, todas as mesmas peripécias daquela. Portanto, se na vida terrena muitas vezes escolhemos as provações mais rudes, em vista de um objetivo mais elevado, por que o Espírito, que vê além do corpo, e para quem a vida corpórea é apenas um incidente fugaz, não escolheria uma existência árdua e laboriosa, desde que o conduza a uma felicidade eterna? Aqueles que dizem que, se o homem pode escolher sua existência, pedirão para ser príncipes ou milionários, são como os míopes que só veem o que tocam, ou como as crianças gulosas que, quando lhes perguntamos que profissão desejam ter, respondem: pasteleiro ou confeiteiro.

Assim é o viajante que, no fundo de um vale coberto pela névoa, não vê a extensão nem os pontos extremos de seu caminho. Ao chegar ao cume da montanha, ele vislumbra todo o caminho percorrido e o que lhe resta a percorrer. Vê o objetivo, os obstáculos que ainda precisa transpor, e então pode preparar com mais segurança os meios de conseguir. O Espírito encarnado é como o viajante na base da montanha. Livre dos laços terrestres, tem o mesmo domínio daquele que está no topo. Para o viajante, o objetivo é o repouso após a fadiga. Para o Espírito, é a felicidade suprema após as tribulações e as provações.

Todos os Espíritos dizem que, no estado errante, pesquisam, estudam e observam para fazer suas escolhas. Nós não temos um exemplo desse fato na vida corporal? Muitas vezes não levamos anos procurando a carreira em que fixaremos livremente nossa escolha por acreditarmos ser ela a mais apropriada ao nosso percurso de vida? Se fracassamos numa, buscamos outra. Cada carreira que escolhemos é uma fase, um período da vida. Não usamos cada um de nossos dias na escolha do que faremos no dia seguinte? Ora, o que são as diferentes existências corporais para o Espírito senão fases, períodos, dias da sua vida espírita? Esta, como sabemos, é sua vida normal, pois a vida corporal é apenas transitória e passageira.

267. O Espírito poderia fazer sua escolha enquanto encarnado?

– *Seu desejo pode ter influência; isso depende da intenção. Mas, como Espírito, ele muitas vezes vê as coisas de uma forma bem diferente. Cabe apenas ao Espírito fazer a escolha. No entanto, repetimos, ele pode fazê-lo nesta vida material, pois o Espírito sempre tem certos momentos em que fica independente da matéria que habita.*

267. a) Muitas pessoas desejam as grandezas e as riquezas sem que seja necessariamente como expiação nem como prova?

– *Sem dúvida, é a matéria que deseja essa grandeza, para usufruí-la, enquanto o Espírito a deseja para conhecer-lhe as vicissitudes.*

268. Até que chegue ao estado de pureza perfeita, o Espírito tem de passar constantemente por provações?
– *Sim, mas elas não são como entendeis. Chamais de provações as tribulações materiais. Ora, o Espírito, quando chega a um certo grau, embora não sendo perfeito, não tem mais que se submeter a elas. Porém, sempre tem deveres que o ajudam em seu aperfeiçoamento, e que nada têm de penoso para ele, a não ser ajudar outros a se aperfeiçoarem.*

269. O Espírito pode se enganar a respeito da eficácia da prova que escolhe?
– *Pode escolher uma que esteja acima de suas forças e, então, sucumbe. Também pode escolher uma que não lhe traga nenhum proveito, como um tipo de vida ociosa e inútil. Mas então, uma vez de volta ao mundo dos Espíritos, percebe que nada lucrou, e pede para recuperar o tempo perdido.*

270. A que estão relacionadas as vocações de certas pessoas e o desejo de seguir uma determinada carreira em vez de outra?
– *Parece-me que vós mesmos podeis responder a essa questão. Não é consequência de tudo o que dissemos sobre a escolha das provações e sobre o progresso alcançado numa existência anterior?*

271. No estado errante, o Espírito estuda as diversas condições nas quais poderá progredir. Como julga poder fazê-lo quando nasce, por exemplo, entre povos canibais?
– *Não são Espíritos já avançados que nascem entre os canibais, mas os Espíritos da mesma natureza deles, ou os que lhes são inferiores.*

Sabemos que os nossos antropófagos não estão no último grau da escala, e que há mundos onde a brutalidade e a ferocidade não têm analogia na Terra. Esses Espíritos são, portanto, ainda inferiores aos mais inferiores de nosso mundo, e vir juntar-se aos nossos selvagens é, para eles, um progresso, como seria um progresso para nossos antropófagos exercer entre nós uma profissão que os obrigasse a derramar sangue. Se não almejam algo mais elevado, é porque sua inferioridade moral não permite que compreendam um progresso mais completo. O Espírito só pode progredir gradualmente. Ele não pode transpor num salto a distância que separa a barbárie da civilização, e nisso vemos uma das necessidades da reencarnação, que realmente corresponde à justiça de Deus. Em que se transformariam esses milhões de seres que morrem a cada dia no último estágio da degradação, se não tivessem os meios de atingir a superioridade? Por que Deus os teria deserdado dos privilégios concedidos aos outros homens?

272. Espíritos vindos de um mundo inferior à Terra, ou de um povo muito atrasado, como os canibais, poderiam nascer entre nossos povos civilizados?
– *Sim, há os que se extraviam ao desejarem subir alto demais; mas então ficam deslocados entre vós, pois têm maneiras e instintos que não condizem com os vossos.*

Esses seres nos dão o triste espetáculo da ferocidade no meio da civilização. Retornando entre os canibais, isso não significará uma decadência, pois apenas retomarão o seu lugar, e talvez ainda tirem proveito disso.

273. Um homem que pertence a uma raça civilizada poderia, por expiação, reencarnar numa raça selvagem?

– *Sim, mas isso depende do gênero da expiação. Um senhor que tenha sido cruel com seus escravos poderá, por sua vez, vir a ser escravo e sofrer os maus-tratos que fez sofrerem. Aquele que numa época mandou pode, numa nova existência, obedecer aos mesmos que se curvaram diante de sua vontade. É uma expiação que Deus pode impor-lhe, se ele abusou do poder. Para fazer com que eles progridam, um Espírito bom também pode escolher uma existência influente entre esses povos, e então será uma missão.* *

Relações de Além-Túmulo

274. As diferentes ordens de Espíritos estabelecem entre si uma hierarquia de poderes; há subordinação e autoridade entre os Espíritos?

– *Sim, muito grande. Os Espíritos têm, uns sobre os outros, uma autoridade relativa à sua superioridade, e a exercem por meio de uma ascendência moral irresistível.*

274. a) Os Espíritos inferiores podem ser poupados da autoridade dos superiores?

– *Eu disse: irresistível.*

275. O poder e o respeito que um homem usufruiu na Terra dão-lhe alguma supremacia no mundo dos Espíritos?

– *Não, pois os pequenos serão elevados e os grandes rebaixados. Lê os Salmos.*

275. a) Como devemos entender essa elevação e esse rebaixamento?

– *Não sabes que os Espíritos pertencem a diferentes ordens segundo seus méritos? Pois bem! O maior na Terra pode estar na última categoria entre os Espíritos, ao passo que aquele que o serve poderá estar na primeira. Compreendes isso? Jesus disse: Todo aquele que se humilhar será exaltado, e todo aquele que se exaltar será humilhado.*

276. Aquele que foi grande na Terra e que se vê inferior entre os Espíritos, sente humilhação por isso?

– *Uma humilhação quase sempre enorme, sobretudo se era orgulhoso e invejoso.*

277. O soldado que após a batalha reencontra seu general no mundo dos Espíritos, reconhece-o ainda como seu superior?

– *O título não é nada; a superioridade real é tudo.*

---

* Ver nota explicativa na página 343

278. Os Espíritos de diferentes ordens estão misturados uns com os outros?

– Sim e não. Isso quer dizer que eles se veem, mas se distinguem uns dos outros. Eles se evitam ou se aproximam, segundo a semelhança ou a antipatia de seus sentimentos, como acontece entre vós. É todo um mundo, do qual o vosso é o reflexo obscuro. Os Espíritos da mesma ordem se reúnem por uma espécie de afinidade e formam grupos ou famílias de Espíritos unidos pela simpatia e pelos propósitos: os bons, pelo desejo de fazer o bem; os maus, pelo desejo de fazer o mal, pela vergonha de seus erros e pela necessidade de estar entre seres semelhantes a eles.

Como uma grande cidade onde homens de todos os níveis e de todas as condições se veem e se encontram, sem se confundir; onde as sociedades se formam pela semelhança de gostos; onde o vício e a virtude estão em contato, sem se dizerem nada.

279. Todos os Espíritos têm acesso, reciprocamente, uns aos outros?

– Os bons vão a todos os lugares, e é preciso que seja assim, para que eles possam exercer sua influência sobre os maus. Mas as regiões habitadas pelos Espíritos bons são interditadas aos imperfeitos, a fim de que não possam levar até elas a perturbação de suas más paixões.

280. Qual a natureza das relações entre os bons e os maus Espíritos?

– Os bons se encarregam de combater as más tendências dos outros, a fim de ajudá-los a elevar-se; é uma missão.

281. Por que os Espíritos inferiores têm prazer em conduzir-nos ao mal?

– Pelo despeito de não merecerem estar entre os bons. Seu desejo é impedir, tanto quanto puderem, que os Espíritos ainda inexperientes atinjam o bem supremo. Querem que os outros passem por aquilo que eles experimentam. Vós também não vedes acontecer isso entre vós?

282. Como os Espíritos se comunicam entre si?

– Eles se veem e se compreendem; a palavra é material: ela é o reflexo do Espírito. O fluido universal estabelece entre eles uma comunicação constante; é o veículo da transmissão do pensamento, assim como o ar é, para vós, o veículo do som; uma espécie de telégrafo universal que interliga todos os mundos e permite que os Espíritos se correspondam, de um mundo a outro.

283. Os Espíritos podem dissimular reciprocamente seus pensamentos? Podem esconder-se uns dos outros?

– Não, para eles tudo está descoberto, sobretudo quando são perfeitos. Eles podem afastar-se, mas sempre se veem. No entanto, isso não é uma regra absoluta, pois alguns Espíritos podem muito bem tornar-se invisíveis para outros, se julgarem útil fazê-lo.

284. Como os Espíritos, que não mais têm corpo, podem constatar sua individualidade e distinguir-se dos outros seres espirituais que os cercam?

– Eles constatam sua individualidade pelo perispírito, que faz deles seres distintos uns dos outros, como o corpo entre os homens.

285. Os Espíritos se reconhecem por terem convivido na Terra? O filho reconhece seu pai, um amigo reconhece o outro?
– Sim, e assim de geração a geração.

285. a) Como os homens que se conheceram na Terra se reconhecem no mundo dos Espíritos?
– Vemos nossa vida passada e a lemos como num livro. Ao ver o passado de nossos amigos e de nossos inimigos, vemos sua passagem da vida para a morte.

286. Ao abandonar seus despojos mortais, a alma vê imediatamente os parentes e amigos que a precederam no mundo dos Espíritos?
– Imediatamente nem sempre é a palavra adequada, pois, como dissemos, a alma precisa de algum tempo para reconhecer-se e libertar-se do véu material.

287. Como a alma é recebida no seu retorno ao mundo dos Espíritos?
– A do justo, como um irmão muito querido e há muito tempo esperado; a do mau, como um ser desprezível.

288. Que sentimento experimentam os Espíritos impuros diante de outro Espírito mau que chega?
– Os maus ficam satisfeitos de verem seres à sua imagem, e, como eles, privados da felicidade infinita, como acontece na Terra com um velhaco entre os seus iguais.

289. Nossos parentes e amigos às vezes vêm ao nosso encontro quando deixamos a Terra?
– Sim, eles vão ao encontro da alma que amam; cumprimentam-na como ao retorno de uma viagem, se ela escapou dos perigos do caminho, e ajudam-na a se desprender dos laços corporais. É um favor concedido aos Espíritos bons quando aqueles que os amam vão ao seu encontro, ao passo que aquele que ainda é impuro permanece no isolamento, ou rodeado apenas por Espíritos semelhantes a ele: é uma punição.

290. Os parentes e os amigos sempre se reúnem após a morte?
– Depende de sua elevação e do trajeto que seguem procurando progredir. Se um deles está mais adiantado e anda mais depressa que o outro, eles não poderão ficar juntos: poderão ver-se algumas vezes, mas só estarão juntos para sempre quando puderem caminhar lado a lado, ou quando tiverem atingido a igualdade na perfeição. E depois, a privação da visão de seus parentes e amigos às vezes é uma punição.

Relações simpáticas e antipáticas dos Espíritos. Metades eternas

291. Além da simpatia geral devida às semelhanças, há entre os Espíritos afeições particulares?
– Sim, como entre os homens, mas quando o corpo está ausente, o laço que une os Espíritos é mais forte, pois ele não mais está exposto às vicissitudes das paixões.

292. Há ódio entre os Espíritos?
— *Só entre os Espíritos impuros, e são eles que insuflam entre vós as inimizades e as discórdias.*

293. Dois seres que tenham sido inimigos na Terra conservam o ressentimento um pelo outro no mundo dos Espíritos?
— *Não, eles compreenderão que seu ódio era estúpido e o motivo pueril. Só os Espíritos imperfeitos conservam uma espécie de animosidade, enquanto não se purificam. Se foi apenas um interesse material que os separou, não pensarão mais nisso, por menos desmaterializados que sejam. Se não há antipatia entre eles, não existindo mais o motivo do desentendimento eles podem rever-se com prazer.*

Como dois estudantes que, ao chegar à idade da razão, reconhecem a puerilidade de suas brigas infantis e deixam de querer mal um ao outro.

294. A lembrança das más ações que dois homens foram capazes de cometer um contra o outro constitui um obstáculo à sua simpatia?
— *Sim, ela os leva a se distanciarem.*

295. Que sentimento experimentam, após a morte, aqueles a quem fizemos mal neste mundo?
— *Se são bons, perdoam conforme o vosso arrependimento. Se são maus, podem conservar o ressentimento e, algumas vezes, perseguir-vos até numa outra existência. Deus pode permiti-lo como castigo.*

296. As afeições individuais dos Espíritos são suscetíveis de alteração?
— *Não, pois eles não podem enganar-se: não usam mais a máscara sob a qual se escondem os hipócritas; e é por isso que suas afeições são inalteráveis, quando eles são puros. O amor que os une é, para eles, a fonte de uma felicidade suprema.*

297. A afeição que dois seres mantiveram na Terra sempre continua no mundo dos Espíritos?
— *Sim, sem dúvida, se ela for baseada numa simpatia verdadeira. Mas se as causas físicas contarem mais do que a simpatia, a afeição cessa com as causas. As afeições entre os Espíritos são mais sólidas e duráveis que na Terra, pois não são mais subordinadas ao capricho dos interesses materiais e do amor-próprio.*

298. As almas que devem unir-se estão predestinadas a essa união desde sua origem? Cada um de nós tem, em alguma parte no Universo, a sua *metade*, à qual um dia fatalmente se unirá?
— *Não, não existe união particular e fatal entre duas almas. A união existe entre todos os Espíritos, mas em graus diferentes segundo a classe que ocupam, isto é, segundo a perfeição que tenham adquirido: quanto mais perfeitos, mais unidos. Da discórdia nascem todos os males dos homens; da concórdia resulta a felicidade completa.*

299. Em que sentido se deve entender a palavra *metade*, de que certos Espíritos se servem para designar os Espíritos simpáticos?
– *A expressão não é exata. Se um Espírito fosse a metade de um outro, separado dele ficaria incompleto.*

300. Uma vez unidos, dois Espíritos perfeitamente simpáticos permanecem assim pela eternidade, ou podem separar-se e unir-se a outros Espíritos?
– *Todos os Espíritos estão unidos entre si; falo daqueles que chegaram à perfeição. Nas esferas inferiores, quando um Espírito se eleva, não guarda a mesma simpatia por aqueles que deixou.*

301. Dois Espíritos simpáticos são o complemento um do outro, ou essa simpatia é o resultado de uma identidade perfeita?
– *A simpatia que atrai um Espírito a outro é resultado da perfeita concordância de suas tendências, de seus instintos. Se um tivesse que completar o outro, ele perderia sua individualidade.*

302. A identidade necessária para a simpatia perfeita consiste apenas na similaridade de pensamentos e de sentimentos ou também na uniformidade de conhecimentos adquiridos?
– *Na igualdade dos graus de elevação.*

303. Os Espíritos que hoje não são simpáticos podem vir a sê-lo no futuro?
– *Sim, todos serão. Assim, o Espírito que hoje se encontra em certa esfera inferior, ao aperfeiçoar-se alcançará a esfera em que outro está. Seu reencontro acontecerá mais rapidamente se o Espírito mais elevado, por suportar mal as provações a que for submetido, permanecer estacionário.*

303. a) Dois Espíritos simpáticos podem deixar de sê-lo?
– *Certamente, se um deles for preguiçoso.*

A teoria das metades eternas é uma figura que representa a união de dois Espíritos simpáticos; é uma expressão também utilizada na linguagem vulgar, e que não deve ser levada ao pé da letra. Os Espíritos que dela se servem seguramente não pertencem à ordem mais elevada; a esfera de suas ideias é necessariamente limitada, e eles exprimem seus pensamentos por meio de termos de que se teriam se·vido durante a vida corporal. Portanto, é preciso rejeitar essa ideia de que dois Espíritos criados um para o outro devem fatalmente reunir-se, um dia, na eternidade, após terem permanecido separados por um período de tempo mais ou menos longo.

LEMBRANÇA DA EXISTÊNCIA CORPORAL

304. O Espírito se recorda de sua existência corporal?
– *Sim, isto é, por ter vivido várias vezes como homem, ele se lembra do que foi, e eu afirmo que, às vezes, ele ri de piedade de si mesmo.*

Como o homem que, ao atingir a idade da razão, ri das loucuras de sua juventude ou das criancices de sua infância.

305. A lembrança da existência corporal se apresenta ao Espírito de uma maneira completa e inesperada após a morte?
– *Não, retorna pouco a pouco, como algo que surge da neblina, e à medida que ele vai fixando sua atenção nela.*

306. O Espírito se lembra, em detalhes, de todos os acontecimentos de sua vida? Apreende o conjunto retrospectivamente num piscar de olhos?
– *Lembra-se das coisas em razão das consequências que têm sobre seu estado de Espírito; porém, pode perceber que há circunstâncias de sua vida às quais ele não atribui nenhuma importância e, portanto, nem mesmo procura lembrar-se.*

306. a) Se quisesse, poderia lembrar-se dessas coisas?
– *Pode lembrar-se dos mais minuciosos detalhes e incidentes, tanto dos acontecimentos como de seus pensamentos; mas, quando não há utilidade, não o faz.*

306. a) Ele entrevê o objetivo da vida terrena em relação à vida futura?
– *Seguramente ele o vê e compreende muito melhor do que quando vivia em seu corpo. Compreende a necessidade de depuração para chegar ao infinito, e sabe que, a cada existência, livra-se de algumas impurezas.*

307. Como a vida passada fica impressa na memória do Espírito? Por um esforço de sua imaginação ou como um quadro que se lhe apresenta diante dos olhos?
– *De ambas as formas. Todos os atos que despertem interesse em ser lembrados são, para ele, como se estivessem presentes; os outros permanecem de uma forma mais ou menos vaga na mente, ou completamente esquecidos. Quanto mais desmaterializado estiver, menos importância dá às coisas materiais. Muitas vezes evocas um Espírito que acabou de deixar a Terra e ele não se lembra dos nomes das pessoas que amava, nem mesmo dos detalhes que, para ti, parecem importantes; por interessarem pouco a ele, essas coisas caem no esquecimento. Lembra com clareza dos fatos principais que o ajudam a melhorar.*

308. O Espírito se lembra de todas as existências que precederam a última, que ele acabou de deixar?
– *Todo o seu passado se desenrola diante dele, como as etapas que o viajante percorreu. No entanto, como dissemos, ele não se lembra de uma maneira absoluta de todos os atos; lembra-se deles em razão da influência que tiveram sobre seu estado presente. Quanto às primeiras existências, aquelas que se pode considerar como a infância do Espírito, perdem-se no vácuo e desaparecem na noite do esquecimento.*

309. Como o Espírito considera o corpo que acabou de deixar?
– *Como uma vestimenta inadequada que o incomodava, e da qual sente-se feliz em libertar-se.*

309. a) Que sentimento lhe faz experimentar a visão de seu corpo em decomposição?

– Quase sempre o de indiferença, como por algo a que não dá mais importância.

310. Ao fim de um determinado tempo, o Espírito reconhece ossadas ou outros objetos que lhe tenham pertencido?

– *Às vezes. Depende do ponto de vista mais ou menos elevado sob o qual considera as coisas terrenas.*

311. O respeito que se tem pelas coisas materiais que pertenceram ao Espírito atrai sua atenção para esses mesmos objetos? Ele vê esse respeito com prazer?

– *O Espírito sempre fica feliz de ser lembrado. As coisas que dele se conservam trazem-no à memória, mas é o pensamento que o atrai para vós, e não esses objetos.*

312. Os Espíritos conservam a lembrança dos sofrimentos pelos quais passaram durante sua última existência corporal?

– *Frequentemente eles a conservam, e essa lembrança lhes faz sentir melhor o valor da felicidade que podem usufruir como Espíritos.*

313. O homem que foi feliz aqui lamenta os prazeres que perdeu ao deixar a Terra?

– *Só os Espíritos inferiores podem lamentar as alegrias condizentes com a impureza de sua natureza, a qual expiam através de seus sofrimentos. Para os Espíritos elevados, a felicidade eterna é mil vezes preferível aos prazeres efêmeros da Terra.*

Assim como o homem adulto que menospreza aquilo que fazia as delícias de sua infância.

314. Aquele que começou grandes trabalhos com um objetivo útil, e que os vê interrompidos pela morte, lamenta, no outro mundo, tê-los deixado inacabados?

– *Não, porque vê que outros estão destinados a concluí-los. Ao contrário, ele se empenha em influenciar outros Espíritos a continuá-los. Seu objetivo, na Terra, era o bem da humanidade; esse objetivo é o mesmo no mundo dos Espíritos.*

315. Aquele que deixou trabalhos artísticos ou literários conserva por suas obras o amor que tinha enquanto vivo?

– *Segundo sua elevação, ele os julga sob um outro ponto de vista e, frequentemente, condena o que mais admirava.*

316. O Espírito ainda se interessa pelos trabalhos que se fazem, na Terra, pelo progresso das artes e das ciências?

– *Depende de sua elevação ou da missão que possa ter de cumprir. O que vos parece magnífico muitas vezes é muito pouco para certos Espíritos; eles o admiram como um sábio admira o trabalho de um estudante. Esses espíritos avaliam aquilo que pode provar a elevação dos Espíritos encarnados e seus progressos.*

317. Os Espíritos conservam após a morte o amor pela pátria?

– É sempre o mesmo princípio: para os Espíritos elevados, a pátria é o Universo. Na Terra, sua pátria está onde eles têm mais pessoas que lhe são simpáticas.

A situação dos Espíritos e sua forma de ver as coisas variam ao infinito, e na proporção de seu desenvolvimento moral e intelectual. Geralmente, os Espíritos de uma ordem elevada só fazem estadas breves na Terra. Tudo que aqui se faz é tão mesquinho em comparação com as grandezas do infinito, e as coisas às quais o homem atribui a maior importância são tão pueris aos seus olhos que os Espíritos encontram poucos atrativos nelas, a menos que tenham sido chamados com o objetivo de colaborar para o progresso da humanidade. Os Espíritos de uma ordem intermediária permanecem com mais frequência na Terra, embora considerem as coisas sob um ponto de vista mais elevado do que quando nela viviam. Os Espíritos vulgares são, de certa forma, sedentários, e constituem a massa da população invisível que envolve o globo terrestre. Conservam quase as mesmas ideias, os mesmos gostos e as mesmas inclinações que tinham sob seu envoltório corporal; intrometem-se em nossas reuniões, nossos negócios e nossas diversões, nas quais têm uma participação mais ou menos ativa, segundo o seu caráter. Não podendo satisfazer suas paixões, usufruem daqueles que a elas se entregam, incitando-as a cultivá-las. Dentre esses Espíritos, há alguns mais sérios, que veem e observam, para instruir-se e aperfeiçoar-se.

318. As ideias dos Espíritos se modificam, na erraticidade?

– Muito. Elas sofrem grandes modificações à medida que o Espírito se desmaterializa. Às vezes ele pode permanecer muito tempo com as mesmas ideias, mas pouco a pouco a influência da matéria diminui, e ele vê as coisas mais claramente; só então procura os meios de aprimorar-se.

319. Uma vez que o Espírito já viveu a vida espiritual antes de sua encarnação, de onde vem seu espanto ao retornar ao mundo dos Espíritos?

– É apenas um efeito do primeiro momento e da perturbação que acompanha o despertar. Mais tarde, ele se reconhece perfeitamente, à medida que a lembrança do passado lhe volta e que a impressão da vida terrena se apaga. (Ver item 163 e seguintes.)

Comemoração dos mortos. Funerais

320. Os Espíritos são sensíveis à saudade daqueles que o amaram na Terra?

– Muito mais do que podeis imaginar. Essa saudade aumenta a sua felicidade, caso estejam felizes. Se estão infelizes, ela é um lenitivo.

321. O dia da comemoração dos mortos tem algo de mais solene para os Espíritos? Eles se preparam para vir visitar aqueles que irão orar sobre seus despojos?

– Os Espíritos vêm ao chamado do pensamento, tanto nesse dia como em todos os outros.

321. a) Para eles, esse dia é um encontro junto às sepulturas?

– Nesse dia, eles ali estão em maior número, porque há mais pessoas que os chamam. Mas cada um deles vem apenas por seus amigos, e não pela multidão de indiferentes.

321. b) Sob que forma compareçam, e como poderíamos vê-los, se pudessem tornar-se visíveis?

– Sob a forma que eram conhecidos em vida.

322. Os Espíritos esquecidos, cujos túmulos ninguém visita, vêm apesar disso? Sentem desgosto por não ver nenhum amigo lembrar-se deles?

– Que lhes importa a Terra? Encontram-se ligados a ela apenas pelo coração. Se neste não há amor, nada mais há que prenda o Espírito à Terra: tem todo o Universo para si.

323. A visita ao túmulo proporciona mais satisfação ao Espírito do que uma prece feita em casa?

– A visita ao túmulo é uma maneira de manifestar que se pensa no Espírito ausente: é uma representação exterior desse sentimento. Eu vos disse que é a prece que santifica o ato de lembrar; pouco importa o lugar, se a prece é dita de coração.

324. Os Espíritos das pessoas para as quais se erguem estátuas ou monumentos assistem a esses tipos de inaugurações e veem isso com prazer?

– Muitos compareçam se podem, mas são menos sensíveis às honrarias do que à lembrança.

325. De onde pode vir, em certas pessoas, o desejo de serem enterradas num determinado lugar mais do que em outro? Voltam a ele mais voluntariamente após a morte? Essa importância atribuída a uma coisa material é um sinal de inferioridade do Espírito?

– Afeição do Espírito por certos lugares: inferioridade moral. Que diferença faz um pedaço de terra em vez de outro, para o Espírito elevado? Não sabe que sua alma voltará a unir-se aos que ama, mesmo que seus ossos estejam separados?

325. a) A reunião dos restos mortais de todos os membros de uma mesma família deve ser considerada como uma futilidade?

– Não. É um costume piedoso, um testemunho de simpatia por aqueles que se amou. Se essa reunião importa pouco para os Espíritos, ela é útil aos homens: as lembranças ficam mais concentradas.

326. A alma, ao retornar à vida espiritual, é sensível às homenagens prestadas aos seus restos mortais?

– Quando o Espírito já chegou a um certo grau de perfeição, não tem mais vaidade terrena, e compreende a futilidade de todas essas coisas. Mas ficai cientes de que, com frequência, há Espíritos que no primeiro momento de sua morte material experimentam grande prazer com as homenagens que lhes são prestadas, ou ficam tristes por abandonar seu envoltório, pois ainda conservam alguns dos preconceitos da vida terrena.

327. O Espírito assiste ao seu enterro?

– Muito frequentemente. Mas às vezes não se dá conta do que se passa, se ainda se encontra em perturbação.

327. a) Ele fica lisonjeado com o número de pessoas presentes em seu funeral?

– Mais ou menos, conforme o sentimento que as anima.

328. O Espírito daquele que acaba de morrer assiste às reuniões de seus herdeiros?

– Quase sempre. Deus assim o deseja, para sua própria instrução e castigo dos culpados. É então que o Espírito julga o que valiam os protestos que lhe rendiam. Para ele, todos os sentimentos estão às claras, e a decepção que experimenta vendo a cobiça dos que dividem seu espólio esclarece-o sobre os sentimentos deles; mas chegará a vez dos que motivam essa decepção.

329. O respeito intuitivo que o homem testemunha pelos mortos, em todos os tempos e em todos os povos, é um efeito da intuição que ele tem da existência futura?

– É a consequência natural dela; sem isso, o respeito pelos mortos não teria sentido.

Capítulo VII

RETORNO À VIDA CORPORAL

Prelúdios do retorno – União da alma e do corpo. Aborto – Capacidades morais e intelectuais do homem – Influência do organismo – Idiotismo, loucura – Sobre a infância – Simpatias e antipatias terrestres – Esquecimento do passado.

PRELÚDIOS DO RETORNO

330. Os Espíritos sabem a época em que irão reencarnar?
– *Eles a pressentem, como um cego sente o fogo de que se aproxima. Sabem que devem retomar um corpo, assim como sabeis que deveis morrer um dia, mas sem saber quando isso acontecerá.* (Ver tópico 166.)

330. a) Portanto, a reencarnação é uma necessidade da vida espírita, assim como a morte é uma necessidade da vida corporal?
– *Certamente, é assim.*

331. Todos os Espíritos se preocupam com sua reencarnação?
– *Há os que nunca pensam nela, que nem mesmo a compreendem. Depende de sua natureza mais ou menos adiantada. Para alguns, a incerteza que experimentam em relação a seu futuro é uma punição.*

332. O Espírito pode antecipar ou retardar o momento de sua reencarnação?
– *Pode antecipá-lo, pedindo com suas preces. Pode, também, retardá-lo, se recuar diante da provação, pois entre os Espíritos também há covardes e indiferentes. No entanto, ele não o faz impunemente; sofre por isso como aquele que recusa o remédio salutar que pode curá-lo.*

333. Se um Espírito se sentisse feliz o bastante numa condição média entre os Espíritos errantes, e não tivesse a ambição de elevar-se, poderia prolongar indefinidamente esse estado?

– *Não indefinidamente; o progresso é uma necessidade que cedo ou tarde o Espírito vai experimentar; todos devem elevar-se, é seu destino.*

334. A união da alma com este ou aquele corpo é predestinada ou só no último momento se faz a escolha?

– *O Espírito sempre é designado com antecedência. Ao escolher a prova a que quer submeter-se, o Espírito pede para encarnar. Ora, Deus, que tudo sabe e tudo vê, soube e viu antecipadamente que tal Espírito se uniria a tal corpo.*

335. O Espírito pode escolher o corpo no qual deve reencarnar, ou apenas o gênero de vida que lhe vai servir de provação?

– *Ele também pode escolher o corpo, pois as imperfeições desse corpo são provas que o ajudam em seu adiantamento, se vencer os obstáculos que encontrar. Pode pedir, mas a escolha nem sempre depende dele.*

335. a) O Espírito poderia, no último momento, recusar-se a tomar o corpo escolhido por ele?

– *Se recusasse, sofreria muito mais que aquele que não tivesse tentado nenhuma provação.*

336. Poderia não haver Espírito que aceitasse encarnar numa criança ainda por nascer?

– *Deus a isso proveria. A criança, quando deve nascer apta a viver, é sempre predestinada a ter uma alma; nada foi criado sem propósito.*

337. A união do Espírito a determinado corpo pode ser imposta por Deus?

– *Pode ser imposta, assim como as diferentes provações, sobretudo quando o Espírito ainda não está apto a fazer uma escolha com conhecimento de causa. Como expiação, o Espírito pode ser obrigado a unir-se ao corpo de determinada criança que, por seu nascimento e pela posição que terá no mundo, poderá tornar-se para ele um instrumento de castigo.*

338. Se acontecesse de diversos Espíritos apresentarem-se para ocupar um mesmo corpo que deve nascer, o que decidiria entre eles?

– *Muitos podem pedir; é Deus quem julga, em casos semelhantes, quem é mais capaz de cumprir a missão à qual a criança é destinada. Porém, eu já o disse, o Espírito é designado antes do instante em que deve unir-se ao corpo.*

339. O momento de encarnar é acompanhado de uma perturbação semelhante àquela que acontece quando se deixa o corpo?

– *Muito maior e sobretudo mais longa. Com a morte, o Espírito sai da escravidão; com o nascimento, entra nela.*

340. O instante em que um Espírito deve encarnar é, para ele, um instante solene? Cumpre esse ato como algo realmente sério e importante para si?

– *Ele é como um viajante que embarca para uma travessia perigosa e não sabe se encontrará a morte nas ondas que afronta.*

O viajante que embarca sabe a que perigos se expõe, mas não sabe se naufragará. Assim é o Espírito: ele conhece o tipo de provações às quais se submete, mas não sabe se sucumbirá.

Assim como a morte do corpo é uma espécie de renascimento para o Espírito, a reencarnação é para ele uma espécie de morte, ou, antes, de exílio e de clausura. Ele deixa o mundo dos Espíritos pelo mundo corporal, como o homem deixa o mundo corporal pelo mundo dos Espíritos. O Espírito sabe que reencarnará, como o homem sabe que morrerá; mas, como este, o Espírito só tem consciência disso no último momento, quando é chegada a sua hora. Então, nesse momento supremo, a perturbação se apodera dele – como no homem que está em agonia –, e essa perturbação persiste até que a nova existência esteja nitidamente formada. A aproximação do momento de reencarnar é uma espécie de agonia para o Espírito.

341. A incerteza que o Espírito experimenta quanto à eventualidade do sucesso nas provações que vai sofrer na vida é para ele motivo de ansiedade, antes de sua encarnação?

– *Uma ansiedade enorme, já que as provações de sua existência poderão fazê-lo retardar ou avançar, conforme a maneira como ele as tiver suportado, bem ou mal.*

342. No momento de sua reencarnação, o Espírito é acompanhado pelos Espíritos de seus amigos, que vêm assistir à sua partida do mundo espírita, da mesma forma que vêm recebê-lo na sua volta?

– *Depende da esfera a que o Espírito pertença. Se está nas esferas onde reina a afeição, os Espíritos que o amam acompanham-no até o último momento, incentivam-no e, muitas vezes, inclusive, seguem-no durante a vida.*

343. Os Espíritos amigos que nos acompanham na vida são, às vezes, aqueles que vemos em sonho, que nos demonstram afeição e que se apresentam para nós com feições desconhecidas?

– *Muitas vezes são eles. Vêm visitar-vos como vós ides ver um encarcerado.*

UNIÃO DA ALMA E DO CORPO

344. Em que momento a alma se une ao corpo?

– *A união começa na concepção, mas só se completa no momento do nascimento. A partir do momento da concepção, o Espírito designado para habitar determinado corpo liga-se a ele por um laço fluídico que se vai estreitando cada vez mais até o instante em que a criança vem à luz. O grito que então escapa da criança anuncia que ela é mais uma entre os vivos e os servos de Deus.*

345. A união entre o Espírito e o corpo é definitiva a partir do momento da concepção? Durante esse primeiro período, o Espírito poderia renunciar a habitar o corpo que lhe é designado?

– A união é definitiva, no sentido de que um outro Espírito não poderia substituir aquele que está designado para esse corpo. Mas os laços que prendem o corpo ao Espírito são muito frágeis, fáceis de romper, e isso pode ocorrer pela vontade do Espírito que recua diante da prova que escolheu. Nesse caso, a criança não vive.

346. O que acontece com o Espírito, se o corpo que ele escolheu vier a morrer antes do nascimento?

– Escolhe um outro.

346. a) Qual pode ser a utilidade dessas mortes prematuras?

– As imperfeições da matéria são a causa mais frequente dessas mortes.

347. Para um Espírito, que utilidade pode ter a sua encarnação num corpo que morre poucos dias depois de nascer?

– O ser não tem consciência plena da sua existência. A importância da morte é quase nula. Como dissemos, na maioria das vezes é uma prova para os pais.

348. O Espírito sabe, antecipadamente, que o corpo por ele escolhido não tem chances de vida?

– Às vezes sabe, mas, se o escolheu por esse motivo, é porque está recuando diante da provação.

349. Quando uma encarnação falha para o Espírito, por uma causa qualquer, ela é suprida imediatamente por uma outra existência?

– Nem sempre imediatamente. O Espírito precisa de tempo para escolher de novo, a menos que a reencarnação instantânea decorra de uma determinação anterior.

350. Uma vez unido ao corpo da criança, ou seja, quando não há mais como voltar atrás, o Espírito algumas vezes lamenta a escolha que fez?

– Queres dizer, se, como homem, ele se queixa da vida que tem? Se desejaria outra? Sim. Se ele lamenta a escolha que fez? Não, pois não sabe que a escolheu. Uma vez encarnado, o Espírito não pode lamentar uma coisa de que não tem consciência, mas pode achar a carga pesada demais, e, quando acha que ela está acima de suas forças, então recorre ao suicídio.

351. No intervalo entre a concepção e o nascimento, o Espírito usufrui de todas as suas faculdades?

– Mais ou menos, de acordo com a fase, pois ainda não está encarnado, mas atado ao corpo. A partir do instante da concepção, a perturbação começa a envolver o Espírito, que é, dessa forma, advertido de que chegou o momento de iniciar uma nova existência. Essa perturbação cresce até o nascimento. Nesse intervalo, seu estado é quase como o de um Espírito encarnado durante o sono do corpo. À medida que o momento do nascimento se aproxima, suas ideias se apagam, assim como a lembrança do passado, da qual ele não tem mais consciência como homem, logo que entra na vida; mas essa lembrança lhe volta pouco a pouco à memória, no seu estado de Espírito.

352. No momento do nascimento, o Espírito recobra imediatamente a plenitude de suas faculdades?

– *Não, elas se desenvolvem gradualmente com os órgãos. Para ele, é uma nova existência; é preciso que aprenda a utilizar seus instrumentos; as ideias lhe voltam pouco a pouco, como uma pessoa que, ao acordar, encontra-se numa situação diferente da que se encontrava antes de dormir.*

353. Uma vez que a união do Espírito e do corpo só se completa e é definitivamente consumada após o nascimento, é possível considerar que os fetos não tenham uma alma?

– *O Espírito que deve animá-lo existe, de qualquer forma, fora dele. Portanto, ele não tem uma alma propriamente dita, já que a encarnação está apenas em via de acontecer; mas ele está ligado à alma que virá a possuir.*

354. Como explicar a vida intrauterina?

– *É a vida da planta que vegeta. A criança vive a vida animal. O homem possui em si a vida animal e a vida vegetal, que ele completa, ao nascer, com a vida espiritual.*

355. Como a Ciência indica, há crianças que, já no ventre da mãe, não têm chances de viver. Com que finalidade isso ocorre?

– *Isso acontece frequentemente. Deus o permite como provação para os pais, ou para o Espírito designado a encarnar.*

356. Há natimortos que não foram destinados à encarnação de um Espírito?

– *Sim, há os que nunca tiveram um Espírito destinado ao seu corpo: nada deveria ser cumprido neles. Então, é só pelos pais que essa criança veio ao mundo.*

356. a) Um ser desse tipo pode vir a nascer?

– *Às vezes, sim; mas então não vive.*

356. b) Portanto, toda criança que sobrevive ao seu nascimento tem necessariamente um Espírito encarnado em si?

– *O que ela seria sem ele? Não seria um ser humano.*

357. Quais são, para o Espírito, as consequências do aborto?

– *É uma existência nula e a recomeçar.*

358. O aborto voluntário é um crime, seja qual for a época da concepção?

– *Sempre que se transgride a lei de Deus, há crime. A mãe, ou qualquer outra pessoa, ao tirar a vida da criança antes do nascimento, sempre estará cometendo um crime, pois isso significa impedir a alma de suportar as provas das quais o corpo deveria ser o instrumento.*

359. No caso em que a vida da mãe estivesse em perigo pelo nascimento da criança, há crime em sacrificar a criança, para salvar a mãe?

– *É preferível sacrificar o ser que não existe a sacrificar aquele que já existe.*

360. É racional ter pelos fetos a mesma consideração que se tem pelo corpo de uma criança que tivesse vivido?

– *Em tudo isso, vede a vontade de Deus e Sua obra. Portanto, não trateis levianamente as coisas que deveis respeitar. Por que não respeitar as obras da criação, algumas vezes incompletas pela vontade do Criador? Isso faz parte dos seus desígnios – o que ninguém é chamado a julgar.*

FACULDADES MORAIS E INTELECTUAIS

361. De onde vêm as qualidades morais, boas ou más, do homem?
– *São as do Espírito nele encarnado; quanto mais puro é o Espírito, mais o homem é propenso ao bem.*
361. a) Parece resultar disso que o homem de bem seja a encarnação de um Espírito bom, e o homem vicioso de um mau Espírito?
– *Sim, mas dizei antes Espírito imperfeito, pois, de outra forma, poder-se-ia crer em Espíritos sempre maus, os quais vós chamais de demônios.*
362. Qual é o caráter dos indivíduos nos quais encarnam Espíritos travessos e levianos?
– *Inconsequentes, arteiros, e, algumas vezes, malfeitores.*
363. Os Espíritos têm paixões que não pertencem à humanidade?
– *Não, caso contrário, eles as teriam comunicado.*
364. É o mesmo Espírito que dá ao homem as qualidades morais e as da inteligência?
– *Seguramente, e isso em razão do grau a que tenha chegado. O homem não traz em si dois Espíritos.*
365. Por que homens tão inteligentes – indício de que há neles um Espírito superior – às vezes são, ao mesmo tempo, profundamente viciosos?
– *É que o Espírito encarnado não é suficientemente puro, e o homem cede à influência de outros Espíritos mais imperfeitos. O Espírito progride numa marcha ascendente e imperceptível, mas o progresso não se realiza simultaneamente em todos os sentidos. Num período, o Espírito pode avançar em conhecimento; noutro, em moralidade.*
366. O que pensar da opinião segundo a qual as diferentes faculdades intelectuais e morais do homem seriam o resultado de outros tantos Espíritos encarnados nele, tendo cada qual uma aptidão especial?
– *Refletindo, reconhece-se que essa opinião é absurda. O Espírito deve ter todas as aptidões. Para poder progredir, precisa ter uma vontade única. Se o homem fosse um amálgama de Espíritos, essa vontade não existiria, e não haveria individualidade para ele, pois, na sua morte, todos esses Espíritos seriam como um bando de pássaros fugidos de uma gaiola. Muitas vezes, o homem lamenta por não compreender certas coisas, e é curioso ver como ele multiplica as dificuldades, ao passo que tem à mão uma explicação bem simples e natural. Isso ainda significa tomar a causa pelo efeito, fazer com o homem o que os pagãos faziam com Deus. Eles acreditavam em tantos deuses quantos*

fenômenos houvesse no Universo, mas, mesmo entre eles, as pessoas sensatas viam nesses fenômenos apenas efeitos que tinham como causa um Deus único.

O mundo físico e o mundo moral nos oferecem, sobre esse assunto, numerosos pontos de comparação. Houve quem acreditasse na existência múltipla da matéria, enquanto se deteve à aparência dos fenômenos. Hoje, compreende-se que esses fenômenos tão variados podem muito bem ser apenas modificações de uma matéria elementar única. As diversas faculdades são manifestações de uma mesma causa, que é a alma, ou o Espírito encarnado, e não de várias almas, assim como os diferentes sons do órgão são o produto de uma mesma espécie de ar, e não de tantas espécies de ar quantos forem os sons. Resultaria desse sistema que quando um homem perde ou adquire certas aptidões, certas inclinações, seriam tantos Espíritos que vêm ou que vão, o que faria do homem um ser múltiplo, sem individualidade, e, por consequência, sem responsabilidade. Além do mais, isso é desmentido pelos numerosos exemplos de manifestações em que os Espíritos provam sua personalidade e sua identidade.

INFLUÊNCIA DO ORGANISMO

367. Ao unir-se ao corpo, o Espírito se identifica com a matéria?

– *A matéria é apenas o envoltório do Espírito, como a roupa é o envoltório do corpo. O Espírito, ao unir-se ao corpo, conserva os atributos da natureza espiritual.*

368. As faculdades do Espírito são exercidas com total liberdade após sua união com o corpo?

– *O exercício das faculdades depende dos órgãos que lhes servem de instrumento; elas são debilitadas pela rudeza da matéria.*

368. a) Sendo assim, o envoltório material seria um obstáculo à livre manifestação das faculdades do Espírito, como um vidro opaco se opõe à livre emissão da luz?

– *Sim, e muito opaco.*

Pode-se ainda comparar a ação da matéria grosseira do corpo à de uma água lodosa, que tira a liberdade dos movimentos do corpo que nela se encontra mergulhado.

369. O livre exercício das faculdades da alma é subordinado ao desenvolvimento dos órgãos?

– *Os órgãos são os instrumentos de manifestação das faculdades da alma. Essa manifestação se encontra subordinada ao desenvolvimento e ao grau de perfeição desses mesmos órgãos, assim como a excelência de um trabalho está subordinada à qualidade da ferramenta.*

370. Pode-se deduzir da influência dos órgãos uma relação entre o desenvolvimento de órgãos cerebrais e o das faculdades morais e intelectuais?

– *Não confundais o efeito com a causa. O Espírito tem sempre as faculdades que lhe são próprias. Ora, não são os órgãos que dão as faculdades, mas sim as faculdades que impulsionam o desenvolvimento dos órgãos.*

370. a) Sendo assim, a diversidade de aptidões do homem está ligada unicamente ao estado do Espírito?

– *Unicamente não é o termo exato. O princípio das aptidões está nas qualidades do Espírito, que pode ser mais ou menos adiantado. Mas é preciso levar em consideração a influência da matéria, que obstrui com maior ou menor intensidade o exercício de suas faculdades.*

O Espírito, ao encarnar, traz certas predisposições, e, admitindo-se para cada uma delas um órgão correspondente no cérebro, o desenvolvimento desses órgãos será um efeito e não uma causa. Se as faculdades tivessem seu princípio nos órgãos, o homem seria uma máquina sem livre-arbítrio e sem responsabilidade sobre seus atos. Seria preciso admitir que os maiores gênios, sábios, poetas e artistas são gênios apenas porque o acaso lhes deu órgãos especiais; de onde se conclui que, sem esses órgãos, eles não teriam sido gênios, e que o último dos imbecis poderia ter sido um Newton, um Virgílio ou um Rafael, se tivesse sido dotado de certos órgãos. Essa suposição se torna ainda mais absurda quando aplicada às qualidades morais. Assim, segundo esse sistema, São Vicente de Paulo, dotado pela Natureza de um determinado órgão, poderia ter sido um facínora, e, ao maior facínora, bastaria um órgão para que viesse a ser um São Vicente de Paulo. Admiti, ao contrário, que os órgãos especiais, se é que existem, são consecutivos, desenvolvidos pelo exercício da faculdade, assim como os músculos se desenvolvem pelo movimento, e não tereis nada de irracional. Tomemos uma comparação trivial como exemplo dessa verdade: através de certos sinais fisionômicos, reconhece-se o homem dado à bebida. São esses os sinais que o tornam alcoólatra, ou é a embriaguez que produz esses sinais? Pode-se dizer que os órgãos recebem a marca das faculdades.

IDIOTISMO, LOUCURA

371. A opinião segundo a qual os cretinos e os idiotas teriam uma alma de natureza inferior tem fundamento?

– *Não, eles têm almas humanas, muitas vezes até mais inteligente do que pensais, mas que sofrem com a insuficiência dos meios de que dispõem para comunicar-se, como o mudo sofre por não poder falar.*

372. Qual é o objetivo da Providência em criar seres desgraçados como os cretinos e os idiotas?

– *São Espíritos em fase de punição que habitam corpos de idiotas. Esses Espíritos sofrem com o constrangimento que experimentam e com a impotência em se manifestar através de órgãos não-desenvolvidos ou defeituosos.*

372. a) Então não é exato dizer que os órgãos não têm influência sobre as faculdades?

– *Nunca dissemos que os órgãos não exercem influência. Eles exercem uma grande influência sobre a manifestação das faculdades, mas não as produzem: aí está a diferença. Um bom músico com um instrumento ruim não produzirá boa música, e isso não o impede de ser um bom músico.*

É preciso distinguir o estado normal do estado patológico. No estado normal, a moral supera o obstáculo que a matéria lhe opõe. Mas há casos em que a matéria oferece tal resistência que as manifestações são obstruídas ou alteradas, como acontece no idiotismo e na loucura. Estes são os casos patológicos e, nesse estado, uma vez que a alma não goza de toda a sua liberdade, a própria lei humana a isenta da responsabilidade sobre seus atos.

373. Qual pode ser o mérito da existência para seres que, como os idiotas e os cretinos, não podendo fazer o bem nem o mal, encontram-se impossibilitados de progredir?

– *É uma expiação imposta pelo abuso que tenham feito de certas faculdades; é um tempo de suspensão.*

373. a) Assim, um corpo de idiota pode trazer em si um Espírito que tivesse animado um homem de gênio numa existência precedente?

– *Sim. Às vezes, a genialidade torna-se um flagelo, quando se abusa dela.*

A superioridade moral não está sempre na mesma proporção da superioridade intelectual, e os maiores gênios podem ter muito a expiar. Disso resulta, muitas vezes, uma existência inferior àquela que eles já realizaram, e uma causa de sofrimentos. Os entraves que o Espírito experimenta em suas manifestações são como correntes reprimindo os movimentos de um homem forte. Pode-se dizer que o cretino e o idiota são estropiados do cérebro, assim como o manco o é das pernas e o cego dos olhos.

374. O idiota, no estado de Espírito, tem consciência de seu estado mental?

– *Sim, com muita frequência. Ele compreende que as correntes que obstruem o seu voo são uma prova e uma expiação.*

375. Qual é a situação do Espírito na loucura?

– *O Espírito, no estado de liberdade, recebe diretamente suas impressões e exerce diretamente sua ação sobre a matéria; porém, encarnado, encontra-se em condições completamente diferentes, e na contingência de fazê-lo somente com o auxílio de órgãos especiais. Se uma parte ou o conjunto desses órgãos for alterado, sua ação ou suas impressões, no que diz respeito a esses órgãos, são interrompidas. Se perde os olhos, torna-se cego; se perde os ouvidos, torna--se surdo etc. Agora, imaginai se o órgão que rege os efeitos da inteligência e da vontade for parcial ou inteiramente atacado ou modificado, será fácil compreender que o Espírito, dispondo apenas de órgãos incompletos ou desnatu-*

rados, deve entrar num estado de perturbação do qual ele, por si mesmo e no seu foro íntimo, tem perfeita consciência, mas cujo curso já não pode deter.

375. a) Então é sempre o corpo, e não o Espírito, que está desorganizado?

– Sim, mas é preciso não perder de vista o fato de que, assim como o Espírito age sobre a matéria, esta reage sobre ele numa certa medida, e que o Espírito pode encontrar-se momentaneamente impressionado pela alteração dos órgãos pelos quais ele se manifesta e recebe suas impressões. Quando a loucura durou muito tempo, pode acontecer que a repetição dos mesmos atos acabe por exercer, sobre o Espírito, uma influência da qual ele só se liberta após sua completa separação de qualquer impressão material.

376. O que faz com que a loucura às vezes leve ao suicídio?

– O Espírito sofre pelo constrangimento que experimenta e pela impotência de manifestar-se livremente; por isso busca, na morte, um meio de romper seus laços.

377. Após a morte, o Espírito do alienado se ressente do desarranjo de suas faculdades?

– Pode senti-lo por algum tempo após a morte, até que esteja completamente desprendido da matéria, assim como o homem que desperta e sente, por algum tempo, a perturbação em que o sono o mergulhara.

378. Como a alteração do cérebro pode reagir sobre o Espírito depois da morte?

– É uma lembrança, um peso sobre o Espírito. E como ele não teve consciência de tudo o que se passou durante sua loucura, é sempre necessário um certo tempo para que fique ciente disso. Assim, quanto mais tiver durado a loucura durante a vida, mais longo será o incômodo e o constrangimento após a morte. O Espírito liberto do corpo se ressente por algum tempo da impressão dos laços que o prendiam.

SOBRE A INFÂNCIA

379. O Espírito que anima o corpo de uma criança é tão desenvolvido quanto o de um adulto?

– Pode ser até mais desenvolvido, se progrediu mais, pois é apenas a imperfeição dos órgãos que o impede de manifestar-se. O Espírito age de acordo com o instrumento de que dispõe.

380. Numa criança com pouca idade, independentemente do obstáculo que a imperfeição dos órgãos oponha à sua livre manifestação, o Espírito pensa como uma criança ou como um adulto?

– Enquanto é criança, é natural que os órgãos da inteligência, não estando desenvolvidos, não possam conceder-lhe toda a intuição de um adulto. Sua inteligência é, de fato, muito limitada, enquanto aguarda que a idade amadureça sua razão. A perturbação que acompanha a encarnação não termina subitamente no momento do nascimento; ela só se dissipa gradualmente, com o desenvolvimento dos órgãos.

Uma observação vem confirmar essa resposta: os sonhos de uma criança não têm o caráter dos sonhos de um adulto; o objeto de seus sonhos é quase sempre pueril, o que é um indício da natureza das preocupações do Espírito.

381. Com a morte da criança, o Espírito retoma imediatamente seu vigor primitivo?

– *É o que deve fazer, uma vez desembaraçado de seu envoltório carnal. No entanto, sua lucidez original só é recobrada quando a separação estiver completa, isto é, quando não existir mais nenhum laço entre o Espírito e o corpo.*

382. Durante a infância, o Espírito encarnado sofre com o constrangimento imposto pela imperfeição de seus órgãos?

– *Não; esse estado é uma necessidade, faz parte da natureza e está de acordo com os desígnios da Providência: é um tempo de repouso para o Espírito.*

383. Para o Espírito, qual é a utilidade de passar pela infância?

– *O Espírito, encarnando com o objetivo de se aperfeiçoar, é mais acessível, nesse período, às impressões que recebe e que podem ajudá-lo em seu adiantamento, para o qual devem contribuir os que estão encarregados de sua educação.*

384. Por que os primeiros gritos da criança são de choro?

– *Para despertar o interesse da mãe e provocar os cuidados que lhe são necessários. Não compreendes que, se fossem gritos de alegria, uma vez que ela ainda não sabe falar, inquietar-se-ia pouco com suas necessidades? Admirai, nisso tudo, a sabedoria da Providência.*

385. De onde vem a mudança que se opera no caráter numa certa idade, e particularmente no final da adolescência? É o Espírito que se modifica?

– *É o Espírito que retoma sua natureza e se mostra tal qual era.*

Não conheceis o mistério que as crianças escondem em sua inocência. Não sabeis o que elas são, o que foram, nem o que serão. Entretanto, vós as amais e adorais como se fossem uma parte de vós mesmos, de tal forma que o amor de uma mãe por seus filhos é considerado o maior amor que um ser pode ter por outro. De onde vem essa doce afeição, essa terna benevolência que até mesmo os estranhos têm por uma criança? Vós o sabeis? Não; é isso que vos irei explicar.

Crianças são seres que Deus envia em novas existências. E, para que não Lhe possam acusar de uma severidade exagerada, Deus lhes dá todas as aparências da inocência. Mesmo a uma criança má por natureza, justifica-se suas más ações pela inconsciência de seus atos. Essa inocência não é uma superioridade real sobre o que foram antes; não – é a imagem do que deveriam ser, e, se não o são, é somente sobre elas que recai a pena.

Mas não é somente por elas que Deus lhes deu esse aspecto; é, também, e principalmente, por seus pais, cujo amor é necessário à sua fragilidade. Diante de um caráter áspero e intratável, o amor dos pais seria extremamente enfraquecido, ao passo que, supondo que seus filhos são bons e dóceis, eles lhes dão toda a sua afeição, envolvendo-os com os mais delicados cuidados. Mas quando as crianças não têm mais necessidade dessa proteção, dessa assistência que lhes foi dada durante quinze a vinte anos, seu caráter real e individual reaparece em sua completa nudez: esse caráter permanece bom, se eram fundamentalmente bons; mas sempre se matiza em nuanças que estavam ocultas na primeira infância.

Vede que os caminhos de Deus são sempre os melhores, e que, quando o coração é puro, é fácil conceber a explicação sobre esse assunto.

Com efeito, imaginai que o Espírito das crianças que nascem entre vós pode vir de um mundo em que tenha adquirido hábitos completamente diferentes. Como quereis que permaneça em vosso meio esse novo ser, que vem com paixões totalmente diferentes das que possuis, com inclinações e gostos completamente opostos aos vossos? Como quereis que ele se incorpore em vossas classes, de outra forma que não a que Deus quis, isto é, através da peneira da infância? Nesta vêm misturar-se todas as ideias, todos os caracteres, todas as variedades de seres criados por essa enorme quantidade de mundos, nos quais as criaturas se desenvolvem. E vós mesmos, ao morrer, também vos achareis numa espécie de infância entre novos irmãos. E, em vossa nova existência não-terrena, ireis ignorar os hábitos, os costumes, as relações desse mundo, ainda novo para vós. Manipulareis com dificuldade uma linguagem que não estais habituados a usar, linguagem mais viva do que é atualmente o vosso pensamento. (Ver tópico 319.)

A infância ainda tem uma outra utilidade: os Espíritos só entram na vida corporal para se aperfeiçoarem, tornarem-se melhores. A fragilidade da tenra idade os torna flexíveis, acessíveis aos conselhos da experiência daqueles que devem fazê-los progredir. É quando se pode corrigir seu caráter e reprimir suas más tendências. Este é o dever que Deus confiou aos pais, missão sagrada pela qual terão de responder.

É por essa razão que a infância é não apenas útil, necessária, indispensável, mas também a sequência natural das leis estabelecidas por Deus, e que regem o Universo.

SIMPATIAS E ANTIPATIAS TERRESTRES

386. Dois seres que se conheceram e se amaram podem reencontrar-se numa outra existência corporal e reconhecer-se?

– Reconhecer-se, não; mas sentirem-se atraídos um pelo outro, sim. Frequentemente, ligações íntimas baseadas numa afeição sincera não têm outra causa. Dois seres se aproximam por circunstâncias aparentemente fortuitas, mas que são o resultado da atração de dois Espíritos que se buscam na multidão.

386. a) Não seria mais agradável para eles se reconhecerem?

– Nem sempre. A lembrança de existências passadas teria inconvenientes maiores do que podeis imaginar. Após a morte, eles se reconhecerão, saberão o tempo que passaram juntos. (Ver tópico 392.)

387. A simpatia tem sempre por princípio um conhecimento anterior?

– Não, dois Espíritos que se dão bem procuram-se naturalmente, sem que se tenham conhecido como homens.

388. Os reencontros que às vezes acontecem entre algumas pessoas, e que são atribuídos ao acaso, não seriam o efeito de uma espécie de relação simpática?

– Entre os seres pensantes há ligações que ainda desconheceis. O magnetismo é o piloto dessa ciência que compreendereis melhor mais tarde.

389. De onde vem a repulsão instintiva que se tem por certas pessoas à primeira vista?

– Espíritos antipáticos que se percebem e se reconhecem sem se falar.

390. A antipatia instintiva é sempre um sinal de má índole?

– Dois Espíritos não são necessariamente maus por não serem simpáticos. A antipatia pode nascer de uma falta de semelhança no modo de pensar; mas, à medida que se elevam, as divergências se apagam e a antipatia desaparece.

391. A antipatia entre duas pessoas nasce primeiramente naquela cujo Espírito é pior ou melhor?

– Em ambas, mas as causas e os efeitos são diferentes. Um Espírito mau antipatiza com qualquer um que possa julgá-lo e desmascará-lo. Ao ver uma pessoa pela primeira vez, ele sabe que vai ser desaprovado. Seu afastamento se transforma em ódio e inveja, e lhe inspira o desejo de fazer o mal. O bom Espírito tem repulsa pelo mau Espírito porque sabe que não será compreendido por ele, e porque não partilham dos mesmos sentimentos. No entanto, seguro de sua superioridade, não sente pelo outro ódio nem inveja: limita-se a evitá-lo e lamentá-lo.

ESQUECIMENTO DO PASSADO

392. Por que o Espírito encarnado perde a lembrança de seu passado?

– O homem não pode nem deve saber tudo. Deus, em sua sabedoria, assim o quer. Sem o envoltório que o impede de ver certas coisas, o homem seria ofuscado, como quem passa sem transição da obscuridade à luz. Com o esquecimento do passado, ele é mais senhor de si.

393. Como o homem pode ser responsável por seus atos e resgatar falhas das quais não se lembra? Como pode aproveitar a experiência adquirida em existências que caíram no esquecimento? Seria concebível que as tribulações da vida fossem uma lição para ele, se pudesse lembrar do que as atraiu; mas como ele não se lembra, cada existência é, para ele, como se fosse a primeira, sendo então um eterno recomeçar. Como conciliar isso com a justiça de Deus?

— A cada nova existência, o homem tem mais inteligência e pode distinguir melhor o bem e o mal. Onde estaria o mérito, se ele se lembrasse de todo o passado? Quando o Espírito retorna à sua vida primitiva (a vida espírita), toda a sua vida passada se descortina diante dele; vê os erros cometidos e que são a causa de seu sofrimento, e também o que poderia tê-lo impedido de cometê-los. Compreende que a posição em que se encontra é justa, e então procura a existência que poderia consertar aquela que acaba de passar. Procurando provas análogas àquelas por que passou, ou lutas que acredita serem apropriadas ao seu adiantamento, pede que os Espíritos superiores o ajudem nessa nova tarefa que empreende, pois sabe que o Espírito que lhe será destinado como guia nessa nova existência procurará levá-lo a reparar suas faltas, dando-lhe uma espécie de intuição dos erros que cometeu. Essa mesma intuição é o pensamento, o desejo criminoso que muitas vezes vos assalta, e ao qual resistis instintivamente, atribuindo vossa resistência, na maioria das vezes, aos princípios que recebestes de vossos pais, ao passo que é a voz da vossa consciência que vos fala. Essa voz é a lembrança do passado, voz que vos adverte para não recairdes em erros já cometidos. Nessa nova existência, se o Espírito suporta as provações com coragem, e se resiste, ele se eleva e ascende na hierarquia dos Espíritos, quando retornar para o meio deles.

Se durante a vida corporal não temos uma lembrança precisa do que fomos e do que fizemos de bem ou de mal em nossas existências anteriores, temos uma intuição disso. As tendências instintivas são uma reminiscência de nosso passado, contra as quais nossa consciência — que é o desejo que concebemos de não mais cometer os mesmos erros — nos adverte para que resistamos.

394. Nos mundos mais elevados que o nosso, onde não se está exposto a todas as necessidades físicas e às enfermidades, os homens compreendem que são mais felizes que nós? A felicidade, em geral, é relativa; é sentida pela comparação com um estado menos feliz. Como alguns desses mundos, embora melhores que o nosso, definitivamente não se encontram no estado de perfeição, os homens que os habitam devem ter, a seu modo, motivos de aborrecimento. Entre nós, o rico, ainda que não tenha as angústias das necessidades materiais como o pobre, não tem menos tribulações a amargar sua vida. Ora, eu pergunto se os habitantes desses mundos, na condição em que se encontram, não se acham tão infelizes quanto nós e não lamentam sua sorte, já que não têm a lembrança de uma existência inferior para comparar?

— É preciso dar duas respostas diferentes para isso. Há mundos, entre aqueles de que falaste, cujos habitantes têm uma lembrança muito nítida e exata de suas existências passadas. Estes — como podes imaginar — podem e sabem apreciar a felicidade que Deus lhes permite usufruir. Mas há outros mundos onde os habitantes, situados — como dizes — em melhores condições que vós, nem por isso deixam de estar sujeitos a grandes aborrecimentos, e

mesmo a infelicidades. Eles não apreciam sua felicidade exatamente por não se lembrarem de um estado ainda mais infeliz. Entretanto, se não a apreciam como homens, apreciam-na como Espíritos.

No esquecimento dessas existências passadas – sobretudo nas que foram penosas – não há algo de providencial em que se revela a sabedoria divina? É nos mundos superiores, quando a lembrança de existências infelizes não passa de um sonho ruim, que se apresentam à memória. Nos mundos inferiores, as infelicidades do presente não seriam agravadas pela lembrança de tudo o que se teve de suportar? Portanto, concluamos disso que tudo o que Deus fez foi bem feito, e que não nos cabe criticar suas obras ou dizer como Ele deveria ter regulado o Universo.

A lembrança de nossas individualidades anteriores teria inconvenientes muito graves. Isso poderia, em certos casos, humilhar-nos excessivamente; em outros, exaltar o orgulho e, consequentemente, entravar nosso livre-arbítrio. Para que melhoremos, Deus nos deu exatamente o que nos é necessário e suficiente: a voz da consciência e as tendências instintivas. Priva-nos de tudo o que nos poderia prejudicar. Acrescentemos ainda que, se tivéssemos a lembrança de nossos atos pessoais anteriores, teríamos também a dos atos alheios, e esse conhecimento poderia ter os mais desagradáveis efeitos sobre as relações sociais. Como nem sempre há motivos para nos vangloriarmos do nosso passado, muitas vezes é uma felicidade o fato de um véu ser lançado sobre ele. Isso está perfeitamente de acordo com a doutrina dos Espíritos sobre os mundos superiores ao nosso. Nesses mundos, onde só reina o bem, a lembrança do passado não tem nada de dolorosa; é por isso que neles frequentemente nos lembramos da existência precedente, assim como lembramos do que fizemos na véspera. Quanto à estada que pudemos ter feito em mundos inferiores, trata-se apenas, como dissemos, de um sonho ruim.

395. Podemos ter algumas revelações sobre nossas existências anteriores?

– Nem sempre. Entretanto, diversas pessoas sabem o que foram e o que fizeram. Se lhes fosse permitido dizê-lo abertamente, fariam extraordinárias revelações sobre o passado.

396. Algumas pessoas acreditam ter uma vaga lembrança de um passado desconhecido, vislumbrado como a imagem fugidia de um sonho que em vão procuram entender. Essa ideia é apenas uma ilusão?

– Às vezes é real; porém, muitas vezes também é uma ilusão, contra a qual é preciso precaver-se, pois isso pode ser o efeito de uma imaginação superexcitada.

397. Nas existências corporais de natureza mais elevada que a nossa, a lembrança das existências anteriores é mais precisa?

– Sim, à medida que o corpo é menos material, recorda-se melhor. A lembrança do passado é mais clara para os que habitam mundos de uma ordem superior.

398. Pelo fato de as tendências instintivas do homem serem uma reminiscência de seu passado, segue-se que, através do estudo dessas tendências, ele pode conhecer os erros que cometeu?

– *Sem dúvida, mas até certo ponto; é preciso levar em conta o aprimoramento que se possa ter operado no Espírito e as resoluções que tomou na erraticidade. A existência atual pode ser muito melhor que a anterior.*

398. a) Ela pode ser pior? Ou seja, o homem pode numa existência cometer erros que não cometeu na existência anterior?

– *Depende de seu adiantamento. Se ele não souber resistir às provações, pode ser arrastado a novos erros, que são a consequência da posição que escolheu. Mas, em geral, esses erros acusam mais um estado estacionário que um estado retrógrado, pois o Espírito pode avançar ou estagnar, mas não retroceder.*

399. Sendo as vicissitudes da vida corporal ao mesmo tempo uma expiação de erros passados e provações para o futuro, segue-se que, pela natureza dessas vicissitudes, é possível deduzir-se o gênero da existência anterior?

– *Muito frequentemente, pois cada um é punido pelo erro que cometeu. No entanto, não se deve tirar daí uma regra absoluta. As tendências instintivas são um indício mais seguro, pois as provas que o Espírito suporta se referem tanto ao futuro quanto ao passado.*

Uma vez chegado ao término marcado pela Providência para sua vida na erraticidade, o próprio Espírito escolhe as provas às quais quer submeter-se para acelerar seu adiantamento, isto é, o gênero de existência que acredita ser mais apropriado para fornecer-lhe os meios de adiantar-se, e essas provas estão sempre relacionadas às faltas que ele deve expiar. Se triunfar, eleva-se; se sucumbir, tem de recomeçar.

O Espírito sempre usufrui de seu livre-arbítrio. É em virtude dessa liberdade que ele, no estado de espírito, escolhe as provações da vida corporal, e que, no estado de encarnado, decide se fará ou não, escolhendo entre o bem e o mal. Negar ao homem o livre-arbítrio seria reduzi-lo à condição de máquina.

Ao retornar à vida corporal, o Espírito perde momentaneamente a lembrança de suas existências anteriores, como se um véu as encobrisse. Todavia, ele às vezes tem uma vaga consciência dessas existências, e elas podem até ser reveladas em certas circunstâncias. Mas isso só acontece pela vontade de Espíritos superiores, que o fazem espontaneamente e com um objetivo útil, e jamais para satisfazer uma vã curiosidade.

As existências futuras não podem ser reveladas em caso algum, porque depende da maneira como se realiza a existência presente e da escolha posterior do Espírito.

O esquecimento dos erros cometidos não é um obstáculo ao crescimento do Espírito, pois mesmo não tendo uma lembrança precisa, o conhecimento que possuía na erraticidade e o desejo expresso de repará-los guiam-no por intuição, e lhe dão a convicção de resistir ao mal. Essa convicção é a voz da consciência, a qual é auxiliada pelos Espíritos que o assistem, se ele escuta as boas inspirações que lhe sugerem.

Se o homem não conhece os atos que cometeu em suas existências anteriores, sempre pode saber de que gênero de erros se tornou culpado e qual era o seu caráter dominante. Basta-lhe estudar a si mesmo, e poderá julgar o que foi, não pelo que é, mas por suas tendências.

As vicissitudes da vida corporal são, ao mesmo tempo, uma expiação pelos erros passados e provas para o futuro. Elas nos purificam e nos elevam, se as suportarmos com resignação e sem reclamações.

A natureza das vicissitudes e das provas a que nos submetemos também pode esclarecer-nos sobre o que fomos e o que fizemos, da mesma maneira que, na vida terrena, julgamos as ações de um culpado pelo castigo que lhe inflige a lei. Assim, uma determinada pessoa será castigada em seu orgulho pela humilhação de uma existência subalterna; o rico, mau e avarento, pela miséria; aquele que foi cruel com os outros, pela crueldade que sofrerá; o tirano, pela escravidão; o mau filho, pela ingratidão de seus filhos; o preguiçoso, por um trabalho forçado etc.

Capítulo VIII

EMANCIPAÇÃO DA ALMA

O sono e os sonhos – Visitas espíritas entre os vivos – Transmissão oculta do pensamento – Letargia, catalepsia. Mortes aparentes – Sonambulismo – Êxtase – Segunda vista – Resumo teórico do sonambulismo, do êxtase e da segunda vista.

O SONO E OS SONHOS

400. O Espírito encarnado permanece voluntariamente em seu envoltório corporal?

– *É como se perguntasses se o prisioneiro gosta de estar atrás das grades. O Espírito encarnado aspira incessantemente à libertação, e quanto mais grosseiro é o envoltório, mais deseja desprender-se dele.*

401. Durante o sono, assim como o corpo, a alma também repousa?

– *Não, o Espírito nunca está inativo. Durante o sono, os laços que o unem ao corpo se afrouxam, e como o corpo não tem necessidade de sua presença, o Espírito percorre o espaço e entra em relação mais direta com os outros Espíritos.*

402. Como podemos julgar a liberdade do Espírito durante o sono?

– *Pelos sonhos. Saibas que, quando o corpo repousa, o Espírito dispõe de mais faculdades que no estado de vigília; ele tem a lembrança do passado e, algumas vezes, a previsão do futuro; adquire mais força, podendo entrar em comunicação com os outros Espíritos, tanto deste mundo, como do outro. Muitas vezes, dizes: "Tive um sonho estranho, um sonho horrível, mas que não tem nenhuma verossimilhança". Estás equivocado; quase sempre é a lembrança dos lugares e das coisas que viste ou que verás numa outra existência ou num outro momento. Como o corpo se encontra adormecido, o Espírito aproveita para romper seus grilhões, investigando o passado ou o futuro.*

Pobres homens, como é pequeno o vosso conhecimento sobre os fenômenos mais ordinários da vida! Acreditais ser tão sábios, e as coisas mais banais vos confundem. Diante desta pergunta que todas as crianças fazem: "O que fazemos quando dormimos; o que são os sonhos?", ficais sem resposta.

O sono liberta parcialmente a alma do corpo. Quando se dorme, fica-se momentaneamente no estado em que se ficará, de forma definitiva, após a morte. Os Espíritos que, na ocasião de sua morte, logo se desprendem da matéria, tiveram sonos inteligentes. Esses Espíritos, quando dormem, vão ao encontro da sociedade de seres que lhes são superiores: viajam, conversam e se instruem com eles, e inclusive trabalham em obras que encontrarão prontas ao morrerem. Isso vos deve ensinar, uma vez mais, a não temer a morte, pois morreis todos os dias, segundo a palavra de um santo.

Isso se dá com os Espíritos elevados. Mas quanto à massa de homens que, com a morte, devem permanecer longas horas na perturbação, na incerteza de que lhes têm falado, estes vão seja a mundos inferiores à Terra – onde as antigas afeições os chamam –, seja à procura de prazeres talvez ainda mais baixos que os que têm aqui. Vão abraçar doutrinas ainda mais vis, mais ignóbeis, mais nocivas do que as que professam entre vós. E o que gera a simpatia, na Terra, não é outra coisa senão o fato de nos sentirmos, ao despertar, ligados pelo coração àqueles com quem acabamos de passar oito a nove horas de felicidade ou de prazer. O que também explica essas antipatias insuperáveis é que, no fundo do coração, sabemos que essas pessoas têm uma consciência diferente da nossa, porque as conhecemos sem nunca tê-las visto. É ainda isso que explica a indiferença, uma vez que não nos empenhamos em fazer novos amigos, quando sabemos que temos outros que nos amam e prezam. Em resumo, o sono influi sobre vossas vidas mais do que vós pensais.

Pelo efeito do sono, os Espíritos encarnados estão sempre em contato com o mundo dos Espíritos, e é isso que faz com que os Espíritos superiores consintam, sem demasiada repulsa, em encarnar entre vós. Deus quis que, durante o seu contato com o vício, pudessem banhar-se na fonte do bem, para que eles próprios não fracassassem, eles que vinham instruir os outros. O sono é a porta que Deus lhes abriu para o contato com seus amigos do céu; é o recreio após o trabalho, enquanto aguardam a grande libertação, a libertação final, a que deve restituí-los ao seu verdadeiro meio.

O sonho é a lembrança do que vosso Espírito viu durante o sono. Mas notai que vós nem sempre sonhais, pois nem sempre vos lembrais do que vistes ou de tudo o que vistes. Não lembrais porque não tendes vossa alma no pleno desenvolvimento de suas faculdades; muitas vezes, é apenas a lembrança da perturbação que acompanha vossa partida ou vosso retorno, à qual se junta a lembrança do que fizestes ou do que vos preocupa no estado de vigília. Se assim não fosse, como explicaríeis esses sonhos absurdos a que estão sujeitos tanto os mais sábios quanto os mais simples? Os maus Espíritos também se servem dos sonhos para atormentar as almas fracas e covardes.

Além disso, em breve vereis desenvolver-se um outro tipo de sonho que é tão antigo quanto aquele que vós conheceis, mas que ignorais. O sonho de Joana, o sonho de Jacó, o sonho dos profetas judeus e de alguns adivinhos indianos: esse sonho é a lembrança da alma completamente livre da matéria, a lembrança dessa segunda vida de que eu falava há pouco.

Procurai distinguir bem esses dois tipos de sonhos entre aqueles de que lembrais; sem isso, cairíeis em contradições e em erros que seriam funestos à vossa fé.

Os sonhos são o efeito da emancipação da alma que se tornou mais independente pela suspensão da vida ativa e de relação. Disso resulta uma espécie de clarividência indefinida, que se estende aos locais mais distantes ou que jamais se viu, e algumas vezes inclusive a outros mundos. Também vem daí a lembrança que retraça na memória os acontecimentos verificados na existência presente ou nas anteriores. A singularidade das imagens referentes àquilo que se passa ou se passou nos mundos desconhecidos, entremeadas a coisas do mundo atual, formam esses conjuntos excêntricos e confusos que parecem não ter sentido nem nexo.

A incoerência dos sonhos se explica ainda pelas lacunas produzidas pela lembrança incompleta do que nos apareceu em sonho. Seria algo como uma narrativa da qual se tivesse truncado ao acaso frases ou partes de frases: os fragmentos restantes, ao serem reunidos, perderiam qualquer significação racional.

403. Por que nem sempre nos lembramos dos sonhos?

– Isso que chamais de sono nada mais é que o repouso do corpo, pois o Espírito está sempre em atividade. No sono, o Espírito recobra um pouco de sua liberdade, e se comunica com seus entes queridos, seja neste mundo ou em outros. Porém, como o corpo é uma matéria pesada e grosseira, dificilmente conserva as impressões recebidas pelo Espírito, pois este não as percebeu por meio dos órgãos do corpo.

404. O que pensar da significação atribuída aos sonhos?

– Os sonhos não são verídicos como acham aqueles que leem a sorte, pois é absurdo acreditar que o fato de sonhar com uma determinada coisa anuncia uma outra. Eles são verídicos no sentido de apresentarem imagens reais para o Espírito, mas frequentemente não têm relação com o que se passa na vida corporal. Muitas vezes também, como dissemos, é uma lembrança. Enfim, outras vezes pode ser um pressentimento do futuro, se Deus o permite, ou a visão do que se passa neste momento num outro lugar a que a alma se transporta. Não tendes inúmeros exemplos em que pessoas aparecem em sonho e vêm avisar seus parentes ou amigos sobre algo que lhes acontece? O que são essas aparições senão a alma ou o Espírito dessas pessoas vindo comunicar-se com vossa alma? Quando adquiris a certeza de que aquilo que viram realmente aconteceu,

isso não é uma prova de que a imaginação não teve influência, sobretudo se o acontecido não fazia parte de vosso pensamento durante o estado de vigília?

405. Muitas vezes vemos em sonho coisas que parecem pressentimentos e que não se cumprem. De onde vem isso?

– Podem cumprir-se para o Espírito, mas não para o corpo, isto é, o Espírito vê o que deseja porque vai buscá-lo. Não se pode esquecer que, durante o sono, a alma continua mais ou menos sob a influência da matéria e, por consequência, nunca se liberta completamente das ideias terrenas. O resultado disso é que as preocupações de vigília podem dar àquilo que se vê a aparência do que se deseja ou do que se teme. Isso é o que realmente se pode chamar de um efeito da imaginação. Quando se está demasiadamente preocupado com uma ideia, relaciona-se a ela tudo o que se vê.

406. Quando vemos nos sonhos pessoas vivas, que conhecemos perfeitamente, fazerem coisas que nunca pensaram em fazer, isso não é um efeito de pura imaginação?

– Como sabes que são coisas que nunca pensaram em fazer? O Espírito delas pode vir visitar o teu, como o teu pode visitar o delas, e nem sempre sabes em que ele pensa. Além disso, muitas vezes vós também atribuis, a pessoas que conheceis, e segundo os vossos desejos, aquilo que se passou ou se passa em outras existências.

407. O sono completo é necessário à emancipação do Espírito?

– Não, o Espírito recobra sua liberdade quando os sentidos se entorpecem; ele aproveita todos os instantes de trégua que o corpo lhe dá para emancipar-se. Desde que haja prostração de forças vitais, o Espírito se desprende, e quanto mais o corpo está fraco, mais livre é o Espírito.

É por esse motivo que o cochilo, ou um simples entorpecimento dos sentidos, muitas vezes apresenta as mesmas imagens que o sonho.

408. Algumas vezes temos a impressão de ouvir em nós mesmos palavras pronunciadas claramente e que não têm nenhuma relação com o que nos preocupa. De onde vem isso?

– Ouves sim, e mesmo frases inteiras, principalmente quando os sentidos começam a se entorpecer. Às vezes é um leve eco de um Espírito que quer comunicar-se contigo.

409. Muitas vezes, num estado que não é ainda o adormecimento, quando estamos com os olhos fechados, vemos imagens distintas, figuras das quais percebemos os detalhes mais minuciosos. É um efeito de visão ou de imaginação?

– Estando o corpo entorpecido, o Espírito procura quebrar suas amarras: ele se transporta e vê; se o sono fosse completo, seria um sonho.

410. Algumas vezes, durante o sono ou mesmo em um leve estado de sonolência, têm-se ideias que parecem muito boas e que, apesar dos esforços para se lembrar delas, apagam-se da memória. De onde vêm essas ideias?

– São o resultado da liberdade do Espírito que se emancipa e goza de mais faculdades nesse momento. Muitas vezes, são também conselhos dados por outros Espíritos.

410. a) Para que servem essas ideias e esses conselhos, já que não os lembramos e não podemos aproveitá-los?

– Às vezes essas ideias dizem respeito mais ao mundo dos Espíritos do que ao mundo corporal; mas com muita frequência, se o corpo esquece, o Espírito lembra, e a ideia reaparece na ocasião oportuna, como uma inspiração do momento.

411. O Espírito encarnado, nos momentos em que está livre da matéria e atuando como Espírito, sabe a época de sua morte?

– Muitas vezes ele a pressente; algumas vezes tem uma consciência muito nítida dela, e é isso que, no estado de vigília, lhe dá a intuição. Isso explica por que certas pessoas às vezes preveem sua morte com tamanha exatidão.

412. A atividade do Espírito, durante o repouso ou o sono do corpo, pode provocar o cansaço deste?

– Sim, pois o Espírito está ligado ao corpo como o balão cativo está ligado ao cabo. Ora, da mesma forma que a agitação do balão desestabiliza o cabo, a atividade do Espírito reage sobre o corpo, e pode fazê-lo sentir cansaço.

VISITAS ESPÍRITAS ENTRE PESSOAS VIVAS

413. Do princípio da emancipação da alma durante o sono parece resultar o fato de termos uma dupla existência simultânea: a do corpo, que nos dá a vida de relação exterior, e a da alma, que nos dá a vida de relação oculta. É exatamente assim?

– No estado de emancipação, a vida do corpo cede à vida da alma. Mas não são duas existências propriamente ditas: são, na verdade, duas fases da mesma existência, pois o homem não vive de maneira dupla.

414. Duas pessoas que se conhecem podem visitar-se durante o sono?

– Sim, e muitas outras que pensam não se conhecer encontram-se e conversam. Podes ter, sem dúvida, amigos num outro país. O fato de ir ver, durante o sono, amigos, parentes, conhecidos e pessoas que vos podem ser úteis é tão frequente que o fazeis quase todas as noites.

415. Qual pode ser a utilidade dessas visitas noturnas, uma vez que não nos lembramos delas?

– Normalmente, delas resta apenas uma intuição ao despertar, e isso muitas vezes é a origem de certas ideias que surgem espontaneamente, sem que tenham explicação, e que não são outras senão as extraídas dessas conversas.

416. O homem pode provocar voluntariamente as visitas espíritas? Ele pode, por exemplo, enquanto adormece, dizer: "Esta noite quero encontrar-me em Espírito com tal pessoa, falar-lhe e dizer-lhe tal coisa"?

– Eis o que se passa. O homem adormece, seu Espírito desperta, e o que o homem tinha decidido muitas vezes está bem longe de ser seguido pelo Espírito, pois a vida do homem pouco lhe interessa quando está desprendido da matéria. Isso vale para os homens já suficientemente elevados; os outros passam sua existência espiritual de forma bem diferente; entregam-se às suas paixões ou permanecem na inatividade. Portanto, pode acontecer que, conforme o motivo que se propõe, o Espírito vá visitar as pessoas que deseja; mas o fato de tê-lo desejado quando em vigília não é uma razão para que o faça.

417. Um certo número de Espíritos encarnados pode se reunir e, assim, formar assembleias?

– Sem nenhuma dúvida; os laços de amizade, antigos ou novos, reúnem frequentemente diversos Espíritos felizes de estar juntos.

Pela palavra *antigo* é preciso entender os laços de amizade que se tinha contraído em existências anteriores. Trazemos, ao despertar, uma intuição das ideias extraídas dessas conversas ocultas, mas ignoramos a fonte.

418. Uma pessoa, acreditando que um de seus amigos estivesse morto ao passo que ele não estava, poderia encontrar-se com ele em Espírito e, assim, saber que está vivo? Poderia, nesse caso, ter a intuição ao despertar?

– Como Espírito, essa pessoa certamente pode vê-lo e conhecer seu destino; se não lhe foi imposto como prova acreditar na morte de seu amigo, ela terá um pressentimento de que ele vive, assim como poderá ter o de sua morte.

TRANSMISSÃO OCULTA DO PENSAMENTO

419. Por que a mesma ideia, a de uma descoberta, por exemplo, produz-se em vários pontos ao mesmo tempo?

– Já dissemos que durante o sono os Espíritos se comunicam entre si. Pois bem! Quando o corpo desperta, o Espírito se lembra do que aprendeu, e o homem julga tê-lo inventado. Assim, muitos podem descobrir a mesma coisa ao mesmo tempo. Quando dizeis que uma ideia está no ar, é uma figura mais exata do que imaginais; cada um contribui para propagá-la, sem o perceber.

Assim, muitas vezes nosso Espírito revela a outros Espíritos, sem que saibamos, o que foi objeto de nossas preocupações durante a vigília.

420. Os Espíritos podem comunicar-se se o corpo estiver completamente acordado?

– O Espírito não está encerrado no corpo como numa caixa; ele se irradia em todo o seu redor; por isso pode comunicar-se com outros Espíritos, mesmo no estado de vigília, embora o faça mais dificilmente.

421. Por que duas pessoas perfeitamente acordadas muitas vezes têm instantaneamente o mesmo pensamento?

– *São dois Espíritos simpáticos que se comunicam e veem reciprocamente seus pensamentos, mesmo quando o corpo não está dormindo.*

Há entre os Espíritos que se encontram uma comunicação de pensamentos que faz com que duas pessoas se vejam e se compreendam sem haver necessidade de sinais exteriores de linguagem. Poder-se-ia dizer que elas falam a linguagem dos Espíritos.

LETARGIA, CATALEPSIA. MORTES APARENTES

422. Os letárgicos e os cataléticos geralmente veem e ouvem o que se passa em torno de si, mas não podem manifestá-lo. É pelos olhos e ouvidos do corpo que o fazem?
– *Não, é pelo Espírito. O Espírito se reconhece, mas não pode comunicar-se.*
422. a) Por que ele não pode comunicar-se?
– *O estado do corpo se opõe a isso; esse estado particular dos órgãos vos dá a prova de que há no homem algo além do corpo, já que o corpo deixa de funcionar e o Espírito continua a agir.*

423. Na letargia, o Espírito pode separar-se inteiramente do corpo, de forma a dar a este todos os sinais da morte, e retornar a ele em seguida?
– *Na letargia, o corpo não está morto, pois há funções que continuam a realizar-se. A vitalidade fica em estado latente, como na crisálida, mas não se extingue. Ora, o Espírito está unido ao corpo enquanto este vive. Uma vez rompidos os laços pela morte real e pela dissolução dos órgãos, a separação se completa e o Espírito não retorna mais. Quando um homem que está aparentemente morto retorna à vida, é porque a morte não estava consumada.*

424. Pode-se, por meio de cuidados prestados a tempo, reatar laços que estão prestes a se romper e devolver à vida um ser que, por falta de socorro, estaria definitivamente morto?
– *Sim, sem dúvida, e tendes diariamente a prova disso. Nesse caso, o magnetismo é muitas vezes um poderoso meio, porque devolve ao corpo o fluido vital que lhe falta e que era insuficiente para manter o funcionamento dos órgãos.*

A letargia e a catalepsia têm o mesmo princípio, que é a perda momentânea da sensibilidade e do movimento por uma causa fisiológica ainda inexplicada. Elas diferem pelo fato de que, na letargia, a suspensão das forças vitais é geral, e dá ao corpo todos os sinais da morte; na catalepsia, ela é localizada e pode afetar uma parte mais ou menos extensa do corpo, de forma a deixar a inteligência livre para se manifestar, o que não permite confundi-la com a morte. A letargia é sempre natural; a catalepsia, às vezes, é espontânea, mas pode ser provocada e desfeita artificialmente pela ação magnética.

SONAMBULISMO

425. O sonambulismo natural tem relação com os sonhos? Como se pode explicá-lo?

– É um estado de independência do Espírito mais completo que no sonho, pois então suas faculdades ficam mais desenvolvidas; a alma tem percepções que não tem no sonho, que é um estado de sonambulismo imperfeito.

No sonambulismo, o Espírito está inteiramente entregue a si mesmo; os órgãos materiais, por estarem numa espécie de catalepsia, não mais recebem as impressões exteriores. Esse estado se manifesta principalmente durante o sono; é o momento em que o Espírito pode abandonar provisoriamente o corpo, ficando este no repouso indispensável à matéria. Quando se produzem os fatos do sonambulismo, o Espírito, preocupado com uma coisa ou com outra, entrega-se a uma ação qualquer que necessita do uso de seu corpo, do qual ele então se serve de uma maneira análoga à maneira que se usa uma mesa ou qualquer outro objeto material no fenômeno das manifestações físicas, ou mesmo de vossa mão no caso das comunicações escritas. Nos sonhos de que se tem consciência, os órgãos – aqui incluídos os referentes à memória – começam a despertar; eles recebem, de maneira imperfeita, as impressões produzidas pelos objetos ou as causas exteriores, e as comunicam ao Espírito. Este, por encontrar-se também em repouso, capta apenas sensações confusas e muitas vezes desconexas, sem nenhuma aparente razão de ser, de tão mescladas de vagas lembranças, tanto dessa existência como de existências anteriores. Então é fácil compreender por que os sonâmbulos não têm nenhuma lembrança, e por que os sonhos de que se conserva memória muitas vezes não têm nenhum sentido. Digo na maioria das vezes, pois também acontece de serem eles consequência de uma lembrança precisa de acontecimentos de uma vida anterior, e algumas vezes até mesmo uma espécie de intuição do futuro.

426. O sonambulismo chamado magnético tem relação com o sonambulismo natural?

– É a mesma coisa, a não ser pelo fato de o magnético ser provocado.

427. Qual é a natureza do agente chamado fluido magnético?

– Fluido vital, eletricidade animalizada, que são modificações do fluido universal.

428. Qual é a causa da clarividência sonambúlica?

– Já o dissemos: é a alma vendo.

429. Como o sonâmbulo pode ver através de corpos opacos?

– Só há corpos opacos para vossos órgãos rudimentares. Já dissemos que, para o Espírito, a matéria não oferece obstáculos, pois ele a atravessa livremente. Frequentemente vos é dito que o sonâmbulo vê pela fronte, pelo joelho etc., porque vós, inteiramente absortos na matéria, não compreendeis que ele possa ver sem o auxílio de órgãos; ele mesmo, de tanto que insistis, acredita ter necessidade desses órgãos, mas se o deixásseis livre, ele compreenderia que vê por todas as partes de seu corpo, ou, melhor dizendo, que é fora de seu corpo que ele vê.

430. Uma vez que a clarividência do sonâmbulo é aquela de sua alma ou a de seu Espírito, por que ele não vê tudo, e por que muitas vezes se engana?

– Primeiramente, não é concedido aos Espíritos imperfeitos o dom de tudo ver e tudo conhecer. Bem sabes que eles ainda partilham dos vossos erros e dos vossos preconceitos terrenos. E, depois, quando estão presos à matéria, não gozam de todas as suas faculdades de Espírito. Deus deu ao homem essa faculdade com um objetivo útil e sério, e não para ensinar-lhe o que ele não deve saber. Essa é a razão por que os sonâmbulos não podem dizer tudo.

431. Qual é a fonte das ideias inatas do sonâmbulo, e como ele pode falar com exatidão sobre coisas que ignora no estado de vigília, que inclusive ultrapassam sua capacidade intelectual?

– O que acontece é que o sonâmbulo possui mais conhecimentos do que pensas; só que estão adormecidos, pois seu envoltório é imperfeito demais para que possa lembrar-se. Mas, afinal, o que é ele? O mesmo que nós, Espírito encarnado na matéria para cumprir sua missão. O estado em que ele adentra desperta-o dessa letargia. Já dissemos repetidamente que revivemos muitas vezes: é essa mudança que o faz perder materialmente aquilo que pôde aprender numa existência precedente. Ao entrar no estado que chamas de crise, ele se lembra, mas nem sempre de maneira completa; ele sabe, mas não poderia dizer de onde lhe vem o que sabe, nem como possui esses conhecimentos. Passada a crise, toda lembrança se apaga e ele volta à obscuridade.

A experiência mostra que os sonâmbulos também recebem comunicações de outros Espíritos, que lhes transmitem o que eles devem dizer, suprindo a sua deficiência; isso se vê sobretudo nas prescrições médicas: o Espírito do sonâmbulo identifica o mal, um outro indica-lhe o remédio. Essa dupla ação algumas vezes é evidente, e outras vezes se revela por expressões bastante frequentes: *dizem*-me que diga, ou *proíbem*-me de dizer tal coisa. Nesse último caso, é sempre perigoso insistir em obter uma revelação recusada, porque então se dá espaço aos Espíritos levianos, que falam de tudo sem escrúpulo e sem se importar com a verdade.

432. Como explicar a visão à distância em alguns sonâmbulos?

– *A alma não se transporta durante o sono?* É a mesma coisa no sonambulismo.

433. O maior ou menor desenvolvimento da clarividência sonambúlica está ligado à organização física ou à natureza do Espírito encarnado?

– A ambos; há disposições físicas que permitem ao Espírito libertar-se mais ou menos facilmente da matéria.

434. As faculdades de que o sonâmbulo usufrui são as mesmas do Espírito após a morte?

– Até um certo ponto, pois é preciso levar em conta a influência da matéria a que ele ainda está ligado.

435. O sonâmbulo pode ver os outros Espíritos?

– A maior parte os vê muito bem; isso depende do grau e da natureza de sua lucidez. No entanto, algumas vezes eles não se dão conta disso logo no começo, e os tomam por seres corporais. Isso acontece sobretudo àqueles que não têm nenhum conhecimento do Espiritismo; ainda não compreendem a essência dos Espíritos, o que os assusta, e por isso acreditam estar vendo pessoas vivas.

O mesmo efeito se produz no momento da morte entre os que acreditam ainda estar vivos. Nada ao redor deles parece ter mudado, os Espíritos lhes parecem ter corpos semelhantes aos nossos, e eles tomam a aparência de seu próprio corpo como real.

436. O sonâmbulo que vê a distância vê do ponto onde está seu corpo ou do ponto onde está sua alma?

– Por que essa pergunta, uma vez que é a alma que vê e não o corpo?

437. Uma vez que é a alma que se transporta, como o sonâmbulo pode experimentar em seu corpo as sensações de calor ou de frio do lugar onde se encontra sua alma, que algumas vezes está muito longe de seu corpo?

– A alma não deixou completamente o corpo; ela está sempre ligada a ele pelo laço que os une; esse laço é o condutor das sensações. Quando duas pessoas se comunicam de uma cidade a outra através da eletricidade, esta é o laço entre seus pensamentos; por isso elas se comunicam como se estivessem uma ao lado da outra.

438. O uso que um sonâmbulo faz de sua faculdade influi no estado de seu Espírito após a morte?

– Muito, como o bom ou mau uso de todas as capacidades que Deus concedeu ao homem.

ÊXTASE

439. Qual a diferença entre o êxtase e o sonambulismo?

– O êxtase é um sonambulismo mais depurado; a alma do extático é ainda mais independente.

440. O Espírito do extático realmente penetra nos mundos superiores?

– Sim, ele os vê e compreende a felicidade dos que lá estão; é por isso que gostaria de lá permanecer. Mas há mundos inacessíveis a Espíritos que não estão suficientemente depurados.

441. Quando o extático exprime o desejo de deixar a Terra, fala sinceramente? Ele não é retido pelo instinto de conservação?

– Isso depende do grau de purificação do Espírito. Se vê sua posição futura melhor que a vida presente, esforça-se para romper os laços que o prendem à Terra.

442. Se abandonássemos o extático a si mesmo, sua alma poderia deixar definitivamente o corpo?

– Sim, ele pode morrer. Por isso é preciso chamá-lo por meio de tudo que possa prendê-lo à vida terrena, e sobretudo fazendo entrever que, se ele rompesse as cadeias que o retêm aqui, este seria o verdadeiro meio de não ficar lá onde ele vê que seria feliz.

443. Há coisas que o extático pensa ver, e que são produto de uma imaginação marcada por crenças e preconceitos terrenos. Logo, nem tudo que ele vê é real?

– O que ele vê é real para ele; mas como seu Espírito está sempre sob a influência de ideias terrenas, ele pode ver à sua maneira, ou, melhor dizendo, pode exprimir o que viu numa linguagem que condiz com os preconceitos e as ideias em que foi criado, ou com os vossos, a fim de ser melhor compreendido. É sobretudo nesse sentido que ele pode errar.

444. Qual o grau de confiança que se pode atribuir às revelações dos extáticos?

– O extático pode enganar-se com muita frequência, sobretudo quando quer penetrar no que deve permanecer como um mistério para o homem, pois, nesse caso, ele se entrega às suas próprias ideias, ou então é joguete de Espíritos enganadores que se aproveitam de seu entusiasmo para fasciná-lo.

445. O que se pode concluir dos fenômenos do sonambulismo e do êxtase? Não seriam uma espécie de iniciação à vida futura?

– Ou, melhor dizendo, é a vida passada e a vida futura que o homem entrevê. Se estudar esses fenômenos, encontrará neles a solução de mais de um mistério que sua razão procura inutilmente devassar.

446. Os fenômenos do sonambulismo e do êxtase poderiam adequar-se ao materialismo?

– Quem estuda esses fenômenos com boa-fé e sem opiniões prévias não pode ser nem materialista nem ateu.

SEGUNDA VISTA

447. O fenômeno designado *segunda vista* tem relação com o sonho e o sonambulismo?

– É tudo uma coisa só. Isso a que chamais de segunda vista é ainda o Espírito que está mais livre, embora o corpo não esteja adormecido. A segunda vista é a visão da alma.

448. A segunda vista é permanente?

– A capacidade, sim; o seu exercício, não. Nos mundos menos materiais que o vosso, os Espíritos se desprendem mais facilmente e entram em comunicação pelo simples pensamento, sem excluir, todavia, a linguagem articulada. A segunda vista também é, para a maioria deles, uma capacidade permanente.

Seu estado normal pode ser comparado ao de vossos sonâmbulos lúcidos, e esta é também a razão pela qual eles se manifestam a vós mais facilmente do que os que estão encarnados em corpos mais grosseiros.

449. A segunda vista se desenvolve espontaneamente ou conforme a vontade de quem a possui?

– *Na maioria das vezes ela é espontânea, mas muitas vezes a vontade também desempenha um grande papel. Assim, toma como exemplo certas pessoas denominadas leitoras da sorte, entre as quais há algumas que têm esse dom, e verás que é a vontade que as ajuda a entrar nessa segunda vista, e no que chamas visão.*

450. A segunda vista pode desenvolver-se através do exercício?

– *Sim, o trabalho sempre leva ao progresso, e o véu que cobre as coisas se levanta.*

450. a) Essa faculdade está relacionada à constituição física?

– *Certamente, a constituição desempenha um papel nisso; há organismos que lhe são refratários.*

451. Por que a segunda vista parece hereditária em determinadas famílias?

– *Semelhança de constituição que se transmite como as outras características físicas, e, além disso, desenvolvimento da faculdade por uma espécie de educação que também se transmite de um a outro.*

452. É verdade que determinadas circunstâncias desenvolvem a segunda vista?

– *A doença, a aproximação de um perigo ou uma grande comoção podem desenvolvê-la. Às vezes, o corpo fica num estado especial que permite ao Espírito ver o que não podeis ver com os olhos do corpo.*

Os tempos de crise e de calamidades, as grandes emoções, e todas as causas que superexcitam a moral provocam, algumas vezes, o desenvolvimento da segunda vista. É como se, diante do perigo, a Providência nos desse o meio de evitá-lo. Todas as seitas e todos os partidos perseguidos nos oferecem inúmeros exemplos disso.

453. As pessoas dotadas da segunda vista têm sempre consciência do dom que possuem?

– *Nem sempre. Consideram isso perfeitamente natural, e muitas acreditam que, se todos se observassem em relação a isso, perceberiam ser como elas.*

454. Poder-se-ia atribuir a uma espécie de segunda vista a clarividência de algumas pessoas que, sem ter nada de extraordinário, julgam as coisas com mais precisão que as outras?

– *É ainda a alma que se irradia mais livremente, e julga as coisas melhor que sob o véu da matéria.*

454. a) Essa faculdade pode, em certos casos, dar a presciência das coisas?

— *Sim; ela também dá os pressentimentos, pois há diversos graus dessa faculdade, e o mesmo indivíduo pode ter todos os graus, ou apenas alguns.*

RESUMO TEÓRICO DO SONAMBULISMO, DO ÊXTASE E DA SEGUNDA VISTA

455. Os fenômenos do sonambulismo natural se produzem espontaneamente e são independentes de qualquer causa externa conhecida. Porém, entre algumas pessoas dotadas de uma constituição especial, podem ser provocados artificialmente pela ação do agente magnético.

O estado designado sob o nome de *sonambulismo magnético* só difere do sonambulismo natural pelo fato de ser provocado, ao passo que o outro é espontâneo.

O sonambulismo natural é um fato notório, que ninguém pensa pôr em dúvida, a despeito dos admiráveis fenômenos que apresenta. Então, o que tem o sonambulismo magnético de mais extraordinário ou irracional por ser ele produzido artificialmente, como tantas outras coisas? Diz-se que os charlatães têm explorado o sonambulismo; mais uma razão para não deixá-lo nas mãos deles. Quando a Ciência se tiver apropriado desse assunto, o charlatanismo terá bem menos crédito entre as massas. Porém, enquanto isso não se verifica, como o sonambulismo natural ou o artificial é um fato – e contra fato não há argumento possível –, ele se firma apesar da má vontade de alguns, e isso na própria Ciência, onde penetra por uma infinidade de portinholas, em vez de entrar pela porta principal. Quando ali estiver plenamente firmado será preciso conceder-lhe o direito de cidadania.

Para o Espiritismo, o sonambulismo é mais do que um fenômeno fisiológico; ele é uma luz sobre a Psicologia. É a partir dele que se pode estudar a alma, porque é nele que ela se mostra abertamente. Ora, um dos fenômenos que o caracterizam é a clarividência independente dos órgãos normais de visão. Os que contestam isso fundamentam-se no fato de que o sonâmbulo não vê sempre, nem quando o experimentador o quer, como ocorre com os olhos. Seria de admirar que os efeitos não fossem os mesmos, sendo os meios diferentes? Seria racional esperar efeitos idênticos, quando o instrumento não existe mais? A alma tem suas propriedades, assim como o olho tem as suas; é preciso julgá-los em si mesmos, e não por analogia.

A causa da clarividência do sonâmbulo magnético e do sonâmbulo natural é exatamente a mesma: é *um atributo da alma*, uma faculdade inerente a todas as partes do ser incorpóreo que há em nós, e que tem como limites apenas aqueles assinalados à própria alma. O sonâmbulo vê em todo lugar aonde sua alma possa transportar-se, seja qual for a distância.

Na visão a distância, o sonâmbulo não vê as coisas do ponto em que seu corpo se encontra, como se fosse através de um telescópio. Ele as vê presentes, como se estivesse no lugar em que elas estão, pois sua alma realmente está lá.

Por isso seu corpo fica como que aniquilado e parece privado de percepção, até o momento em que a alma vem retomá-lo. Essa separação parcial da alma e do corpo é um estado anormal, que pode ter uma duração mais ou menos longa, mas não indefinida. Daí o cansaço que o corpo experimenta após um determinado tempo, sobretudo quando a alma se entrega a um trabalho ativo.

Como a visão da alma ou do Espírito não é circunscrita e não possui sede determinada, é por isso que os sonâmbulos não podem designar para ela um órgão especial. Veem porque veem, sem saber por que nem como, já que a vista não possui, para eles, na condição de Espírito, um lugar próprio. *Se eles se reportam ao corpo*, esse lugar parece estar nos centros em que a atividade vital é maior, principalmente no cérebro, na região epigástrica ou no órgão que, para eles, é o ponto de ligação *mais intenso* entre o Espírito e o corpo.

O poder da lucidez sonambúlica não é indefinido. O Espírito, mesmo completamente desprendido, é limitado em suas faculdades e conhecimentos segundo o grau de perfeição que tenha atingido; e o é mais ainda quando está ligado à matéria da qual sofre influência. Essa é a causa pela qual a clarividência sonambúlica não é universal nem infalível. Quanto mais a desviam do fim proposto pela Natureza, transformando-a em objeto de curiosidade e experimentação, tanto menos se pode contar com sua infalibilidade.

No estado de desprendimento em que o Espírito do sonâmbulo se encontra, ele entra mais facilmente em comunicação com outros Espíritos *encarnados* ou *não*. Essa comunicação se estabelece pelo contato dos fluidos que compõem os perispíritos e servem de transmissão ao pensamento, como um fio elétrico. Portanto, o sonâmbulo não tem necessidade de que o pensamento seja articulado através da palavra: ele o sente e o adivinha. É isso que o torna eminentemente impressionável e acessível às influências da atmosfera moral que o envolve. É também por isso que uma numerosa afluência de espectadores, e sobretudo de curiosos mais ou menos malévolos, impede o desenvolvimento de suas faculdades, que, por assim dizer, se fecham sobre si mesmas, e não se desdobram tão livremente como na intimidade e num ambiente simpático. *A presença de pessoas mal-intencionadas ou antipáticas produz nele o efeito do contato da mão sobre a sensitiva*[1].

O sonâmbulo vê seu próprio Espírito e seu corpo ao mesmo tempo, que são, por assim dizer, dois seres que lhe representam a dupla existência espiritual e corporal, e, no entanto, confundem-se, pelos laços que os unem. O sonâmbulo nem sempre se dá conta dessa situação, e essa *dualidade* faz com que muitas vezes ele fale de si mesmo como se falasse de outra pessoa. É que ora é o ser corpóreo que fala ao ser espiritual, ora é o ser espiritual que fala ao ser corpóreo.

O Espírito adquire um acréscimo de conhecimento e de experiência em

---

(1) Planta cujas folhas se retraem quando são tocadas. (*Nota da Editora.*)

cada uma de suas existências corporais. Ele as esquece parcialmente durante sua encarnação numa matéria demasiadamente grosseira, *mas, como Espírito, recorda-se delas*. É assim que certos sonâmbulos revelam conhecimentos superiores ao seu grau de instrução, e mesmo às suas capacidades intelectuais aparentes. Portanto, a inferioridade intelectual e científica do sonâmbulo, no estado de vigília, não permite prever nada sobre os conhecimentos que ele pode revelar no estado de lucidez. De acordo com as circunstâncias e o objetivo que se tenha em vista, ele pode tirá-los de sua própria experiência, na clarividência das coisas presentes, ou nos conselhos que recebe de outros Espíritos. Mas como o seu próprio Espírito pode ser mais ou menos adiantado, ele pode dizer coisas mais ou menos verdadeiras.

Por meio dos fenômenos do sonambulismo, tanto o natural como o magnético, a Providência nos dá a prova irrecusável da existência e da independência da alma, e nos faz assistir ao espetáculo sublime de sua emancipação. Por esse meio ela nos abre o livro do nosso destino. Quando o sonâmbulo descreve o que se passa a distância, é evidente que ele o vê, mas não pelos olhos do corpo. Ele se vê nesse local, e para lá se sente transportado. Portanto, há algo dele lá, e, não sendo esse algo o seu corpo, só pode ser sua alma ou seu Espírito. Enquanto o homem se extravia nas sutilezas de uma metafísica abstrata e ininteligível, em busca das causas de nossa existência moral, Deus coloca diariamente diante de seus olhos e em suas mãos os meios mais simples e mais evidentes para o estudo da Psicologia experimental.

O êxtase é o estado no qual a independência da alma e do corpo se manifesta da maneira mais sensível, tornando-se, de certa forma, palpável.

No caso do sonho e do sonambulismo, a alma vaga pelos mundos terrenos. No êxtase, penetra num mundo desconhecido, o dos Espíritos etéreos, com os quais entra em comunicação, sem todavia poder ultrapassar certos limites, que não conseguiria transpor sem romper totalmente os laços que a prendem ao corpo. Um estado resplandecente, inteiramente novo, envolve-a, harmonias desconhecidas na Terra arrebatam-na, um bem-estar indescritível a invade: ela usufrui, por antecipação, da bem-aventurança celeste, *e pode-se dizer que pousa um pé no limiar da Eternidade*.

No estado de êxtase, o aniquilamento do corpo é quase completo; ele só mantém, por assim dizer, a vida orgânica; sente-se que a alma está ligada a ele apenas por um fio, que poderia ser rompido por um esforço um pouco maior, sem retorno.

Nesse estado, todos os pensamentos terrenos desaparecem para dar lugar ao sentimento purificado que é a própria essência de nosso ser imaterial. Inteiramente entregue a essa contemplação sublime, o extático encara a vida apenas como uma paragem momentânea. Para ele, os bens e os males, as alegrias rudimentares e as misérias terrenas são apenas incidentes fúteis de uma viagem, da qual se sente feliz em ver o término.

Há extáticos que são como os sonâmbulos: sua lucidez pode ser mais ou menos perfeita, e seu próprio Espírito, conforme o grau de elevação, é mais ou menos apto a conhecer e a compreender as coisas. Às vezes, há neles mais exaltação do que verdadeira lucidez, ou, melhor dizendo, a exaltação prejudica a lucidez. É por isso que suas revelações muitas vezes são uma mistura de verdades e de erros, de coisas sublimes e de coisas absurdas, ou mesmo ridículas. Os Espíritos inferiores muitas vezes se aproveitam dessa exaltação – que é sempre uma causa de fraqueza quando não se sabe conduzir –, para dominar o extático, e, para tanto, revestem-se, sob os olhos dele, com *aparências* que mantenham suas ideias e preconceitos do estado de vigília. Isto constitui um obstáculo, mas nem todos são assim. Cabe a nós julgar friamente e pesar suas revelações na balança da razão.

Às vezes, a emancipação da alma se manifesta no estado de vigília, produzindo o fenômeno designado sob o nome de *segunda vista,* que dá aos que a possuem a capacidade de ver, escutar e sentir *além dos limites de nossos sentidos*. Eles percebem as coisas que não estão presentes em relação ao corpo em todos os lugares onde a alma estende sua ação; veem-nas, por assim dizer, por trás da visão ordinária, como uma espécie de miragem.

No momento em que o fenômeno da segunda vista se produz, o estado físico é sensivelmente modificado; o olho tem algo de vago: ele olha sem ver, e toda a fisionomia reflete uma espécie de exaltação. Constata-se que os órgãos da visão estão alheios ao fenômeno, pelo fato de que a visão persiste, apesar da oclusão dos olhos.

Essa capacidade se mostra, nos que a possuem, tão natural como a da visão; consideram-na um atributo do seu ser, atributo que não lhes parece ser uma exceção. O esquecimento muitas vezes acompanha essa lucidez passageira, cuja lembrança, cada vez mais vaga, acaba por desaparecer como a de um sonho.

O poder da segunda vista varia desde a sensação confusa até a percepção clara e nítida de coisas presentes ou ausentes. No estado rudimentar, ela dá a certas pessoas o tato, a lucidez, uma espécie de segurança em seus atos, a que se pode chamar de *precisão do golpe de vista moral*[2]. Mais desenvolvida, ela desperta os pressentimentos; mais desenvolvida ainda, mostra os acontecimentos já realizados ou em vias de se realizar.

O sonambulismo natural e artificial, o êxtase e a segunda vista são apenas variações ou modificações de uma mesma causa. Esses fenômenos, como os sonhos, fazem parte da natureza, e por isso sempre existiram. A História nos mostra que foram conhecidos e até explorados desde a mais remota antiguidade, e neles se encontra a explicação de uma infinidade de fatos que os preconceitos fizeram ser vistos como sobrenaturais.

---

(2) A palavra "moral" não está referindo-se apenas a regras de conduta, mas às faculdades morais e mentais (o caráter e o espírito). (*Nota da Editora.*)

Capítulo IX

Intervenção dos Espíritos no Mundo Corporal

Penetrabilidade dos Espíritos em nosso pensamento – Influência oculta dos Espíritos em nossos pensamentos e ações – Possessos – Convulsionários – Afeição dos Espíritos por certas pessoas – Anjos guardiães; Espíritos protetores, familiares ou simpáticos – Pressentimentos – Influência dos Espíritos sobre os acontecimentos da vida – Ação dos Espíritos sobre os fenômenos da Natureza – Espíritos durante os combates – Pactos – Poder oculto. Talismãs. Feiticeiros – Bênção e maldição.

Penetrabilidade dos Espíritos em nosso pensamento

456. Os Espíritos veem tudo o que fazemos?
– *Podem vê-lo, uma vez que estais continuamente cercados por eles; mas cada um só vê as coisas para as quais dirige sua atenção; das que lhes são indiferentes, eles não se ocupam.*

457. Os Espíritos podem conhecer nossos mais secretos pensamentos?
– *Muitas vezes; eles sabem o que gostaríeis de esconder de vós mesmos. Nem atos, nem pensamentos lhes podem ser dissimulados.*

457. a) Sendo assim, seria mais fácil esconder algo de uma pessoa viva do que tentarmos escondê-lo dessa mesma pessoa após sua morte?
– *Certamente, e quando pensais estardes bem escondidos, muitas vezes tendes ao vosso redor uma infinidade de Espíritos que vos observam.*

458. O que pensam de nós os Espíritos que estão ao nosso redor e que nos observam?

– Depende. Os Espíritos levianos riem das pequenas intrigas que eles vos provocam e zombam de vossas inquietações. Os Espíritos sérios lamentam vossos reveses e se esforçam para ajudar.

INFLUÊNCIA OCULTA DOS ESPÍRITOS EM NOSSOS PENSAMENTOS E AÇÕES

459. Os Espíritos influem em nossos pensamentos e ações?

– Muito mais do que imaginais. Influem a tal ponto que, muitas vezes, são eles que vos dirigem.

460. Temos pensamentos que nos são próprios e outros que nos são sugeridos?

– Vossa alma é um Espírito que pensa. Não deixeis de considerar que vários pensamentos vos ocorrem ao mesmo tempo sobre um mesmo assunto, e que, muitas vezes, eles são contraditórios entre si. Pois bem! Neles há sempre um pouco de vós e um pouco de nós. É isso que vos deixa na incerteza, pois tendes em vós duas ideias que se entrechocam.

461. Como distinguir os pensamentos que nos são próprios dos que nos são sugeridos?

– Quando um pensamento é sugerido, é como uma voz que vos fala. Os pensamentos próprios são em geral os que ocorrem num primeiro impulso. Além disso, essa distinção nem é tanto de vosso interesse, e muitas vezes é útil não sabê-la: o homem age mais livremente. Se decide pelo bem, ele o faz com maior boa vontade; se tomar o mau caminho, terá apenas mais responsabilidade.

462. Os homens de inteligência e gênio sempre tiram suas ideias de suas próprias essências?

– Algumas vezes as ideias vêm de seu próprio Espírito, mas muitas vezes são sugeridas por outros Espíritos, que os julgam capazes de compreendê-las e dignos de transmiti-las. Quando os homens não as encontram em si mesmos, apelam para a inspiração; é uma evocação que fazem, sem o suspeitar.

Se nos fosse útil poder distinguir claramente nossos próprios pensamentos daqueles que nos são sugeridos, Deus nos teria dado o meio de fazê-lo, assim como nos permite distinguir o dia da noite. Quando uma coisa permanece vaga, é porque assim deve ser, para o nosso bem.

463. Diz-se algumas vezes que o primeiro impulso é sempre bom. Isso é verdade?

– Pode ser bom ou mau, conforme a natureza do Espírito encarnado. Entre aqueles que ouvem as boas inspirações, o primeiro impulso é sempre bom.

464. Como distinguir se um pensamento sugerido vem de um bom ou de um mau Espírito?
– *Estudai o assunto; os bons Espíritos só aconselham o bem; cabe a vós distinguir.*

465. Com que objetivo os Espíritos imperfeitos nos induzem ao mal?
– *Para fazer-vos sofrer como eles.*

465. a) Isso diminui seus sofrimentos?
– *Não, mas eles o fazem pela inveja de ver seres mais felizes.*

465. b) Que tipo de sofrimento querem fazer que experimentemos?
– *Os que decorrem do fato de pertencerem a uma ordem inferior e distante de Deus.*

466. Por que Deus permite que Espíritos nos incitem ao mal?
– *Os Espíritos imperfeitos são instrumentos destinados a testar a fé e a constância dos homens no bem. Tu, sendo Espírito, deves progredir na ciência do infinito, e por isso passas pelas provações do mal para chegar ao bem. Nossa missão é colocar-te no bom caminho. E, quando as más influências agem sobre ti, é porque as convocas pelo desejo do mal, pois os Espíritos inferiores vêm auxiliar-te no mal quando desejas praticá-lo. Eles só podem ajudar-te no mal quando queres o mal. Se és propenso ao homicídio, pois bem! Terás um bando de Espíritos que alimentarão em ti esse intuito. Mas também há outros que se empenharão em influenciar-te para o bem, o que fará com que isso equilibre a balança, permitindo que sejas senhor dos teus atos.*

É assim que Deus deixa à nossa consciência a escolha do caminho que devemos seguir, e também a liberdade de ceder a uma ou outra das influências contrárias que se exercem sobre nós.

467. Pode-se escapar da influência dos Espíritos que induzem ao mal?
– *Sim, pois tais Espíritos só se prendem àqueles que os solicitam pelos desejos ou que os atraem por seus pensamentos.*

468. Os Espíritos cuja influência é repelida pela vontade do homem desistem de suas tentativas?
– *O que queres que façam? Quando não há nada a fazer, eles cedem o lugar. No entanto, eles aguardam o momento favorável, como o gato espreita o rato.*

469. Por que meio pode-se neutralizar a influência dos maus Espíritos?
– *Fazendo o bem e colocando toda a vossa confiança em Deus rejeitareis a influência dos Espíritos inferiores, destruindo o império que queriam ter sobre vós. Evitai ouvir as sugestões dos Espíritos que vos suscitam maus pensamentos, que insuflam entre vós a discórdia e todas as más paixões. Desconfiai sobretudo dos que exaltam o vosso orgulho, pois eles vos apanham em vossa fraqueza. Eis porque Jesus vos ensinou a dizer, na oração dominical: Senhor! Não nos deixes cair em tentação, mas livrai-nos do mal.*

470. Os Espíritos que tentam nos induzir ao mal e que dessa forma colocam à prova nossa firmeza no bem, receberam a missão de fazê-lo? E se é uma missão que cumprem, eles têm a responsabilidade disso?

– *Nenhum Espírito recebe a missão de fazer o mal; quando o faz, é por sua própria vontade, e, assim, sofre as consequências disso. Deus pode permitir que ele o faça para vos testar, mas não o ordena, e cabe a vós repeli-lo.*

471. Quando experimentamos um sentimento de angústia, de ansiedade indefinível ou de satisfação interior sem causa conhecida, isso se deve unicamente a uma disposição física?

– *Com efeito, quase sempre são comunicações que tendes com os Espíritos, sem o saber, ou que tivestes com eles durante o sono.*

472. Os Espíritos que nos querem induzir ao mal apenas aproveitam as circunstâncias em que nos encontramos ou podem criar essas circunstâncias?

– *Aproveitam a circunstância, mas muitas vezes eles a provocam, impelindo-vos, sem que percebais, ao objeto de vossa cobiça. Assim, por exemplo, um homem encontra em seu caminho uma soma em dinheiro: não penses que foram os Espíritos que levaram o dinheiro até ali, mas eles podem dar ao homem o pensamento de se dirigir àquela direção, e então lhe sugerem apoderar-se dele, enquanto outros lhe sugerem devolver o dinheiro ao dono. O mesmo ocorre com todas as outras tentações.*

POSSESSOS

473. Um Espírito pode momentaneamente revestir-se com o envoltório de uma pessoa viva, ou seja, introduzir-se num corpo animado e agir no lugar do Espírito que nele se encontra encarnado?

– *O Espírito não entra num corpo como entras numa casa. Ele se identifica com um Espírito encarnado que tem os mesmos defeitos e as mesmas qualidades para agir conjuntamente. Mas é sempre o Espírito encarnado que age como quer sobre a matéria da qual se acha revestido. Um Espírito não pode colocar-se no lugar daquele que está encarnado, pois o Espírito e o corpo estão ligados, até o tempo determinado para o término da existência material.*

474. Se não há possessão propriamente dita, isto é, a coabitação de dois Espíritos num mesmo corpo, a alma pode ficar na dependência de um outro Espírito, de forma que ela se sinta *subjugada* ou *obsidiada*, a ponto de sua vontade ser de alguma forma paralisada?

– *Sim, e são esses os verdadeiros possessos. Mas nota bem, essa dominação nunca se dá sem a participação de quem a sofre, seja por sua fraqueza ou por seu desejo. Muitas vezes, tacharam de possessos os epiléticos ou os loucos, que precisavam antes de medicina que de exorcismo.*

A palavra *possesso*, em sua significação usual, supõe a existência de demônios, isto é, de uma categoria de seres de natureza má, e a coabitação de um desses seres com a alma no corpo de um indivíduo. Uma vez que não há demônios *nesse sentido*, e que dois Espíritos não podem habitar simultaneamente o mesmo corpo, não há possessos segundo a ideia atribuída a essa palavra. Deve-se entender a palavra *possesso* apenas como a dependência absoluta da alma em relação a Espíritos imperfeitos que a subjugam.

475. Pode alguém, por si mesmo, afastar os maus Espíritos e libertar-se do seu domínio?

– *Sempre é possível libertar-se de um jugo, quando se tem uma vontade firme.*

476. Não pode acontecer que a fascinação exercida pelo mau Espírito seja tal que a pessoa subjugada não perceba isso? Então, uma terceira pessoa pode frear a sujeição, e, nesse caso, que condição ela deve preencher?

– *Sendo um homem de bem, sua vontade pode ajudar, se recorrer à cooperação dos bons Espíritos, pois quanto mais se é um homem de bem, maior é o poder que se dispõe para afastar os Espíritos imperfeitos e atrair os bons. No entanto, essa terceira pessoa seria impotente se aquele que está subjugado não quer isso; pois há quem se deleite com uma situação de dependência que satisfaz seus gostos e desejos. Em todo caso, aquele cujo coração não é puro não pode ter nenhuma influência. Os bons Espíritos o abandonam e os maus não o temem.*

477. As fórmulas de exorcismo têm alguma eficácia sobre os maus Espíritos?

– *Não; eles riem e se obstinam quando veem alguém levando coisas assim a sério.*

478. Há pessoas animadas de boas intenções que nem por isso são menos obsidiadas. Qual é o melhor meio de livrar-se dos Espíritos obsessores?

– *Esgotar sua paciência, não levar em conta suas sugestões e mostrar-lhes que estão perdendo seu tempo. Então, quando veem que nada conseguem, eles se afastam.*

479. A prece é um meio eficaz de curar a obsessão?

– *A prece é um poderoso socorro para tudo. Mas entendei bem que não basta murmurar algumas palavras para obter o que se deseja. Deus ajuda os que agem, e não os que se limitam a pedir. É preciso, portanto, que o obsidiado faça a sua parte para destruir em si mesmo a causa que atrai os maus Espíritos.*

480. O que pensar da expulsão dos demônios mencionada no Evangelho?

– *Isso depende da interpretação. Se chamais de demônio um Espírito mau que subjuga um indivíduo, quando sua influência for destruída, ele realmente terá sido expulso. Se atribuis uma doença ao demônio, quando tiverdes curado a doença, também direis que expulsastes o demônio. Uma coisa pode ser verdadeira ou falsa conforme o sentido que se atribui às palavras. As maiores verdades* podem parecer absurdas quando se vê apenas a forma e quando se toma a alegoria pela realidade. Compreendei e guardai bem isso: é de aplicação geral.

CONVULSIONÁRIOS

481. Os Espíritos desempenham algum papel nos fenômenos que se produzem em indivíduos chamados convulsionários?
– *Sim, e muito grande, assim como o magnetismo, que é sua primeira origem. Mas muitas vezes o charlatanismo tem explorado e exagerado esses efeitos, o que os fez cair no ridículo.*
481. a) De que natureza são, em geral, os Espíritos que colaboram com esse tipo de fenômeno?
– *De natureza pouco elevada. Pensais que Espíritos superiores se divertem com tais coisas?*
482. Como o estado anormal dos convulsionários e daqueles que têm crises pode desenvolver-se subitamente em toda uma população?
– *Efeito simpático. Em alguns casos, as disposições morais se comunicam muito facilmente. Não sois tão alheios aos efeitos magnéticos para não compreenderdes isto, e para não compreenderdes a participação que alguns Espíritos podem ter neles, por simpatia por aqueles que os provocam.*

Entre as estranhas faculdades que se observa nos convulsionários, pode-se reconhecer facilmente algumas de que o sonambulismo e o magnetismo oferecem inúmeros exemplos: são, dentre outras, a insensibilidade física, a leitura do pensamento (alheio), a transmissão simpática de dores etc. Portanto, não se pode duvidar de que aqueles que são acometidos por crises não estejam numa espécie de sonambulismo desperto, provocado pela influência que exercem uns sobre os outros. Eles são, ao mesmo tempo, magnetizadores e magnetizados, inconscientemente.

483. Qual é a causa da insensibilidade física que se observa tanto em certos convulsionários como em outros indivíduos submetidos às torturas mais atrozes?
– *Em alguns, é um efeito exclusivamente magnético, que atua sobre o sistema nervoso, da mesma maneira que certas substâncias. Em outros, a exaltação do pensamento embota a sensibilidade, pois a vida parece ter se retirado do corpo para se concentrar no Espírito. Não sabeis que quando o Espírito está extremamente preocupado com alguma coisa o corpo não sente, não vê e não escuta nada?*

A exaltação fanática e o entusiasmo muitas vezes fornecem, nos suplícios, o exemplo de uma calma e de um sangue-frio que só triunfariam sobre uma dor aguda se admitíssemos que a sensibilidade encontra-se neutralizada por uma espécie de efeito anestésico. Sabe-se que, no calor do combate, muitas vezes nem se percebe um ferimento grave, ao passo que, em circunstâncias normais, um arranhão causaria um sobressalto.

Uma vez que esses fenômenos dependem de uma causa física e da ação de certos Espíritos, é possível perguntar-se como, em alguns casos, dependeram de uma autoridade para fazê-los cessar. A razão disso é simples. Nesse caso, a ação dos Espíritos é apenas secundária; eles nada mais fazem que aproveitar uma disposição natural. A autoridade não suprimiu essa disposição, mas a causa que a entretinha e a exaltava. De ativa, ela a tornou latente, e teve razão em agir assim, porque o fato resultava em abuso e escândalo. Além disso, sabe-se que essa intervenção é impotente quando a ação dos Espíritos é direta e espontânea.

AFEIÇÃO DOS ESPÍRITOS POR CERTAS PESSOAS

484. Os Espíritos se afeiçoam preferencialmente a determinadas pessoas?

– *Os bons Espíritos simpatizam com os homens de bem, ou suscetíveis de melhorar. Os Espíritos inferiores simpatizam com os homens viciosos, ou que podem vir a sê-lo. Essa é a origem de seu apego, que resulta da semelhança de sentimentos.*

485. A afeição dos Espíritos por certas pessoas é exclusivamente moral?

– *A verdadeira afeição nada tem de carnal; no entanto, quando um Espírito se apega a uma pessoa, nem sempre o faz por afeição, e a esse apego pode misturar-se uma reminiscência das paixões humanas.*

486. Os Espíritos se interessam por nossas infelicidades e por nossa prosperidade? Aqueles que nos querem bem se afligem com os males que experimentamos durante a vida?

– *Os bons Espíritos fazem todo o bem que podem e ficam felizes com todas as vossas alegrias. Afligem-se com os vossos males, quando não os suportais com resignação, porque então esses males não vos trazem nenhum benefício, pois estais agindo como o doente que rejeita a bebida amarga que deverá curá-lo.*

487. Qual o tipo de mal que mais aflige os Espíritos por nossa causa? O mal físico ou o moral?

– *Vosso egoísmo e vossa dureza de coração: é disso que tudo deriva. Riem-se de todos esses males imaginários que nascem do orgulho e da ambição; alegram-se com os que têm por objetivo abreviar vosso tempo de provação.*

Os Espíritos, sabendo que a vida corporal é apenas transitória e que as tribulações que a acompanham são meios de alcançar um estado melhor, afligem-se mais pelas causas morais que nos afastam desse estado do que por males físicos, que são apenas passageiros.

Os Espíritos se preocupam pouco com os infortúnios que afetam apenas nossas ideias mundanas, da mesma forma que tratamos as tristezas pueris da infância.

O Espírito que vê as aflições da vida como um meio de adiantamento para nós, considera-as como a crise momentânea que deve salvar o doente. Ele se compadece de nossos sofrimentos, como nos compadecemos dos sofrimentos de um amigo;

mas, vendo as coisas de um ponto de vista mais justo, o Espírito avalia de forma diferente da nossa, e enquanto os bons incentivam nossa coragem no interesse de nosso futuro, os outros, tentando comprometê-lo, nos induzem ao desespero.

488. Nossos parentes e amigos que nos precederam na outra vida têm mais simpatia por nós que os Espíritos que nos são estranhos?

– *Sem dúvida, e muitas vezes vos protegem como Espíritos, segundo o poder de que dispõem.*

488. a) Eles são sensíveis à afeição que conservamos por eles?

– *Muito sensíveis, mas se esquecem daqueles que os esquecem.*

ANJOS GUARDIÃES; ESPÍRITOS PROTETORES, FAMILIARES OU SIMPÁTICOS

489. Há Espíritos que se ligam a um indivíduo em particular, a fim de protegê-lo?

– *Sim, o irmão espiritual; o que chamais de bom Espírito ou bom gênio.*

490. O que se deve entender por anjo guardião?

– *Espírito protetor de uma ordem elevada.*

491. Qual é a missão do Espírito protetor?

– *A de um pai em relação aos seus filhos: conduzir seu protegido pelo bom caminho, ajudá-lo com seus conselhos, consolá-lo em suas aflições e manter sua coragem nas provações da vida.*

492. O Espírito protetor está ligado ao indivíduo desde o seu nascimento?

– *Do nascimento à morte, e muitas vezes ele o segue após a morte, na vida espírita,* até mesmo em várias existências corporais, pois essas existências constituem apenas fases bem curtas em relação à vida de Espírito.*

493. A missão do Espírito protetor é voluntária ou obrigatória?

– *O Espírito é obrigado a velar por vós porque aceitou essa tarefa, mas ele pode escolher os seres que lhe são simpáticos. Para uns é um prazer, para outros, uma missão ou um dever.*

493. a) Apegando-se a uma pessoa, o Espírito renuncia a proteger outros indivíduos?

– *Não, mas ele o faz de maneira menos exclusiva.*

494. O Espírito protetor fica fatalmente apegado ao ser confiado à sua guarda?

– *Muitas vezes acontece de alguns Espíritos deixarem sua posição para cumprir missões diferentes; mas, nesse caso, outros os substituem.*

495. O Espírito protetor às vezes abandona o seu protegido, quando este não lhe ouve os conselhos?

– *Ele se afasta quando vê que seus conselhos são inúteis, e que a decisão de submeter-se à influência de Espíritos inferiores é mais forte. No entanto, não o abandona completamente, e sempre se faz ouvir. É o homem que fecha os ouvidos. O Espírito protetor volta tão logo é chamado.*

Há uma doutrina que deveria converter até os mais incrédulos, por seu encanto e doçura: a dos anjos guardiães. Pensar que se tem sempre perto de si seres superiores, que estão sempre prontos a vos aconselhar, a apoiar, a ajudar a escalar a áspera montanha do bem, e que são amigos mais certos e mais devotados que as mais íntimas ligações que se pode obter nesta Terra, não é uma ideia muito consoladora? Esses seres estão aí por ordem de Deus; foi Ele quem os colocou perto de vós; aí estão por amor a Ele, e cumprem junto a vós uma bela mas penosa missão. Sim, em qualquer lugar que estiverdes, estarão convosco: nos cárceres, hospitais, antros do vício, na solidão, nada vos separa desse amigo que não podeis ver, mas do qual vossa alma sente os mais suaves impulsos e ouve os sábios conselhos.

Devíeis conhecer melhor essa verdade! Quantas vezes ela vos ajudaria nos momentos de crise; quantas vezes vos salvaria dos maus Espíritos! Mas, no grande dia, esse anjo do bem muitas vezes terá de vos dizer: "Eu te avisei, não? E tu não o fizeste. Não te mostrei o abismo? E nele te precipitaste. Eu não te fiz escutar, em tua consciência, a voz da verdade? E tu seguiste os conselhos da mentira." Ah! Perguntai a vossos anjos guardiães; estabelecei, entre eles e vós, essa terna intimidade que reina entre os melhores amigos. Não penseis em ocultar nada deles, pois eles são o olho de Deus, e vós não podeis enganá-los. Pensai no futuro; procurai progredir nesta vida, e vossas provações serão mais curtas, e vossas existências mais felizes. Vamos! Homens, coragem! Afastai para longe de vós, de uma vez por todas, preconceitos e segundas intenções. Entrai no novo caminho que se abre diante de vós; avançai! Avançai! Tendes guias, procurai segui-los: a meta não vos pode faltar, pois essa meta é o próprio Deus.

Àqueles que pensariam ser impossível a Espíritos verdadeiramente elevados submeter-se a uma tarefa tão laboriosa e contínua, diremos que influenciamos vossas almas mesmo estando a milhões de léguas distantes de vós: para nós o espaço não existe, e mesmo vivendo em outro mundo, nossos Espíritos conservam sua ligação com o vosso. Gozamos de qualidades que não podeis compreender, mas ficai certos de que Deus não nos impôs uma tarefa acima de nossas forças, e que não vos abandonou a sós na Terra, sem amigos e sem apoio. Cada anjo guardião tem seu protegido e vela por ele como um pai vela por seu filho. Alegra-se quando o vê no bom caminho; sofre quando seus conselhos são ignorados.

Não temais cansar-nos com vossas perguntas; ao contrário, permanecei sempre em contato conosco: sereis mais fortes e mais felizes. São essas comunicações de cada homem com seu Espírito familiar que fazem de todos os homens médiuns, médiuns hoje ignorados, mas que se manifestarão mais tarde, e se espalharão como um oceano sem limites para rechaçar a incredulidade e a ignorância. Homens instruídos, instrui; homens talentosos, educai vossos irmãos. Não imaginais a obra que dessa forma realizais: a do Cristo, a que Deus vos impõe. Por que Deus vos concedeu a inteligência e a ciência senão para *que as compartilhásseis com vossos irmãos, para fazê-los avançar no caminho da alegria e da felicidade eterna?*

São Luís, Santo Agostinho

A doutrina dos anjos guardiães velando por seus protegidos apesar da distância que separa os mundos não tem nada que deva surpreender; ao contrário, ela é grandiosa e sublime. Não vemos, na Terra, um pai velar por seu filho embora esteja longe dele, ajudando-o com seus conselhos por correspondência? O que haveria então de espantoso no fato de que os Espíritos possam, de um mundo a outro, guiar os que estão sob a sua proteção, uma vez que para eles a distância que separa os mundos é menor que a que na Terra separa os continentes? Além disso, não dispõe do fluido universal que interliga os mundos e os torna solidários; veículo imenso da transmissão de pensamentos, assim como o ar é o veículo da transmissão do som para nós?

496. O Espírito que abandona seu protegido, não mais lhe fazendo o bem, pode fazer-lhe mal?

– *Os bons Espíritos nunca fazem o mal; deixam que seja feito por aqueles que lhes tomam o lugar. Então acusais o destino pelos infortúnios que vos sobrecarregam, sendo que a falta é vossa.*

497. O Espírito protetor pode deixar seu protegido à mercê de um Espírito que lhe pudesse querer mal?

– *Há união de maus Espíritos para neutralizar a ação dos bons; mas, se o protegido quiser, devolverá toda a força para o seu bom Espírito. O bom Espírito talvez encontre, em outro lugar, alguém desejoso de ser ajudado, e ele aproveita a oportunidade, esperando o retorno junto ao seu protegido.*

498. Quando o Espírito protetor deixa seu protegido extraviar-se na vida, isso se deve à sua impotência para lutar contra outros Espíritos maléficos?

– *Não é porque o Espírito não pode, mas porque não quer. Seu protegido sai das provações mais perfeito e mais instruído. O Espírito o assiste com seus conselhos, pelos bons pensamentos que lhe sugere, mas que, infelizmente, nem sempre são escutados. Somente a fraqueza, o desleixo ou o orgulho do homem fortalecem os maus Espíritos; o poder deles sobre vós provém apenas do fato de não lhes opordes resistência.*

499. O Espírito protetor está constantemente com seu protegido? Não há nenhuma circunstância em que, sem o abandonar, ele o perca de vista?

– *Há circunstâncias em que a presença do Espírito protetor junto ao seu protegido não é necessária.*

500. Há um momento em que o Espírito não tem mais necessidade de anjo guardião?

– *Sim, quando ele chegou ao ponto de poder conduzir-se por si só, como há um momento em que o aluno não tem mais necessidade de professor. Mas isso não acontece no mundo terreno.*

501. Por que a ação dos Espíritos em nossa existência é oculta, e por que, quando nos protegem, não o fazem de uma maneira ostensiva?

– *Se vós contásseis com a ação deles, não agiríeis sozinhos, e vosso Espírito não progrediria. Para que ele possa avançar, necessita da experiência, e muitas vezes é preciso que a adquira à sua custa. É preciso que exerça suas forças, porque sem isso seria como uma criança a quem não se permite andar sozinha. A ação dos Espíritos que querem o vosso bem é sempre regulada de forma a permitir vosso livre-arbítrio, pois, se não tivésseis responsabilidade, não avançaríeis no caminho que vos deve conduzir a Deus. Por não ver quem possa ampará-lo, o homem se entrega às próprias forças; o seu guia, entretanto, vela por ele, e de vez em quando o adverte do perigo.*

502. O Espírito protetor que consegue levar seu protegido para o bom caminho experimenta, com isso, algum bem para si mesmo?

– *É um mérito que é levado em conta a seu favor, seja para seu próprio crescimento, seja para sua felicidade. Fica feliz quando vê seus cuidados coroados de sucesso, e triunfa, assim como um mestre triunfa com o sucesso de seu aluno.*

502. a) Ele é responsável, quando não o consegue?

– *Não, pois fez o que dependia dele.*

503. O Espírito protetor que vê seu protegido seguir um mau caminho, apesar dos seus avisos, não sofre? Isso não é um motivo de perturbação para sua felicidade?

– *Padece pelos erros de seu protegido e os lamenta; mas essa aflição nada tem das angústias da paternidade terrestre, porque ele sabe que há remédio para o mal, e que o que não se faz hoje, se fará amanhã.*

504. Podemos sempre saber o nome de nosso Espírito protetor ou anjo guardião?

– *Como quereis saber nomes que não existem para vós? Acreditais que só existem os Espíritos que conheceis?*

504. a) Como então invocá-lo, se não o conhecemos?

– *Dai-lhe o nome que quiserdes, o de um Espírito superior por quem tendes simpatia ou veneração; vosso Espírito protetor atenderá a esse apelo; pois todos os bons Espíritos são irmãos e se ajudam mutuamente.*

505. Os Espíritos protetores que usam nomes conhecidos são realmente sempre os das pessoas que tinham esses nomes?

– *Não, mas Espíritos que lhes são simpáticos e que muitas vezes vêm por sua ordem. Precisais de nomes; então, eles usam um que vos inspira confiança. Quando não podeis cumprir uma missão pessoalmente, enviais um substituto que age em vosso nome.*

506. Quando estivermos na vida espírita, reconheceremos nosso Espírito protetor?

– *Sim, pois frequentemente o conhecíeis antes de serdes encarnados.*

507. Todos os Espíritos protetores pertencem à classe dos Espíritos superiores? Podem encontrar-se entre os da média? Um pai, por exemplo, pode transformar-se no Espírito protetor de seu filho?

– *Pode, mas a proteção supõe um certo grau de elevação, e, além disso, um poder ou uma virtude a mais concedida por Deus. O pai que protege seu filho pode, ele próprio, ser assistido por um Espírito mais elevado.*

508. Os Espíritos que deixaram a Terra em boas condições sempre podem proteger aqueles que amam e que lhes sobrevivem?

– *Seu poder é mais ou menos restrito. A posição em que se encontram nem sempre lhes deixa toda a liberdade de agir.*

509. No estado selvagem ou de inferioridade moral, os homens também têm seus Espíritos protetores? E nesse caso, esses Espíritos são de uma ordem tão elevada quanto a dos homens muito adiantados?

– *Cada homem tem um Espírito que vela por ele, mas as missões são relativas ao seu propósito. Não dais a uma criança que está aprendendo a ler um professor de filosofia. O progresso do Espírito familiar segue o do Espírito protegido. Tendo um Espírito superior que vela por vós, podeis, por vossa vez, tornar-vos protetores de um Espírito que vos seja inferior, e os progressos que o ajudareis a realizar contribuirão para o vosso adiantamento. Deus não pede ao Espírito mais do que sua natureza e o grau que tenha atingido possam permitir.*

510. Quando o pai que vela pelo filho reencarna, continua ainda a velar por ele?

– *É mais difícil, mas ele roga, num momento de desprendimento, que um Espírito simpático o ajude nessa missão. Aliás, os Espíritos só aceitam missões que podem cumprir até o fim.*

O Espírito encarnado, sobretudo nos mundos em que a existência é material, está demasiadamente sujeito a seu corpo para poder ser completamente devotado, isto é, poder assistir pessoalmente. Por isso, os que não são suficientemente elevados são, eles próprios, assistidos por Espíritos que lhes são superiores, de tal forma que, se um deles se ausenta por um motivo qualquer, é suprido por outro.

511. Além do Espírito protetor, há um mau Espírito ligado a cada indivíduo com o objetivo de incitá-lo ao mal e de propiciar-lhe uma oportunidade de lutar entre o bem e o mal?

– *Ligado não é bem o termo. É certo que os maus Espíritos procuram desviar do bom caminho quando têm oportunidade; porém, quando um deles se liga a um indivíduo, ele o faz por si só, porque espera ser ouvido; então há luta entre o bom e o mau, e prevalecerá aquele a cujo domínio o homem se entregar.*

512. Podemos ter diversos Espíritos protetores?

– *Cada homem tem sempre Espíritos simpáticos, mais ou menos elevados, que se afeiçoam e se interessam por ele, como também há os que o assistem no mal.*

513. Os Espíritos simpáticos agem em virtude de uma missão?

– *Algumas vezes eles podem ter uma missão temporária, mas o mais comum é que sejam solicitados apenas pela semelhança de pensamentos e de sentimentos, tanto no bem como no mal.*

513. a) Parece resultar disso o fato de que os Espíritos simpáticos podem ser bons ou maus?

– *Sim, o homem sempre encontra Espíritos que simpatizam com ele, seja qual for o seu caráter.*

514. Os Espíritos familiares são os mesmos que os Espíritos simpáticos ou os Espíritos protetores?

– *Há muitas nuanças na proteção e na simpatia; dai-lhes os nomes que quiserdes. O Espírito familiar é antes um amigo da casa.*

Das explicações acima e das observações feitas sobre a natureza dos Espíritos que se ligam ao homem, pode-se deduzir o seguinte:

O Espírito protetor, anjo guardião ou gênio bom, é aquele que tem por missão seguir o homem na vida e ajudá-lo a progredir. É sempre de uma natureza superior em relação à do protegido.

Os Espíritos familiares se ligam a certas pessoas por laços mais ou menos duradouros, com o fim de lhes serem úteis dentro dos limites de seu poder, muitas vezes bem limitado. Eles são bons, mas às vezes pouco adiantados e, até mesmo, um pouco levianos; ocupam-se de bom grado de pormenores da vida íntima e agem somente por ordem ou com a permissão de Espíritos protetores.

Os Espíritos simpáticos são os que atraímos até nós por afeições particulares e uma certa semelhança de gostos e sentimentos, tanto no bem como no mal. A duração de suas relações é quase sempre subordinada às circunstâncias.

O mau gênio é um Espírito imperfeito ou perverso que se liga ao homem para desviá-lo do bem; mas ele age por conta própria, e não em virtude de uma missão. A tenacidade de um Espírito imperfeito varia conforme o acesso mais ou menos fácil que encontra. O homem é sempre livre para escutar sua voz ou repeli-la.

515. O que se deve pensar das pessoas que parecem ligar-se a certos indivíduos a fim de induzi-los fatalmente à perdição, ou para guiá-los no bom caminho?

– *De fato, certas pessoas exercem sobre outras uma espécie de fascinação que parece irresistível. Quando isso acontece para o mal, são os maus Espíritos que se servem de outros maus Espíritos para melhor subjugarem; Deus pode permiti-lo para testá-los.*

516. Nosso bom e nosso mau gênio poderiam encarnar-se para acompanhar--nos na vida de uma maneira mais direta?

– *Isso às vezes acontece. Mas muitas vezes eles também encarregam dessa missão outros Espíritos que lhes são simpáticos.*

517. Há Espíritos que se apegam a uma família inteira para protegê-la?

– *Certos Espíritos se apegam aos membros de uma mesma família que vivem juntos e que estão unidos pela afeição, mas não acrediteis em Espíritos protetores do orgulho das raças.* *

518. Os Espíritos são atraídos para os indivíduos por suas simpatias. Eles são igualmente atraídos a reuniões de indivíduos por causas particulares?

– *Os Espíritos vão, de preferência, onde estão seus semelhantes. Lá, sentem-se mais à vontade e mais seguros de que serão ouvidos. O homem atrai os Espíritos para si de acordo com suas tendências, esteja ele sozinho ou num todo coletivo, como uma sociedade, uma cidade ou um povo. Portanto, há sociedades, cidades e povos que são assistidos por Espíritos mais ou menos elevados, segundo o caráter e as paixões que lá predominam. Os Espíritos imperfeitos se afastam dos que os repelem. O resultado disso é que tanto o aperfeiçoamento moral das coletividades, como o dos indivíduos, tende a descartar os maus Espíritos e a atrair os bons, que incitam e mantêm o sentimento do bem nas massas, assim como outros podem inspirar as más paixões.*

519. As aglomerações de indivíduos, como as sociedades, as cidades e as nações, têm seus Espíritos protetores especiais?

– *Sim, pois essas reuniões são individualidades coletivas que marcham com um objetivo comum e que têm necessidade de uma direção superior.*

520. Os Espíritos protetores das coletividades são de uma natureza mais elevada que a dos que se ligam aos indivíduos?

– *Tudo é relativo ao grau de crescimento das massas e dos indivíduos.*

521. Certos Espíritos podem auxiliar no progresso das artes, protegendo os que se dedicam a elas?

– *Há Espíritos protetores especiais; assistem aqueles que os invocam quando os julgam dignos. Mas o que quereis que eles façam com aqueles que acreditam ser aquilo que não são? Eles não têm como fazer os cegos enxergarem, nem os surdos ouvirem.*

Os Antigos haviam feito desses Espíritos divindades especiais; as Musas nada mais eram que a personificação alegórica dos Espíritos protetores das ciências e das artes, assim como designavam sob o nome de Lares e Penates os Espíritos protetores da família. Entre os modernos, as artes, as diferentes indústrias, as cidades, os países também têm seus padroeiros protetores, que nada mais são que os próprios Espíritos superiores, mas com outros nomes.

Uma vez que cada homem tem seus Espíritos simpáticos, disso resulta que, nas *coletividades*, a generalidade dos Espíritos simpáticos está relacionada à generalidade dos indivíduos, e que os Espíritos estranhos são atraídos pela identificação de gostos e pensamentos; numa palavra, que essas reuniões, assim como os indivíduos, são mais ou menos envolvidas, assistidas e influenciadas segundo a natureza de pensamentos da multidão.

---

* Ver nota explicativa na página 343

Entre os povos, as causas de atração dos Espíritos são os costumes, os hábitos, o caráter dominante e sobretudo as leis, pois o caráter da nação se reflete em suas leis. Os homens que fazem com que a justiça prevaleça entre si, combatem a influência dos maus Espíritos. Em qualquer lugar onde as leis sancionam coisas injustas, contrárias à humanidade, os bons Espíritos estão em minoria, e a massa dos maus que afluem entretém a nação em suas ideias e paralisa as boas influências parciais, dispersas na multidão, como uma espiga isolada no meio de espinheiros. Estudando os costumes dos povos ou de qualquer grupo de homens, fica fácil fazer uma ideia da população oculta que se imiscui em seus pensamentos e em suas ações.

Pressentimentos

522. O pressentimento é sempre uma advertência do Espírito protetor?

– O pressentimento é o conselho íntimo e oculto de um Espírito que quer o vosso bem. Ele está também na intuição da escolha que se fez; é a voz do instinto. O Espírito, antes de encarnar, tem conhecimento das principais fases de sua existência, ou seja, do gênero de provas com as quais se compromete. Quando estas têm um caráter saliente, ele conserva uma espécie de impressão em seu foro íntimo, e essa impressão, que é a voz do instinto, revela-se quando chega o momento, tornando-se pressentimento.

523. Os pressentimentos e a voz do instinto têm sempre algo de vago. Na incerteza, o que devemos fazer?

– Quando estás confuso, invoca teu bom Espírito, ou pede ao mestre de todos nós, Deus, que te envie um de seus mensageiros, um de nós.

524. As advertências de nossos Espíritos protetores têm como finalidade única a conduta moral ou também a conduta que se deve manter em relação aos assuntos da vida privada?

– Em relação a tudo; eles tentam fazer-vos viver o melhor possível; porém, muitas vezes vós fechais os ouvidos às salutares advertências e vos tornais infelizes por vossa culpa.

Os Espíritos protetores nos ajudam com seus conselhos através da voz da consciência, que fazem falar em nós; mas como nem sempre damos a isso a devida importância, oferecem-nos outros mais diretos, servindo-se das pessoas que nos cercam. Que cada um examine as diversas circunstâncias felizes ou infelizes de sua vida, e verá que em inúmeras ocasiões recebeu conselhos que nem sempre foram aproveitados e que lhe teriam poupado muitos dissabores, se tivessem sido escutados.

INFLUÊNCIA DOS ESPÍRITOS NOS ACONTECIMENTOS DA VIDA

525. Os Espíritos exercem influência nos acontecimentos da vida?

– Seguramente, uma vez que aconselham as pessoas.

525. a) Exercem essa influência de outra forma além dos pensamentos que sugerem, ou seja, têm uma ação direta sobre a realização das coisas?
– *Sim, mas nunca atuam fora das leis da Natureza.*

Imaginamos erroneamente que a ação dos Espíritos deve manifestar-se apenas através de fenômenos extraordinários. Gostaríamos que nos viessem ajudar com milagres, e sempre os representamos providos de uma varinha mágica. Não se trata disso; e essa é a razão pela qual sua intervenção nos parece oculta, e o que se faz com seu auxílio nos parece tão natural. Assim, por exemplo, eles provocarão o encontro de duas pessoas, que parecerá ter se dado por acaso; inspirarão a alguém o pensamento de passar por tal caminho; chamarão sua atenção sobre tal ponto, se isso levar ao resultado que almejam; de tal maneira que o homem, acreditando seguir somente seus próprios impulsos, conserva sempre seu livre-arbítrio.

526. Os Espíritos, por terem uma ação sobre a matéria, podem provocar certos efeitos com o objetivo de fazer acontecer alguma coisa? Por exemplo, um homem deve perecer: ele sobe numa escada, a escada se quebra e o homem morre. Foram os Espíritos que fizeram quebrar a escada, para que se cumpra o destino desse homem?
– *É bem verdade que os Espíritos têm uma ação sobre a matéria, mas para realização das leis da Natureza, e não para derrogá-las, fazendo surgir, no momento preciso, um acontecimento inesperado e contrário a essas leis. No exemplo que citas, a escada se quebra porque foi carcomida ou não era forte o bastante para suportar o peso do homem. Se o destino do homem fosse o de perecer dessa maneira, os Espíritos iriam inspirar-lhe a ideia de subir na escada que deveria quebrar-se com seu peso, e sua morte se daria por um efeito natural, sem a necessidade de um milagre para isso.*

527. Tomemos um outro exemplo, onde o estado natural da matéria não intervenha. Um homem deve morrer por um raio. Ele se refugia sob uma árvore, o raio cai e ele morre. Os Espíritos puderam provocar o raio, conduzindo-o até ele?
– *É de novo a mesma coisa. O raio explodiu naquela árvore, naquele momento, porque estava nas leis da Natureza que assim fosse. Não foi conduzido àquela árvore porque o homem estava sob ela, mas ao homem foi dada a inspiração para refugiar-se sob a árvore que seria atingida; pois a árvore não deixaria de ser fulminada por haver ou não um homem sob ela.*

528. Um homem mal-intencionado lança em alguém um projétil que passa de raspão, sem que ele seja atingido. Um Espírito benfeitor pode tê-lo desviado?
– *Se o indivíduo não deve ser atingido, o Espírito benfeitor irá inspirar-lhe o pensamento de desviar-se, ou ainda poderá ofuscar seu inimigo, de maneira a fazê-lo errar a mira; pois, uma vez lançado, o projétil segue a linha que deve percorrer.*

529. O que se deve pensar das balas encantadas, que são mencionadas em algumas lendas, e que fatalmente atingem um objetivo?

– *Pura imaginação. O homem ama o maravilhoso, e não se contenta com as maravilhas da Natureza.*

529. a) Os Espíritos que dirigem os acontecimentos da vida podem ter sua ação obstruída por Espíritos que almejam o contrário?

– *O que Deus deseja, deve acontecer. Se há atraso ou impedimento, é por sua vontade.*

530. Os Espíritos levianos e zombadores não podem suscitar esses pequenos contratempos que servem de obstáculo aos nossos projetos, frustrando nossos planos? Numa palavra, são eles os autores do que vulgarmente se chama de pequenas misérias da vida humana?

– *Eles se divertem com essas traquinices que são, para vós, provações com a finalidade de exercitar vossa paciência; mas eles desistem quando veem que não conseguem. Entretanto, não seria nem justo, nem exato, atribuir a eles todos os vossos enganos, dos quais sois os principais artesãos, devido à vossa irreflexão. Pois vê bem que, se tua baixela se quebra, é antes resultado de teu descuido do que dos Espíritos.*

530. a) Os Espíritos que suscitam desavenças agem em consequência de uma animosidade pessoal, ou atacam o primeiro que aparece, sem motivo determinado, unicamente por malícia?

– *Ambas as coisas. Às vezes, são inimigos que se fez nesta vida ou em outra, e que vos perseguem; outras vezes, não há motivos.*

531. A malevolência de seres que nos fizeram mal na Terra extingue-se com sua vida corpórea?

– *Muitas vezes eles reconhecem a injustiça e o mal que causaram; mas outras vezes também vos perseguem por sua animosidade, se Deus assim o permite, para vos continuar testando.*

531. a) Pode-se pôr um termo a isso? Como?

– *Sim, pode-se orar por eles, e, devolvendo-lhes o mal com o bem, eles acabam compreendendo seus erros. Além disso, sabendo colocar-se acima de suas maquinações, eles param, vendo que não ganham nada com isso.*

A experiência prova que certos Espíritos persistem em sua vingança de uma existência a outra, e que, assim, mais cedo ou mais tarde expia-se os males que se possa ter feito a alguém.

532. Os Espíritos têm o poder de desviar de certas pessoas os males que lhes poderiam ocorrer, atraindo para elas a prosperidade?

– *Não inteiramente, pois há males que estão nos decretos da Providência; mas eles amenizam vossas dores, dando-vos a paciência e a resignação.*

Sabei também que muitas vezes depende de vós afastar esses males ou, pelo menos, atenuá-los. Deus vos deu a inteligência para que a utilizeis, e é sobretudo por esse meio que os Espíritos vos socorrem, sugerindo-vos pensamentos propícios. Mas eles só ajudam os que sabem ajudar-se a si mesmos; é o que dizem estas palavras: Buscai e achareis, batei e se vos abrirá.

Sabei ainda que nem sempre é um mal o que vos parece ser. Muitas vezes, dele resultará um bem, e esse bem será maior que o mal, e é isso que não compreendeis, pois só pensais no momento presente ou em vós mesmos.

533. Os Espíritos podem fazer com que se obtenham os dons da fortuna, se os solicitarmos com essa finalidade?

– Algumas vezes, como provação, mas muitas vezes eles recusam, como se recusa um pedido inconsequente de uma criança.

533. a) São os bons ou os maus Espíritos que concedem esses favores?

– Uns e outros. Depende da intenção; mais frequentemente são Espíritos que vos querem arrastar para o mal, e que encontram nos prazeres que a fortuna proporciona um meio fácil de realizá-lo.

534. Quando obstáculos parecem vir fatalmente opor-se aos nossos projetos, seria por influência de algum Espírito?

– Algumas vezes são os Espíritos; outras vezes, e o mais comumente, sois vós que não vos empenhais o bastante. A posição e o caráter influem muito. Se vos obstinais num caminho que não é o vosso, os Espíritos nada têm a ver com isso; vós sois vosso próprio gênio mau.

535. Quando nos acontece alguma coisa boa, é ao nosso Espírito protetor que devemos agradecer?

– Agradecei sobretudo a Deus, sem a permissão de quem nada se faz, pois os bons Espíritos foram seus agentes.

535. a) O que aconteceria se negligenciássemos o agradecimento?

– Aconteceria o que acontece aos ingratos.

535. b) Entretanto, não há pessoas que não oram, nem agradecem, e que tudo conseguem?

– Sim, mas é preciso ver o final; elas pagarão bem caro por essa felicidade passageira que não merecem, pois quanto mais tiverem recebido, mais contas terão de prestar.

AÇÃO DOS ESPÍRITOS SOBRE OS FENÔMENOS DA NATUREZA

536. Os grandes fenômenos da Natureza, os que são considerados uma perturbação dos elementos, são devidos a causas fortuitas ou todos têm um objetivo providencial?

– Tudo tem uma razão de ser, e nada acontece sem a permissão de Deus.

536. a) Esses fenômenos têm sempre o homem por objeto?

– Algumas vezes têm uma razão de ser direta para o homem, mas muitas vezes, também, só têm por objetivo o restabelecimento do equilíbrio e da harmonia das forças físicas da Natureza.

536. b) Entendemos perfeitamente que a vontade de Deus seja a causa primeira, não só nisso como em todas as coisas, mas, como sabemos que os Espíritos têm uma ação sobre a matéria, e que são os agentes da vontade de Deus, perguntamos se alguns dentre eles não exerceriam uma influência sobre os elementos, para excitá-los, acalmá-los ou dirigi-los?

– *Mas é evidente; isso não poderia ser de outro modo. Deus não exerce uma ação direta sobre a matéria; Ele tem seus devotados agentes, em todos os graus da escala dos mundos.*

537. A mitologia dos Antigos é inteiramente fundada sobre as ideias espíritas, com a diferença de que eles consideravam os Espíritos como sendo divindades. Ora, eles nos representavam esses deuses ou esses Espíritos com atribuições especiais. Assim, uns eram encarregados dos ventos, outros dos raios, outros de controlar a vegetação etc. Essa crença é destituída de fundamento?

– *Tão despojada de fundamento que está muito aquém da verdade.*

537. a) Pela mesma razão, poderiam então existir Espíritos habitando o interior da Terra, para cuidar dos fenômenos geológicos?

– *Esses Espíritos não habitam precisamente a Terra, mas regem e dirigem, conforme suas atribuições. Um dia, tereis a explicação de todos esses fenômenos, e ireis compreendê-los melhor.*

538. Os Espíritos que regem os fenômenos da Natureza formam uma categoria especial no mundo espírita? São seres especiais ou Espíritos que foram encarnados, como nós?

– *Que o serão, ou que o foram.*

538. a) Esses Espíritos pertencem a ordens superiores ou inferiores da hierarquia espírita?

– *Isso depende do papel mais ou menos material ou inteligente que desempenham. Uns comandam, outros executam. Aqueles que executam as coisas materiais são sempre de uma ordem inferior, tanto entre os Espíritos como entre os homens.*

539. Na produção de certos fenômenos, como as tempestades, por exemplo, é apenas um Espírito que age, ou eles se reúnem em massa?

– *Em massas inumeráveis.*

540. Os Espíritos que exercem ação sobre os fenômenos da Natureza agem com conhecimento de causa, em virtude de seu livre-arbítrio, ou por um impulso instintivo ou irrefletido?

– *Alguns sim, outros não. Faço uma comparação: imagina essas miríades de animais que aos poucos fazem emergir do mar ilhas e arquipélagos. Acreditas que não haja nisso um objetivo providencial, e que essa transformação da superfície do Globo não seja necessária à harmonia geral? No entanto, são animais da última escala, e realizam essas coisas para suprir suas necessidades, sem pressentir que são instrumentos de Deus. Pois bem! Da mesma forma, os Espíritos mais atrasados são úteis ao conjunto. Enquanto eles ensaiam para a vida, e antes de* ter plena consciência de seus atos e de seu livre-arbítrio, operam sobre certos fenômenos dos quais são agentes, sem o saberem. Inicialmente, eles executam; mais tarde, quando sua inteligência estiver mais desenvolvida, comandarão e dirigirão as coisas do mundo material; mais tarde ainda, poderão dirigir as coisas do mundo moral. É assim que tudo tem serventia, tudo se encadeia na Natureza, do átomo primitivo ao arcanjo, que também começou sendo átomo. Admirável lei de harmonia, da qual teu espírito limitado ainda não pode apanhar o conjunto.

ESPÍRITOS DURANTE OS COMBATES

541. Numa batalha, há Espíritos que assistem e apoiam cada uma das facções?
– *Sim, e que incentivam sua coragem.*

Assim, os Antigos nos representavam os deuses tomando partido deste ou daquele povo. Esses deuses nada mais eram que Espíritos representados sob figuras alegóricas.

542. Numa guerra, a justiça está sempre de um lado. Como os Espíritos tomam partido daquele que está errado?
– *Bem sabeis que há Espíritos que só procuram a discórdia e a destruição. Para eles, guerra é guerra: a justiça da causa pouco os preocupa.*

543. Alguns Espíritos podem influenciar o general na concepção de seus planos de campanha?
– *Sem nenhuma dúvida; os Espíritos podem influenciar nesse caso assim como em todas as concepções.*

544. Maus Espíritos poderiam suscitar-lhe planos errôneos, para levá-lo à derrota?
– *Sim, mas ele não dispõe de seu livre-arbítrio? Se seu julgamento não lhe permite distinguir uma ideia justa de uma ideia falsa, ele sofre as consequências, e, nesse caso, agiria melhor obedecendo do que comandando.*

545. O general pode, algumas vezes, ser guiado por uma espécie de segunda vista, uma visão intuitiva que lhe mostra antecipadamente o resultado de seus planos?
– *Isso é o que frequentemente acontece com o homem de gênio. Aquilo que ele chama inspiração, e que lhe permite agir com uma espécie de certeza; essa inspiração vem de Espíritos que o dirigem e se servem das faculdades de que ele é dotado.*

546. No tumulto do combate, em que se transformam os Espíritos que sucumbem? Após a morte, eles ainda se interessam pela batalha?
– *Alguns se interessam, outros se afastam.*

Nos combates, acontece o mesmo que ocorre em todos os casos de morte violenta: no primeiro momento, o Espírito fica surpreso, como que aturdido, e não acredita estar morto. Parece-lhe que ainda toma parte na ação; só aos poucos a realidade se descortina diante dele.

547. Os Espíritos que combatiam entre si quando vivos, uma vez mortos se reconhecem como inimigos e ainda se mostram encolerizados uns contra os outros?

– *O Espírito, nessas ocasiões, nunca está calmo. No primeiro instante, ainda pode odiar seu inimigo, e mesmo persegui-lo. Mas quando suas ideias se reordenam, vê que sua animosidade não tem mais razão de ser. No entanto, ainda pode conservar mais ou menos intensamente alguns de seus traços, conforme o seu caráter.*

547. a) Ele ainda percebe o barulho das armas?

– *Sim, perfeitamente.*

548. O Espírito que assiste a um combate com sangue-frio, como espectador, sendo testemunha da separação da alma e do corpo, como esse fenômeno se apresenta a ele?

– *Há poucas mortes realmente instantâneas. Na maior parte do tempo, o Espírito, cujo corpo acaba de ser mortalmente atingido, não tem consciência disso no momento do ocorrido. Somente quando começa a recobrar a consciência é que se pode distinguir o Espírito se movendo ao lado do cadáver. Isso parece tão natural que a visão do corpo morto, para o Espírito que assiste, não produz nenhum efeito desagradável; sendo a vida inteiramente transportada para o Espírito, só ele atrai a atenção; então, é com ele que se conversa, ou a ele que se comanda.*

PACTOS

549. Há algo de verdadeiro nos pactos com os Espíritos maus?

– *Não, não há pactos, mas uma natureza má que simpatiza com os maus Espíritos. Por exemplo: queres atormentar teu vizinho, e não sabes como fazê-lo. Então, chamas Espíritos inferiores que, como tu, só desejam o mal, e, para ajudar-te, querem que os sirvas em seus maus propósitos. Mas isso não quer dizer que teu vizinho não possa livrar-se deles por uma conjuração contrária e por sua vontade. Aquele que deseja cometer uma má ação chama, por isso mesmo, maus Espíritos para ajudá-lo. Então essa pessoa é obrigada a servi-los, como eles o serviram, pois também precisam dessa pessoa para o mal que desejam fazer. Somente nisso consiste o pacto.*

A dependência em que o homem às vezes se encontra em relação aos Espíritos inferiores provém de sua entrega aos maus pensamentos que eles lhe sugerem, e não de quaisquer estipulações entre ele e os Espíritos. O pacto, no sentido vulgar atribuído a essa palavra, é uma alegoria que representa uma natureza má que simpatiza com Espíritos malfeitores.

550. Qual é o sentido das lendas fantásticas, segundo as quais indivíduos teriam vendido sua alma a Satã para dele obter certos favores?

– Todas as fábulas encerram um ensinamento e um sentido moral. Vosso erro está em tomá-las ao pé da letra. A lenda dos pactos é uma alegoria que se pode explicar assim: aquele que invoca os Espíritos para ajudá-lo a obter os dons da fortuna ou qualquer outro favor, rebela-se contra a Providência. Renuncia à missão que recebeu e às provações a que deve submeter-se neste mundo e sofrerá as consequências na vida que está por vir. Isso não quer dizer que sua alma esteja para sempre consagrada à infelicidade. Mas uma vez que, em vez de desligar--se da matéria, nela se embrenha cada vez mais, o que ele tiver desfrutado de prazeres na Terra não terá no mundo dos Espíritos, até que os tenha resgatado através de novas provações, talvez maiores e mais penosas. Por seu amor aos prazeres materiais, ele se coloca na dependência dos Espíritos impuros. É um pacto tácito entre ele e esses Espíritos, e que o conduz à perdição. No entanto, é sempre fácil romper esse pacto com a assistência de bons Espíritos, desde que se tenha vontade firme.

PODER OCULTO. TALISMÃS. BRUXOS

551. Um homem maldoso pode, com a ajuda de um mau Espírito que lhe seja devoto, fazer mal ao seu próximo?
– Não, Deus não o permitiria.
552. O que pensar da crença no poder de enfeitiçar que certas pessoas teriam?
– Certas pessoas têm um poder magnético muito grande, do qual podem fazer um mau uso se seu próprio Espírito for mau, e, nesse caso, elas podem ser auxiliadas por outros maus Espíritos. Mas não acrediteis nesse pretenso poder mágico que só existe na imaginação de pessoas supersticiosas, ignorantes das verdadeiras leis da Natureza. Os fatos sobre os quais se fala são fatos naturais mal observados e, sobretudo, mal compreendidos.
553. Qual pode ser o efeito de fórmulas e práticas com a ajuda das quais certas pessoas pretendem dispor da vontade dos Espíritos?
– Se são pessoas de boa-fé, o efeito é o de torná-las ridículas. Caso contrário, são tratantes que merecem um castigo. Todas as fórmulas são charlatanices. Não há nenhuma palavra sacramental, nenhum signo cabalístico e nenhum talismã que tenha qualquer ação sobre os Espíritos, pois eles só são atraídos pelo pensamento, e não por coisas materiais.
553. a) Certos Espíritos não ditaram, algumas vezes, fórmulas cabalísticas?
– Sim, tendes Espíritos que vos indicam sinais ou palavras bizarras ou que vos prescrevem certos atos, com a ajuda dos quais fazeis o que chamais de conjurações. Mas sede seguros de que são Espíritos que zombam de vós e abusam de vossa credulidade.
554. Aquele que, estando ou não certo, confia no que chama a virtude de um talismã, não pode atrair um Espírito justamente por essa confiança?

Pois, então, é o pensamento que age: o talismã é um mero sinal que ajuda a direcionar o pensamento.

– É verdade. Mas a natureza do Espírito atraído depende da pureza da intenção e da elevação dos sentimentos. Ora, é raro que aquele que é simples o bastante para acreditar na eficácia de um talismã não tenha um objetivo mais material que moral. Em todo caso, isso indica uma frivolidade e uma fraqueza de ideias, o que dá espaço aos Espíritos imperfeitos e zombeteiros.

555. Que sentido se deve atribuir à qualificação de feiticeiro?

– Aqueles que chamais de feiticeiros, quando são de boa-fé, são pessoas dotadas de alguns dons, como a força magnética ou a segunda vista. Então, como fazem coisas que não compreendeis, vós acreditais que são dotados de uma força sobrenatural. Vossos sábios muitas vezes não passaram por bruxos aos olhos de pessoas ignorantes?

O Espiritismo e o magnetismo nos dão a chave de uma grande quantidade de fenômenos sobre os quais a ignorância teceu uma infinidade de fábulas, nas quais os fatos são exagerados pela imaginação. O conhecimento esclarecido dessas duas ciências que, por mostrarem a realidade das coisas e sua verdadeira causa, são, na verdade, uma só, é a melhor prevenção contra as ideias supersticiosas, pois mostra o que é possível e o que é impossível, o que está nas leis da Natureza e o que não passa de uma crença ridícula.

556. Certas pessoas realmente têm o dom de curar por um simples toque?

– O poder magnético pode chegar a esse ponto quando está amparado na pureza de sentimentos e num desejo ardente de fazer o bem, pois então os bons Espíritos vêm em seu auxílio. Porém, é preciso desconfiar da maneira como as coisas são contadas por pessoas muito crédulas ou muito entusiastas, sempre dispostas a ver o maravilhoso nas coisas mais simples e mais naturais. Também é preciso desconfiar de relatos interesseiros por parte de pessoas que exploram a credulidade em benefício próprio.

BÊNÇÃO E MALDIÇÃO

557. A bênção e a maldição podem atrair o bem e o mal aos que são alvo delas?

– Deus não atende a uma maldição injusta, e quem a pronuncia é culpado aos seus olhos. Como temos dois gênios opostos, o bem e o mal, pode haver uma influência momentânea, inclusive sobre a matéria; mas essa influência nunca acontece se não for da vontade de Deus, e como acréscimo de provação àquele que a sofre. Além disso, é mais frequente amaldiçoar os maus e abençoar os bons. A bênção e a maldição nunca podem desviar a Providência do caminho da justiça; ela só fere o amaldiçoado se ele for mau, pois a proteção da Providência cobre apenas aquele que a merece.

Capítulo X

Ocupações e missões dos Espíritos

558. Os Espíritos têm outra coisa a fazer além do aperfeiçoamento pessoal?

– Eles cooperam para a harmonia do Universo executando as vontades de Deus, de quem são ministros. A vida espírita é uma ocupação contínua, mas que nada tem de penosa, como acontece na vida terrena, porque não há a fadiga corporal, nem as angústias da necessidade.

559. Os Espíritos inferiores e imperfeitos também cumprem um papel útil no Universo?

– Todos têm deveres a cumprir. O menos qualificado dos pedreiros não contribui para construir o edifício tanto quanto o arquiteto? (Ver tópico 540.)

560. Os Espíritos têm, cada um, atribuições específicas?

– Melhor dizendo, todos nós devemos habitar todos os lugares e adquirir o conhecimento de todas as coisas, presidindo sucessivamente todas as partes do Universo. No entanto, como é dito no Eclesiastes, *há um tempo para tudo*. Assim, certo indivíduo hoje cumpre seu destino neste mundo, outro o cumprirá ou cumpriu num outro tempo, na Terra, na água, no ar etc.

561. As funções que os Espíritos desempenham na ordem das coisas são permanentes para cada um deles, e são atribuições exclusivas de certas classes?

– Todos devem percorrer os diferentes graus da escala para se aperfeiçoar. Deus, que é justo, não poderia ter dado a ciência a uns sem trabalho, enquanto outros só a adquirem com esforço.

O mesmo se dá com os homens: nenhum atinge o mais alto grau de habilidade, numa arte qualquer, sem ter adquirido, na prática das especialidades mais ínfimas dessa arte, os conhecimentos necessários.

562. Os Espíritos da ordem mais elevada, por não terem mais nada a adquirir, ficam em repouso absoluto, ou eles também têm ocupações?
– *O que querias que fizessem durante a Eternidade? A ociosidade eterna seria um suplício eterno.*
562. a) Qual é a natureza de suas ocupações?
– *Receber diretamente as ordens de Deus, transmiti-las para todo o Universo e velar por sua execução.*
563. As ocupações dos Espíritos são incessantes?
– *Incessantes, sim, entendendo-se que seu pensamento está sempre ativo, pois os Espíritos vivem pelo pensamento. Mas não se deve equiparar as ocupações dos Espíritos às ocupações materiais dos homens; a atividade em si é um prazer, pela consciência que têm de serem úteis.*
563. a) Isso é concebível para os Espíritos bons, mas acontece o mesmo com os Espíritos inferiores?
– *Os Espíritos inferiores têm ocupações apropriadas à sua natureza. Confiais ao trabalhador braçal e ao ignorante os trabalhos de um homem culto?*
564. Entre os Espíritos, há os que são ociosos, ou que não se ocupam de nenhuma coisa útil?
– *Sim, mas esse estado é temporário e subordinado ao desenvolvimento de sua inteligência. Certamente há, como entre os homens, aqueles que só vivem para si mesmos. Mas essa ociosidade lhes pesa e, cedo ou tarde, o desejo de avançar faz com que sintam a necessidade da atividade, e ficam contentes em poder tornar-se úteis. Estamos nos referindo a Espíritos que chegaram a ponto de ter a consciência de si mesmos e de seu livre-arbítrio; pois, em sua origem, os Espíritos são como crianças que acabam de nascer e que agem mais por instinto que por uma vontade determinada.*
565. Os Espíritos examinam nossos trabalhos artísticos e se interessam por eles?
– *Examinam o que pode provar a elevação dos Espíritos e o seu progresso.*
566. Um Espírito que teve uma especialidade na Terra, um pintor, um arquiteto, por exemplo, interessa-se preferencialmente por trabalhos que foram objeto de sua predileção durante sua vida?
– *Tudo se confunde num objetivo geral. Se ele é bom, interessa-se por esses trabalhos na medida que isso lhe permita ajudar almas a se elevarem a Deus. Aliás, esqueceis que um Espírito que praticou uma determinada arte na existência em que o conhecestes pode ter praticado outra em outra existência, pois é preciso que ele saiba tudo para ser perfeito. Assim, de acordo com seu grau de adiantamento, pode ser que nenhuma delas constitua uma especialidade para ele; é isso que entendo quando digo que tudo se confunde num objetivo geral. Observai também o seguinte: o que é sublime para vós, em vosso mundo atrasado, não passa de infantilidade comparado a mundos mais avançados. Como quereis que os Espíritos que habitam esses mundos, nos quais existem*

artes desconhecidas para vós, admirem algo que, para eles, não passa de um trabalho escolar? Como eu já disse: eles examinam o que pode provar o progresso.

566. a) Admitimos que deva ser assim para Espíritos muito adiantados. Mas estamos falando de Espíritos mais vulgares, cuja elevação ainda não está acima das ideias terrenas.

– *Para estes, é diferente; seu ponto de vista é mais limitado, e eles podem admirar o que também vós admirais.*

567. Os Espíritos se intrometem em nossas ocupações e prazeres?

– *Os Espíritos vulgares, como dizeis, sim. Estes estão incessantemente ao vosso redor, e às vezes tomam parte no que fazeis de forma bem ativa, conforme sua natureza. E é bom que o façam, para impulsionar os homens nos diferentes caminhos da vida, e estimular ou moderar suas paixões.*

Os Espíritos se ocupam das coisas desse mundo em razão de sua elevação ou de sua inferioridade. Os Espíritos superiores sem dúvida têm a faculdade de considerá-las em seus mínimos detalhes, mas só o fazem na medida em que isso seja útil ao progresso. Somente os Espíritos inferiores dão a isso uma importância, relativa às lembranças que ainda estão presentes em sua memória e às ideias materiais que ainda não foram extintas.

568. Os Espíritos que têm missões a cumprir cumprem-nas em estado errante ou encarnado?

– *Podem cumpri-las em ambos os estados. Para determinados Espíritos errantes, ter uma missão dessas é uma grande ocupação.*

569. Em que consistem as missões das quais os Espíritos errantes podem ser encarregados?

– *São tão variadas que seria impossível descrevê-las. Aliás, existem algumas que não podeis compreender. Os Espíritos executam as vontades de Deus, e não podeis penetrar todos os seus desígnios.*

As missões dos Espíritos têm sempre o bem por objeto. Seja como Espíritos, seja como homens, são encarregados de ajudar no progresso da humanidade, de povos ou de indivíduos, num círculo mais ou menos amplo de ideias – menos ou mais especializadas –, além de preparar o caminho para certos acontecimentos e de velar pelo cumprimento de certas coisas. Alguns têm missões mais restritas e, de certa forma, pessoais ou inteiramente locais, como dar assistência aos doentes, aos agonizantes, aos aflitos, velar por aqueles dos quais se tornam guias e protetores, e dirigi-los por meio de seus conselhos ou dos bons pensamentos que lhes sugerem. Pode-se dizer que há tantos gêneros de missões quantos são os tipos de interesses a resguardar, tanto no mundo físico como no mundo moral. O Espírito se adianta conforme a maneira que realiza a sua tarefa.

570. Os Espíritos sempre percebem os desígnios que são encarregados de executar?

– Não. Há os que são instrumentos cegos, mas outros sabem muito bem com que objetivo agem.

571. Só há Espíritos elevados no cumprimento das missões?

– A importância das missões é proporcional às capacidades e à elevação do Espírito. O mensageiro que entrega uma mensagem também cumpre uma missão, mas que não é a mesma do general.

572. A missão de um Espírito lhe é imposta ou depende de sua vontade?

– Ele a pede, e fica feliz em obtê-la.

572. a) A mesma missão pode ser requerida por diversos Espíritos?

– Sim, frequentemente há vários candidatos, mas nem todos são aceitos.

573. Em que consiste a missão dos Espíritos encarnados?

– Instruir os homens, ajudar em seu adiantamento, melhorar suas instituições por meios diretos e materiais. Porém, as missões são mais ou menos genéricas e importantes: aquele que cultiva a terra cumpre uma missão, como aquele que governa ou aquele que instrui. Tudo na Natureza se encadeia. Ao mesmo tempo que o Espírito se depura pela encarnação, colabora, dessa forma, para o cumprimento dos desígnios da Providência. Todos têm sua missão neste mundo, pois todos podem ser úteis em alguma coisa.

574. Qual pode ser a missão de pessoas voluntariamente inúteis na Terra?

– Há pessoas que realmente só vivem para si mesmas e não sabem tornar-se úteis para nada. São pobres seres, pelos quais se deve lamentar, pois expiarão cruelmente sua inutilidade voluntária e, muitas vezes, o seu castigo começa neste mundo, pelo tédio e o desgosto pela vida.

574. a) Uma vez que puderam escolher, por que preferiram uma vida que em nada lhes podia ser proveitosa?

– Entre os Espíritos também há preguiçosos que recuam diante de uma vida laboriosa. Deus permite que ajam assim. Mais tarde compreenderão, à custa de si mesmos, os inconvenientes de sua inutilidade, e serão os primeiros a pedir para recuperar o tempo perdido. Pode ser também que tenham escolhido uma vida útil, mas que, uma vez em ação, recuem e se deixem levar pelas sugestões dos Espíritos que os incentivam à ociosidade.

575. As ocupações vulgares parecem-nos antes deveres que missões propriamente ditas. A missão, segundo a ideia atribuída a essa palavra, tem um caráter de importância menos exclusivo e sobretudo menos pessoal. Sob esse ponto de vista, como se pode reconhecer se um homem tem uma missão real na Terra?

– Pelas grandes coisas que ele realiza, pelos progressos a que conduz os seus semelhantes.

576. Os homens que têm uma missão importante estão predestinados a ela antes de seu nascimento? Eles têm consciência disso?

– Algumas vezes, sim. Porém, o mais comum é que a ignorem. Eles têm apenas um vago objetivo ao virem para a Terra; sua missão se desenha após o nascimento e segundo as circunstâncias. Deus os incita ao caminho em que devem cumprir os seus desígnios.

577. Quando um homem faz uma coisa útil, é sempre em virtude de uma missão anteriormente predestinada, ou ele pode receber uma missão imprevista?

– Nem tudo o que um homem faz é resultado de uma missão predestinada. Muitas vezes, ele é o instrumento de que um Espírito se serve para executar algo que acredita ser útil. Por exemplo, um Espírito julga que seria bom escrever um livro que ele mesmo escreveria se estivesse encarnado. Procura o escritor mais apto a compreender seu pensamento e a executá-lo; dá-lhe a ideia e o dirige na execução. Assim, esse homem não veio à Terra com a missão de escrever essa obra. O mesmo ocorre com certos trabalhos artísticos ou descobertas. É preciso dizer ainda que, durante o sono de seu corpo, o Espírito encarnado comunica-se diretamente com o Espírito errante e eles se entendem sobre a execução do trabalho.

578. O Espírito pode falhar em sua missão por sua própria culpa?

– Sim, se não é um Espírito superior.

578. a) Quais são as consequências para ele?

– Ele terá de retomar a tarefa; esta é a sua punição. Além disso, sofrerá as consequências do mal que tiver causado.

579. Uma vez que o Espírito recebe sua missão de Deus, como Deus pode confiar uma missão importante, e de interesse geral, a um Espírito que poderá falhar?

– Deus não sabe se seu general alcançará a vitória ou se será vencido? Ele o sabe, sede seguros disso, e os seus planos, quando importantes, nunca recaem sobre aqueles passíveis de abandonar a obra no meio do trabalho. Para vós, toda questão se concentra no conhecimento do futuro, que Deus possui, mas que não vos é concedido.

580. O Espírito que encarna para cumprir uma missão tem a mesma apreensão que um outro que o faz como provação?

– Não; ele tem experiência.

581. Os homens que são o farol da espécie humana, que a iluminam com seu gênio, certamente têm uma missão. Porém, entre eles, há os que se enganam e que, ao lado de grandes verdades, propagam grandes erros. Como se deve considerar a missão desses homens?

– Como falseada por eles mesmos. Eles estão abaixo da tarefa que empreenderam. Entretanto, é preciso levar em conta as circunstâncias. Os homens de gênio tiveram que falar de acordo com o seu tempo, e um ensinamento que parecia errôneo ou pueril numa época adiantada, podia ser suficiente para o século em que foi divulgado.

582. Pode-se considerar a paternidade como uma missão?

– É incontestavelmente uma missão; é ao mesmo tempo um dever muito grande, e que determina, mais do que o homem imagina, sua responsabilidade para o futuro. Deus colocou a criança sob a tutela dos pais para que eles a conduzam no caminho do bem, e lhes facilitou a tarefa ao conceder à criança uma constituição frágil e delicada, que a torna acessível a todas as impressões. Mas há quem se ocupe mais em endireitar as árvores de seu jardim e em fazê-las render bons frutos do que em endireitar o caráter de seu filho. Se este sucumbe por erro dos pais, eles receberão a pena disso, e os sofrimentos que na vida futura caberiam à criança recairão sobre eles, pois não fizeram o que dependia deles para o adiantamento do filho no caminho do bem.

583. Se uma criança se transvia, apesar dos cuidados dos pais, eles são responsáveis?

– *Não; mas quanto mais as propensões da criança são más, mais pesada é a tarefa, e maior será o mérito dos pais, se conseguirem desviá-la do mau caminho.*

583. a) Se uma criança torna-se um homem de bem, apesar da negligência ou dos maus exemplos de seus pais eles se beneficiam com isso?

– *Deus é justo.*

584. Qual pode ser a natureza da missão do conquistador, que só tem em vista satisfazer sua ambição e que, para atingir esse objetivo, não recua diante de nenhuma das calamidades que vai acarretando?

– *Na maioria das vezes, ele é apenas um instrumento de que Deus se utiliza para o cumprimento de seus desígnios, e essas calamidades algumas vezes são um meio de fazer um povo progredir mais rapidamente.*

584. a) Aquele que é o instrumento dessas calamidades passageiras e é alheio ao bem que delas pode resultar, uma vez que não se propôs senão sua meta pessoal, apesar disso tirará algum proveito desse bem?

– *Cada um é recompensado segundo suas obras, o bem que desejou fazer e a retidão de suas intenções.*

Os Espíritos encarnados têm ocupações inerentes à sua existência corpórea. No estado errante, ou de desmaterialização, tais ocupações são proporcionais ao grau de seu adiantamento.

Uns percorrem os mundos, instruem-se e se preparam para uma nova encarnação.

Outros, mais adiantados, ocupam-se do progresso, dirigindo acontecimentos e sugerindo ideias que propiciem esse progresso. Assistem os homens de gênio que colaboram para o adiantamento da humanidade.

Outros encarnam com uma missão de progresso.

Outros mantêm sob sua tutela indivíduos, famílias, agrupamentos, cidades e povos, dos quais são os anjos guardiães, os gênios protetores e os Espíritos familiares.

Outros, enfim, presidem os fenômenos da Natureza, da qual são os agentes diretos.

Os Espíritos vulgares tomam parte em nossas ocupações e diversões.

Os Espíritos impuros ou imperfeitos aguardam, em sofrimentos e angústias, o momento em que Deus lhes proporcionará os meios de se adiantarem. Se praticam o mal, é por despeito do bem que ainda não podem gozar.

Capítulo XI

OS TRÊS REINOS

Os minerais e as plantas – Os animais e o homem – Metempsicose.

OS MINERAIS E AS PLANTAS

585. O que pensais da divisão da Natureza em três reinos, ou mesmo em duas classes: os seres orgânicos e os seres inorgânicos? Alguns fazem da espécie humana uma quarta classe. Qual dessas divisões é preferível?
– *Todas são boas; depende do ponto de vista. Sob a perspectiva material, só há seres orgânicos e inorgânicos; do ponto de vista moral, evidentemente há quatro graus.*

Esses quatro graus têm, de fato, características bem distintas, embora seus limites pareçam confundir-se. A matéria inerte, que constitui o reino mineral, tem apenas uma força mecânica. As plantas, compostas por matéria inerte, são dotadas de vitalidade. Os animais, compostos de matéria inerte e dotados de vitalidade, têm também uma espécie de inteligência instintiva, limitada, e a consciência de sua existência e de sua individualidade. O homem, por ter tudo o que têm as plantas e os animais, domina todas as outras classes através de uma inteligência especial, indefinida, que lhe dá a consciência de seu futuro, a percepção das coisas extramateriais e o conhecimento de Deus.

586. As plantas têm consciência de sua existência?
– *Não, elas não pensam. Só têm a vida orgânica.*

587. As plantas têm sensações? Elas sofrem quando são mutiladas?
– *As plantas recebem impressões físicas que agem sobre a matéria, mas não têm percepções; consequentemente, não têm a sensação da dor.*

588. A força que atrai as plantas umas para as outras é independente de sua vontade?

— *Sim, uma vez que elas não pensam. É uma força mecânica da matéria que age sobre a matéria: elas não poderiam opor-se a isso.*

589. Algumas plantas, como a sensitiva e a dionéia[1], por exemplo, têm movimentos que denunciam uma grande sensibilidade e, em certos casos, uma espécie de vontade, como no caso da dionéia, cujos lóbulos prendem a mosca que vem pousar sobre ela para tirar seu sumo, e à qual ela parece ter preparado uma armadilha mortal. Essas plantas são dotadas da faculdade de pensar? Elas têm uma vontade, constituem uma classe intermediária entre a natureza vegetal e a natureza animal? Elas são uma transição entre uma e outra?

— *Tudo está em transição na Natureza, pelo próprio fato de que nada é semelhante e que, no entanto, tudo se relaciona. As plantas não pensam e, por consequência, não têm vontade. A ostra que se abre e todos os zoófitos não têm pensamento: só há um instinto cego e natural.*

O organismo humano nos fornece exemplos de movimentos análogos, sem a participação da vontade, como ocorre nas funções digestivas e circulatórias. O piloro[2] se fecha quando em contato com certos corpos, para impedir sua passagem. Deve ocorrer o mesmo com a sensitiva, na qual os movimentos não implicam, de modo algum, a necessidade de uma percepção e, muito menos, uma vontade.

590. Não há nas plantas, como vemos nos animais, um instinto de conservação que as leva a buscar o que lhes pode ser útil e fugir do que pode prejudicá-las?

— *Pode-se dizer que é uma espécie de instinto — isso depende da extensão que se dá a essa palavra; porém, ele é puramente mecânico. Quando, nas experiências químicas, vedes dois corpos se unirem, é porque eles se combinam, isto é, há afinidade entre eles, e não chamais isso de instinto.*

591. Nos mundos superiores, as plantas são, como os outros seres, de uma natureza mais perfeita?

— *Tudo é mais perfeito; mas as plantas são sempre plantas, como os animais são sempre animais e os homens são sempre homens.*

OS ANIMAIS E O HOMEM

592. Se compararmos o homem e os animais sob o ponto de vista da inteligência, a linha de demarcação parece difícil de estabelecer, pois alguns animais têm, sob esse ponto de vista, uma superioridade notória sobre alguns homens. Essa linha de demarcação pode ser estabelecida de maneira precisa?

— *Nesse ponto, vossos filósofos estão em desacordo. Uns querem que o homem seja um animal, outros que o animal seja um homem. Todos estão*

---

(1) Planta carnívora. (*Nota da Editora.*)
(2) Orifício de comunicação do estômago com o duodeno. (*Nota da Editora.*)

errados; o homem é um ser à parte, que pode às vezes rebaixar-se muito ou elevar-se bem alto. Fisicamente, o homem é como os animais, e bem menos provido que muitos deles. A Natureza deu aos animais tudo o que o homem é obrigado a inventar com sua inteligência para prover suas necessidades e sua conservação. Seu corpo se destrói como o dos animais, é verdade, mas seu Espírito tem um destino que só ele pode compreender, porque só ele é inteiramente livre. Pobres homens, que vos rebaixais mais que a besta! Não sabeis distinguir-vos deles? Reconhecei o homem pelo pensamento de Deus.

593. Pode-se dizer que os animais só agem por instinto?

– *Nisso também há um sistema. É bem verdade que o instinto domina a maior parte dos animais; mas não vês os que agem com uma vontade determinada? É uma inteligência, mas limitada.*

Além do instinto, não se poderia negar em certos animais atos combinados que denotam uma vontade de agir num sentido determinado e segundo as circunstâncias. Portanto, há neles uma espécie de inteligência, mas cujo exercício concentra-se mais exclusivamente nos meios de satisfazer suas necessidades físicas e de prover sua conservação. Entre eles, não há nenhuma criação, nenhum melhoramento. Seja qual for a arte que admiremos em seus trabalhos, o que faziam antigamente, fazem-no hoje, nem melhor, nem pior, segundo formas e proporções constantes e invariáveis. O filhote, isolado dos outros de sua espécie, não deixa de construir seu ninho de acordo com o mesmo modelo, sem ter recebido ensinamentos para isso. Se alguns são suscetíveis de uma certa educação, seu desenvolvimento intelectual – sempre fechado em estreitos limites – deve-se à ação do homem sobre uma natureza maleável, pois não há nenhum progresso que lhe seja próprio. Mas esse progresso é efêmero e puramente individual, pois o animal entregue a si mesmo não tarda a retornar aos limites traçados pela Natureza.

594. Os animais têm uma linguagem?

– *Se pensais numa linguagem formada por palavras e sílabas, não; mas num meio de se comunicar entre si, sim. Eles dizem uns aos outros muito mais coisas que podeis imaginar, mas sua linguagem, assim como suas ideias, são limitadas às suas necessidades.*

594. a) Há animais que não têm voz. Estes não parecem ser destituídos de linguagem?

– *Eles se compreendem por outros meios. Vós, homens, dispondes apenas da fala para vos comunicar? E os mudos, o que dizeis deles? Os animais, por serem dotados de vida em comunidade, têm meios de prevenir-se e de exprimir suas sensações. Pensais que os peixes não se compreendem? Portanto, o homem não tem o privilégio exclusivo da linguagem. Mas a linguagem dos animais é instintiva e limitada pelo círculo de suas necessidades e ideias, enquanto a do homem é suscetível de aperfeiçoamento e se presta a todas as concepções de sua inteligência.*

De fato, os peixes, que emigram em massa, assim como as andorinhas, que obedecem ao guia que as conduz, devem ter meios de advertir-se, de entender-se e de entrar em acordo. Talvez o façam devido a uma visão mais perspicaz, que lhes permite distinguir os sinais que produzem entre si; pode ser também que a água seja um veículo que lhes transmita certas vibrações. Seja o que for, é incontestável que dispõem de um meio para se entender, assim como todos os animais que, privados de voz, fazem trabalhos em comum. Sendo assim, o que há de espantoso no fato de os Espíritos poderem comunicar-se entre si, sem o auxílio da palavra articulada? (Ver tópico 282.)

595. Os animais têm o livre-arbítrio de seus atos?

– *Eles não são simples máquinas, como imaginais, mas sua liberdade de ação é limitada às suas necessidades, e não pode ser comparada à do homem. Por ser muito inferiores a ele, não têm os mesmos deveres. Sua liberdade é restrita aos atos da vida material.*

596. De onde vem a aptidão de certos animais para imitar a linguagem humana, e por que essa aptidão se revela mais nos pássaros que nos macacos, por exemplo, cuja estrutura tem mais analogia com a do homem?

– *Formação peculiar dos órgãos vocais, auxiliada pelo instinto de imitação; o macaco imita gestos, certos pássaros imitam vozes.*

597. Já que os animais têm uma inteligência que lhes dá uma certa liberdade de ação, há neles um princípio independente da matéria?

– *Sim, e que sobrevive ao corpo.*

597. a) Esse princípio é uma alma semelhante à do homem?

– *É também uma alma, se assim quiserdes; isso depende do sentido que se dá a essa palavra; mas ela é inferior à do homem. Entre a alma dos animais e a do homem há a mesma distância que existe entre a alma do homem e Deus.*

598. A alma dos animais conserva, após a morte, sua individualidade e a consciência de si mesma?

– *Sua individualidade, sim, mas não a consciência de seu eu. A vida inteligente permanece em estado latente.*

599. A alma dos animais tem a opção de encarnar num dado animal mais do que em outro?

– *Não, a alma dos animais não tem o livre-arbítrio.*

600. A alma do animal, ao sobreviver ao corpo, fica num estado errante como a do homem após a morte?

– *É uma espécie de erraticidade, uma vez que não está unida a um corpo, mas não é um Espírito errante. O Espírito errante é um ser que pensa e age por sua livre vontade; o dos animais não tem a mesma capacidade. É a consciência de si mesmo que constitui o principal atributo do Espírito. O Espírito do animal é situado, após a morte, pelos Espíritos que se incumbem disso, e ganha uma utilidade quase imediatamente; ele não tem tempo de se relacionar com outras criaturas.*

601. Os animais obedecem a uma lei progressiva, como acontece com os homens?

– Sim; é por isso que, nos mundos superiores, onde os homens são mais adiantados, os animais também o são, e dispõem de meios de comunicação mais desenvolvidos. Mas são sempre inferiores e submetidos ao homem, sendo, para ele, servidores inteligentes.

Não há nisso nada de extraordinário. Suponhamos os nossos animais mais inteligentes, como o cão, o elefante, o cavalo, dotados de estrutura apropriada aos trabalhos manuais; o que não poderiam fazer sob a direção do homem?

602. Os animais progridem por sua própria vontade, como os homens, ou pela força das coisas?

– Pela força das coisas; é por isso que para eles não há expiação.

603. Nos mundos superiores, os animais conhecem Deus?

– Não, o homem é um Deus para eles, como outrora os Espíritos eram deuses para os homens.

604. Os animais, mesmo aperfeiçoados nos mundos superiores, sendo sempre inferiores ao homem, indicariam que talvez Deus tivesse criado seres intelectuais perpetuamente destinados à inferioridade, o que parece não estar de acordo com a unidade de desígnios e de progresso que se nota em todas as suas obras.

– Tudo se encadeia na Natureza por laços que ainda não podeis perceber, e as coisas aparentemente mais disparatadas apresentam pontos de contato que o homem nunca poderia compreender em seu estado atual. Ele pode entrever esses pontos de contato por um esforço de inteligência, mas, somente quando essa inteligência tiver atingido seu pleno desenvolvimento e tiver conseguido libertar-se dos preconceitos do orgulho e da ignorância, poderá ver claramente a obra de Deus. Até lá, suas ideias limitadas fazem-no ver as coisas sob um ponto de vista mesquinho e estreito. Sabei que Deus não pode contradizer-se e que tudo, na Natureza, se harmoniza através de leis genéricas que nunca se desviam da sublime sabedoria do Criador.

604. a) Assim, a inteligência é uma propriedade comum, um ponto de contato entre a alma dos animais e a do homem?

– Sim, mas os animais só têm a inteligência da vida material: no homem, é a inteligência que proporciona a vida moral.

605. Se considerarmos todos os pontos de contato que existem entre o homem e os animais, não poderíamos pensar que o homem possui duas almas: a alma animal e a alma espírita, e que, se não tivesse essa última, só poderia viver como animal. Em outras palavras, o animal é um ser semelhante ao homem, menos pela alma espírita? Disso resultaria o fato de que os bons e os maus instintos do homem seriam o efeito da predominância de uma dessas duas almas.

– Não, o homem não tem duas almas; mas o corpo tem seus instintos, resultado da sensação dos órgãos. O que há nele é apenas uma dupla natureza: a natureza animal e a natureza espiritual. Através do corpo, participa da natureza dos animais e de seus instintos; através da alma, participa da natureza dos Espíritos.

605. a) Assim, além de suas próprias imperfeições, de que o Espírito deve despojar-se, ele ainda tem de lutar contra a influência da matéria?

– Sim, quanto mais inferior ele é, mais apertados são os laços entre o Espírito e a matéria; não o vedes? O homem não tem duas almas; num único ser, a alma é sempre única. A alma do animal e a do homem são distintas entre si, de tal maneira que a alma de um não pode animar o corpo criado para o outro. Mas se o homem não tem alma animal, que, por suas paixões, o coloque no nível dos animais, ele tem o corpo, que frequentemente o rebaixa a esse nível, pois seu corpo é um ser dotado de vitalidade que tem instintos, mas instintos não-inteligentes e limitados ao interesse de sua conservação.

O Espírito, ao encarnar-se no corpo do homem, dá a ele o princípio intelectual e moral que o torna superior aos animais. As duas naturezas presentes no homem dão às suas paixões duas diferentes fontes: umas provenientes dos instintos da natureza animal, outras das impurezas do Espírito do qual é a encarnação, e que simpatiza mais ou menos com a brutalidade dos apetites animalescos. O Espírito, ao purificar-se, liberta-se pouco a pouco da influência da matéria. Sob essa influência, ele se aproxima dos animais; livre dela, eleva-se ao seu verdadeiro destino.

606. De onde os animais tiram o princípio inteligente que constitui a espécie particular de alma de que são dotados?

– Do elemento inteligente universal.

606. a) A inteligência do homem e a dos animais emanam de um princípio único?

– Sem dúvida nenhuma, mas, no caso do homem, esse princípio passou por uma elaboração que o eleva acima daquele que existe no animal.

607. Foi dito que, em sua origem, a alma do homem corresponde ao estado de infância da vida corporal, que sua inteligência apenas desponta, e que ela ensaia para a vida (ver tópico 190). Onde o Espírito cumpre essa primeira fase?

– Numa série de existências que precedem o período que chamais de humanidade.

607. a) Assim, parece que a alma teria sido o princípio inteligente dos seres inferiores da criação?

– Não dissemos que, na Natureza, tudo se encadeia e tende à unidade? É nesses seres, que estais longe de conhecer inteiramente, que o princípio inteligente se elabora, individualizando-se pouco a pouco, e ensaiando para a vida, conforme já dissemos. É, de certa forma, um trabalho preparatório, como o da germinação, na sequência do qual o princípio inteligente sofre uma transformação e se torna Espírito. É então que começa para ele o período de *humanidade, e com ele a consciência de seu futuro, a distinção do bem e do mal e a responsabilidade sobre seus atos – assim como após o período da infância vem a adolescência, depois a juventude, e enfim a idade madura. Contudo, não há nessa origem nada que deva humilhar o homem. Os grandes gênios sentem-se humilhados por terem sido informes fetos no ventre da mãe? Se algo deve humilhar os homens, é sua inferioridade perante Deus e sua impotência para sondar a profundidade de seus desígnios e a sabedoria das leis que regem a harmonia do Universo. Reconhecei a grandeza de Deus nessa admirável harmonia, mediante a qual tudo é solidário na Natureza. Acreditar que Deus pudesse ter feito algo sem uma finalidade, criando seres inteligentes sem futuro, seria blasfemar contra a sua bondade, que se estende a todas as suas criaturas.*

607. b) Esse período de humanidade começa na nossa Terra?

– *A Terra não é o ponto de partida da primeira encarnação humana; o período de humanidade começa, em geral, nos mundos ainda mais inferiores. Isso, entretanto, não é uma regra absoluta, e poderia acontecer que um Espírito, desde o seu início humano, estivesse apto a viver na Terra. Esse caso não é frequente, e seria antes uma exceção.*

608. O Espírito do homem, após sua morte, tem consciência das existências que precederam, para ele, o período de humanidade?

– *Não, pois não é nesse período que começa sua vida de Espírito. Ele mal se lembra de suas primeiras existências como homem, exatamente da mesma forma que o homem não se lembra mais dos primeiros tempos de sua infância, e menos ainda do tempo que passou no ventre de sua mãe. É por isso que os Espíritos dizem que não sabem como começaram.* (Ver tópico 78.)

609. O Espírito, tendo entrado no período de humanidade, conserva traços do que foi anteriormente, isto é, do estado em que se encontrava no período que se poderia chamar de ante-humano?

– *Isso depende da distância que separa os dois períodos e do progresso realizado. Durante algumas gerações, pode haver um reflexo mais ou menos acentuado do estado primitivo, pois, na Natureza, nada se dá por uma transição brusca. Sempre há elos que ligam as extremidades da cadeia de seres e acontecimentos. Porém, esses traços se apagam com o desenvolvimento do livre-arbítrio. Os primeiros progressos se realizam lentamente, porque ainda não são secundados pela vontade. Seguem em progressão mais rápida à medida que o Espírito adquire uma consciência mais perfeita de si mesmo.*

610. Portanto, os Espíritos que disseram que o homem é um ser à parte na ordem da criação estão enganados?

– *Não, mas a questão não tinha sido desenvolvida, e, aliás, há coisas que só podem vir a seu tempo. De fato, o homem é um ser à parte, pois possui faculdades que o distinguem de todos os outros e tem um destino diferente. A espécie humana é a que Deus escolheu para a encarnação de seres que podem conhecê-Lo.*

METEMPSICOSE

611. A comunhão de origem dos seres vivos no princípio inteligente não é a consagração da doutrina da metempsicose?

– *Duas coisas podem ter uma mesma origem e, mais tarde, não se assemelharem em nada. Quem reconheceria a árvore, suas folhas, suas flores e seus frutos no germe informe contido na semente de onde ela saiu? A partir do momento que o princípio inteligente atinge o grau necessário para ser Espírito e entrar no período de humanidade, ele não tem mais relação com seu estado primitivo, e não é mais a alma dos animais, assim como a árvore já não é a semente. No homem, restam do animal apenas o corpo e as paixões que nascem da influência do corpo e do instinto de conservação inerente à matéria. Portanto, não se pode dizer que tal homem é a encarnação do Espírito de tal animal e, consequentemente, a metempsicose, tal qual a entendem, não é exata.*

612. O Espírito que animou o corpo de um homem poderia encarnar-se num animal?

– *Isso seria retroceder, e o Espírito não retrocede. O rio não retorna à sua nascente.* (Ver tópico 118.)

613. Por mais errônea que seja a ideia atribuída à metempsicose, não seria o resultado do sentimento intuitivo das diferentes existências do homem?

– *O sentimento intuitivo está presente nessa crença, como em muitas outras; porém, como acontece com a maioria das ideias intuitivas, o homem a desnaturou.*

A metempsicose seria verdadeira se entendêssemos por essa palavra a progressão da alma de um estado inferior a um estado superior, na qual ela iria adquirir desenvolvimentos que transformariam sua natureza. No entanto, ela não procede, no sentido da transmigração direta do animal ao homem e vice-versa, o que implicaria a ideia de um retrocesso ou de fusão. Ora, uma vez que essa fusão não pode acontecer entre seres corporais de duas espécies, isso é um indício de que essas espécies encontram-se em graus não-assimiláveis, e que o mesmo deve ocorrer com os Espíritos que as animam. Se o mesmo Espírito pudesse animá-las alternadamente, resultaria disso uma identidade de Natureza que se traduziria pela possibilidade de reprodução material.

A reencarnação ensinada pelos Espíritos é baseada, ao contrário, na marcha ascendente da Natureza e na progressão do homem em sua própria espécie, o que não diminui em nada a sua dignidade. O que o rebaixa é o mau uso que ele faz das faculdades que Deus lhe concedeu para seu crescimento. Seja como for, a antiguidade e a universalidade da doutrina da metempsicose, e a quantidade de homens eminentes que a professaram, provam que o princípio da reencarnação tem suas raízes na própria Natureza; existem, assim, mais argumentos a seu favor do que contra.

O ponto de partida do Espírito é uma dessas questões ligadas ao princípio das coisas, e que fazem parte dos segredos de Deus. Não é permitido ao homem conhecê-las de maneira absoluta, e, sobre essa questão, ele só pode fazer suposições e construir sistemas mais ou menos prováveis. Os próprios Espíritos estão longe de conhecer tudo. Sobre o que não sabem, também eles podem ter opiniões pessoais mais ou menos sensatas.

É por isso que nem todos pensam da mesma forma a respeito das relações que existem entre o homem e os animais. Para alguns, o Espírito só chega ao período humano após se haver elaborado e individualizado nos diferentes graus de seres inferiores da criação. Segundo outros, o Espírito do homem teria sempre pertencido à raça humana, sem passar pela fieira animal.

O primeiro desses sistemas tem a vantagem de dar um objetivo ao futuro dos animais que, assim, formariam os primeiros elos da cadeia de seres pensantes. O segundo está mais de acordo com a dignidade do homem, e pode ser resumido da maneira que segue:

As diferentes espécies de animais não procedem *intelectualmente* umas das outras pela via de progressão. Assim, o espírito da ostra não se torna sucessivamente o do peixe, do pássaro, do quadrúpede e do quadrúmano. Cada espécie é um tipo *absoluto*, física e moralmente, e cada indivíduo tira da fonte universal a quantia do princípio inteligente que lhe é necessária, de acordo com a perfeição de seus órgãos e com a obra que deve realizar nos fenômenos da Natureza, e que, após sua morte, é devolvida à massa. Os animais dos mundos mais avançados que o nosso (ver tópico 188) igualmente se dividem em raças distintas, apropriadas às necessidades desses mundos e ao grau de adiantamento dos homens de que são os auxiliares, mas que não provêm de forma alguma dos terrenos, espiritualmente falando. O mesmo não ocorre com o homem. Do ponto de vista físico, ele evidentemente forma um elo da cadeia de seres vivos; porém, do ponto de vista moral, há uma ruptura na cadeia. O homem possui em si mesmo a alma ou Espírito – centelha divina que lhe dá o senso de moral e uma diretriz intelectual que não há nos animais. É seu ser principal, preexistente e sobrevivente ao corpo, e que conserva a sua individualidade.

Qual é a origem do Espírito? Onde está seu ponto de partida? Forma-se a partir do princípio inteligente individualizado? Aí está um mistério que seria inútil tentar desvendar e sobre o qual, como já dissemos, é apenas possível construir sistemas. O que é constante e que provém ao mesmo tempo da razão e da experiência é a sobrevivência do Espírito, a conservação de sua individualidade após a morte, sua faculdade progressiva, seu estado feliz ou infeliz, proporcional ao seu adiantamento no caminho do bem, e todas as verdades morais que são a consequência desse princípio. Quanto às relações misteriosas que existem entre o homem e os animais, elas são, repetimos, o segredo de Deus, assim como muitas outras coisas cujo conhecimento *atual* nada importa ao nosso adiantamento, e nas quais seria inútil nos determos. *

---

* Ver nota explicativa na página 343

Livro Terceiro

LEIS MORAIS

Capítulo I

LEI DIVINA OU NATURAL

Características da lei natural – Conhecimento da lei natural – O bem e o mal – Divisão da lei natural.

CARACTERÍSTICAS DA LEI NATURAL

614. O que se deve entender por lei natural?
– *A lei natural é a lei de Deus; a única verdadeiramente necessária à felicidade do homem. Indica-lhe o que deve ou não deve fazer, e ele só é infeliz porque se afasta dela.*

615. A lei de Deus é eterna?
– *É eterna e imutável como o próprio Deus.*

616. Deus pode ter prescrito aos homens, numa época, aquilo que lhes proibiria em outra?
– *Deus não pode enganar-se; os homens, por sua vez, são obrigados a modificar suas leis, por serem imperfeitas; as leis de Deus, porém, são perfeitas. A harmonia que rege o universo material e o universo moral é fundada nas leis estabelecidas por Deus desde toda a Eternidade.*

617. Que assuntos as leis divinas abrangem? Referem-se a algo mais, além da conduta moral?
– *Todas as leis da Natureza são leis divinas, uma vez que Deus é o autor de todas as coisas. O cientista estuda as leis da matéria, o homem de bem estuda e pratica as leis da alma.*

617. a) É permitido ao homem aprofundar-se em ambas?
– *Sim, mas uma única existência não basta para isso.*

O que representam, de fato, alguns anos para adquirir tudo o que constitui o ser perfeito, mesmo se considerada apenas a distância que separa o selvagem do homem civilizado? A existência mais longa possível é insuficiente, e principalmente quando ela é curta, como acontece com a maior parte dos homens.

Entre as leis divinas, umas regem o movimento e as relações da matéria bruta: essas são as leis físicas; seu estudo pertence ao domínio da Ciência.

As outras referem-se especialmente ao homem em si mesmo, e às suas relações com Deus e com seus semelhantes. Abrangem tanto as regras da vida do corpo quanto as da vida da alma: são as leis morais.

618. As leis divinas são as mesmas para todos os mundos?

– *A razão diz que elas devem ser apropriadas à natureza de cada mundo e proporcionais ao grau de adiantamento dos seres que os habitam.*

CONHECIMENTO DA LEI NATURAL

619. Deus deu a todos os homens os meios de conhecer a Sua lei?

– *Todos podem conhecê-la, mas nem todos a compreendem. Os homens de bem e os que querem pesquisá-la são os que melhor a compreendem. No entanto, todos irão compreendê-la um dia, pois é preciso que o progresso se realize.*

A justiça das diversas encarnações do homem é uma consequência desse princípio, pois a cada nova existência sua inteligência é mais desenvolvida e ele compreende melhor o que é o bem e o que é o mal. Se, para ele, tudo tivesse que se realizar numa única existência, qual seria o destino de tantos milhões de seres que morrem a cada dia na brutalidade da selvageria, ou nas trevas da ignorância, sem que deles tenha dependido o próprio esclarecimento? (Ver tópicos 171-222.)

620. A alma, antes de sua união com o corpo, compreende melhor a lei de Deus do que após sua encarnação?

– *Compreende-a de acordo com o grau de perfeição a que tenha chegado, e conserva sua lembrança intuitiva após sua união com o corpo. No entanto, os maus instintos do homem frequentemente fazem com que ele a esqueça.*

621. Onde está escrita a lei de Deus?

– *Na consciência.*

621. a) Uma vez que o homem traz a lei de Deus em sua consciência, que necessidade tinha de que ela lhe fosse revelada?

– *Ele a esquecera e ignorara: Deus quis que sua lei fosse relembrada.*

622. Deus deu a alguns homens a missão de revelá-la?

– *Sim, certamente; em todos os tempos, homens receberam essa missão. São Espíritos superiores encarnados com o objetivo de fazer a humanidade progredir.*

623. Os que pretenderam instruir os homens na lei de Deus às vezes não se enganaram, transviando-os devido a falsos princípios?

– Aqueles que não foram inspirados por Deus e que se dedicaram, por ambição, a uma missão que não lhes cabia, certamente podem tê-los transviado. No entanto, como afinal eram homens de gênio, mesmo em meio aos erros que ensinaram, muitas vezes se encontram grandes verdades.

624. Qual é o caráter do verdadeiro profeta?

– O verdadeiro profeta é um homem de bem, inspirado por Deus. Pode-se reconhecê-lo por suas palavras e ações. Deus não pode servir-se da boca do mentiroso para ensinar a verdade.

625. Qual o exemplar mais perfeito que Deus ofereceu ao homem para servir-lhe de guia e modelo?

– Vede Jesus.

Jesus é, para o homem, o modelo da perfeição moral a que pode aspirar a humanidade, na Terra. Deus o oferece a nós como o mais perfeito modelo, e a doutrina que ele ensinou é a mais pura expressão de sua lei, pois Jesus estava animado pelo Espírito Divino, e foi o ser mais puro que surgiu na Terra.

Se alguns dos que pretenderam instruir o homem na lei de Deus desviaram-no por falsos princípios, foi porque se deixaram dominar por sentimentos demasiado terrenos e porque confundiram as leis que regem as condições da vida da alma com as que regem a vida do corpo. Muitos tomaram como leis divinas simples leis humanas, criadas para servir às paixões e dominar os homens.

626. As leis divinas e naturais só foram reveladas aos homens por Jesus? Antes dele, as pessoas só as conheciam por meio da intuição?

– Não dissemos que estão escritas em toda parte? Todos os homens que meditaram sobre o conhecimento da verdade puderam assim compreendê-las e ensiná-las desde os séculos mais remotos. Por meio de seus ensinamentos, mesmo incompletos, prepararam o terreno para receber a semente. Por estarem inscritas no livro da Natureza, o homem pôde conhecer as leis divinas quando quis procurá-las. Por isso os preceitos que as consagram foram proclamados em todos os tempos pelos homens de bem, e é também por essa mesma razão que seus elementos são encontrados na doutrina moral de todos os povos saídos da barbárie, mas incompletos ou adulterados pela ignorância e pela superstição.

627. Uma vez que Jesus ensinou as verdadeiras leis de Deus, qual a utilidade do ensinamento dado pelos Espíritos? Eles têm algo a mais a ensinar-nos?

– A palavra de Jesus frequentemente era alegórica e em parábolas, porque ele falava de acordo com seu tempo e lugar. Agora, é preciso que a verdade seja inteligível para todo mundo. É preciso explicar bem e desenvolver essas leis, já que tão poucos são os que as compreendem, e ainda menos os que as praticam. Nossa missão é chocar os olhos e os ouvidos para confundir os orgulhosos e desmascarar os hipócritas: os que assumem as aparências da virtude e da religião a fim de esconder suas torpezas. O ensinamento dos Espíritos deve ser claro e sem equívocos, para que ninguém possa usar a ignorância como pretexto e para que cada um possa julgá-lo e apreciá-lo através de sua própria razão. Nós somos encarregados de preparar o reino do bem anunciado por Jesus. É por isso que não se pode deixar que cada um interprete a lei de Deus de acordo com suas paixões, nem falsear o sentido de uma lei que é toda de amor e caridade.

628. Por que nem sempre a verdade foi colocada ao alcance de todos?

– É preciso que cada coisa venha a seu tempo. A verdade é como a luz: é preciso habituar-se pouco a pouco, senão ela ofusca.

Nunca aconteceu de Deus ter permitido ao homem receber comunicações tão completas e tão instrutivas como as que lhe é dado receber hoje. Havia nas antigas eras, como o sabeis, alguns indivíduos que tinham a posse do que consideravam uma ciência sagrada, e da qual faziam mistério para aqueles que consideravam profanos. Deveis compreender, com o que conheceis das leis que regem esses fenômenos, que eles recebiam apenas algumas verdades esparsas em meio a um conjunto equívoco e, na maior parte do tempo, simbólico. No entanto, para o homem estudado, não há nenhum antigo sistema filosófico, nenhuma tradição, nenhuma religião a negligenciar, pois em tudo há germes de grandes verdades. Embora pareçam contraditórias entre si, de tão esparsas em meio a acessórios sem fundamento, são facilmente coordenáveis, graças à chave que o Espiritismo vos dá de uma infinidade de coisas que, até hoje, pareciam sem razão, e cuja realidade atualmente vos é demonstrada de maneira irrecusável. Não deixeis de tirar desse material objetos de estudo; é um material muito rico e que pode contribuir ativamente para a vossa instrução.

O BEM E O MAL

629. Que definição se pode dar da moral?

– A moral é a regra para portar-se bem, ou seja, a distinção entre o bem e o mal. É baseada na observação da lei de Deus. O homem se porta bem quando faz tudo em vista e para o bem de todos, pois então observa a lei de Deus.

630. Como se pode distinguir o bem e o mal?

– O bem é tudo o que está de acordo com a lei de Deus, e o mal, tudo o que dela se afasta. Assim, fazer o bem é conformar-se à lei de Deus; fazer o mal é infringir essa lei.

631. O homem tem, por si só, os meios de distinguir o que é bem do que é mal?

– Sim, quando acredita em Deus e quer saber isso. Deus lhe deu a inteligência para discernir um e outro.

632. O homem, que está sujeito ao erro, não pode enganar-se na apreciação do bem e do mal, e acreditar que faz o bem, quando, na realidade, pratica o mal?

– Jesus vos disse: observai o que gostaríeis e o que não gostaríeis que vos fizessem: tudo se resume nisso. Vós não vos enganareis.

633. A regra do bem e do mal, que se poderia chamar de *reciprocidade* ou de *solidariedade*, não pode ser aplicada à conduta pessoal do homem para consigo mesmo. O homem tem, nessa lei natural, a regra de conduta e um guia seguro?

– *Quando comeis em excesso, isso vos faz mal. Pois bem! É Deus vos dando a medida que necessitais. Quando a excedeis, sois punidos. Isso vale para tudo. A lei natural traça o limite das necessidades do homem. Quando ele a ultrapassa, é punido com o sofrimento. Se o homem sempre escutasse essa voz que lhe diz basta, evitaria a maior parte dos males de que acusa a Natureza.*

634. Por que o mal está na natureza das coisas? Refiro-me ao mal moral. Deus não podia ter criado a humanidade em melhores condições?

– *Já te dissemos: os Espíritos foram criados simples e ignorantes* (ver tópico 115). *Deus deixa ao homem a escolha do caminho; pior para ele se toma o mau caminho: sua peregrinação será mais longa. Se não houvesse montanhas, o homem não poderia compreender que se pode subir e descer, e, se não houvesse rochas, não compreenderia que há corpos duros. É preciso que o Espírito adquira experiência, e para adquiri-la é preciso que conheça o bem e o mal; por isso há união do Espírito e do corpo.* (Ver tópico 119.)

635. As diferentes posições sociais criam novas necessidades, que não são as mesmas para todos os homens. Assim, a lei natural pareceria não constituir uma regra uniforme?

– *Essas diferentes posições estão na Natureza, de acordo com a lei do progresso. Isso não impede a unidade da lei natural, que se aplica a tudo.*

As condições de existência do homem mudam de acordo com os tempos e lugares. E disso resultam diferentes necessidades e posições sociais apropriadas a essas necessidades. Uma vez que essa diversidade está na ordem das coisas, ela é conforme à lei de Deus, e essa lei não é menos uma em seu princípio. Cabe à razão distinguir as necessidades reais das necessidades factícias ou convencionais.

636. O bem e o mal são absolutos para todos os homens?

– *A lei de Deus é a mesma para todos; mas o mal depende sobretudo da vontade que se tem de praticá-lo. O bem é sempre bem e o mal é sempre mal, qualquer que seja a posição do homem; a diferença está no grau de responsabilidade.*

637. O selvagem que cede a seu instinto, alimentando-se de carne humana, é culpado?

– *Eu disse que o mal depende da vontade. Pois bem! O homem é tanto mais culpado quanto melhor sabe o que faz.*

As circunstâncias dão ao bem e ao mal uma gravidade relativa. O homem frequentemente comete erros, que, por serem consequência da posição em que a sociedade o colocou, não são menos repreensíveis. Porém, a responsabilidade é proporcional aos meios que ele dispõe para compreender o bem e o mal. É por isso que o homem esclarecido que comete uma simples injustiça é mais culpado aos olhos de Deus do que o selvagem ignorante que se entrega aos seus instintos.

638. Às vezes, o mal parece ser uma consequência da força das coisas, como o é, por exemplo, em certos casos, a necessidade de destruição, inclusive do seu semelhante. Pode-se então dizer que há infração à lei d'e Deus?

– *O mal não deixa de ser mal, embora seja necessário. Mas essa necessidade desaparece à medida que a alma se purifica, passando de uma existência a outra. E então, o homem se torna mais culpado quando o comete, porque o compreende melhor.*

639. O mal que se comete não é muitas vezes o resultado da posição em que outros homens nos colocaram? E nesse caso, quem são os mais culpados?

– *O mal recai sobre aquele que o causou. Assim, o homem que é conduzido ao mal pela posição em que seus semelhantes o colocaram é menos culpado que aqueles que causaram esse mal. Pois cada um sofrerá o castigo, não apenas pelo mal que tiver feito, como também pelo mal que tiver provocado.*

640. Aquele que não fez o mal, mas que tirou proveito do mal feito por outrem, é tão culpado quanto o primeiro?

– *É como se o tivesse praticado; tirar proveito do mal é o mesmo que participar dele. Talvez tivesse recuado diante da ação, mas se, ao encontrá-la já realizada, dela se serve, é porque a aprova, e a teria praticado se tivesse podido ou se tivesse ousado.*

641. O desejo do mal é tão repreensível quanto o próprio mal?

– *Isso depende; há virtude em resistir voluntariamente ao mal que se sente tentado a praticar, sobretudo quando se tem a possibilidade de satisfazer esse desejo. Se o homem deixou de fazê-lo apenas por falta de ocasião, é culpado.*

642. Basta não praticar o mal para agradar a Deus e garantir sua posição no futuro?

– *Não, é preciso fazer o bem no limite de suas forças; pois cada um responderá por todo o mal que haja resultado de não haver praticado o bem.*

643. Há pessoas que, por sua posição, não têm a possibilidade de fazer o bem?

– *Não há ninguém que não possa fazer o bem: somente o egoísta nunca encontra oportunidade para praticá-lo. Basta estar em relação com outros homens para ter como fazer o bem, e cada dia da vida oferece essa possibilidade a quem não estiver cego pelo egoísmo. Pois fazer o bem não é apenas ser caridoso, é ser útil, na medida do possível, todas as vezes que o auxílio se fizer necessário.*

644. O meio em que certos homens se encontram não é, para eles, a fonte primeira de muitos vícios e crimes?

– *Sim, mas isso ainda é uma provação escolhida pelo Espírito no estado de liberdade. Ele quis expor-se à tentação para ter o mérito da resistência.*

645. Quando o homem se encontra, de alguma forma, imerso na atmosfera do vício, o mal não se torna para ele uma atração quase irresistível?

– *Atração, sim; irresistível, não; pois, em meio a essa atmosfera de vício, algumas vezes encontras grandes virtudes. São Espíritos que tiveram a força de resistir, e que, ao mesmo tempo, tiveram por missão exercer uma boa influência sobre seus semelhantes.*

646. O mérito do bem que se faz está subordinado a certas condições? Ou seja, há diferentes graus no mérito do bem?

– *O mérito do bem está na dificuldade. Não há mérito em fazer o bem sem sofrimento e quando ele nada custa. Deus tem mais consideração pelo pobre que reparte seu único pedaço de pão do que pelo rico que só dá o seu supérfluo. Jesus disse isso a propósito do óbolo da viúva.*

Divisão da Lei Natural

647. Toda a lei de Deus está contida na máxima do amor ao próximo ensinada por Jesus?

– *Certamente, essa máxima inclui todos os deveres dos homens entre si. Mas é preciso mostrar-lhes sua aplicação, caso contrário deixarão de praticá-la, como fazem hoje. Além disso, a lei natural compreende todas as circunstâncias da vida, e essa máxima é apenas uma parte dela. Os homens necessitam de regras precisas; os preceitos genéricos e muito vagos deixam muitas portas abertas à interpretação.*

648. O que pensais da divisão da lei natural em dez partes, compreendendo as leis de *adoração, trabalho, reprodução, conservação, destruição, sociedade, progresso, igualdade, liberdade* e, finalmente, *a lei de justiça, amor e caridade*?

– *Essa divisão da lei de Deus em dez partes é a de Moisés, e pode abranger todas as circunstâncias da vida, o que é essencial. Portanto, podes segui-la, sem que por isso ela tenha algo de absoluto, como não o têm nenhum dos outros sistemas de classificação, que dependem do ponto de vista sob o qual se considera qualquer assunto. A última lei é a mais importante; é por meio dela que o homem pode progredir mais na vida espiritual, visto que resume todas as outras.*

Capítulo II

I. LEI DE ADORAÇÃO

> Objetivo da adoração – Adoração exterior – Vida contemplativa – Sobre a prece – Politeísmo – Sacrifícios.

OBJETIVO DA ADORAÇÃO

649. Em que consiste a adoração?
– *É a elevação do pensamento a Deus. Por meio da adoração, a alma se aproxima d'Ele.*

650. A adoração é o resultado de um sentimento inato ou o produto de um ensinamento?
– *Sentimento inato, como o da Divindade. A consciência da fraqueza leva o homem a curvar-se diante daquele que pode protegê-lo.*

651. Houve povos desprovidos de qualquer sentimento de adoração?
– *Não, pois nunca existiram povos ateus. Todos compreendem que há, acima deles, um ser supremo.*

652. Pode-se considerar a adoração como tendo sua fonte na lei natural?
– *Ela faz parte da lei natural, pois resulta de um sentimento inato no homem. É por isso que a adoração está presente em todos os povos, embora sob formas diferentes.*

ADORAÇÃO EXTERIOR

653. A adoração tem necessidade de manifestações exteriores?
– *A adoração verdadeira está no coração. Em todas as vossas ações, pensai sempre que o Senhor vos observa.*

653. a) A adoração exterior é útil?

– Sim, senão é um vão simulacro. É sempre útil dar um bom exemplo. Mas os que só o fazem por afetação e amor-próprio, e cuja conduta desmente sua aparente piedade, dão antes um mau exemplo que um bom, e fazem mais mal do que supõem.

654. Deus tem uma preferência pelos que O adoram desta ou daquela forma?

– Deus prefere os que O adoram do fundo do coração, com sinceridade, fazendo o bem e evitando o mal, àqueles que acreditam honrá-Lo com cerimônias que não os tornam melhores para seus semelhantes.

Todos os homens são irmãos e filhos de Deus; Ele chama para si todos os que seguem Suas leis, seja qual for a forma pela qual se expressam.

Aquele que só aparenta ter piedade é um hipócrita; aquele cuja adoração é apenas fingimento e está em contradição com a sua própria conduta dá um mau exemplo.

Aquele que faz profissão da adoração do Cristo, mas é orgulhoso, invejoso e ciumento, é duro e implacável com os outros ou ambicioso pelos bens desse mundo, eu vos digo que a religião está em seus lábios e não em seu coração. Deus, que tudo vê, dirá: aquele que conhece a verdade é cem vezes mais culpado pelo mal que faz do que o selvagem ignorante do deserto, e será tratado em consequência disso, no dia da justiça. Se um cego vos empurra ao passar, vós o desculpais; se é um homem que enxerga perfeitamente, vós reclamais, e com razão.

Portanto, não pergunteis se há uma forma de adoração mais conveniente, pois isso seria perguntar se é mais agradável a Deus ser adorado num idioma do que em outro. Eu insisto: os cânticos só chegam a Deus pela porta do coração.

655. É condenável praticar uma religião na qual não se crê do fundo de sua alma, fazendo-o por respeito humano e para não escandalizar os que pensam de forma diferente?

– A intenção, tanto nesse como em muitos outros casos, é a regra. Aquele que visa apenas respeitar as crenças alheias não faz mal; faz melhor do que aquele que as transforma em ridículo, pois a este faltaria caridade. Mas aquele que só a pratica por interesse e ambição é desprezível aos olhos de Deus e dos homens. A Deus não pode agradar aqueles que apenas fingem ser humildes diante dele para conquistar a aprovação dos homens.

656. A adoração compartilhada é preferível à adoração individual?

– Os homens reunidos por uma comunhão de pensamentos e de sentimentos têm mais força para atrair os bons Espíritos. O mesmo se dá quando se reúnem para adorar a Deus. Mas nem por isso penseis que a adoração particular seja menos eficaz, pois cada um pode adorar a Deus pensando n'Ele.

VIDA CONTEMPLATIVA

657. Os homens que se entregam à vida contemplativa, não fazendo nenhum mal e só pensando em Deus, têm algum mérito a seus olhos?

– *Não, pois se não fazem o mal, também não fazem o bem, e são inúteis. Além disso, não fazer o bem já é um mal. Deus quer que pensemos n'Ele, mas não que pensemos apenas n'Ele, pois deu ao homem deveres a cumprir na Terra. Aquele que se consome na meditação e na contemplação não faz nada digno de mérito aos olhos de Deus, porque sua vida é toda pessoal e inútil à humanidade, e Deus lhe pedirá contas do bem que não houver feito.* (Ver tópico 640.)

SOBRE A PRECE

658. A prece é agradável a Deus?

– *A prece é sempre agradável a Deus, quando ditada pelo coração, pois a intenção é tudo para Ele, e a prece de coração é preferível àquela que podes ler, por mais bela que seja, se a lês antes com os lábios que com o pensamento. A prece é agradável a Deus quando dita com fé, fervor e sinceridade. Mas não penseis que Ele pode ser comovido pelo homem fútil, orgulhoso e egoísta, a menos que isso represente, de sua parte, um ato de sincero arrependimento e de verdadeira humildade.*

659. Qual é o caráter geral da prece?

– *A prece é um ato de adoração. Orar a Deus é pensar n'Ele, é aproximar-se d'Ele, comunicar-se com Ele. Através da prece, pode-se ter em vista três coisas: louvar, pedir e agradecer.*

660. A prece torna o homem melhor?

– *Sim, pois aquele que ora com fervor e confiança é mais forte contra as tentações do mal, e Deus lhe envia bons Espíritos para assisti-lo. É um auxílio nunca negado, quando pedido com sinceridade.*

660. a) Como se explica que certas pessoas que oram muito sejam, apesar disso, de mau caráter, despeitadas, invejosas, impertinentes, sem benevolência e indulgência, e às vezes até mesmo viciosas?

– *O essencial não é orar muito, mas orar bem. Essas pessoas acreditam que todo o mérito está na extensão da prece e fecham os olhos para seus próprios defeitos. Para elas, a prece é uma ocupação, um emprego do tempo, mas não um estudo de si mesmas. Não é o remédio que é ineficaz, mas a maneira como é empregado.*

661. Pode-se orar, de maneira eficaz, para que Deus perdoe as nossas faltas?

– *Deus sabe discernir o bem e o mal: a oração não encobre os erros. Aquele que pede a Deus o perdão de suas faltas só o obtém mudando de atitude. As boas ações são a melhor prece, pois os atos valem mais que as palavras.*

662. É possível orar, de maneira eficaz, por outras pessoas?
– *O Espírito de quem ora age por sua vontade de fazer o bem. Pela prece, ele atrai para si os bons Espíritos e estes se associam ao bem que quer fazer.*

Possuímos em nós, pelo pensamento e pela vontade, um poder de ação que se estende muito além dos limites de nossa esfera corporal. A prece pelos outros é um ato dessa vontade. Se ela é ardente e sincera, pode chamar em sua ajuda os bons Espíritos, a fim de sugerir-lhes bons pensamentos e de dar-lhes a força necessária ao corpo e à alma. Mas, ainda nesse caso, a prece feita de coração é tudo, enquanto aquela feita da boca para fora não é nada.

663. As preces que fazemos por nós mesmos podem mudar a natureza de nossas provas e desviar-lhes o curso?

– *Vossas provações estão nas mãos de Deus e há aquelas que devem ser suportadas até o fim, mas então Deus sempre leva em conta a resignação. A prece atrai para vós os bons Espíritos, que vos dão a força de suportá-las com coragem, e as provações vos parecem menos rudes. Como dissemos, a prece nunca é inútil quando bem feita, porque fortalece, o que já é um grande resultado. Ajuda-te, e o Céu te ajudará, sabeis disso. Aliás, Deus não pode mudar a ordem da Natureza segundo a vontade de cada um, pois o que é um grande mal sob o vosso ponto de vista mesquinho e vossa vida efêmera, muitas vezes é um grande bem na ordem geral do Universo. Além disso, quantos males não advêm do próprio homem, por sua imprevidência ou por seus erros! Ele é punido por aquilo em que pecou. No entanto, os pedidos justos são atendidos com maior frequência do que imaginais. Acreditais que Deus não vos escutou porque não fez um milagre a vosso favor, quando Ele vos está ajudando por meios tão naturais que vos parecem efeito do acaso ou força das circunstâncias. Muitas vezes também – o que na verdade é o mais frequente –, Ele vos suscita o pensamento necessário para que deixeis por vós mesmos as dificuldades.*

664. É útil orar pelos mortos e pelos Espíritos sofredores? Em caso afirmativo, como nossas preces podem proporcionar-lhes alívio e abreviar seus sofrimentos? Elas têm o poder de abrandar a justiça de Deus?

– *A prece não pode ter por efeito mudar os desígnios de Deus, mas a alma pela qual se ora sente o alívio, porque a prece é um testemunho de interesse que se dá à alma, e porque o infeliz sempre é consolado quando encontra almas caridosas que se compadecem de suas dores. Por outro lado, pela prece, provoca-se o arrependimento e desperta-se o desejo de fazer o que é necessário para tornar-se feliz. É nesse sentido que se pode abreviar sua aflição, se, de sua parte, ele contribui com sua boa vontade. Esse desejo de melhora, incitado pela oração, atrai para o Espírito sofredor Espíritos melhores que vêm para esclarecê-lo, consolá-lo e dar-lhe esperança. Jesus orou pelas ovelhas desgarradas, mostrando-vos, com isso, que sereis culpados se nada fizerdes por aqueles que mais necessitam.*

665. O que pensar da opinião que rejeita a prece pelos mortos, pelo fato de que ela não é prescrita no Evangelho?

– Cristo disse aos homens: *"Amai-vos uns aos outros"*. Essa recomendação inclui a de se valer de todos os meios possíveis para mostrar afeição, sem por isso entrar em detalhes sobre a maneira de atingir esse objetivo. Se é verdade que nada pode desviar o Criador da aplicação da justiça – da qual Ele é o protótipo – a todas as ações do Espírito, não é menos verdade que a prece que dirigis a Ele em favor daquele que amais é uma prova da lembrança que inevitavelmente vai contribuir para aliviar seus sofrimentos e consolá-lo. Desde que ele demonstre o mais leve arrependimento – e somente assim – será socorrido. Isso não o deixará esquecer jamais que uma alma simpática ocupou-se dele, e lhe dará o doce pensamento de que vossa intercessão lhe foi útil. Disso resulta necessariamente, da parte dele, um sentimento de reconhecimento e de afeição por aquele que lhe deu essa prova de carinho ou de piedade. Consequentemente, o amor que o Cristo recomendou aos homens só vai aumentar entre eles. Portanto, ambos obedeceram à lei de amor e união de todos os seres, lei divina que deve conduzir à unidade, que é o objetivo e a finalidade do Espírito[1].

666. Pode-se orar aos Espíritos?

– Pode-se orar aos bons Espíritos como sendo os mensageiros de Deus e os executores de suas vontades. Mas seu poder é proporcional à sua superioridade, e sempre depende do Senhor de todas as coisas, sem cuja permissão nada se faz. Eis por que as orações destinadas aos Espíritos só são eficazes se forem da vontade de Deus.

POLITEÍSMO

667. Se o politeísmo é uma crença falsa, por que é uma das crenças mais antigas e mais difundidas?

– O pensamento de um Deus único só podia chegar até o homem como resultado do desenvolvimento de suas ideias. Em sua ignorância, incapaz de conceber um ser imaterial, sem forma determinada, e que agisse sobre a matéria, o homem lhe conferiu os atributos da natureza corporal, isto é, uma forma e uma figura e, a partir de então, tudo que lhe parecesse ultrapassar as proporções da inteligência comum era para ele uma divindade. Tudo o que ele não compreendia, devia ser obra de um poder sobrenatural. E disso a acreditar em tantos poderes distintos quantos fossem os efeitos que via era só um passo. Mas em todos os tempos houve homens esclarecidos, que compreenderam a impossibilidade dessa multidão de poderes para governar o mundo sem uma direção superior, e que se elevaram ao pensamento de um deus único.

---

(1) Resposta dada pelo Espírito de M. Monot, pastor protestante de Paris, morto em abril de 1856. A resposta anterior, nº 664, é do Espírito de São Luís.

668. Os fenômenos Espíritas, por terem sido produzidos em todos os tempos, e sendo conhecidos desde as primeiras épocas do mundo, não podiam ter levado à crença na pluralidade de deuses?

– *Sem dúvida, pois para os homens que chamavam de deus tudo o que era sobre-humano, os Espíritos pareciam deuses, e é por isso que quando um homem se destacava entre todos os outros por suas ações, por seu gênio, ou por um poder oculto, não compreendido pelo vulgo, faziam dele um deus, e prestavam--lhe culto após a morte.* (Ver tópico 603.)

A palavra *deus* tinha, entre os Antigos, um sentido muito amplo. Não significava, como em nossos dias, uma personificação do Senhor da Natureza, mas era uma qualificação genérica, dada a todo ser situado acima da condição humana. Ora, uma vez que as manifestações Espíritas tinham revelado a existência de seres incorpóreos que agiam como força da Natureza, eles os chamaram de *deuses*, como nós os chamamos de *Espíritos*. É uma simples questão de uso de palavras, com a diferença de que, em sua ignorância – mantida propositadamente por aqueles que tinham interesse nisso –, eles construíam templos e altares muito lucrativos, ao passo que, para nós, não passam de criaturas simples e semelhantes a nós, mais ou menos perfeitas, e despidas de seu envoltório terreno. Estudando--se atentamente os atributos das divindades pagãs, reconhece-se facilmente neles todos os que caracterizam nossos Espíritos em todos os graus da escala Espírita, seu estado físico nos mundos superiores, todas as propriedades do periespírito e o papel que desempenham em relação às coisas terrenas.

O Cristianismo, tendo vindo iluminar o mundo com sua luz divina, não pôde destruir uma coisa que está na Natureza, mas fez com que a adoração se voltasse para Aquele a quem ela realmente cabe. Quanto aos Espíritos, sua lembrança se perpetuou com diversos nomes, de acordo com os povos, e suas manifestações, que nunca cessaram, foram interpretadas de formas diferentes e frequentemente exploradas sob o domínio do mistério. Enquanto a religião via nisso fenômenos miraculosos, os incrédulos viam charlatanismo. Hoje, graças a estudos mais sérios e feitos às claras, o Espiritismo, livre de ideias supersticiosas que o obscureceram durante séculos, revela-nos um dos maiores e mais sublimes princípios da Natureza.

SACRIFÍCIOS

669. A prática dos sacrifícios humanos remonta à mais longínqua Antiguidade. Como o homem pôde ser levado a crer que tais coisas pudessem ser agradáveis a Deus?

– *Inicialmente, porque não compreendia Deus como sendo a fonte da bondade. Entre os povos primitivos, a matéria prevalece sobre o Espírito; eles se entregam aos instintos do animal selvagem, e é por isso que geralmente são* cruéis, porque neles o senso moral ainda não está desenvolvido. Depois, os homens primitivos naturalmente deviam acreditar que, aos olhos de Deus, uma criatura animada tinha muito mais valor que um corpo material inerte. Foi isso que os levou a imolar inicialmente animais, e mais tarde homens, uma vez que, seguindo sua falsa crença, pensavam que o valor do sacrifício era proporcional à importância da vítima. Na vida material, tal como a praticais, se oferecêsseis um presente a alguém, sempre escolheríeis um de valor tanto maior quanto fosse a afeição e a consideração que tivésseis vontade de demonstrar. Deve ter ocorrido o mesmo com os homens ignorantes em relação a Deus.

669. a) Assim, os sacrifícios de animais teriam precedido os sacrifícios humanos?

– Não há a menor dúvida.

669. b) De acordo com essa explicação, os sacrifícios humanos não teriam sua origem num sentimento de crueldade?

– Não, mas numa falsa ideia do que é agradar a Deus. Vede Abraão. Com o tempo, os homens passaram a abusar, imolando seus inimigos, até mesmo os inimigos particulares. Além disso, Deus nunca exigiu sacrifícios, nem de animais, nem de homens; Ele não pode ser honrado com a destruição inútil de sua própria criatura.

670. Os sacrifícios humanos realizados com uma intenção piedosa poderiam, algumas vezes, ter agradado a Deus?

– Não, nunca; mas Deus julga a intenção. Os homens, sendo ignorantes, deviam acreditar que praticavam um ato louvável ao imolar um de seus semelhantes. Nesse caso, Deus só leva em conta o pensamento, e não o fato. Os homens, ao evoluírem, deviam reconhecer seu erro e desaprovar esses sacrifícios, que não estavam de acordo com as ideias dos Espíritos esclarecidos. Digo esclarecidos porque os Espíritos estavam até então revestidos pelo véu material. Porém, através do livre-arbítrio, poderiam fazer um exame de sua origem e finalidade, e muitos já compreendiam, por intuição, o mal que faziam, mas não deixavam de realizá-lo para satisfazer suas paixões.

671. O que devemos pensar das chamadas guerras santas? O sentimento que leva povos fanáticos a exterminar o máximo que puderem daqueles que não partilham de suas crenças, com o objetivo de agradar a Deus, não teriam a mesma origem daqueles que no passado provocavam os sacrifícios dos seus semelhantes?

– São impelidos por maus Espíritos, e, guerreando contra seus semelhantes, vão contra a vontade de Deus, que diz que se deve amar o próximo como a si mesmo. Todas as religiões, ou melhor, todos os povos, adoram um mesmo Deus, independente do nome que usem. Por que fazer uma guerra de exterminação, só porque uma religião é diferente ou porque ainda não atingiu o progresso dos povos esclarecidos? Os povos são desculpáveis por não acreditarem na palavra daquele que foi animado pelo Espírito de Deus e enviado por Ele, sobretudo *quando não viram e não testemunharam seus atos. E como querem que eles acreditem nessa palavra de paz, quando vós ides levá-las a eles com a espada em punho? Eles devem esclarecer-se, e nós temos que tentar fazê-los conhecer sua doutrina pela persuasão e a docilidade, e não pela força e pelo sangue. A maioria de vós não acredita nas comunicações que temos com alguns mortais. Como quereis que estranhos acreditem nas palavras que proferis, quando vossos atos desmentem a doutrina que pregais?*

672. A oferenda de frutos da terra, feita a Deus, tinha, aos seus olhos, mais mérito que o sacrifício de animais?

– *Já vos respondi ao dizer que Deus julgava a intenção, e que o fato tinha pouca importância para Ele. Evidentemente, era mais agradável a Deus a oferenda de frutos da terra em vez do sangue de vítimas. Como já vos dissemos e repetimos sempre, a prece feita do fundo do coração é cem vezes mais agradável a Deus do que todas as oferendas que pudésseis fazer-lhe. Torno a dizer que a intenção é tudo, o fato é nada.*

673. Não haveria um meio de tornar essas oferendas mais agradáveis a Deus, consagrando-as ao amparo dos que não têm nem o essencial? Nesse caso, o sacrifício de animais, realizado com um objetivo útil, não seria mais meritório que o sacrifício abusivo, que não servia para nada ou só era proveitoso a quem não precisava de nada? Não haveria algo de verdadeiramente piedoso em consagrar aos pobres as primícias dos bens que Deus nos concede na Terra?

– *Deus sempre abençoa os que fazem o bem; ajudar os pobres e os aflitos é o melhor meio de honrá-Lo. Isso não quer dizer que Deus desaprova as cerimônias que fazeis para invocá-Lo em vossas orações. Mas há muito dinheiro que poderia ser empregado de maneira mais útil do que é. Deus ama a simplicidade em todas as coisas. O homem que se prende ao exterior e não ao coração é um Espírito de visão estreita. Julgai vós mesmos se Deus deve importar-se mais com a forma do que com o fundo.*

Capítulo III

II. LEI DO TRABALHO

Necessidade do trabalho – Limite do trabalho. Repouso.

NECESSIDADE DO TRABALHO

674. A necessidade do trabalho é uma lei da Natureza?
– *O trabalho é uma lei da Natureza, pelo próprio motivo de ele ser uma necessidade. A civilização obriga o homem a trabalhar mais, porque aumenta suas necessidades e prazeres.*
675. Só se deve entender por trabalho as ocupações materiais?
– *Não; o Espírito trabalha, como o corpo. Qualquer ocupação útil é um trabalho.*
676. Por que o trabalho é imposto ao homem?
– *É uma consequência de sua natureza corporal. É uma expiação e, ao mesmo tempo, um meio de aperfeiçoar sua inteligência. Sem o trabalho, o homem permaneceria na infância intelectual. Por isso ele deve ao trabalho e à sua atividade toda sua alimentação, sua segurança e seu bem-estar. Àquele que é frágil demais fisicamente, Deus concedeu, para compensar, a inteligência; mas é sempre um trabalho.*
677. Por que a própria Natureza se encarrega de satisfazer todas as necessidades dos animais?
– *Tudo trabalha na Natureza; os animais trabalham, como tu, mas o trabalho deles, como sua inteligência, limita-se ao cuidado da própria conservação. Essa é a razão pela qual, entre os animais, o trabalho não conduz ao progresso, ao passo que, entre os homens, tem uma dupla finalidade: a conservação do corpo*

e o desenvolvimento do pensamento, que também é uma necessidade, e que o eleva acima de si mesmo. Quando digo que o trabalho dos animais se limita ao cuidado de sua conservação, refiro-me à finalidade que eles têm diante de si quando trabalham. Mas eles são, sem o saber, ao se dedicar inteiramente à provisão de suas necessidades materiais, agentes que auxiliam nos desígnios do Criador, e seu trabalho não é menos importante para o objetivo final da Natureza, embora muitas vezes não percebas o resultado imediato.

678. Nos mundos mais aperfeiçoados, o homem também é submetido a essa necessidade de trabalho?

– A natureza do trabalho é relativa à natureza das necessidades. Quanto menos necessidades materiais, menos material é o trabalho. Mas nem por isso penses que o homem permanece inativo e inútil: a ociosidade seria um suplício, em vez de ser um benefício.

679. O homem que possui bens suficientes para garantir sua subsistência está liberado da lei do trabalho?

– Talvez do trabalho material, mas não da obrigação de tornar-se útil, de acordo com suas possibilidades, nem de aperfeiçoar sua inteligência ou a dos outros, o que também é um trabalho. Se o homem a quem Deus concedeu bens suficientes para assegurar sua subsistência não é obrigado a alimentar-se com o suor de seu rosto, a obrigação de ser útil aos seus semelhantes é tanto maior, para ele, quanto a parte que lhe coube adiantadamente lhe der maior tempo livre para fazer o bem.

680. Não há homens impossibilitados de trabalhar, seja no que for, e cuja existência é inútil?

– Deus é justo. Ele só condena aquele cuja existência é voluntariamente inútil e vive à custa do trabalho dos outros. Ele quer que cada um se torne útil, de acordo com suas capacidades. (Ver tópico 643.)

681. A lei da Natureza impõe aos filhos a obrigação de trabalhar para os pais?

– Certamente, assim como os pais devem trabalhar para seus filhos. Por isso Deus fez do amor dos filhos e do amor paterno um sentimento natural, para que, por meio dessa afeição recíproca, os membros de uma mesma família fossem levados a ajudar-se mutuamente. Isto é muito frequentemente ignorado em vossa atual sociedade. (Ver tópico 205.)

LIMITE DO TRABALHO. REPOUSO

682. O repouso, por ser uma necessidade após o trabalho, constitui uma lei da Natureza?

– Sem dúvida. O repouso serve para renovar as forças do corpo, sendo também necessário para dar um pouco mais de liberdade à inteligência, que deve elevar-se acima da matéria.

683. Qual é o limite do trabalho?
– *O limite das forças. Contudo, Deus deixa o homem livre.*

684. O que pensar daqueles que abusam de sua autoridade, impondo um excesso de trabalho aos seus inferiores?
– *É uma das piores ações. Todo homem que tem o poder de comandar é responsável pelo excesso de trabalho que impõe aos seus inferiores, pois transgride a lei de Deus.* (Ver tópico 273.)

685. O homem tem direito ao repouso em sua velhice?
– *Sim, sua obrigação é sempre proporcional às suas forças.*

685. a) No entanto, que recurso possui o idoso que tem necessidade de trabalhar para viver, mas não pode?
– *O forte deve trabalhar para o fraco. Na falta da família, a sociedade deve ampará-lo: é a lei de caridade.*

Não basta dizer ao homem que ele deve trabalhar, é necessário ainda que aquele que vive do seu trabalho procure ocupar-se, mas isso nem sempre acontece. Quando a suspensão do trabalho se generaliza, ela toma proporções de um flagelo, como a escassez. A ciência econômica procura o remédio no equilíbrio entre a produção e o consumo. Mas esse equilíbrio, supondo que seja possível, tem sempre intermitências, e durante esses intervalos o trabalhador não deixa de viver. Há um elemento sobre o qual não se ponderou o bastante e, sem ele, a ciência econômica não passa de uma teoria: a *educação*. Não a educação intelectual, mas a educação moral, e não a educação moral através dos livros, mas a que consiste *na arte de formar os caracteres, a que forma hábitos: pois a educação é o conjunto dos hábitos adquiridos*. Quando se pensa no conjunto de indivíduos diariamente lançados na torrente da população, sem princípios, sem limites e abandonados aos próprios instintos, deve-se ficar surpreso com as consequências desastrosas que disso resultam? Quando essa arte for conhecida, compreendida e praticada, o homem seguirá no mundo hábitos *de ordem e de previdência* para si mesmo e para os seus, de *respeito com aquele que é respeitável*, hábitos que lhe permitirão atravessar de maneira menos penosa os maus dias inevitáveis. A desordem e a imprevidência são chagas que só uma educação *bem compreendida* pode curar. Esse é o ponto de partida, o elemento real do bem-estar, a garantia da segurança de *todos*.

Capítulo IV

III. LEI DA REPRODUÇÃO

> População do Globo – Sucessão e aperfeiçoamento das raças – Obstáculos à reprodução – Casamento e celibato – Poligamia.

POPULAÇÃO DO GLOBO

686. A reprodução dos seres vivos é uma lei da Natureza?
– *Isso é evidente. Sem a reprodução, o mundo corporal pereceria.*
687. Se a população seguir sempre a progressão crescente que vemos, chegará um momento em que ela se tornará excessiva na Terra?
– *Não. Para isso, Deus sempre provê e mantém o equilíbrio, Ele não faz nada que seja inútil. O homem, que só vê um lado do quadro da Natureza, não pode julgar a harmonia do conjunto.*

SUCESSÃO E APERFEIÇOAMENTO DAS RAÇAS

688. Há atualmente raças humanas que estão diminuindo consideravelmente. Chegará um momento em que terão desaparecido da Terra?
– *Isto é uma realidade; mas o que ocorre é que outras raças tomaram o seu lugar, assim como, um dia, outras tomarão o vosso.* *
689. Os homens de hoje são uma nova criação ou descendentes aperfeiçoados dos seres primitivos?
– *São os mesmos Espíritos que voltaram para aperfeiçoar-se em novos*

---
* Ver nota explicativa na página 343

corpos, mas que ainda estão longe da perfeição. Assim, a raça humana atual, que, por seu aumento, tende a espalhar-se por toda a Terra e substituir as raças que se extinguem, terá seu período de decrescimento e extinção. Outras raças mais aperfeiçoadas, que descenderão da atual, irão substituí-la, assim como os homens civilizados de hoje descendem de seres brutos e selvagens dos tempos primitivos.*

690. Do ponto de vista puramente físico, os corpos da raça atual são uma criação especial, ou provêm de corpos primitivos, por meio da reprodução?

– *A origem das raças se perde na noite dos tempos. Mas como todas pertencem à grande família humana, seja qual for o tronco primitivo de cada uma, foi-lhes possível aliar-se entre si e produzir novos tipos.**

691. Do ponto de vista físico, qual é o caráter distintivo e dominante das raças primitivas?

– *Desenvolvimento da força bruta em detrimento da força intelectual. Atualmente, é o contrário: o homem realiza mais por meio da inteligência do que pela força física, e, no entanto, realiza cem vezes mais, porque soube usar as forças da Natureza a seu favor, coisa que os animais não fazem.**

692. O aperfeiçoamento das raças animais e vegetais pela Ciência é contrário à lei da Natureza? Estaria mais de acordo com essa lei deixar as coisas seguirem o seu curso normal?

– *Deve-se fazer tudo para atingir a perfeição, e o próprio homem é um instrumento de que Deus se utiliza para atingir os seus propósitos. Sendo a perfeição o objetivo a que tende a Natureza, favorecer essa perfeição é corresponder aos desígnios de Deus.*

692. a) O homem geralmente é movido, em seus esforços pelo aprimoramento das raças, apenas por um sentimento pessoal e com o único objetivo de aumentar seus prazeres. Isso não diminui o seu mérito?

– *Que importa que seu mérito seja nulo, contanto que o progresso se realize? Cabe a ele tornar seu trabalho meritório pela intenção. Aliás, através desse trabalho, ele exercita e desenvolve sua inteligência, e é nesse aspecto que ele tira maior proveito.*

OBSTÁCULOS À REPRODUÇÃO

693. As leis e os costumes humanos que têm por objetivo ou por efeito criar obstáculos à reprodução são contrárias à lei da Natureza?

– *Tudo o que entrava a marcha da Natureza é contrário à lei geral.*

693. a) *No entanto, há espécies de seres vivos, animais e plantas, cuja reprodução indefinida seria nociva a outras espécies e das quais o próprio*

---

* Ver nota explicativa na página 343

homem logo seria vítima. Estaria ele cometendo um ato repreensível, detendo essa reprodução?

– *Deus deu ao homem um poder sobre todos os seres vivos, um poder que ele deve usar para o bem, mas sem abusos. Ele pode regular a reprodução conforme as necessidades, mas não deve entravá-la sem necessidade. A ação inteligente do homem é um contrapeso estabelecido por Deus para restabelecer o equilíbrio entre as forças da Natureza, e é também isso que distingue o homem dos animais, porque ele o faz com conhecimento de causa. No entanto, mesmo os animais colaboram para esse equilíbrio, pois o instinto de destruição que lhes foi dado faz com que, ao providenciarem a própria conservação, eles detenham o desenvolvimento excessivo e talvez perigoso das espécies animais e vegetais de que se alimentam.*

694. O que pensar das práticas que têm por finalidade impedir a reprodução, com o objetivo de satisfazer a sensualidade?

– *Isso prova a predominância do corpo sobre a alma, e o quanto o homem está preso à matéria.*

CASAMENTO E CELIBATO

695. O casamento, isto é, a união permanente de dois seres, é contrária à lei da Natureza?

– *Trata-se de um progresso na marcha da humanidade.*

696. Qual seria o efeito da abolição do casamento na sociedade humana?

– *Uma regressão à vida dos animais.*

A união livre e casual dos sexos é o estado de Natureza. O casamento é um dos primeiros atos de progresso nas sociedades humanas, porque estabelece a solidariedade fraternal e se encontra em todos os povos, embora em condições diversas. A abolição do casamento seria, portanto, o retorno à infância da humanidade, e colocaria o homem até mesmo abaixo de certos animais que lhe dão o exemplo de uniões constantes.

697. A indissolubilidade absoluta do casamento faz parte da lei da Natureza ou somente da lei humana?

– *É uma lei humana muito contrária à lei da Natureza. Mas os homens podem modificar suas leis; somente as da Natureza são imutáveis.*

698. O celibato voluntário é um estado de perfeição meritório aos olhos de Deus?

– *Não, e os que assim vivem por egoísmo desagradam a Deus e enganam a todos.*

699. O celibato, por parte de algumas pessoas, não é um sacrifício com o objetivo de devotar-se mais inteiramente ao serviço da humanidade?

— *Isso é bem diferente; eu disse: por egoísmo. Todo sacrifício pessoal é meritório, quando feito para o bem. Quanto maior o sacrifício, maior o mérito.*

Deus não pode contradizer-se, nem achar ruim o que fez. Portanto, não pode ver mérito algum na violação de Sua lei. No entanto, se o celibato, por si mesmo, não é um estado meritório, isso não ocorre quando ele constitui, pela renúncia aos prazeres da vida familiar, um sacrifício realizado em benefício da humanidade. Todo sacrifício pessoal, que visa o bem e é livre de *segundas intenções egoístas*, eleva o homem acima de sua condição material.

POLIGAMIA

700. A igualdade numérica aproximada entre os sexos é um indício da proporção segundo a qual eles devem unir-se?
— *Sim, pois tudo tem uma finalidade na Natureza.*

701. Qual das duas, a poligamia ou a monogamia, é mais conforme à lei da Natureza?
— *A poligamia é uma lei humana cuja abolição marca um progresso social. O casamento, para ser conforme aos desígnios de Deus, deve ser baseado na afeição dos seres que se unem. Com a poligamia, não há afeição real: só há sensualidade.*

Se a poligamia fosse conforme a lei natural, ela deveria ser universal, o que seria materialmente impossível dada a igualdade numérica dos sexos.

A poligamia deve ser considerada como um hábito ou uma legislação apropriada a certos costumes, e que o aperfeiçoamento social faz desaparecer pouco a pouco.

Capítulo V

IV. LEI DE CONSERVAÇÃO

> Instinto de conservação – Meios de conservação – Usufruto dos bens terrenos – Necessário e supérfluo – Privações voluntárias. Mortificações.

INSTINTO DE CONSERVAÇÃO

702. O instinto de conservação é uma lei da Natureza?

– *Sem dúvida, ele está presente em todos os seres vivos, seja qual for o grau de sua inteligência. Para uns, o instinto de conservação é puramente mecânico e para outros é racional.*

703. Com que objetivo Deus outorgou a todos os seres vivos o instinto de conservação?

– *Todos devem colaborar com os desígnios da Providência, por isso Deus lhes deu a necessidade de viver. Além disso, a vida é necessária ao aperfeiçoamento dos seres, e eles o sentem instintivamente, sem se dar conta disso.*

MEIOS DE CONSERVAÇÃO

704. Ao dar ao homem a necessidade de viver, Deus sempre lhe facultou os meios para isso?

– *Sim, e se ele não os encontra, é porque não os compreende. Deus não pode ter dado ao homem a necessidade de viver sem lhe dar os meios para consegui-lo. É por essa razão que ele faz a Terra produzir o necessário a todos os seus habitantes, pois somente o necessário é útil; o supérfluo nunca o é.*

705. Por que a Terra nem sempre produz o bastante para fornecer o necessário ao homem?

– É porque o homem a negligencia, esse ingrato! Ela é, no entanto, uma excelente mãe. Muitas vezes também, ele acusa a Natureza do que é resultado de sua própria imperícia ou imprudência. A Terra sempre produziria o necessário, se o homem soubesse contentar-se com ele. Se ela não é suficiente a todas as necessidades, é porque o homem emprega no supérfluo o que poderia ser destinado ao necessário. Vede o árabe no deserto: ele sempre encontra do que viver, porque não criou para si necessidades factícias. Mas quando metade dos produtos é desperdiçado na satisfação de fantasias, o homem deve espantar-se por não encontrar nada no dia seguinte? Tem razão de lastimar-se, caso seja pego de surpresa quando chegar o tempo da escassez? Na verdade eu vos digo, não é a Natureza que é imprevidente, é o homem que não sabe ser moderado.

706. Os bens da Terra devem ser entendidos apenas como os produtos do solo?

– O solo é a origem primeira de onde emanam todos os outros recursos, pois, definitivamente, esses recursos nada mais são que uma transformação dos produtos do solo. Por isso precisamos considerar como bens da Terra tudo aquilo que o homem pode usufruir neste mundo.

707. Os meios de subsistência muitas vezes são escassos para algumas pessoas, mesmo havendo abundância ao seu redor. A que se deve atribuir esse fato?

– Ao egoísmo dos homens, que nem sempre fazem o que devem. Depois, e com mais frequência, a eles mesmos. Buscai e achareis: essas palavras não querem dizer que basta olhar para a Terra para encontrar o que se deseja, mas que é preciso procurar com ardor e perseverança, e não com displicência, sem se deixar desencorajar pelos obstáculos que, muito frequentemente, são apenas meios de pôr à prova a vossa constância, a vossa paciência e a vossa determinação. (Ver tópico 534.)

Se a civilização multiplica as necessidades, multiplica também as fontes de trabalho e os meios de viver; mas é preciso convir que, sob esse aspecto, ainda lhe resta muito a fazer. Quando ela tiver realizado a sua obra, ninguém poderá dizer que lhe falta o necessário, a não ser que seja por sua própria culpa. Para muitos, a infelicidade existe por se empenharem num caminho que não é aquele que a Natureza lhes traçou; é quando lhes falta inteligência para ser bem sucedidos. Há, para todos, um lugar ao Sol, mas com a condição de tomarem a sua parte, e não a dos outros. A Natureza não poderia ser responsável por vícios da organização social e pelas consequências da ambição e do amor-próprio.

No entanto, seria preciso ser cego para não reconhecer o progresso realizado sob esse aspecto entre os povos mais adiantados. Graças aos louváveis esforços que, juntas, a Filantropia e a Ciência não param de realizar para a melhora do estado material dos homens, e apesar do crescimento incessante da população, a insuficiência da produção está, pelo menos em grande parte, atenuada. Os anos mais calamitosos nada têm de comparável ao que eram há pouco tempo atrás. A higiene pública, esse elemento tão essencial da força e da saúde, desconhecido por nossos pais, é objeto de uma atenção esclarecida. O infortúnio e o sofrimento encontram locais de refúgio. Em toda parte, a Ciência é posta em ação em prol do aumento do bem-estar. Isso quer dizer que se atingiu a perfeição? Oh! Certamente que não, mas o que já está feito dá a medida do que se pode vir a fazer com perseverança, se o homem for bastante prudente para buscar sua felicidade nas coisas positivas e sérias, e não nas utopias que o atrasam, em vez de fazê-lo avançar.

708. Há situações em que os meios de subsistência absolutamente não dependem da vontade do homem, e a privação do mais imperiosamente necessário é uma consequência da força das coisas?

– *É uma provação muitas vezes cruel a que o homem deve submeter-se, e à qual ele sabia que seria exposto. Seu mérito está na submissão à vontade de Deus, se a inteligência não lhe fornece nenhum meio de livrar-se das dificuldades. Se a morte vier a atingi-lo, deve submeter-se a ela sem reclamar, pensando que a hora da verdadeira libertação é chegada, e que o desespero do último momento pode fazê-lo perder o fruto de toda a sua resignação.*

709. Aqueles que, em certas situações críticas, se viram obrigados a sacrificar seus semelhantes para sustentar-se, cometeram um crime? Se há crime, este é atenuado pela necessidade de viver que o instinto de conservação lhes dá?

– *Já respondi a essa pergunta dizendo que há mais mérito em sofrer todas as provações da vida com coragem e abnegação. Houve homicídio e crime de lesa-natureza, falta que deve ser duplamente punida.*

710. Nos mundos cuja organização é mais depurada, os seres vivos têm necessidade de alimentação?

– *Sim, mas os alimentos são de acordo com sua natureza. Esses alimentos não seriam tão substanciais aos vossos estômagos grosseiros; da mesma forma, eles não poderiam digerir os vossos alimentos.*

USUFRUTO DOS BENS TERRENOS

711. O uso dos bens da Terra é um direito de todos os homens?

– *Esse direito é a consequência da necessidade de viver. Deus não imporia um dever sem ter dado o meio de cumpri-lo.*

712. Com que finalidade Deus colocou um atrativo no usufruto dos bens materiais?

– *Para estimular o homem ao cumprimento de sua missão, e também para experimentá-lo através da tentação.*

712. a) Qual o objetivo dessa tentação?

– *Desenvolver-lhe a razão, que deve preservá-lo dos excessos.*

Se o homem só tivesse sido estimulado ao uso dos bens da Terra pela utilidade que têm, sua indiferença poderia ter comprometido a harmonia do Universo: Deus lhe deu o atrativo do prazer, que o induz à realização dos desígnios da Providência. Porém, através desse mesmo atrativo, Deus também quis prová-lo pela tentação, que o arrasta ao abuso, do qual a razão deve defendê-lo.

713. Os gozos têm limites traçados pela Natureza?

– *Sim, para vos indicar o limite do necessário. Mas através dos excessos chegais à saciedade e, com isso, puni-vos a vós mesmos.*

714. O que pensar do homem que busca, nos excessos de todos os gêneros, um refinamento de seus prazeres?

– *Pobre ser, digno de lástima, e não de inveja, pois ele está bem próximo da morte!*

714. a) Perto da morte física ou da morte moral ele se aproxima?

– *De ambas.*

O homem que busca nos excessos de todas as espécies um refinamento dos prazeres rebaixa-se mais do que os animais, pois estes sabem parar assim que satisfazem suas necessidades. Ele abdica da razão que Deus lhe deu como guia, e quanto maiores forem seus excessos, maior domínio ele concede à sua natureza animal sobre a espiritual. As doenças, as enfermidades e a própria morte, resultantes do abuso, são também punição à transgressão da lei de Deus.

NECESSÁRIO E SUPÉRFLUO

715. Como o homem pode conhecer o limite do necessário?

– *O sábio conhece-o intuitivamente; muitos só o conhecem à custa de suas próprias experiências.*

716. A Natureza não traçou o limite das necessidades em nosso próprio organismo?

– *Sim, mas o homem é insaciável. A Natureza traçou o limite das necessidades em seu organismo, mas os vícios lhe alteraram a constituição e criaram para ele necessidades que não são reais.*

717. O que pensar daqueles que se apropriam de todos os bens terrenos para proporcionar-se o supérfluo em detrimento dos que não têm sequer o necessário?

– *Eles desconhecem a lei de Deus e terão de responder pelas privações que tiverem ocasionado.*

O limite do necessário e do supérfluo não tem nada de absoluto. A civilização criou necessidades que não existem no estado de selvageria. Os Espíritos que ditaram esses preceitos, aqui expressos, não pretendem que o homem civilizado deva viver como o selvagem. Tudo é relativo, e cabe à razão colocar cada coisa em seu devido lugar. A civilização desenvolve o senso moral e, ao mesmo tempo, o sentimento de caridade que leva os homens a apoiarem-se mutuamente. Aqueles que vivem à custa das privações de outros exploram os benefícios da civilização em proveito próprio. Eles têm apenas o verniz da civilização, assim como há pessoas que só possuem a máscara da religião.

PRIVAÇÕES VOLUNTÁRIAS. MORTIFICAÇÕES

718. A lei de conservação obriga a prover as necessidades do corpo?
– *Sim; sem a força e a saúde o trabalho é impossível.*

719. O homem deve ser censurado por procurar o bem-estar?
– *O bem-estar é um desejo natural. Deus só proíbe o abuso por ser contrário à conservação. O homem não comete nenhum crime ao buscar o bem-estar, desde que não seja conquistado à custa de outrem, e se não causar o enfraquecimento nem de suas forças morais nem de suas forças físicas.*

720. As privações voluntárias, com vistas a uma expiação igualmente voluntária, têm algum mérito aos olhos de Deus?
– *Fazei o bem aos outros e mais méritos tereis.*

720. a) Há privações voluntárias que sejam meritórias?
– *Sim, a privação dos gozos inúteis, porque desprende o homem da matéria e eleva sua alma. Meritório é resistir à tentação que induz aos excessos ou ao gozo das coisas inúteis; é retirar de seu necessário para dar aos que não têm o suficiente. Se a privação não passa de um simulacro, é uma derrisão.*

721. A vida de mortificações ascéticas sempre foi praticada desde a mais remota Antiguidade e por diversos povos. Ela é meritória, sob um ponto de vista qualquer?
– *Perguntai-vos para que ela serve e tereis a resposta. Se ela só serve para quem a pratica e o impede de fazer o bem, é egoísmo, seja qual for o pretexto utilizado. Privar a si mesmo e trabalhar para os outros é a verdadeira mortificação, segundo a caridade cristã.*

722. A abstenção de certos alimentos, prescrita por diversos povos, é fundamentada na razão?
– *É permitido ao homem alimentar-se de tudo o que não lhe prejudique a saúde. No entanto, legisladores podem ter proibido certos alimentos com um objetivo útil e, para dar mais crédito às suas leis, apresentaram-nas como vindas de Deus.*

723. Para o homem, a alimentação animal é contrária à lei da Natureza?
– *Em sua constituição física, a carne nutre a carne, do contrário, o homem perece. A lei de conservação torna um dever, para o homem, manter as energias e a saúde para o cumprimento da lei do trabalho. Portanto, ele deve alimentar-se segundo o que exige seu organismo.*

724. A abstenção da alimentação animal ou de outra, como expiação, é meritória?

– *Sim, se essa privação é em benefício dos outros; para Deus, só há mortificação havendo privação séria e útil. Por isso dizemos que aqueles que se privam apenas aparentemente são hipócritas.* (Ver tópico 720.)

725. O que pensar das mutilações operadas no corpo do homem ou dos animais?

– *Qual a utilidade de uma questão dessa natureza? Perguntai-vos, então, mais uma vez, se tal coisa é útil. O que é inútil não pode ser agradável a Deus, e o que é prejudicial sempre Lhe é desagradável. Pois, sabei bem, Deus só é sensível aos sentimentos que elevam a alma até Ele. É praticando a Sua lei, em vez de violá-la, que podereis libertar-vos da tirania de vossa matéria terrena.*

726. Se a maneira como suportamos os sofrimentos deste mundo nos eleva, os sofrimentos que criarmos voluntariamente também podem elevar-nos?

– *Os únicos sofrimentos que elevam são os naturais, porque vêm de Deus. Os sofrimentos voluntários não servem para nada, quando nada fazem pelo bem de outros. Acreditas que aqueles que abreviam sua vida com rigores sobre-humanos, como os bonzos[1], os faquires e fanáticos de várias seitas, avançam em seu caminho? Por que, em vez disso, não trabalham para o bem de seus semelhantes? Que vistam o indigente, consolem quem chora, trabalhem para quem está enfermo e sofram privações para o consolo dos infelizes, e então suas vidas serão úteis e agradáveis a Deus. Quando, nos sofrimentos voluntários a que se sujeita, o homem só pensa em si mesmo, trata-se de egoísmo. Quando se sofre pelos outros, trata-se de caridade: são estes os preceitos do Cristo.*

727. Se não devemos criar sofrimentos voluntários que não são de nenhuma utilidade para os outros, devemos procurar preservar-nos daqueles que podemos prever ou daqueles que nos ameaçam?

– *O instinto de conservação foi dado a todos os seres contra os perigos e os sofrimentos. Fustigai vosso Espírito, e não vosso corpo; mortificai vosso orgulho; sufocai vosso egoísmo, que é como uma serpente que corrói vosso coração, e fareis mais pelo vosso adiantamento do que através de mortificações que não mais pertencem a este século.*

---

(1) Sacerdotes budistas. (Nota da Editora.)

Capítulo VI

V. LEI DE DESTRUIÇÃO

Destruição necessária e destruição abusiva – Flagelos destruidores – Guerras – Homicídio – Crueldade – Duelo – Pena de morte.

DESTRUIÇÃO NECESSÁRIA E DESTRUIÇÃO ABUSIVA

728. A destruição é uma lei da Natureza?

– *É preciso que tudo se destrua para renascer e regenerar-se, pois isso a que chamais de destruição nada mais é que uma transformação, que tem por objetivo a renovação e o aprimoramento dos seres vivos.*

728. a) Então o instinto de destruição poderia ter sido dado aos seres vivos com fins providenciais?

– *As criaturas de Deus são os instrumentos dos quais Ele se serve para alcançar seus objetivos. Para alimentar-se, os seres vivos destroem-se uns aos outros, com o duplo objetivo de manter o equilíbrio na reprodução, que poderia tornar-se excessiva, e de utilizar os despojos do envoltório externo. Mas, sempre, só o envoltório é destruído – ele é apenas o acessório e não a parte essencial. Indestrutível é o princípio inteligente que se elabora nas diferentes metamorfoses por que passa.*

729. Se a destruição é necessária para a regeneração dos seres, por que a Natureza os cerca de meios de preservação e de conservação?

– *Para que a destruição não ocorra antes do tempo necessário. Toda destruição antecipada entrava o desenvolvimento do princípio inteligente; por isso Deus deu a cada ser a necessidade de viver e reproduzir-se.*

730. Uma vez que a morte deve conduzir-nos a uma vida melhor, e que nos livra dos males desta vida, sendo, por isso mesmo, mais desejável do que temível, por que o homem lhe tem um horror instintivo, que o faz encará-la com apreensão?

– Já dissemos que o homem deve procurar prolongar sua vida para cumprir sua tarefa. Foi por isso que Deus lhe deu o instinto de conservação, que o sustenta nas provações. Sem isso, ele se entregaria muito frequentemente ao desânimo. A voz secreta que o faz repelir a morte lhe diz que ele ainda pode fazer algo pelo seu adiantamento. Quando um perigo o ameaça, é uma advertência para que aproveite a moratória que Deus lhe concede; na maioria das vezes, porém, o ingrato rende mais graças à sua estrela que ao seu Criador.

731. Por que a Natureza dispôs os agentes destruidores ao lado dos meios de conservação?

– É o remédio ao lado do mal. Como dissemos, para manter o equilíbrio e servir de contrapeso.

732. A necessidade de destruição é a mesma em todos os mundos?

– Ela é proporcional ao estado mais ou menos material dos mundos e cessa num estado físico e moral mais purificado. Nos mundos mais adiantados que o vosso, as condições de existência são completamente diferentes.

733. A necessidade da destruição sempre existirá entre os homens na Terra?

– A necessidade de destruição se enfraquece, no ser humano, à medida que o Espírito supera a matéria. Por isso vedes seguir, ao horror da destruição, o desenvolvimento intelectual e moral.

734. Em seu estado atual, o homem tem um direito ilimitado de destruição sobre os animais?

– Esse direito é regulado pela necessidade de garantir sua alimentação e segurança; o abuso nunca foi um direito.

735. O que pensar da destruição que ultrapassa os limites das necessidades e da segurança? Da caça, por exemplo, quando só tem por objetivo o prazer de destruir sem utilidade?

– Predominância da bestialidade sobre a natureza espiritual. Toda destruição que ultrapassa os limites da necessidade é uma violação da lei de Deus. Os animais só destroem por necessidade; mas o homem, que tem o livre-arbítrio, destrói sem necessidade. Ele deverá prestar contas do abuso da liberdade que lhe foi concedida, pois, nesse caso, cedeu aos seus maus instintos.

736. Os povos que têm um escrúpulo excessivo com relação à destruição de animais têm um mérito particular?

– É excesso de um sentimento por si só louvável, mas que se tornou abusivo e cujo mérito é neutralizado por muitos outros tipos de abusos. Esses povos têm mais temor supersticioso do que verdadeira bondade.

FLAGELOS DESTRUIDORES

737. Com que objetivo Deus atinge a humanidade com flagelos destruidores?

– *Para fazê-la progredir mais depressa. Não dissemos que a destruição é necessária para a regeneração moral dos Espíritos, que em cada nova existência adquirem um novo grau de perfeição? É preciso ver o fim para apreciar os resultados. Vós só os julgais de vosso ponto de vista pessoal, e os chamais de flagelos por causa do prejuízo que causam. No entanto, esses transtornos muitas vezes são necessários para que as coisas atinjam mais rapidamente uma ordem melhor, fazendo com que ocorra em alguns anos algo que teria exigido muitos séculos. (Ver tópico 744.)*

738. Deus não poderia empregar outros meios, em vez dos flagelos destruidores, para o aprimoramento da humanidade?

– *Sim, e Ele os emprega diariamente, uma vez que concedeu, a cada um, os meios de progredir através do conhecimento do bem e do mal – o homem não os aproveita. É preciso castigá-lo em seu orgulho e fazê-lo sentir sua fraqueza.*

738. a) Mas nesses flagelos o homem de bem sucumbe, da mesma forma que o perverso. Isso é justo?

– *Durante a vida, o homem relaciona tudo a seu corpo. Após a morte, porém, ele pensa de forma diferente. Como dissemos: a vida do corpo é pouca coisa. Um século do vosso é um relâmpago na eternidade. Portanto, os sofrimentos de alguns meses ou de alguns dias não são nada; são um ensinamento que vos servirá no futuro. Os Espíritos – o mundo real, que preexiste e sobrevive a tudo (ver tópico 85) – são os filhos de Deus e o objeto de toda a Sua solicitude. Os corpos são apenas disfarces sob os quais eles aparecem no mundo. As grandes calamidades que dizimam os homens são como um exército que, durante a guerra, vê os uniformes rasgados, destruídos ou perdidos. O general tem mais cuidado com seus soldados que com seus uniformes.*

738. b) Mas, devido a isso, as vítimas desses flagelos acaso deixam de ser vítimas?

– *Se considerássemos a vida pelo que ela é, como é pouca coisa em relação ao infinito, atribuiríamos menos importância a ela. Essas vítimas encontrarão em outra existência uma ampla compensação aos seus sofrimentos, se souberem suportá-los sem reclamações.*

Que a morte ocorra por um flagelo ou por uma causa ordinária, não é menos necessário morrer quando soa a hora de partir: a única diferença é que nos flagelos parte um maior número de pessoas ao mesmo tempo.

Se pudéssemos elevar-nos pelo pensamento de forma a dominar a humanidade e abrangê-la inteiramente, esses flagelos tão terríveis nada mais nos pareceriam que tempestades passageiras no destino do mundo.

739. Os flagelos destruidores têm uma utilidade do ponto de vista físico, apesar dos males que ocasionam?

– *Sim, às vezes mudam as condições de uma região; mas o bem que deles resulta geralmente só é sentido por gerações futuras.*

740. Para o homem, os flagelos não seriam igualmente provações morais, que o põem às voltas com as necessidades mais aflitivas?

– *Os flagelos são provações que dão ao homem a oportunidade de exercer sua inteligência, demonstrar sua paciência e resignação ante a vontade de Deus, tornando-o capaz de manifestar seus sentimentos de abnegação, de generosidade e de amor ao próximo, se ele não for dominado pelo egoísmo.*

741. O homem tem a possibilidade de conjurar os flagelos que o afligem?

– *Sim, em parte, mas não como geralmente se costuma pensar. Muitos flagelos resultam de sua imprevidência. À medida que adquire conhecimentos e experiência, o homem pode conjurá-los, ou seja, preveni-los, se souber pesquisar-lhes as causas. Mas entre os males que afligem a humanidade, há os de caráter geral, que estão nos decretos da Providência, e dos quais cada indivíduo recebe, em maior ou menor proporção, a parte que lhe cabe. Diante deles, o homem só pode opor sua resignação à vontade de Deus; além disso, esses males muitas vezes são agravados por sua própria negligência.*

Entre os flagelos destruidores, naturais e independentes do homem, é preciso dispor numa primeira linha a peste, a fome, as inundações e as intempéries fatais às produções da terra. Mas o homem não encontrou na Ciência, nos trabalhos artísticos, no aperfeiçoamento da agricultura, nos afolhamentos e irrigações, no estudo das condições higiênicas, os meios de neutralizar, ou pelo menos de atenuar muitos desastres? Certas regiões outrora devastadas por terríveis flagelos, não estão preservadas atualmente? Então, o que o homem não fará por seu bem-estar material quando souber tirar proveito de todos os recursos de sua inteligência, e quando, ao cuidado de sua conservação pessoal, souber aliar o sentimento de verdadeira caridade por seus semelhantes? (Ver tópico 707.)

GUERRAS

742. Qual é a causa que leva o homem à guerra?

– *Predominância da natureza animal sobre a espiritual e saciedade de paixões. No estado de barbárie, os povos só conhecem o direito do mais forte; por isso a guerra, para eles, é um estado normal. À medida que o homem progride, a guerra se torna menos frequente, porque ele evita suas causas. E quando ela se torna necessária, ele sabe adicionar-lhe humanidade.*

743. A guerra desaparecerá um dia da face da Terra?

– *Sim, quando os homens compreenderem a justiça e praticarem a lei de Deus. Então, todos os povos serão irmãos.*

744. Qual é o objetivo da Providência, ao tornar a guerra necessária?

– *A liberdade e o progresso.*

744. a) Se a guerra deve ter por efeito atingir a liberdade, como se explica que ela tenha frequentemente por objetivo e por resultado a escravização?

– *Escravização momentânea, para "amontoar" os povos, a fim de fazê-los evoluir mais rapidamente.*

745. O que pensar daquele que provoca a guerra em benefício próprio?

– *Esse é o verdadeiro culpado, e precisará de muitas existências para expiar todos os homicídios de que foi causa, pois responderá por cada homem cuja morte tiver provocado para satisfazer sua ambição.*

HOMICÍDIO

746. O homicídio é um crime aos olhos de Deus?

– *Sim, um grande crime, pois aquele que tira a vida de seu semelhante corta uma vida de expiação ou missão, e aí está o mal.*

747. O homicídio tem sempre o mesmo grau de culpabilidade?

– *Como já dissemos, Deus é justo – julga antes a intenção que o fato.*

748. Deus perdoa o homicídio, em caso de legítima defesa?

– *Só a necessidade pode desculpá-lo. No entanto, se for possível preservar a vida sem atentar contra a do agressor, é isso que se deve fazer.*

749. O homem é culpado pelos homicídios que comete durante a guerra?

– *Não, quando é obrigado a fazê-lo por força das circunstâncias; mas é culpado pelas crueldades que comete, e seu sentimento humanitário será levado em conta.*

750. Qual é o mais culpado aos olhos de Deus, o parricídio ou o infanticídio?

– *Ambos o são, igualmente, pois todo crime é um crime.*

751. Como se explica que em certos povos, já adiantados do ponto de vista intelectual, o infanticídio integre os costumes e seja consagrado pela legislação?

– *O desenvolvimento intelectual não pressupõe a necessidade do bem. O Espírito superior em inteligência pode ser mau; é aquele que viveu muito sem melhorar: ele apenas sabe.*

CRUELDADE

752. Podemos ligar o sentimento de crueldade ao instinto de destruição?

– *É o instinto de destruição no que tem de pior, pois se a destruição algumas vezes é uma necessidade, a crueldade nunca é. Ela é sempre o resultado de uma natureza má.*

753. De onde vem a ideia de que a crueldade é o caráter dominante dos povos primitivos?

– *Entre os povos primitivos, como vós os chamais, a matéria prevalece sobre o Espírito. Eles se entregam aos instintos animais e, como não experimentam outras necessidades além daquelas da vida corporal, só pensam em sua conservação pessoal; é isso que geralmente os torna cruéis. Além disso, os povos cujo desenvolvimento é imperfeito estão sob o domínio de Espíritos igualmente imperfeitos, que lhes são simpáticos, até que povos mais adiantados venham destruir ou enfraquecer essa influência.*

754. A crueldade não está ligada à ausência do senso moral?

– *É melhor dizer que o senso moral não está desenvolvido, não que está ausente, pois, em princípio, ele existe em todos os homens. É o senso moral que mais tarde faz dos homens seres bons e humanos. Portanto, o senso moral existe no selvagem, mas está nele como o princípio do perfume está no germe da flor antes de desabrochar.*

Todas as faculdades estão presentes no homem em estado rudimentar ou latente. Elas se desenvolvem de acordo com as circunstâncias que lhes são mais ou menos favoráveis. O desenvolvimento excessivo de umas bloqueia ou neutraliza o de outras. A superexcitação dos instintos materiais sufoca, por assim dizer, o senso moral, assim como o desenvolvimento do senso moral enfraquece pouco a pouco as faculdades puramente animais.

755. Como se explica que no seio da civilização mais adiantada se encontrem, às vezes, seres tão cruéis quanto os selvagens?

– *Da mesma forma que, numa árvore carregada de bons frutos, encontram--se frutos ruins. Eles são, se assim quiseres considerar, selvagens que da civilização só têm as roupas, lobos perdidos em meio a carneiros. Espíritos de uma ordem inferior e muito atrasados podem encarnar entre homens adiantados na esperança de também se adiantarem. No entanto, se a provação é muito pesada, sua natureza primitiva prevalece.*

756. A sociedade de homens de bem um dia será purificada de seres malfeitores?

– *A humanidade progride; esses homens dominados pelo instinto do mal colocados entre pessoas de bem desaparecerão pouco a pouco, como o grão ruim se separa do bom após este ter sido peneirado, só que para renascer sob outro envoltório. Como terão mais experiência, compreenderão melhor o bem e o mal. Tens um exemplo nas plantas e nos animais que o homem tem conseguido aperfeiçoar, desenvolvendo neles novas qualidades. Pois bem! Só depois de várias gerações o aperfeiçoamento torna-se completo. É a imagem das diversas existências do homem.*

DUELO

757. O duelo pode ser considerado como um caso de legítima defesa?

– *Não; é um homicídio e um costume absurdo, digno dos bárbaros. Com uma civilização mais avançada e mais moralizada, o homem compreenderá que o duelo é tão ridículo quanto os combates de antigamente, que eram vistos como sendo o julgamento de Deus.*

758. O duelo pode ser considerado como um assassínio por parte daquele que, conhecendo sua própria fraqueza, tem quase certeza de que vai sucumbir?

– *É um suicídio.*
758. a) E quando as probabilidades são iguais, é um homicídio ou um suicídio?
– *Ambos.*

Em todos os casos, mesmo naqueles em que as possibilidades são iguais, o duelista é culpado. Primeiramente, porque atinge fria e propositadamente a vida de seu semelhante; em segundo lugar, porque expõe sua própria vida inutilmente e sem benefício para ninguém.

759. Qual é o valor daquilo a que se chama *questão de honra*, em termos de duelo?

– *O orgulho e a vaidade: duas chagas da humanidade.*

759. a) Mas não há casos em que a honra se encontra verdadeiramente empenhada e que a recusa seria uma covardia?

– *Isso depende dos modos e dos costumes. Cada país e cada século tem, a esse respeito, uma diferente maneira de ver. Quando os homens forem melhores e mais adiantados em moral, compreenderão que a verdadeira questão de honra está acima das paixões terrenas e que não é matando, ou se deixando matar, que se repara um erro.*

Há mais grandeza e verdadeira honra em confessar-se culpado, quando erramos, ou em perdoar, quando temos razão – em todo caso, em ignorar os insultos que não nos podem atingir.

PENA DE MORTE

760. A pena de morte desaparecerá algum dia da legislação humana?

– *A pena de morte desaparecerá incontestavelmente e sua supressão será um marco no progresso na humanidade. Quando os homens estiverem mais esclarecidos, a pena de morte será completamente abolida da Terra. Os homens não terão mais necessidade de ser julgados pelos homens. Refiro-me a um tempo que ainda está bem distante de vós.*

Sem dúvida, o progresso social ainda deixa muito a desejar, mas estaríamos sendo injustos com a sociedade moderna se não víssemos um progresso nas restrições à pena de morte nos povos mais adiantados, e no tipo de crimes aos quais se limita sua aplicação. Se compararmos as garantias com que a justiça, entre esses mesmos povos, esforça-se para proteger o acusado, e a humanidade com que o trata – mesmo que seja reconhecido culpado –, com a prática de tempos nem tão remotos, não podemos ignorar o caminho progressivo em que caminha a humanidade.

761. A lei de conservação dá ao homem o direito de preservar sua própria vida. Ele não está usando esse direito quando elimina da sociedade um membro perigoso?

– Há outros meios de proteger-se do perigo, sem que se tenha de matar. Além disso, é preciso abrir a porta do arrependimento ao criminoso, e não fechar.

762. Se a pena de morte pode ser banida das sociedades civilizadas, não foi uma necessidade em tempos menos adiantados?

– Necessidade não é bem a palavra. O homem sempre julga algo como sendo necessário, quando não encontra nada melhor. À medida que se esclarece, compreende melhor o que é justo ou injusto, e repudia os excessos cometidos nos tempos de ignorância em nome da justiça.

763. A restrição dos casos em que se aplica a pena de morte é um indício de progresso da civilização?

– Duvidas disso? Teu Espírito não se revolta ao ler o relato das carnificinas humanas que antigamente eram feitas em nome da justiça, e muitas vezes para honrar a Divindade? Das torturas a que se submetia o condenado, e mesmo o acusado, para arrancar-lhe, pelo excesso de sofrimento, a confissão de um crime que muitas vezes nem cometera? Pois bem! Se houvesses vivido naquela época, acharias isso muito natural, e talvez, como juiz, tivesses feito o mesmo. Assim, o que parecia justo numa época pode parecer bárbaro em outra. Só as leis divinas são eternas; as leis humanas modificam-se com o progresso. E ainda se modificarão, até que sejam postas em harmonia com as leis divinas.

764. Jesus disse: Quem matou pela espada morrerá pela espada. Essas palavras não são a consagração da pena de talião, e a morte infligida ao assassino não é a aplicação dessa pena?

– Tomai cuidado! Estais enganados a respeito dessas palavras, assim como sobre muitas outras. A pena de talião é a justiça de Deus; é Ele que a aplica. Todos vós sofreis essa pena a todo instante, pois sois punidos pelos pecados que cometeis, nessa vida ou numa outra. Aquele que fez seus semelhantes sofrerem, irá encontrar-se numa condição em que sofrerá o mesmo que tiver causado. É esse o sentido dessas palavras de Jesus. Ele também não vos disse: "Perdoai vossos inimigos"? E não vos ensinou a pedir a Deus que perdoe vossas ofensas, assim como vós houverdes perdoado; isto é, na mesma proporção que houverdes perdoado? Compreendei bem isso.

765. O que pensar da pena de morte imposta em nome de Deus?

– Isso é querer tomar o lugar de Deus no que diz respeito à justiça. Aqueles que assim agem mostram o quanto estão longe de compreender Deus, e que ainda têm muito a expiar. A pena de morte é um crime quando aplicada em nome de Deus, e os que a infligem são igualmente responsáveis por esses assassinatos.

Capítulo VII

VI. LEI DE SOCIEDADE

Necessidade da vida social – Vida de isolamento – Voto de silêncio – Laços familiares.

NECESSIDADE DA VIDA SOCIAL

766. A vida social faz parte da Natureza?
– *Certamente. Deus fez o homem para viver em sociedade. Deus não deu inutilmente ao homem a fala e todas as outras faculdades necessárias à vida de relação social.*
767. O isolamento absoluto é contrário à lei da Natureza?
– *Sim, pois os homens buscam instintivamente a sociedade e todos devem colaborar para o progresso, ajudando-se mutuamente.*
768. Ao buscar a sociedade, o homem obedece simplesmente a um sentimento pessoal, ou há nesse sentimento um objetivo providencial mais genérico?
– *O homem deve progredir; mas, sozinho, não pode fazê-lo, porque não dispõe de todas as faculdades. Precisa do contato com outros homens. No isolamento, ele se embrutece e definha.*

Nenhum homem dispõe inteiramente de suas faculdades. Por meio da união social, eles se completam mutuamente, para assegurar o seu bem-estar e progredir. É por isso que, tendo necessidade uns dos outros, são feitos para viver em sociedade e não isolados.

VIDA DE ISOLAMENTO. VOTO DE SILÊNCIO

769. Concebe-se que, como princípio geral, a vida social faça parte da Natureza. Mas como todos os gostos também fazem parte da Natureza, por

que o gosto pelo isolamento absoluto seria condenável, se nele o homem encontra satisfação?
– *Satisfação egoísta. Há também homens que encontram satisfação na embriaguez. Aprova-os? Deus não pode considerar agradável uma vida em que o homem se condena a não ser útil a ninguém.*

770. O que pensar dos homens que vivem em reclusão absoluta, fugindo ao contato nocivo do mundo?
– *Duplo egoísmo.*

770. a) Mas se esse retiro tem por objetivo uma expiação, impondo-se uma penosa privação, não é meritório?
– *Fazer um bem maior do que o mal que se tenha feito é a melhor expiação. Evitando um mal, cai em outro, pois se esquece da lei de amor e caridade.*

771. O que pensar dos que se esquivam do mundo para dedicar-se ao amparo dos infelizes?
– *Estes se elevam, rebaixando-se. Eles têm o duplo mérito de colocar-se acima dos prazeres materiais e de fazer o bem aplicando a lei do trabalho.*

771. a) E aqueles que procuram, no retiro, a tranquilidade exigida por certos tipos de trabalhos?
– *Não se trata do retiro absoluto do egoísta. Eles não se isolam da sociedade, uma vez que trabalham para ela.*

772. O que pensar do voto de silêncio, prescrito por algumas seitas, desde a mais remota Antiguidade?
– *Perguntai-vos, antes, se a palavra faz parte da Natureza e por que Deus a concedeu. Deus condena o abuso e não o uso das faculdades que outorgou. No entanto, o silêncio é útil; afinal, no silêncio, tu te recolhes. Teu espírito se torna mais livre e pode entrar em comunicação conosco. O voto de silêncio, no entanto, é uma tolice. Não há dúvida de que os que veem essas privações voluntárias como atos virtuosos têm boa intenção; porém, eles se enganam, pois não compreendem suficientemente as verdadeiras leis de Deus.*

O voto de silêncio absoluto, assim como o voto de isolamento, priva o homem das relações sociais que lhe podem facultar ocasiões de fazer o bem e de cumprir a lei do progresso.

LAÇOS FAMILIARES

773. Por que, no mundo animal, pais e filhos não mais se reconhecem quando esses últimos não têm mais necessidade de cuidados?
– *Os animais vivem a vida material, e não a vida moral. O afeto da mãe por seus filhotes tem por princípio o instinto de conservação dos seres a quem ela deu à luz. Quando eles podem cuidar de si mesmos, sua tarefa está cumprida,*

e a *Natureza nada mais lhe pede. É por isso que ela os abandona para ocupar--se de outros que chegam.*

774. Há pessoas que deduzem, do abandono dos filhotes dos animais por seus pais, que, no caso do homem, os laços familiares são apenas o resultado de costumes sociais, e não uma lei da Natureza. O que devemos pensar disso?

– *O homem tem um destino diferente dos animais. Por que então sempre querer comparar-se a eles? No homem, há algo além das necessidades físicas: há a necessidade de progresso.*

Os laços familiares estreitam os laços sociais: eis porque os laços de família são uma lei da Natureza. Deus quis, dessa forma, que os homens aprendessem a amar-se como irmãos. (Ver tópico 205.)

775. Para a sociedade, qual seria o resultado do afrouxamento dos laços de família?

– *Uma recrudescência do egoísmo.*

Capítulo VIII

VII. LEI DO PROGRESSO

Estado natural – Marcha do progresso – Povos degenerados – Civilização – Progresso da legislação humana – Influência do Espiritismo no progresso.

ESTADO NATURAL

776. O estado natural e a lei natural são a mesma coisa?

– *Não, o estado natural é o estado primitivo. A civilização é incompatível com o estado natural, enquanto a lei natural contribui para o progresso da humanidade.*

O estado natural é a infância da humanidade e o ponto de partida de seu desenvolvimento intelectual e moral. O homem, por ser perfectível e por trazer em si o germe de seu aprimoramento, não é destinado a viver perpetuamente no estado natural, assim como não é destinado a viver perpetuamente na infância. O estado natural é transitório, e o homem sai dele por meio do progresso e da civilização. A lei natural, ao contrário, rege toda a humanidade. E o homem melhora à medida que compreende e pratica essa lei.

777. No estado natural, como o homem tem menos necessidades, ele não vive todas as tribulações que cria para si mesmo num estado mais adiantado. O que pensar da opinião daqueles que consideram esse estado como o da mais perfeita felicidade da Terra?

– *O que esperavas? É a felicidade animalesca. Há pessoas incapazes de compreender outro tipo de felicidade. Trata-se de ser feliz à maneira dos animais. As crianças também são mais felizes do que os adultos.*

778. O homem pode retroceder ao estado natural?

– *Não, o homem deve progredir sem cessar, e não pode retornar ao estado de infância. Se progride, é porque Deus assim o quer. Pensar que ele pode retroceder à sua condição primitiva seria negar a lei do progresso.*

Marcha do progresso

779. O homem tira de si mesmo a energia para progredir ou o progresso é apenas o produto de um ensinamento?

– *O homem se desenvolve por si mesmo, naturalmente, mas nem todos progridem ao mesmo tempo e da mesma maneira. É nisto que os mais avançados contribuem para o progresso dos outros, pelo contato social.*

780. O progresso moral sempre segue o progresso intelectual?

– *É a sua consequência, mas nem sempre o segue imediatamente.* (Ver tópicos 192-365.)

780. a) Como o progresso intelectual pode levar ao progresso moral?

– *Favorecendo a compreensão do bem e do mal: o homem então pode escolher. O desenvolvimento do livre-arbítrio acompanha o da inteligência e aumenta a responsabilidade dos atos.*

780. b) Como pode então ocorrer que os povos mais esclarecidos muitas vezes sejam os mais pervertidos?

– *O progresso completo é a meta, mas os povos, bem como os indivíduos, só chegam a ele passo a passo. Até que o seu senso moral esteja desenvolvido, podem inclusive servir-se da inteligência para fazer o mal. A moral e a inteligência são duas forças que só se equilibram a longo prazo.* (Ver tópicos 365-751.)

781. O homem é capaz de deter a marcha do progresso?

– *Não, mas ele pode, algumas vezes, atravancá-lo.*

781. a) O que pensar dos homens que tentam deter a marcha do progresso e fazer com que a humanidade retroceda?

– *Pobres seres; serão castigados por Deus. Serão arrastados pela torrente que pretendem deter.*

Sendo o progresso uma condição da natureza humana, ninguém tem o poder de opor-se a ele. É uma *força viva* que as más leis podem retardar, mas não sufocar. Quando essas leis se tornam incompatíveis com o progresso, ele as extingue, assim como faz com todos os que as querem manter. E assim será, até que o homem relacione suas próprias leis com a justiça divina, que quer o bem de todos, o contrário de leis criadas para o forte em detrimento do fraco.

782. Não há homens que atravancam o progresso com boa intenção, acreditando favorecê-lo, porque o veem segundo o seu ponto de vista, e, muitas vezes, onde ele não existe?

– *Assemelham-se a uma pequena pedra que é posta sob a roda de um grande carro, e que não o impede de avançar.*

783. O aperfeiçoamento da humanidade segue sempre uma marcha progressiva e lenta?

– *Há o progresso regular e lento que resulta da força das coisas. Mas quando um povo não progride suficientemente rápido, Deus lhe suscita, de tempos em tempos, um abalo físico ou moral que o transforma.*

O homem não pode permanecer perpetuamente na ignorância, porque deve alcançar o objetivo determinado pela Providência: ele se esclarece pela força das circunstâncias. As revoluções morais, bem como as sociais, infiltram-se pouco a pouco nas ideias. Elas germinam durante séculos, e, depois, explodem subitamente, fazendo desabar o edifício carcomido do passado, que deixou de estar em harmonia com as novas necessidades e aspirações.

O homem muitas vezes não percebe nessas comoções senão a desordem e a confusão momentâneas, que se chocam com seus interesses materiais. Aquele que eleva seu pensamento acima de interesses pessoais admira os desígnios da Providência, que, do mal, faz surgir o bem. É a tempestade e o furacão que purificam a atmosfera, depois de terem-na agitado.

784. A perversidade do homem é muito grande. Não parece que, pelo menos do ponto de vista moral, ele recua em vez de avançar?

– *Enganas-te. Observa bem o todo, e verás que o homem está avançando, uma vez que começa a compreender melhor o que é o mal, e que, a cada dia, reforma os seus abusos. É preciso que haja excesso do mal, para fazer-lhe compreender a necessidade do bem e das reformas.*

785. Qual é o maior obstáculo ao progresso?

– *O orgulho e o egoísmo. Refiro-me ao progresso moral, pois o progresso intelectual avança sempre. À primeira vista, o progresso intelectual parece inclusive dar a esses vícios um desdobramento de atividades, desenvolvendo a ambição e o amor das riquezas, que, por sua vez, incitam o homem às pesquisas que esclarecem seu Espírito. É assim que tudo se interliga, tanto no mundo moral como no mundo físico, e que até mesmo do próprio mal pode surgir o bem. Mas esse estado de coisas durará apenas algum tempo; mudará à medida que o homem compreender melhor que, muito além dos prazeres dos bens terrenos, há uma felicidade infinitamente maior e mais duradoura.* (Ver *Egoísmo*, capítulo XII).

Há duas espécies de progresso, que se prestam apoio mútuo, e que, no entanto, não caminham juntas: o progresso intelectual e o progresso moral. Entre os povos civilizados, o primeiro recebe, no século atual, todos os estímulos desejáveis, tendo, além disso, atingido um grau desconhecido até nossos dias. Muito falta para que o segundo esteja no mesmo nível, e, no entanto, se compararmos os costumes sociais de alguns séculos atrás com os de hoje, teríamos de ser cegos para negar o progresso. Por que então a marcha ascendente se atrasaria antes em relação à moral que em relação à inteligência? Por que não haveria, entre o século XIX e o

XXIV, tanta diferença quanto há entre o XIV e o XIX? Duvidar disso seria pretender que a humanidade já tivesse atingido o apogeu da perfeição, o que seria absurdo, ou que ela não é moralmente perfectível, o que a experiência desmente.

POVOS DEGENERADOS

786. A história nos mostra que muitos povos, após os abalos que os subverteram, recaíram na barbárie. Nesse caso, onde está o progresso?

– *Quando tua casa ameaça desmoronar, tu a demoles para construir outra mais sólida e mais cômoda. No entanto, até que seja reconstruída, há transtornos e confusão em tua moradia.*

Pensa ainda nisto: tu eras pobre e moravas num casebre; ficas rico e o deixas para morar num palácio. Mais tarde, um pobre coitado, como eras tu, vem tomar teu lugar no casebre, e sente-se bastante contente, pois antes não tinha abrigo. Pois bem! Aprende então que os Espíritos que estão encarnados nesse povo degenerado não são mais os que o compunham nos seus áureos tempos. Aqueles, tão logo se adiantaram, foram para moradas mais perfeitas e progrediram, enquanto outros, menos adiantados, tomaram seu lugar, o qual, por sua vez, um dia deixarão.

787. Não há raças rebeldes ao progresso por sua própria natureza?

– *Sim, mas elas se aniquilam, dia após dia, corporalmente.*

787. a) Qual será o destino das almas que animam essas raças?

– *Como todas as outras, chegarão à perfeição passando por outras existências: Deus não deserda ninguém.*

787. b) Assim sendo, os homens mais civilizados já foram selvagens e antropófagos?

– *Tu mesmo o foste, mais de uma vez, antes de ser o que és.*

788. Os povos são individualidades coletivas que, como os indivíduos, passam pela infância, pela idade madura e pela decrepitude. Essa verdade constatada pela História só pode levar-nos a pensar que os povos mais adiantados deste século terão seu declínio e sua extinção, como os da Antiguidade?

– *Os povos que vivem apenas a vida do corpo, aqueles cuja grandeza é fundada apenas na força e na extensão que possuem, nascem, crescem e morrem, porque a força de um povo se esgota como a de um homem. Aqueles cujas leis egoístas atentam contra o progresso das luzes e contra a caridade morrem, porque a luz mata as trevas e a caridade mata o egoísmo. Mas tanto para os povos como para os indivíduos há a vida da alma. Aqueles cujas leis se harmonizam com as leis eternas do Criador viverão e serão o farol dos outros povos.*

789. O progresso reunirá um dia todos os povos da Terra numa única nação?

– *Não, numa única nação é impossível, pois da diversidade de climas nascem os costumes e necessidades diferentes, o que constitui as nacionalidades. Isso explica por que sempre será preciso que haja leis apropriadas a esses costumes e a essas necessidades. A caridade, porém, ignora latitudes e não faz distinção dos homens pela cor. Quando a lei de Deus for em toda parte a base da lei humana, os povos praticarão a caridade entre si, assim como os indivíduos, de um homem para outro. Só então viverão felizes e em paz, pois ninguém fará mal a seu vizinho, nem viverá à sua custa.*

A humanidade progride por meio de indivíduos que melhoram pouco a pouco e se esclarecem. Quando se tornam numerosos, tomam a dianteira e arrastam os outros. De tempos em tempos, surgem entre eles homens de gênio que dão um impulso e, depois, homens dotados de autoridade, instrumentos de Deus, que, em alguns anos, fazem a humanidade avançar muitos séculos.

O progresso dos povos realça a justiça da reencarnação. Homens de bem fazem esforços louváveis em prol do adiantamento moral e intelectual de uma nação; a nação transformada será mais feliz neste mundo e no outro, que seja; mas durante sua lenta marcha através dos séculos, milhares de indivíduos morrem a cada dia. Qual é o destino de todos os que sucumbem no trajeto? Sua inferioridade relativa priva-os da felicidade reservada aos que chegam por último? Ou sua felicidade é relativa? A justiça divina não poderia consagrar tal injustiça. Pela pluralidade de existências, o direito à felicidade é igual para todos, pois ninguém está deserdado do progresso. Aqueles que viveram no tempo da barbárie podem retornar na época da civilização, no mesmo povo ou em outro, o que faz com que todos tirem proveito da marcha ascendente.

Já o sistema de unidade de existências apresenta aqui uma outra dificuldade. Segundo esse sistema, a alma é criada no momento do nascimento. Portanto, se um homem é mais adiantado que outro, é porque Deus criou para ele uma alma mais adiantada. Por que esse privilégio? Que mérito tem, ele que não viveu mais que um outro, muitas vezes até menos, para ser dotado de uma alma superior? Mas não é esta a principal dificuldade. Em mil anos, uma nação passa da barbárie à civilização. Se os homens vivessem mil anos, seria concebível que, nesse intervalo, tivessem tempo de progredir. Mas todos os dias morrem pessoas de todas as idades; renovam-se continuamente, de tal forma que a cada dia as vemos aparecer e desaparecer. Ao cabo de mil anos, não há mais traços dos antigos habitantes; a nação passou de bárbara a civilizada, e quem foi que progrediu? Os indivíduos outrora bárbaros? Mas eles estão mortos há muito tempo. Então, foram os recém-chegados? Mas a sua alma é criada no momento do nascimento, essas almas não existiam nos tempos bárbaros, e então seria preciso admitir *que os esforços empenhados para civilizar um povo têm o poder não de melhorar almas imperfeitas, mas de fazer com que Deus crie almas mais perfeitas.*

Comparemos essa teoria de progresso com a ensinada pelos Espíritos. As almas vindas no tempo da civilização tiveram sua infância como todas as outras, mas *elas já viveram*, e chegam adiantadas por um progresso anterior. Vêm atraídas por um meio que lhes é simpático, e que tem relação com seu estado atual, de modo que os cuidados destinados à civilização de um povo não têm por efeito determinar a criação futura de almas mais perfeitas, mas sim atrair aquelas que já progrediram, seja as que já tenham vivido nesse mesmo povo em seu tempo de barbárie, seja as que provêm de outra parte. Nisto ainda encontramos a chave do progresso de toda a humanidade. Quando todos os povos estiverem no mesmo nível quanto ao sentimento do bem, a Terra será apenas o local de encontro de bons Espíritos, que viverão fraternalmente unidos, enquanto os maus, repelidos e deslocados, irão buscar em mundos inferiores o meio que lhes convém, até que se tornem dignos de voltar ao nosso meio transformado.

A teoria vulgar tem ainda esta consequência: os trabalhos de aprimoramento social só beneficiam as gerações atuais e futuras. O resultado desses trabalhos é nulo para as gerações passadas, que erraram ao surgir precocemente, e avançaram naquilo que puderam, de tão sobrecarregadas que se encontravam com seus atos de barbárie. Segundo a doutrina dos Espíritos, tiram igualmente proveito dos progressos ulteriores essas gerações que voltam a viver em melhores condições, e, assim, podem aperfeiçoar-se junto à civilização. (Ver tópico 222.)

CIVILIZAÇÃO

790. A civilização constitui um progresso ou, segundo alguns filósofos, uma decadência da humanidade?

– *Progresso incompleto. O homem não passa subitamente da infância à idade madura.*

790. a) É racional condenar a civilização?

– *Condenai antes aqueles que abusam dela, e não a obra de Deus.*

791. A civilização um dia se purificará de tal maneira que fará desaparecer os males que tiver produzido?

– *Sim, quando a moral estiver tão desenvolvida quanto a inteligência. O fruto não pode vir antes da flor.*

792. Por que a civilização não realiza imediatamente todo o bem que poderia produzir?

– *Porque os homens ainda não estão preparados, nem dispostos a obter esse bem.*

792. a) Não seria também porque, ao criar novas necessidades, a civilização desperta novas paixões?

– *Sim, e porque todas as faculdades do Espírito não progridem simultaneamente. Para tudo é necessário que haja um tempo. Não podeis esperar frutos perfeitos de uma civilização incompleta.* (Ver tópicos 751-780.)

793. Por quais sinais se pode reconhecer uma civilização completa?

– *Vós a reconhecereis pelo desenvolvimento moral. Julgai-vos bastante adiantados porque fizestes grandes descobertas e invenções maravilhosas; porque vos alojais e vestis melhor que os selvagens. Mas, na verdade, só tereis o direito de considerar-vos civilizados quando tiverdes banido de vossa sociedade os vícios que a desonram, e quando viverdes como irmãos, praticando a caridade cristã. Até lá, nada mais sois do que povos esclarecidos que apenas percorreram a primeira fase da civilização.*

A civilização, como todas as coisas, tem seus graus. Uma civilização incompleta é um estado de transição que gera males especiais, desconhecidos do homem no estado primitivo, mas nem por isso ela deixa de constituir um progresso natural, necessário, e que leva consigo o remédio para o mal que causa. À medida que a civilização se aperfeiçoa, elimina alguns dos males que produziu, e esses males desaparecerão com o progresso moral.

De dois povos que tenham chegado ao topo da escala social, apenas um pode considerar-se o mais civilizado, no verdadeiro sentido da palavra: aquele em que exista menos egoísmo, menos cobiça e menos orgulho; em que os costumes sejam mais intelectuais e morais do que materiais; em que a inteligência pode desenvolver--se com maior liberdade; em que há mais bondade, mais boa-fé, benevolência e generosidade recíprocas; em que os preconceitos raciais e de nascimento sejam menos enraizados – pois esses preconceitos são incompatíveis com o verdadeiro amor ao próximo; em que as leis não consagrem nenhum privilégio, sendo as mesmas tanto para o último como para o primeiro; em que a justiça seja exercida com o mínimo de parcialidade; em que o fraco sempre encontre amparo contra o forte; em que a vida do homem, suas crenças e opiniões sejam mais respeitadas; em que haja menos infelizes e, finalmente, em que todo homem de boa vontade esteja sempre seguro de que nunca irá faltar-lhe o necessário.

PROGRESSO DA LEGISLAÇÃO HUMANA

794. A sociedade poderia reger-se unicamente por leis naturais, sem o auxílio de leis humanas?

– *Poderia, se as leis naturais fossem bem compreendidas e se existisse o desejo de praticá-las; então elas lhe bastariam. Mas a sociedade tem suas exigências e precisa de leis especiais.*

795. Qual a causa da instabilidade das leis humanas?

– *Nos tempos de barbárie, os mais fortes faziam as leis, e faziam-nas para si. Foi preciso modificá-las à medida que os homens foram compreendendo melhor a justiça. As leis humanas ficam mais estáveis à medida que se aproximam da verdadeira justiça, isto é, à medida que são feitas para todos e se identificam com a lei natural.*

A civilização criou novas necessidades para o homem, e essas necessidades são relativas à posição social que ele ocupa. Foi preciso regular os direitos e deveres dessa posição por meio das leis humanas. Mas, sob a influência de suas paixões, muitas vezes o homem criou direitos e deveres imaginários, condenados pela lei natural e que os povos apagam de seus códigos à medida que progridem. A lei natural é imutável e é a mesma para todos; a lei humana é variável e progressiva: somente ela poderia ter consagrado, na infância das sociedades, o direito do mais forte.

796. A severidade das leis penais é uma necessidade no estado atual da sociedade?

– *Uma sociedade depravada certamente tem necessidade de leis mais severas. Infelizmente, essas leis se destinam antes a punir o mal praticado do que a cortá-lo pela raiz. Somente a educação pode reformar os homens, que, então, não mais precisarão de leis tão rigorosas.*

797. Como o homem poderá ser levado a reformar suas leis?

– *Isso ocorre naturalmente, pela força das coisas e pela influência das pessoas de bem que o conduzem no caminho do progresso. O homem já reformou muitas leis, e reformará muitas outras. Aguarda!*

INFLUÊNCIA DO ESPIRITISMO NO PROGRESSO

798. O Espiritismo se tornará uma crença geral, ou permanecerá restrito a algumas pessoas?

– *Ele certamente se tornará uma crença geral e marcará uma nova era na História da humanidade, porque faz parte da Natureza e porque é chegado o tempo em que ele deve tomar seu posto entre os conhecimentos humanos. No entanto, haverá grandes batalhas a travar, muito mais contra os interesses que contra a convicção, pois não é preciso dissimular o fato de haver pessoas interessadas em combatê-lo, algumas por amor-próprio, outras por causas totalmente materiais. Mas seus contraditores, encontrando-se cada vez mais isolados, serão também forçados a pensar como os demais, sob pena de se tornarem ridículos.*

As ideias só se transformam a longo prazo, e nunca subitamente. Elas se enfraquecem de geração a geração, e acabam por desaparecer pouco a pouco com aqueles que as professavam, os quais são substituídos por outros indivíduos imbuídos de novos princípios, como acontece com as ideias políticas. Vede o Paganismo: hoje certamente não há ninguém que professe as ideias religiosas daquela época. No entanto, vários séculos após o advento do Cristianismo, essas ideias deixaram vestígios que só a renovação integral das raças conseguiu apagar. O mesmo acontecerá com o Espiritismo, que tem feito muito progresso; mas ainda haverá, durante duas ou três gerações, um fermento de incredulidade que só o tempo dissipará. Todavia, sua marcha será mais rápida que a do Cristianismo, pois é o próprio Cristianismo que lhe abre as portas e lhe serve de apoio. O Cristianismo tinha que destruir; o Espiritismo só tem que edificar.*

---

*   Ver nota explicativa na página 343

799. De que maneira o Espiritismo pode contribuir para o progresso?

– *Destruindo o materialismo, que é uma das chagas da sociedade; o Espiritismo pode fazer com que os homens compreendam onde está seu verdadeiro interesse. Quando a vida futura não estiver mais encoberta pela dúvida, o homem compreenderá melhor que pode garantir seu futuro por meio do presente. Destruindo os preconceitos de seitas, de castas e de cor, o Espiritismo ensina aos homens a grande solidariedade que deve uni-los como irmãos.*

800. Não há o risco de que o Espiritismo não possa vencer a indiferença dos homens e o seu apego às coisas materiais?

– *Seria conhecer bem pouco os homens pensar que uma causa qualquer pudesse transformá-los num passe de mágica. As ideias se modificam pouco a pouco, conforme os indivíduos, e é preciso gerações para apagar completamente os vestígios dos velhos hábitos. Portanto, a transformação só pode operar-se a longo prazo, gradual e progressivamente. A cada geração, uma parte do véu se dissipa. O Espiritismo vem rasgá-lo inteiramente; mas enquanto espera, mesmo que tivesse o efeito de corrigir, num homem, apenas um de seus erros, já seria um passo que o teria feito dar, e isso consistiria num grande bem, pois esse primeiro passo lhe tornaria os outros mais fáceis.*

801. Por que os Espíritos não ensinaram anteriormente o que ensinam hoje?

– *Não ensinais às crianças o que é ensinado aos adultos, e não dais ao recém-nascido uma alimentação que ele não possa digerir. Cada coisa tem o seu tempo. Os Espíritos ensinaram muitas coisas que os homens não compreenderam ou que desfiguraram, mas que agora podem compreender. Através de seus ensinamentos, mesmo incompletos, eles prepararam o terreno para receber a semente, que agora vai frutificar.*

802. Visto que o Espiritismo deve marcar um progresso na humanidade, por que os Espíritos não aceleram esse progresso através de manifestações tão generalizadas e evidentes que pudessem convencer até os mais incrédulos?

– *Quereis milagres; mas Deus os semeia abundantemente sob os vossos passos, e ainda há homens que o negam. Acaso o Cristo convenceu seus contemporâneos com os prodígios que realizou? Não vedes, hoje em dia, homens negando os fatos mais evidentes que se passam diante de seus olhos? Não há os que dizem que não acreditariam mesmo se vissem? Não; não é através de prodígios que Deus quer conduzir os homens. Em Sua bondade, Ele quer deixar-lhes o mérito de convencer-se pela razão.*

Capítulo IX

VIII. LEI DE IGUALDADE

Igualdade natural – Desigualdade de aptidões – Desigualdades sociais – Desigualdade de riquezas – Provas da riqueza e da miséria – Igualdade de direitos do homem e da mulher – Igualdade perante o túmulo

IGUALDADE NATURAL

803. Todos os homens são iguais perante Deus?

– *Sim, todos tendem ao mesmo fim, e Deus fez Suas leis para todos. Frequentemente dizeis: "O sol brilha para todos", e dizeis com isso uma verdade maior e mais geral do que imaginais.*

Todos os homens estão submetidos às mesmas leis da Natureza. Todos nascem igualmente fracos, estão sujeitos às mesmas dores, e o corpo do rico é destruído como o do pobre. Portanto, Deus não deu superioridade natural a nenhum homem, nem pelo nascimento, nem pela morte: diante d'Ele, todos são iguais.

DESIGUALDADE DE APTIDÕES

804. Por que Deus não deu as mesmas aptidões a todos os homens?

– *Deus criou todos os Espíritos iguais, mas cada um viveu mais ou menos e, consequentemente, aprendeu mais ou menos. A diferença está no grau de sua experiência e em sua vontade, que é o livre-arbítrio: devido a isto, alguns se aperfeiçoam mais rapidamente, o que lhes dá aptidões diversas. A variedade de* aptidões é necessária para que cada um possa contribuir com os desígnios da Providência, no limite do desenvolvimento de suas forças físicas e intelectuais: o que um não faz, outro faz. Dessa forma, cada um desempenha a sua função útil. Depois, para que todos os mundos sejam solidários entre si, é preciso que os habitantes dos mundos superiores – que, em sua grande maioria, foram criados antes do vosso mundo – venham habitá-lo para vos dar o exemplo. (Ver tópico 361.)

805. Ao passar de um mundo superior para um inferior, o Espírito conserva integralmente as faculdades adquiridas?

– *Sim, já o dissemos. O Espírito que progrediu nunca retrocede. Poderá escolher, quando em estado de Espírito, um envoltório mais grosseiro ou uma posição mais precária que aquela que teve, mas tudo isso sempre vai servir-lhe de ensinamento e ajudá-lo a progredir.* (Ver tópico 180.)

Assim, a diversidade de aptidões dos homens não está relacionada à natureza íntima de sua criação, mas ao grau de aperfeiçoamento a que tenham chegado os Espíritos encarnados neles. Portanto, Deus não criou faculdades desiguais, mas permitiu que os diferentes graus de desenvolvimento permanecessem em contato, para que os mais adiantados pudessem ajudar no progresso dos mais atrasados, e também para que os homens, necessitando uns dos outros, compreendessem a lei de caridade que os deve unir.

Desigualdades Sociais

806. A desigualdade das condições sociais é uma lei da Natureza?

– *Não. É obra do homem, não de Deus.*

806. a) Essa desigualdade desaparecerá algum dia?

– *A única coisa eterna são as leis de Deus. Não vês a desigualdade apagar-se pouco a pouco a cada dia? Essa desigualdade desaparecerá junto com a predominância do orgulho e do egoísmo, e só restará a desigualdade do mérito. Chegará o dia em que os membros da grande família dos filhos de Deus não se olharão mais como sendo de sangue mais ou menos puro; só o Espírito pode ser mais ou menos puro, e isso não depende da posição social.*

807. O que pensar dos que abusam da superioridade de sua posição social para oprimir os fracos em benefício próprio?

– *Merecem o anátema; infelizes deles! Serão oprimidos por sua vez, e renascerão numa existência em que terão de sofrer tudo o que fizeram sofrer a outrem.* (Ver tópico 684.)

Desigualdade de Riquezas

808. A desigualdade das riquezas não tem sua origem na desigualdade das faculdades, que dá a alguns mais meios de adquirir riquezas que a outros?

– Sim e não. E sobre a astúcia e o roubo, que dizes disso?

808. a) A riqueza hereditária não é, entretanto, fruto das más paixões?

– O que sabes disso? Retorna à origem, e verás se ela sempre foi pura. Sabes se, no princípio, ela não foi fruto de uma espoliação ou de uma injustiça? Mesmo sem falar da origem, que pode ser má, acreditas que a cobiça de bens, ainda os adquiridos da melhor maneira, e os desejos secretos que se tem de possuí-los o mais cedo possível, sejam sentimentos louváveis? É isso que Deus julga, e eu te asseguro que o julgamento de Deus é mais severo que o dos homens.

809. Se uma fortuna foi adquirida, no princípio, por meios inadequados, aqueles que mais tarde a herdam são responsáveis por isso?

– Sem dúvida não são responsáveis pelo mal que outros houverem feito, e menos ainda se ignoram essa origem. Mas saibas que muitas vezes uma fortuna só cai nas mãos de um homem para dar-lhe a oportunidade de reparar uma injustiça. Feliz dele se compreender isso! Se o faz em nome daquele que cometeu a injustiça – pois muitas vezes é este quem incita a reparação –, isto contará a favor de ambos.

810. Sem se afastar da legalidade, é possível dispor-se de seus bens de uma maneira mais ou menos justa. Depois da morte, ainda se é responsável pelas disposições que se tomou?

– Toda ação produz seus frutos. Os frutos das boas ações são doces; os das outras são sempre amargos – sempre, entendei bem isso.

811. A igualdade absoluta de riquezas é possível? Ela já existiu?

– Não, ela não é possível. A diversidade de faculdades e de caracteres se opõe a isso.

811. a) No entanto, há homens que acreditam que esse seria o remédio para todos os males da sociedade. O que pensais a respeito?

– São sistemáticos ou ambiciosos e invejosos. Não compreendem que a igualdade com que sonham seria logo destruída pela força das circunstâncias. Combatei o egoísmo – aí está vossa praga social –, e não procureis quimeras.

812. Se a igualdade de riquezas não é possível, o mesmo vale para o bem-estar?

– Não, mas o bem-estar é relativo, e cada um poderia aproveitá-lo, se todos se entendessem bem... pois o verdadeiro bem-estar consiste em empregar-se o tempo com o que se gosta, e não com trabalhos pelos quais não se sente nenhum prazer. Como cada um tem aptidões diferentes, nenhum trabalho útil ficaria por fazer. Em tudo existe o equilíbrio – é o homem quem procura perturbá-lo.

812. a) É possível que todos se entendam?

– Os homens se entenderão quando praticarem a lei de justiça.

813. Há pessoas que caem na privação e na miséria por sua própria culpa. A sociedade pode ser responsabilizada por isso?

— *Sim, já o dissemos. A sociedade frequentemente é a primeira causa desses erros. E, aliás, não cabe a ela zelar pela educação moral das pessoas? Muitas vezes é a má educação que falseia o julgamento dessas pessoas, em vez de sufocar suas tendências perniciosas.* (Ver tópico 685.)

PROVAS DA RIQUEZA E DA MISÉRIA

814. Por que Deus deu a uns as riquezas e o poder, e a outros a miséria?
— *Para testá-los, a cada um de uma maneira diferente. Aliás, como sabeis, essas provas são escolhidas pelos próprios Espíritos, que, muitas vezes, nelas sucumbem.*

815. Qual das duas provas é a mais temível para o homem, a da desgraça ou a da fortuna?
— *Ambas o são: a miséria provoca a queixa contra a Providência; a riqueza incita a todos os excessos.*

816. Se o rico está sujeito a maiores tentações, também não dispõe de mais meios de fazer o bem?
— *É justamente isso que ele nem sempre faz; ele se torna egoísta, orgulhoso e insaciável. Suas necessidades aumentam com a fortuna, e ele julga nunca ter o suficiente para si.*

A posição elevada neste mundo e a autoridade sobre os seus semelhantes são provações tão grandes e tão arriscadas quanto o infortúnio; pois quanto mais se é rico e poderoso, *mais obrigações se tem a cumprir*, e maiores são os meios de que se dispõe para fazer o bem e o mal. Deus experimenta o pobre pela resignação, e o rico pelo uso que faz de seus bens e de seu poder.

A riqueza e o poder fazem nascer todas as paixões que nos prendem à matéria e nos afastam da perfeição espiritual. Por isso Jesus disse: "Eu vos digo, em verdade, que é mais fácil um camelo passar pelo buraco de uma agulha do que um rico entrar no reino dos céus". (Ver tópico 266.)

IGUALDADE DE DIREITOS DO HOMEM E DA MULHER

817. O homem e a mulher são iguais perante Deus e têm os mesmos direitos?
— *Deus não deu a ambos o conhecimento do bem e do mal e a capacidade de progredir?*

818. De onde vem a inferioridade moral da mulher em certos países?
— *Do domínio injusto e cruel que o homem conquistou sobre ela. É resultado das instituições sociais e do abuso da força sobre a fragilidade. Entre os homens moralmente pouco adiantados, a força institui o direito.*

819. Com que finalidade a mulher tem menos força física que o homem?
— *Para designar-lhe funções específicas. O homem, sendo mais forte, tem*

como funções trabalhos rudes; a mulher, trabalhos suaves; e ambos devem ajudar-se mutuamente a suportar as provas de uma vida cheia de amargura.

820. A fragilidade física da mulher não a coloca naturalmente sob a dependência do homem?

– Deus concedeu a uns a força para proteger o fraco, e não para dominá-lo.

Deus adequou o organismo de cada ser às funções que ele deve cumprir. Se deu à mulher menos força física, dotou-a, por outro lado, de maior sensibilidade, proporcional à delicadeza das funções maternais e à fragilidade dos seres confiados aos seus cuidados.

821. As funções às quais a mulher é destinada por natureza têm importância tão grande quanto as conferidas ao homem?

– Sim, e uma importância até maior; é ela quem lhe dá as primeiras noções da vida.

822. Sendo os seres humanos iguais perante a lei de Deus, devem sê-lo também perante a lei dos homens?

– É o primeiro princípio de justiça: Não façais aos outros o que não gostaríeis que vos fizessem.

822. a) Sendo assim, uma legislação, para ser perfeitamente justa, deve consagrar a igualdade dos direitos entre o homem e a mulher?

– Igualdade de direitos, sim, mas não de funções. É preciso que cada um tenha um papel determinado; que o homem se ocupe do exterior e a mulher do interior, cada um segundo sua aptidão. A lei humana, para ser justa, deve consagrar a igualdade de direitos entre o homem e a mulher. Qualquer privilégio concedido a um ou a outro é contrário à lei da justiça. A emancipação da mulher segue o progresso da civilização; sua escravização caminha com a barbárie. Os sexos, aliás, só existem na organização física; uma vez que os Espíritos podem tomar tanto um quanto outro, não há diferença alguma entre eles sob esse aspecto. Consequentemente, devem gozar dos mesmos direitos.

IGUALDADE PERANTE O TÚMULO

823. De onde vem o desejo de perpetuar a memória através de monumentos fúnebres?

– Derradeiro ato de orgulho.

823. a) A suntuosidade dos monumentos fúnebres, porém, não se deve mais frequentemente ao fato de os parentes desejarem honrar a memória do defunto, e não ao próprio defunto?

– Orgulho dos parentes que querem glorificar-se a si mesmos. Oh! Sim, nem sempre é pelo morto que se fazem todas essas demonstrações: é por amor-próprio, por consideração pelo mundo e para ostentação de riqueza. Acreditas que a lembrança de um ser querido dure menos no coração do pobre, porque *ele só pode colocar uma flor sobre o túmulo? Acreditas que o mármore salva do esquecimento aquele que foi inútil na Terra?*

824. Vós censurais, então, de maneira absoluta, as pompas fúnebres?

– Não; quando ela honra a memória de um homem de bem, é justa e de bom exemplo.

O túmulo é o ponto de encontro de todos os homens. Nele findam implacavelmente todas as diferenças humanas. É inútil o rico querer perpetuar sua memória através de exuberantes monumentos: o tempo os destruirá, bem como o seu corpo; a Natureza assim o quer. A lembrança de suas boas e más ações será menos perecível do que seu túmulo. A pompa dos funerais não limpará o rico de todas as suas torpezas e não o fará subir sequer um degrau na hierarquia espiritual. (Ver tópico 320 e seguintes.)

Capítulo X

IX. LEI DE LIBERDADE

Liberdade natural – Escravidão – Liberdade de pensamento – Liberdade de consciência – Livre-arbítrio – Fatalidade – Conhecimento do futuro – Resumo teórico da força motriz das ações do homem.

LIBERDADE NATURAL

825. Há, no mundo, posições em que o homem pode gabar-se de gozar de uma liberdade absoluta?
– *Não, porque todos vós tendes necessidade uns dos outros, tanto os pequenos como os grandes.*

826. Em que condições o homem poderia gozar de uma liberdade absoluta?
– *Como o eremita num deserto. Desde que dois homens estejam juntos, há entre eles direitos a serem respeitados e, consequentemente, não mais terão liberdade absoluta.*

827. A obrigação de respeitar os direitos alheios tira do homem o direito de ser senhor de si mesmo?
– *De jeito nenhum, pois é um direito que lhe vem da Natureza.*

828. Como conciliar as opiniões liberais de certos homens com o despotismo que muitas vezes eles próprios exercem em seus lares e sobre seus subordinados?
– *Eles têm o conhecimento da lei natural, mas contrabalançado pelo orgulho e pelo egoísmo. Compreendem como deve ser, quando seus princípios não são uma comédia interpretada calculadamente, mas não o fazem.*

828. a) Os princípios que professaram neste mundo serão levados em conta na outra vida?

– *Quanto mais inteligência para compreender um princípio, menos desculpas se tem por não aplicá-lo a si mesmo. Em verdade vos digo que o homem simples, mas sincero, está mais adiantado no caminho de Deus que aquele que pretende parecer o que não é.*

ESCRAVIDÃO

829. Há homens que são, por natureza, predestinados a ser propriedade de outros homens?

– *Qualquer sujeição absoluta de um homem a outro é contrária à lei de Deus. A escravidão é um abuso da força; ela desaparecerá com o progresso, assim como desaparecerão pouco a pouco todos os abusos.*

A lei humana que consagra a escravidão é contrária à Natureza, pois equipara o homem ao animal, e o degrada moral e fisicamente.

830. Quando a escravidão faz parte dos costumes de um povo, os que a praticam são repreensíveis, uma vez que apenas se sujeitam a um hábito que lhes parece natural?

– *O mal é sempre o mal, e todos os vossos sofismas não farão que uma má ação se torne boa. No entanto, a responsabilidade pelo mal é relativa aos meios que se tem de compreendê-lo. Aquele que tira proveito da lei da escravidão é sempre culpado por uma violação da lei da Natureza; mas nisso, como em todas as coisas, a culpabilidade é relativa. Como a escravidão fez parte dos costumes de certos povos, o homem pôde usufruir dela com boa intenção e como algo que lhe parecia natural. Porém, desde que sua razão, mais desenvolvida e sobretudo esclarecida pela luz do Cristianismo, mostrou-lhe o escravo como seu semelhante perante Deus, ele não tem mais desculpas.*

831. A desigualdade natural das aptidões não coloca certas raças humanas sob a dependência de raças mais inteligentes?

– *Sim, para elevá-las, e não para embrutecê-las ainda mais através da servidão. Durante muito tempo, os homens consideraram certas raças humanas como animais trabalhadores munidos de braços e mãos, e, por isso, acharam-se no direito de vendê-las como bestas de carga. Acreditavam ter um sangue mais puro; insensatos, que não enxergam além da matéria! Não é o sangue que é mais ou menos puro, mas sim o Espírito.* (Ver tópicos 361-803.) *

832. Há homens que tratam seus escravos com humanidade, que não os privam de nada e acreditam que a liberdade os exporia a maiores privações. O que dizeis disso?

– *Digo que estes compreendem melhor seus interesses; têm maior cuidado com seus bois e seus cavalos, a fim de obter mais lucro no mercado. Não são tão*

---

* Ver nota explicativa na página 343

culpados quanto aqueles que os maltratam, mas, nem por isso, deixam de usá--los como uma mercadoria, privando-os do direito de pertencerem a si mesmos.

LIBERDADE DE PENSAMENTO

833. Há algo no homem que escapa a qualquer constrangimento e pelo qual ele goza de uma liberdade absoluta?
– *É pelo pensamento que o homem goza de uma liberdade sem limite, pois o pensamento não conhece impedimentos. Pode-se deter o impulso, mas não anulá-lo.*
834. O homem é responsável pelo seu pensamento?
– *É responsável perante Deus. Somente Deus pode conhecer os pensamentos de um homem; Ele os condena ou absolve justamente.*

LIBERDADE DE CONSCIÊNCIA

835. A liberdade de consciência é uma consequência da liberdade de pensar?
– *A consciência é um pensamento íntimo que pertence ao homem, como todos os outros pensamentos.*
836. O homem tem o direito de criar obstáculos à liberdade de consciência?
– *Não mais que à liberdade de pensamento, pois só Deus tem o direito de julgar a consciência. Se o homem regula por suas leis as relações entre os homens, Deus, por Suas leis naturais, regula as relações entre Ele e os homens.*
837. Qual é o resultado dos obstáculos à liberdade de consciência?
– *Obrigar os homens a agirem de uma forma diferente da que pensam, tornando-os hipócritas. A liberdade de consciência é uma das características da verdadeira civilização e do progresso.*
838. Toda crença é respeitável, mesmo sendo notoriamente falsa?
– *Toda crença é respeitável quando é sincera e quando conduz à prática do bem. As crenças censuráveis são as que conduzem ao mal.*
839. Será repreensível escandalizar em sua crença aquele que não pensa como nós?
– *Isso é faltar com a caridade e atentar contra a liberdade de pensamento.*
840. Seria atentar contra a liberdade de consciência opor obstáculos a crenças que, por sua natureza, podem perturbar a sociedade?
– *Pode-se reprimir os atos, mas a crença íntima é inacessível.*

Reprimir os atos externos de uma crença, quando estes acarretam um prejuízo qualquer a outrem, não é atentar contra a liberdade de consciência, pois essa repressão deixa à crença sua inteira liberdade.

841. Por respeito à liberdade de consciência, deve-se deixar que doutrinas perniciosas se propaguem, ou pode-se, sem atentar contra essa liberdade, procurar conduzir ao caminho da verdade aqueles que se transviaram obedecendo a falsos princípios?

– *Certamente se pode e, inclusive, se deve; mas ensinai, a exemplo de Jesus, com a docilidade e a persuasão, e não com a força, o que seria pior que a crença daquele a quem se quer convencer. Se há algo que poderia ser imposto, é o bem e a fraternidade; mas não acreditamos que o meio de fazê-los admitir seja agir com violência: a convicção não se impõe.*

842. Uma vez que todas as doutrinas têm a pretensão de ser a única expressão da verdade, por quais indícios pode-se reconhecer a que tem o direito de colocar-se como tal?

– *Será aquela que fizer mais homens de bem e menos hipócritas, ou seja, homens praticantes da lei de amor e de caridade em sua pureza máxima e em sua aplicação mais ampla. Por esse sinal reconhecereis que uma doutrina é boa, pois toda doutrina que tiver por efeito semear a desunião e estabelecer uma separação entre os filhos de Deus só pode ser falsa e perniciosa.*

LIVRE-ARBÍTRIO

843. O homem tem o livre-arbítrio sobre seus atos?

– *Como tem a liberdade de pensamento, tem também a de ação. Sem livre--arbítrio o homem seria uma máquina.*

844. O homem goza do livre-arbítrio desde seu nascimento?

– *Ele tem liberdade de ação a partir do momento que tem a vontade de fazê-lo. No início da vida, a liberdade é quase nula; ela se desenvolve e muda de objeto com o desenvolvimento das faculdades. A criança, por ter pensamentos relacionados com as necessidades de sua idade, aplica seu livre-arbítrio às coisas que lhe são necessárias.*

845. As predisposições instintivas que o homem traz ao nascer não são um obstáculo ao exercício do livre-arbítrio?

– *As predisposições instintivas são as do Espírito antes de sua encarnação. Conforme ele for mais ou menos adiantado, elas podem induzi-lo a atos repreensíveis, e ele é secundado nisso pelos Espíritos que simpatizam com essas disposições. No entanto, não há atração irresistível, quando se tem a vontade de resistir. Lembrai-vos de que querer é poder.* (Ver tópico 361.)

846. O organismo não tem influência sobre os atos da vida, e, caso ele exerça alguma influência, não o faz com prejuízo do livre-arbítrio?

– *O Espírito certamente é influenciado pela matéria, que pode atravancá-lo em suas manifestações. Eis por que, nos mundos onde os corpos são menos materiais que na Terra, as faculdades se desenvolvem com mais liberdade; o instrumento, porém, não determina a faculdade. Além disso, é preciso distinguir* nesse caso as faculdades morais das intelectuais. Se um homem tem um instinto assassino, seguramente é seu Espírito que o possui e que o transmite, não seus órgãos. Aquele que aniquila seu pensamento para ocupar-se apenas da matéria torna-se semelhante ao animal, e ainda pior que ele, pois não pensa mais em precaver-se contra o mal, e é nisso que erra, porque assim age por vontade própria. (Ver tópico 367 e seguintes, *Influência do organismo*.)

847. A deformação das faculdades não tira do homem o livre-arbítrio?

– Aquele cuja inteligência é perturbada por uma causa qualquer não é mais senhor de seu pensamento, e, então, não tem mais liberdade. Essa aberração muitas vezes é uma punição para o Espírito que, numa outra existência, pode ter sido vão e orgulhoso e ter feito mau uso de suas faculdades. Ele pode renascer no corpo de um idiota, como o déspota no corpo de um escravo, e o mau rico no de um mendigo. Mas o Espírito tem perfeita consciência desse constrangimento que sofre; nisto consiste a ação da matéria. (Ver tópico 371 e seguintes.)

848. A distorção das faculdades intelectuais pela embriaguez é desculpa para os atos repreensíveis?

– Não, pois o ébrio privou-se voluntariamente de sua razão para satisfazer paixões brutais: em vez de cometer um erro, comete dois.

849. Qual é, no homem em estado selvagem, a faculdade predominante: o instinto ou o livre-arbítrio?

– O instinto – o que não o impede de agir com inteira liberdade em certas coisas. Porém, como a criança, ele aplica essa liberdade às suas necessidades, e ela se desenvolve com a inteligência. Por consequência, tu, que és mais esclarecido que um selvagem, também és mais responsável pelo que fazes.

850. A posição social não constitui, às vezes, um obstáculo à total liberdade de ação?

– Não há dúvida de que o mundo tem suas exigências; Deus é justo: leva tudo em consideração, mas vos deixa a responsabilidade do pouco esforço que fazeis para superar os obstáculos.

FATALIDADE

851. Há uma fatalidade nos acontecimentos da vida, segundo o sentido atribuído a essa palavra? Melhor dizendo, todos os acontecimentos são anteriormente determinados, e, nesse caso, em que se torna o livre-arbítrio?

– A fatalidade só existe no que diz respeito à escolha feita pelo Espírito, ao encarnar, de submeter-se a esta ou àquela provação. Ao escolhê-la, traça para si mesmo uma espécie de destino, que é a própria consequência da posição em que se encontra. Refiro-me às provações físicas, pois, quanto às provações morais e às tentações, o Espírito, conservando o seu livre-arbítrio sobre o bem e o mal, é sempre senhor para ceder ou resistir. Um Espírito bom, vendo-o fraquejar, pode vir em sua ajuda, mas não pode influenciá-lo de maneira a dominar-lhe a vontade. Um Espírito mau, ou seja, inferior, mostrando-lhe ou exagerando um perigo físico, pode abalá-lo e aterrorizá-lo, mas a vontade do Espírito encarnado não fica, por isso, menos livre de qualquer entrave.

852. Há pessoas que parecem perseguidas por uma fatalidade independente da maneira como procedem. A desgraça faz parte do seu destino?

– *Talvez sejam provações a que devam ser submetidas e que elas mesmas escolheram. Mas, outra vez, vós atribuis ao destino a responsabilidade por algo que na maioria das vezes é apenas a consequência de vosso próprio erro. Quanto aos males que vos afligem, esforçai-vos para que vossa consciência permaneça pura, e sereis, em parte, consolados.*

As ideias corretas ou falsas que fazemos das coisas nos levam a triunfar ou fracassar, segundo o nosso caráter e a nossa posição social. Achamos mais simples e menos humilhante para nosso amor-próprio atribuir nossos fracassos à sorte ou ao destino do que ao nosso próprio erro. Se a influência dos Espíritos contribui para isso, algumas vezes, sempre podemos livrar-nos dessa influência, repelindo as ideias que nos sugerem, quando são ruins.

853. Algumas pessoas só escapam de um perigo mortal para cair em outro. Parece que não poderiam escapar à morte. Não há fatalidade nisso?

– *Nada é fatal, no verdadeiro sentido da palavra, senão o instante da morte. Quando esse momento chega, seja por um meio ou outro, vós não podeis livrar-vos dele.*

853. a) Assim, seja qual for o risco que nos ameace, não morreremos se a hora não tiver chegado?

– *Não, não perecerás – e tens milhares de exemplos disso. Porém, quando chegar a hora de tua partida, nada pode livrar-te dela. Deus sabe com antecedência por qual tipo de morte partirás deste mundo e, muitas vezes, teu Espírito também o sabe, pois isso lhe foi revelado quando fez a escolha desta ou daquela existência.*

854. Da infalibilidade da hora da morte conclui-se que as precauções que se toma para evitá-la são inúteis?

– *Não, pois as precauções que tomais vos são sugeridas com o objetivo de evitar a morte que vos ameaça; são um dos meios para que a morte não ocorra.*

855. Qual é o objetivo da Providência em fazer-nos correr riscos que não devem ter nenhuma consequência?

– *Quando tua vida é posta em perigo, trata-se de um aviso que tu mesmo desejaste, a fim de desviar-te do mal e tornar-te melhor. Quando escapas desse perigo, ainda sob influência do risco que correste, desejas mais ou menos intensamente – conforme a ação mais ou menos intensa dos bons Espíritos – tornar-te melhor. Retornando o mau Espírito – digo mau, subentendendo o mal que ainda está nele –, pensas que escaparás da mesma forma a outros riscos,* e te entregas novamente às tuas paixões. Pelos perigos que correis, Deus vos lembra da vossa fraqueza e da fragilidade de vossa existência. Examinando-se a causa e a natureza do perigo, vê-se que, quase sempre, as consequências foram a punição por um erro cometido ou um dever negligenciado. Deus assim vos adverte para que vos volteis vós mesmos e vos corrijais. (Ver tópicos 526--532.)

856. O Espírito sabe de antemão o gênero de morte a que deve sucumbir?

– Sabe que o gênero de vida que escolheu o expõe a morrer preferencialmente de uma maneira que de outra. Sabe igualmente das lutas que terá de enfrentar para evitar a morte, e que, se Deus permitir, não sucumbirá.

857. Há homens que encaram os perigos dos combates com a convicção de que sua hora não chegou. Há algum fundamento nessa confiança?

– Muito frequentemente o homem tem o pressentimento de seu fim, como pode ter o de que ainda não morrerá. Esse pressentimento lhe vem de seus Espíritos protetores, que assim o advertem para que fique preparado para partir, ou lhe fortalecem a coragem nos momentos em que ela se faz mais necessária. Esse pressentimento pode vir também da intuição que ele tem da existência que escolheu, ou da missão que aceitou, e que sabe que deve cumprir. (Ver tópicos 411-522.)

858. Por que aqueles que pressentem sua morte geralmente a temem menos que os outros?

– É o homem que teme a morte, não o Espírito. Aquele que a pressente pensa mais como Espírito do que como homem: compreende ser ela a sua libertação, e a espera.

859. Se a morte não pode ser evitada quando deve ocorrer, o mesmo vale para todos os acidentes que nos acontecem no decorrer da vida?

– Frequentemente são coisas bem insignificantes, das quais poderíamos prevenir-vos, e às vezes vos fazer evitá-las, dirigindo vosso pensamento, pois nos desagrada o sofrimento material. Mas isso é pouco relevante para a vida que escolhestes. Na verdade, a fatalidade reside apenas no momento em que deveis aparecer e desaparecer da Terra.

859. a) Há fatos que devem acontecer forçosamente, e contra os quais a vontade dos Espíritos não pode conjurar?

– Sim, mas que tu, em estado de Espírito, viste e pressentiste quando fizeste tua escolha. No entanto, não penses que tudo que acontece esteja escrito, como se costuma dizer. Um acontecimento muitas vezes é a consequência de uma escolha que fizeste por um ato espontâneo de tua vontade, de modo que, se não tivesses feito tal coisa, o fato não teria acontecido. Se tu queimas o dedo, não é sem motivo; é o resultado de tua imprudência e efeito da matéria. Apenas as grandes dores, os acontecimentos importantes, e que podem influenciar sobre a moral, são previstos por Deus, pois são úteis à tua purificação e ao teu aprendizado.

860. O homem, por sua própria vontade e por seus atos, pode fazer com que coisas que estavam previstas sejam evitadas e vice-versa?
– *Pode, se esse aparente desvio couber na vida que escolheu. E depois, por fazer o bem da forma como deve ser feito – único objetivo da vida –, ele pode impedir o mal, sobretudo aquele que poderia contribuir para um mal maior.*

861. O homem que comete um assassinato sabe, ao escolher sua existência, que se tornará assassino?
– *Não. Ele sabe que, escolhendo uma vida de luta, há chances de que mate um de seus semelhantes, mas ignora se o fará, pois quase sempre há dentro dele uma deliberação antes de cometer o crime. Ora, aquele que delibera sobre algo é sempre livre para fazê-lo ou não. Se o Espírito soubesse, de antemão, que, como homem, deveria cometer um assassinato, é porque estaria predestinado a isso. Sabei, portanto, que ninguém é predestinado ao crime, e que todo crime ou qualquer outro ato sempre resulta da vontade e do livre-arbítrio.*

De resto, sempre confundis duas coisas bem distintas: os acontecimentos materiais da vida e os atos da vida moral. Se às vezes há fatalidade, é apenas em relação aos acontecimentos materiais cuja causa vos escapa e que são independentes da vossa vontade. Quanto aos atos da vida moral, eles sempre emanam do próprio homem, que, por consequência, tem sempre a liberdade da escolha. Portanto, para esses atos nunca há fatalidade.

862. Há pessoas que nunca têm êxito em nada, e que parecem ter um gênio mau perseguindo todos os seus planos. Não é isso o que se pode chamar de fatalidade?
– *É mesmo fatalidade, se assim quiseres chamar, mas está ligada ao tipo de existência escolhida, porque essas pessoas quiseram ser submetidas a uma vida de decepção, a fim de exercer a paciência e a resignação. No entanto, não penses que essa fatalidade seja absoluta. Muitas vezes resulta do caminho errado que tomaram, em discordância com suas inteligências e aptidões. Quem pretende atravessar um rio a nado, sem saber nadar, tem grande chance de afogar-se. O mesmo ocorre com a maioria dos acontecimentos da vida. Se o homem só experimentasse coisas que estivessem de acordo com suas faculdades, triunfaria quase sempre. O que faz que ele se perca é o amor-próprio e a ambição, que o leva a deixar seu caminho e tomar como prioridade o desejo de satisfazer certas paixões. Ele fracassa por sua própria culpa. Mas em vez de reconhecer seu erro, prefere acusar a sua estrela. Há aquele que teria sido um bom operário, ganhando honradamente a vida, mas que será um mau poeta e morrerá de fome. Haveria lugar para todos, se cada um soubesse colocar-se no lugar que lhe compete.*

863. Os costumes sociais muitas vezes não obrigam um homem a seguir um determinado caminho em vez de outro, e ele não se acha submetido ao domínio da opinião geral na escolha de suas ocupações? Isso a que se chama respeito humano não é um obstáculo ao exercício do livre-arbítrio?

– São os homens que fazem os costumes sociais, e não Deus. Se eles se submetem a esses costumes, é porque lhes convêm, e não deixa de ser um ato de livre-arbítrio, uma vez que, se quisessem, poderiam libertar-se deles. Então, por que se lamentar? Não são os costumes sociais que os homens devem acusar, mas sim seu tolo amor-próprio, que faz com que prefiram morrer de fome a infringi-los. Ninguém leva em conta esse sacrifício feito à opinião dominante, ao passo que Deus levará em conta o sacrifício da vaidade. Isso não quer dizer que seja necessário afrontar a opinião dominante desnecessariamente, como certas pessoas que têm mais originalidade do que verdadeira filosofia. Há tanto contrassenso em exibir-se ou em deixar-se admirar como se fora um animal curioso quanto há de sabedoria em descer, voluntariamente e sem lamúrias, quando não se pode permanecer no alto da escala.

864. Se há pessoas para as quais a sorte em tudo é contrária, outras parecem ser privilegiadas, pois em tudo triunfam. A que isso se deve?

– Muitas vezes é porque sabem orientar-se melhor. Mas isso também pode ser um tipo de provação. O sucesso as embriaga; elas confiam em seu destino, e, mais tarde, frequentemente pagam esse mesmo sucesso com cruéis reveses, que poderiam ter evitado com a prudência.

865. Como explicar a sorte que favorece certas pessoas em circunstâncias que independem de sua vontade e de sua inteligência; no jogo, por exemplo?

– Alguns Espíritos escolheram antecipadamente determinadas formas de prazer; a sorte que os favorece é uma tentação. Aquele que ganha como homem perde como Espírito: é uma provação para seu orgulho e sua cobiça.

866. A fatalidade que parece presidir aos destinos materiais de nossa vida ainda seria, portanto, o efeito de nosso livre-arbítrio?

– Tu mesmo escolheste tua provação: quanto mais rude ela for, e quanto melhor a suportares, mais te elevarás. Aqueles que passam a vida na abundância e na ventura humana são Espíritos fracos, que permanecem estacionários. Assim, neste mundo, o número de infortunados ultrapassa em muito o de pessoas felizes, visto que os Espíritos procuram, na maioria das vezes, a provação que lhes será mais proveitosa; eles veem muito bem a futilidade de vossas grandezas e de vossos prazeres. E além disso, a vida mais feliz é sempre agitada, confusa: não o seria senão pela ausência da dor. (Ver tópico 525 e seguintes.)

867. De onde vem a expressão: nascer sob uma boa estrela?

– Antiga superstição que relacionava as estrelas ao destino de cada homem; simples alegoria, que certas pessoas têm a tolice de levar ao pé da letra.

CONHECIMENTO DO FUTURO

868. O futuro pode ser revelado ao homem?

– Em princípio, o futuro lhe é oculto, e apenas em casos raros e excepcionais Deus permite ao homem a sua revelação.

869. Com que objetivo o futuro é oculto ao homem?

– Se o homem conhecesse o futuro, negligenciaria o presente e não agiria com a mesma liberdade, porque seria dominado pelo pensamento de que, se uma coisa deve acontecer, ele não tem de se preocupar, ou então, por outro lado, iria tentar impedi-la. Deus não quis que fosse dessa maneira, para que cada um contribuísse para a realização das coisas, mesmo daquelas a que ele desejaria opor-se. Assim, muitas vezes és tu quem preparas a ti mesmo, sem desconfiares, os acontecimentos que ainda estão por vir no curso de tua vida.

870. Se convém que o futuro permaneça oculto, por que Deus permite, às vezes, a sua revelação?

– Ele permite quando esse conhecimento prévio deve facilitar a realização de algo, ao invés de atrapalhá-la, levando o homem a agir de forma diferente do que faria se não o soubesse. E além disso, muitas vezes, isso é uma provação. A perspectiva de um acontecimento pode despertar pensamentos mais ou menos bons. Se um homem deve saber, por exemplo, que receberá uma herança com a qual não contava, poderá ser tomado pelo sentimento de cobiça, pela alegria de aumentar seus gozos terrenos, pelo desejo de tomar posse disso mais cedo, desejando talvez a morte daquele que deve deixar-lhe a fortuna; ou então essa perspectiva despertará nele bons sentimentos e pensamentos generosos. Se a predição não se realizar, trata-se de outra provação: a da maneira pela qual ele suportará a decepção. Mas nem por isso deixará de ter o mérito ou o demérito dos bons ou maus pensamentos que a crença no acontecimento lhe despertou.

871. Como Deus tudo sabe, também sabe se um homem deve ou não sucumbir a uma provação. Então, qual é a necessidade dessa provação, uma vez que não pode mostrar a Deus nada que Ele já não saiba a respeito desse homem?

– Seria o mesmo que perguntar por que Deus não criou o homem perfeito e acabado (ver tópico 119); ou por que o homem passa pela infância antes de chegar ao estado adulto (ver 379). A provação não tem por objetivo esclarecer a Deus sobre o mérito do homem, pois Deus sabe perfeitamente o que ele vale, mas dar ao homem toda a responsabilidade da sua ação, uma vez que ele é livre para fazê-la ou não. Como o homem pode escolher entre o bem e o mal, a provação tem por efeito colocá-lo frente a frente com a tentação do mal, conferindo-lhe todo o mérito da resistência. Ora, ainda que Deus saiba muito bem, e de antemão, se ele triunfará ou não, Ele não pode, em Sua justiça, nem puni-lo nem recompensá-lo por um ato que ele ainda não tenha praticado. (ver 258.)

Assim também acontece entre os homens. Por mais capaz que seja um estudante, por mais certeza que se tenha do seu triunfo, não se lhe confere nenhum grau sem o exame, isto é, sem a prova. Da mesma forma, o juiz só condena um acusado com base num ato consumado, e não na previsão de que ele possa ou deva consumar esse ato.

Quanto mais se reflete sobre as consequências que teria para o homem o conhecimento do futuro, mais se percebe o quanto a Providência foi sábia em ocultá-lo. A certeza de um acontecimento feliz iria mergulhá-lo na inatividade; a de um acontecimento infeliz, no desânimo. Em ambos os casos, suas forças ficariam paralisadas. É por isso que o futuro só é mostrado ao homem como *uma meta* que ele deve atingir através de seus esforços, mas ignorando as sucessivas experiências pelas quais deve passar para atingi-la. O conhecimento de todos os incidentes do caminho iria tirar-lhe a iniciativa e o uso do livre-arbítrio. Ele se deixaria cair no declive fatal dos acontecimentos, sem exercer suas faculdades. Quando o sucesso de uma coisa é garantido, não mais se tem preocupação com ela.

RESUMO TEÓRICO DA FORÇA MOTRIZ DAS AÇÕES DO HOMEM

872. A questão do livre-arbítrio pode ser assim resumida: o homem não é fatalmente conduzido ao mal; os atos que pratica também não estão previamente determinados; os crimes que comete não resultam de uma sentença do destino. Ele pode, por provação e por expiação, escolher uma existência em que sentirá as seduções do crime, seja pelo meio em que se encontra, seja por circunstâncias inesperadas, mas ele é sempre livre para agir ou não agir. Assim, quando se está no estado de Espírito, o livre-arbítrio consiste na escolha da existência e das provações, e, no estado corporal, na capacidade de ceder ou resistir às atrações a que somos voluntariamente expostos. Cabe à educação combater essas más tendências. Ela o fará de maneira eficiente quando se basear no estudo aprofundado da natureza moral do homem. Pelo conhecimento das leis que regem essa natureza moral, chegar-se-á a modificá-la, como se modifica a inteligência pela instrução e o temperamento pela higiene.

O Espírito desprendido da matéria, no estado errante, escolhe suas futuras existências corporais conforme o grau de perfeição a que chegou e, como dissemos, é sobretudo nisso que consiste o seu livre-arbítrio. Essa liberdade não é anulada pela encarnação. Se cede à influência da matéria, é porque sucumbe às provações que ele mesmo escolheu, e para ter ajuda para superá-las pode invocar o auxílio de Deus e dos bons Espíritos. (Ver tópico 337.)

Sem o livre-arbítrio o homem não teria nem culpa do mal nem mérito do bem; isso é de tal modo reconhecido que, no mundo, sempre se dirige a censura ou o elogio à intenção, isto é, à vontade. Ora, quem diz vontade, diz liberdade. Portanto, o homem não poderia procurar uma desculpa para suas falhas no seu organismo, sem com isso abdicar de sua razão e de sua condição de ser humano, assemelhando-se então ao animal. Se fosse assim para o mal, o mesmo valeria para o bem; no entanto, quando o homem pratica o bem, tem grande cuidado de assegurar o seu mérito, e não cogita de atribuí--lo a seus órgãos, o que prova que, instintivamente, não renuncia – apesar da opinião de alguns sistemáticos – ao melhor dos privilégios de sua espécie: a liberdade de pensar.

A fatalidade, como é vulgarmente entendida, supõe a decisão prévia e irrevogável de todos os acontecimentos da vida, seja qual for a sua importância. Se esta fosse a ordem das coisas, o homem seria uma máquina destituída de vontade própria. Para que serviria sua inteligência, já que seria invariavelmente dominada, em todos os seus atos, pela força do destino? Tal doutrina, se fosse verdadeira, seria a destruição de toda a liberdade moral; não haveria mais responsabilidade para o homem, e, consequentemente, não mais haveria o bem nem o mal, nem crimes ou virtudes. Deus, soberanamente justo, não poderia castigar sua criatura por erros que não dependessem dela, nem recompensá-la por virtudes das quais não teria o mérito. Tal lei seria, além disso, a negação da lei do progresso, pois o homem, que iria esperar tudo do acaso, nada tentaria para melhorar sua situação, pois isso não lhe acrescentaria ou diminuiria coisa alguma.

A fatalidade não é, entretanto, uma palavra vã; ela existe, na posição que o homem ocupa na Terra e nas funções que desempenha, como consequência do tipo de provação escolhida por seu Espírito – *provação, expiação* ou *missão*. Fatalmente ele sofre todas as vicissitudes dessa existência e todas as *tendências* boas ou más que lhe são inerentes; mas a fatalidade termina aí, pois depende de sua vontade ceder ou não a essas tendências. *O detalhe dos acontecimentos é subordinado às circunstâncias que ele próprio provoca através de seus atos*, sobre os quais os Espíritos podem exercer influência através dos pensamentos que lhe sugerem. (Ver tópico 459.)

A fatalidade, portanto, está nos acontecimentos que se apresentam, pois são consequência da escolha da existência feita pelo Espírito; ela pode não estar no resultado desses acontecimentos, uma vez que o homem pode modificar seu curso através da prudência. *Nunca há fatalidade nos atos da vida moral.*

É na morte que o homem se acha submetido de maneira absoluta à inexorável lei da fatalidade, pois não pode escapar da sentença que fixa o término de sua existência, nem tampouco do tipo de morte que deve interromper-lhe o curso.

Segundo a doutrina vulgar, o homem tiraria todos os seus instintos de si mesmo; eles seriam provenientes ou de sua estrutura física, da qual ele poderia não ser o responsável, ou de sua própria natureza, na qual ele pode procurar desculpar-se a seus próprios olhos, dizendo não ter culpa de ser assim. A Doutrina Espírita é evidentemente mais moral: ela admite, para o homem, o livre-arbítrio em toda a sua plenitude. Ao dizer-lhe que, se pratica o mal, ele cede a uma má sugestão exterior, ela lhe deixa toda a responsabilidade, pois reconhece-lhe o poder de resistir – o que é evidentemente mais fácil do que se tivesse de lutar contra sua própria natureza. Assim, segundo a Doutrina Espírita, não há tentação irresistível: o homem sempre pode tapar os ouvidos à voz oculta que, em seu foro íntimo, o induz ao mal, da mesma forma que pode tapá-lo à voz material de alguém que lhe fale. O homem pode fazê-lo por sua vontade, pedindo a Deus a força necessária e solicitando, para isso, a assistência dos bons Espíritos. É isso que Jesus nos ensina na sublime *Oração Dominical*, quando manda que digamos: "Não nos deixeis cair em tentação, mas livrai-nos do mal".

Essa teoria da causa determinante de nossos atos depende evidentemente de todos os ensinamentos dados pelos Espíritos. Ela não é apenas sublime em moralidade, mas acrescentamos que ela eleva o homem a seus próprios olhos – mostra-lhe que é livre de sacudir um jugo obsessor, como é livre de fechar sua casa aos importunos. O homem não é mais uma máquina que age por um impulso independente de sua vontade – é um ser racional, que escuta, julga e escolhe livremente entre dois conselhos. E acrescentamos que, apesar disso, o homem não se acha privado de iniciativa; não deixa de agir por si mesmo, uma vez que, definitivamente, ele não é senão um Espírito encarnado que conserva, sob o envoltório corporal, as qualidades e os defeitos que tinha como Espírito errante. Portanto, os erros que cometemos têm sua origem na imperfeição de nosso próprio Espírito, que ainda não atingiu a superioridade moral que um dia terá, mas que não deixa de ter seu livre-arbítrio. A vida corporal lhe foi dada para purgar-se de suas imperfeições através das provas a que se submete, e são exatamente essas imperfeições que o tornam mais frágil e mais acessível às sugestões de outros Espíritos imperfeitos, que aproveitam a ocasião para tentar fazê-lo sucumbir na luta que empreendeu. Se sai vitorioso dessa luta, ele se eleva; se fracassa, permanece o que era, nem pior, nem melhor: é uma provação que terá de recomeçar, e isso pode durar muito tempo. Quanto mais se purifica, mais diminuem suas fraquezas e menos vulnerável ele fica àqueles que o induzem ao mal; sua força moral cresce proporcionalmente à sua elevação, e os maus Espíritos se afastam dele.

Mais ou menos bons, todos os Espíritos, quando encarnados, constituem a espécie humana. E como a nossa Terra é um dos mundos menos adiantados, nela se encontram mais Espíritos maus do que bons – eis por que aqui vemos tanta perversidade. Portanto, empenhemos todos os nossos esforços para não retornar a este mundo, após esta passagem, e para que mereçamos ir descansar num mundo melhor, num desses mundos privilegiados onde o bem reina inteiramente, e onde nos lembraremos de nossa passagem pela Terra como um tempo de exílio.

Capítulo XI

X. LEI DE JUSTIÇA, AMOR E CARIDADE

Justiça e direitos naturais – Direito de propriedade. Roubo – Caridade e amor ao próximo – Amor maternal e filial.

JUSTIÇA E DIREITOS NATURAIS

873. O sentimento de justiça faz parte da Natureza ou é resultado de ideias adquiridas?
– *Tanto está na Natureza que só em pensar numa injustiça vós vos revoltais. O progresso moral sem dúvida desenvolve esse sentimento, mas não o concede: Deus o colocou no coração do homem; eis por que muitas vezes encontrareis, em homens simples e incultos, noções mais exatas da justiça do que naqueles que detêm muito conhecimento.*

874. Sendo a justiça uma lei da Natureza, como se explica que os homens a entendam de modos tão diferentes, considerando uns justo o que parece injusto a outros?
– *É que muitas vezes se misturam no homem paixões que alteram esse sentimento, como acontece com a maior parte dos outros sentimentos naturais, fazendo com que as coisas sejam vistas sob um falso ponto de vista.*

875. Como se pode definir a justiça?
– *A justiça consiste no respeito aos direitos de cada um.*

875. a) O que determina esses direitos?
– *Duas coisas: a lei humana e a lei natural. Tendo os homens feito leis apropriadas aos seus costumes e ao seu caráter, essas leis estabeleceram*

direitos que variaram de acordo com o progresso do conhecimento. Vede se vossas leis de hoje, mesmo sem serem perfeitas, consagram os mesmos direitos que vigoravam na Idade Média. Esses direitos caídos em desuso, e que vos parecem monstruosos, pareciam justos e naturais naquela época. O direito instituído pelos homens, portanto, nem sempre é conforme à justiça. Aliás, ele regula apenas algumas relações sociais, ao passo que, na vida privada, há uma infinidade de atos que competem exclusivamente ao tribunal da consciência.

876. À parte o direito consagrado pela lei humana, qual é a base da justiça segundo a lei natural?

– *O Cristo vos disse:* Querer para os outros aquilo que quereis para vós mesmos. *Deus colocou, no coração do homem, a regra de toda a justiça verdadeira – no desejo que cada um tem de ver seus direitos respeitados. Diante da incerteza sobre o que fazer em relação ao semelhante numa dada circunstância, que o homem pergunte a si mesmo como gostaria que agissem com ele em circunstância idêntica: Deus não poderia ter dado ao homem um guia mais seguro do que a sua própria consciência.*

O critério da verdadeira justiça é, de fato, querer para os outros o que se quer para si mesmo – e não querer para si o que se quer para os outros, – que não é exatamente a mesma coisa. Como não é natural que se queira o próprio mal, ao tomar o desejo pessoal como padrão ou ponto de partida, tem-se a certeza de que somente o bem será desejado ao próximo. Desde sempre, e em todas as crenças, o homem sempre procurou fazer prevalecer o seu direito pessoal: *a sublimidade da religião cristã está no fato de ter tomado o direito pessoal como base do direito do próximo.*

877. A necessidade do homem de viver em sociedade acarreta-lhe obrigações particulares?

– *Sim, e a primeira de todas é a de respeitar os direitos dos semelhantes; aquele que respeitar esses direitos sempre será justo. Em vosso mundo, onde tantos homens deixam de praticar a lei da justiça, cada homem se utiliza de represálias, e é isso que causa a perturbação e a confusão de vossa sociedade. A vida social dá direitos e impõe deveres recíprocos.*

878. Uma vez que o homem pode iludir-se quanto à extensão de seu direito, o que pode fazer com que ele conheça os seus limites?

– *O limite do direito que ele reconhece para seu semelhante em relação a si mesmo, na mesma circunstância e de maneira recíproca.*

878. a) Mas se cada um atribuir a si mesmo os direitos de seu semelhante, no que se transformará a subordinação aos superiores? Isso não seria a anarquia de todos os poderes?

– *Os direitos naturais são os mesmos para todos os homens, do menor ao maior: Deus não fez uns de barro mais puro que outros, e, diante d'Ele, todos* são iguais. Esses direitos são eternos; os que o homem estabeleceu perecem com suas instituições. Além disso, cada qual sabe de sua força ou fraqueza, e sempre saberá ter uma certa deferência para com aqueles que a merecem por sua virtude e sabedoria. É importante ressaltar isso, para que os que se consideram superiores conheçam os deveres necessários para se merecer essas deferências. A subordinação não será comprometida quando a autoridade for conferida à sabedoria.

879. Qual seria o caráter do homem que praticasse a justiça em toda a sua pureza?

– O verdadeiro justo, a exemplo de Jesus – pois também praticaria o amor ao próximo e a caridade, sem os quais não há a justiça verdadeira.

DIREITO DE PROPRIEDADE. ROUBO

880. Qual é o primeiro de todos os direitos naturais do homem?

– O de viver. Por isso ninguém tem o direito de atentar contra a vida do seu semelhante, e nem fazer algo que possa comprometer-lhe a existência corporal.

881. O direito de viver confere ao homem o direito de acumular o que necessita para viver, e descansar, quando não puder mais trabalhar?

– Sim, mas deve fazê-lo em família, como a abelha, por meio de um trabalho honesto, e não acumular como um egoísta. Até mesmo alguns animais lhe dão o exemplo da previdência.

882. O homem tem o direito de defender o que economizou através do trabalho?

– Deus não disse: Não furtarás; e Jesus: Dai a César o que é de César?

O que o homem economiza através do trabalho *honesto* é uma propriedade legítima, que ele tem o direito de defender, pois a propriedade que é fruto do trabalho é um direito natural, tão sagrado quanto o de trabalhar e o de viver.

883. O desejo de possuir bens faz parte da Natureza?

– Sim, mas, quando é só para si e para sua satisfação pessoal, torna-se egoísmo.

883. a) Entretanto, não seria legítimo o desejo de possuir bens, uma vez que aquele que tem do que viver não se torna uma carga para ninguém?

– Há homens insaciáveis, que acumulam sem benefício para ninguém, ou somente para satisfazer as suas paixões. Julgas que Deus pode aprovar isso? Mas aquele que, ao contrário, acumula dinheiro por meio do trabalho com a intenção de ajudar seus semelhantes, está praticando a lei de amor e caridade, e Deus abençoa o seu trabalho.

884. Qual é o caráter da propriedade legítima?

– Só é legítima a propriedade que foi adquirida sem prejuízo de outrem. (Ver tópico 808.)

A lei de amor e de justiça, proibindo que se faça a outrem o que não desejaríamos que nos fizessem, condena, por isso mesmo, todo meio de aquisição que seja contrário a ela.

885. O direito de propriedade é indefinido?

– *Sem dúvida, tudo o que é adquirido legitimamente é uma propriedade; porém, como dissemos, por ser imperfeita, a legislação dos homens muitas vezes consagra direitos de convenção que a justiça natural reprova. Por isso os homens reformam suas leis à medida que o progresso se impõe e que compreendem melhor a justiça. O que parece perfeito num século, parece bárbaro no século seguinte.* (Ver tópico 795.)

CARIDADE E AMOR PELO PRÓXIMO

886. Qual o verdadeiro sentido da palavra *caridade*, tal como Jesus a entendia?

– *Benevolência para com todos, indulgência para as imperfeições alheias, perdão às ofensas.*

O amor e a caridade são o complemento da lei de justiça, pois amar o próximo é fazer-lhe todo o bem que pudermos e que gostaríamos que nos fosse feito. Esse é o sentido das palavras de Jesus: *Amai-vos uns aos outros, como irmãos*.

A caridade, segundo Jesus, não se restringe à esmola; abrange todas as relações que temos com nossos semelhantes, sejam eles inferiores, iguais ou superiores a nós. A caridade nos manda ser indulgentes, porque nós mesmos precisamos de indulgência. Ela nos proíbe humilhar o infortunado, contrariamente ao que se pratica com muita frequência. Quando uma pessoa rica se apresenta, tem-se por ela imensa consideração e é tratada com infinitos obséquios; se é uma pessoa pobre, é como se não fosse preciso preocupar-se com ela. Entretanto, quanto mais lastimável for a sua situação, maior deve ser o cuidado de não lhe aumentar a infelicidade pela humilhação. O homem verdadeiramente bom procura elevar a visão que o inferior tem de si mesmo, diminuindo a distância entre eles.

887. Jesus também disse: *Amai inclusive aos vossos inimigos*. Ora, o amor aos inimigos não é contrário a nossas tendências naturais, e a inimizade não provém da falta de simpatia entre os Espíritos?

– *Sem dúvida, não se pode ter pelos inimigos um amor terno e apaixonado. Não é isso que a frase de Jesus quer dizer. Amar os inimigos é perdoá-los, e retribuir-lhes o mal com o bem. Com isso, tornamo-nos superiores aos inimigos; com a vingança, colocamo-nos abaixo deles.*

888. O que pensar da esmola?

– *O homem reduzido a pedir esmolas degrada-se moral e fisicamente: ele se embrutece. Numa sociedade baseada na lei de Deus e na justiça, deve-se prover a vida do fraco, sem que ele seja humilhado. A sociedade deve garantir a* existência dos que não podem trabalhar, sem deixar sua vida à mercê da sorte e da boa vontade de alguns.

888. a) Vós condenais a esmola?

– Não; não é a esmola que é condenável, mas a maneira como quase sempre é praticada. O homem de bem, que compreende a caridade segundo Jesus, vai ao encontro do infeliz, sem esperar que ele lhe estenda a mão.

A verdadeira caridade é sempre boa e benevolente, tanto na maneira como no ato em si. Um serviço prestado com delicadeza tem um duplo valor; se é feito com arrogância, a necessidade pode fazê-lo aceitar, mas seu coração mal será tocado.

Lembrai-vos também de que a ostentação tira aos olhos de Deus o mérito do benefício. Jesus disse: Que vossa mão esquerda ignore o que a direita dá. Com isso, ele vos ensina a nunca manchar a caridade com o orgulho.

É preciso distinguir a esmola propriamente dita da beneficência. O mais necessitado nem sempre é aquele que pede. O temor de uma humilhação detém o verdadeiro pobre, e, muitas vezes, ele sofre sem se lamentar. É a ele que o homem verdadeiramente humano sabe ir procurar, sem ostentação.

Amai-vos uns aos outros, eis toda a lei; lei divina, pela qual Deus governa os mundos. O amor é a lei de atração para os seres vivos e orgânicos; a atração é a lei de amor para a matéria inorgânica.

Nunca esqueçais que o Espírito, seja qual for o grau de adiantamento e sua situação como reencarnado ou na erraticidade, está sempre colocado entre um superior, que o guia e o aperfeiçoa, e um inferior, perante o qual tem os mesmos deveres a cumprir. Portanto, sede caridosos, mas não somente praticando a caridade que vos leva a tirar do bolso a moedinha que lançais friamente a quem ousa pedir – ide ao encontro das misérias ocultas. Sede indulgentes com os defeitos de vossos semelhantes. Em vez de menosprezar a ignorância e o vício, instruí e moralizai. Sede gentis e benevolentes para todos os que vos são inferiores, agindo da mesma forma em relação aos seres mais ínfimos da Criação – então tereis obedecido à lei de Deus.

São Vicente de Paulo

889. Não há homens reduzidos à mendicância por sua própria culpa?

– Sem dúvida, mas se uma boa educação moral lhes tivesse ensinado a praticar a lei de Deus, eles não cairiam nos excessos que causam sua perdição. Disso, sobretudo, é que depende o aprimoramento de vosso globo. (Ver tópico 707.)

AMOR MATERNAL E FILIAL

890. O amor maternal é uma virtude ou um sentimento instintivo, comum aos homens e aos animais?

– Ambos. A Natureza deu à mãe o amor pelos filhos com o interesse da conservação deles. No animal, porém, esse amor é limitado às necessidades materiais; ele cessa quando os cuidados se tornam desnecessários. No homem, persiste por toda a vida, e inclui um devotamento e uma abnegação que constituem virtudes. Esse amor sobrevive mesmo à morte, acompanhando o filho além do túmulo. Bem vedes que há nesse amor algo mais do que há no amor do animal. (Ver tópico 205-385.)

891. Uma vez que o amor materno faz parte da Natureza, por que há mães que odeiam os filhos, e muitas vezes desde seu nascimento?

– Às vezes é uma prova escolhida pelo Espírito do filho, ou uma expiação, se ele próprio foi um mau pai ou má mãe, ou um mau filho, numa outra existência (ver tópico 392). Em todo caso, a mãe má só pode ser animada por um mau Espírito, que se encarrega de criar embaraços ao filho, a fim de que sucumba na provação escolhida. Mas essa violação às leis da Natureza não ficará impune, e o Espírito do filho será recompensado pelos obstáculos que tiver superado.

892. Quando filhos causam desgostos aos pais, estes não são desculpáveis por não terem por eles a ternura que teriam caso os filhos agissem de outra forma?

– Não, pois trata-se de um encargo que lhes é confiado, e sua missão consiste em se esforçar para conduzi-los ao bem (ver tópicos 582-583). Mas esses desgostos são quase sempre consequência dos maus costumes que lhes foram permitidos desde o berço. Os pais então colhem o que semearam.

Capítulo XII

PERFEIÇÃO MORAL

As virtudes e os vícios – Paixões – Sobre o egoísmo – Características do homem de bem – Conhecimento de si mesmo.

AS VIRTUDES E OS VÍCIOS

893. Qual é a mais meritória de todas as virtudes?

– *Todas as virtudes têm seu mérito, porque todas são sinais de progresso no caminho do bem. Há virtude sempre que há resistência voluntária à atração das más tendências. Mas o que há de mais sublime na virtude é o sacrifício do interesse pessoal pelo bem do próximo, sem segundas intenções. A virtude mais meritória é aquela fundada na caridade mais desinteressada.*

894. Há pessoas que fazem o bem espontaneamente, sem que tenham de lutar contra nenhum sentimento contrário. Têm o mesmo mérito que as que têm de lutar contra a sua própria natureza, e superá-la?

– *Só não precisam lutar os que já progrediram: lutaram anteriormente, e triunfaram. Por isso os bons sentimentos não lhes custam nenhum esforço, e suas ações lhes parecem tão simples: para eles, o bem tornou-se um hábito. Portanto, deve-se honrá-los como a velhos guerreiros que conquistaram suas graduações.*

Como vós ainda estais longe da perfeição, esses exemplos vos assustam, pelo contraste, e tanto mais os admirais quanto mais raros são. No entanto, sabei que, nos mundos mais adiantados que o vosso, o que entre vós é exceção, lá, é a regra. Nos mundos adiantados, o sentimento do bem se encontra por toda parte, de maneira espontânea, porque são mundos habitados apenas por Espíritos bons, e uma única má intenção seria uma exceção monstruosa. Eis por que lá os homens são felizes. E assim será, na Terra, quando a hu-

manidade for transformada e quando compreender e praticar a caridade em sua verdadeira acepção.

895. Além dos defeitos e dos vícios, sobre os quais ninguém se enganaria, qual é o sinal mais característico da imperfeição?

– É o interesse pessoal. As qualidades morais muitas vezes são como um banho de ouro sobre um objeto de cobre, e que não resiste à pedra de toque. Um homem pode possuir qualidades reais que fazem dele um homem de bem aos olhos de todos; porém, essas qualidades, embora representem um progresso, nem sempre suportam certas provas. Às vezes, basta tocar no interesse pessoal para que determinados sentimentos venham à tona. O verdadeiro desinteresse é algo tão raro na Terra que, quando ele se apresenta, é admirado como um fenômeno.

O apego às coisas materiais é um notório sinal de inferioridade, pois quanto mais o homem se prende aos bens deste mundo, menos compreende o seu destino. Pelo desinteresse, ao contrário, demonstra que vê o futuro de um ponto mais elevado.

896. Há pessoas desinteressadas, mas sem discernimento, que distribuem seus bens sem real proveito, por não saberem empregá-los de maneira razoável. Elas têm algum mérito?

– Têm o mérito do desinteresse, mas não o do bem que poderiam fazer. Se o desinteresse é uma virtude, a prodigalidade impensada é sempre, no mínimo, uma falta de juízo. Da mesma forma que a fortuna não é dada a uns para ser jogada ao vento, também não é dada a outros para ser enterrada num cofre-forte. Trata-se de um depósito do qual terão de prestar contas, respondendo por todo o bem que poderiam ter feito, e que não fizeram; por todas as lágrimas que poderiam ter enxugado com o dinheiro dado aos que dele não tinham necessidade.

897. Aquele que faz o bem sem visar uma recompensa na Terra, mas esperando que lhe seja levado em consideração na outra vida, e que lá sua posição venha a ser melhor, é repreensível? E esse pensamento prejudica o seu adiantamento?

– É preciso fazer o bem por caridade, isto é, desinteressadamente.

897. a) No entanto, todos têm o desejo, muito natural, de progredir para sair do estado penoso desta vida. Os próprios Espíritos nos ensinam a praticar o bem com esse objetivo. Logo, é um mal pensar que pela prática do bem podemos esperar algo melhor do que aquilo que temos na Terra?

– Certamente não. Mas aquele que faz o bem sem segundas intenções, pelo simples prazer de agradar a Deus e ao próximo que sofre, já está num certo grau de adiantamento que lhe permitirá chegar à felicidade muito mais depressa que seu irmão que, por mais positivo que seja, faz o bem por raciocínio, e não pelo ardor natural de seu coração. (Ver tópico 894.)

897. b) Não há, nesse caso, uma distinção a ser feita entre o bem que se pode fazer ao seu próximo e o cuidado com que se empenha em corrigir seus defeitos? Pressupomos que fazer o bem com o pensamento de que isso será levado em conta na outra vida é pouco meritório. Mas melhorar-se, vencer as paixões, corrigir o seu caráter com vistas a aproximar-se dos bons Espíritos e a elevar-se é, igualmente, um sinal de inferioridade?

– Não, não. Por "fazer o bem" queremos dizer ser caridoso. Aquele que calcula o que cada boa ação pode trazer-lhe na vida futura, assim como na vida terrena, age de forma egoísta. Mas não há nenhum egoísmo em melhorar-se com vistas a aproximar-se de Deus, uma vez que esse é o objetivo ao qual todos devem tender.

898. Uma vez que a vida corporal é apenas uma estada temporária no mundo terreno, e que o futuro deve ser a nossa principal preocupação, é útil esforçar-se para adquirir conhecimentos científicos que só dizem respeito às coisas e às necessidades materiais?

– Sem dúvida. Primeiro, porque isso vos torna capazes de aliviar vossos semelhantes. Além disso, vosso Espírito irá elevar-se mais rapidamente se já tiver progredido em inteligência. No intervalo entre as encarnações, aprendereis em uma hora o que na Terra exigiria anos. Nenhum conhecimento é inútil; todos contribuem, mais ou menos, para o progresso, porque o Espírito perfeito deve saber tudo, e, se o progresso deve realizar-se em todos os sentidos, todas as ideias adquiridas ajudam no desenvolvimento do Espírito.

899. De dois homens ricos, um nasceu na fartura e nunca conheceu a necessidade; o outro deve sua fortuna ao trabalho; se ambos empregam suas riquezas exclusivamente em sua satisfação pessoal, qual deles é o mais culpado?

– Aquele que conheceu os sofrimentos; ele sabe o que é sofrer, conhece bem a dor que está deixando de aliviar, mas, como geralmente acontece, nem se lembra dela.

900. Aquele que economiza incessantemente, e sem fazer bem a ninguém, tem uma desculpa válida no pensamento de que acumula para deixar mais aos seus herdeiros?

– É um compromisso com a má consciência.

901. De dois avarentos, o primeiro se priva do essencial e passa necessidades até morrer sobre o seu tesouro; o segundo só é avarento para com os outros: é pródigo consigo mesmo; enquanto recua diante do menor sacrifício para prestar um serviço ou fazer algo útil, nada lhe custa a satisfação de seus gostos e suas paixões. Peçam-lhe um favor, e ele está sempre de má vontade; se quer viver uma fantasia, ele sempre tem o bastante para realizá-la. Qual é o mais culpado, e qual se achará em pior situação no mundo dos Espíritos?

– Aquele que usufrui: ele é mais egoísta que o avaro. Este já recebeu uma parte de sua punição.

902. É repreensível cobiçar a riqueza, quando é pelo desejo de fazer o bem?

– O sentimento sem dúvida é louvável, quando puro, mas esse desejo é sempre desinteressado? Não está escondendo uma segunda intenção de caráter pessoal? O primeiro a quem se quer fazer o bem não é muitas vezes a si mesmo?

903. É culpado alguém que estuda os defeitos alheios?

– *Se é para criticá-los e divulgá-los, é muito culpado, pois isso é faltar com a caridade; porém, se tirar daí algum proveito e evitá-los em si mesmo, às vezes pode ser útil. Mas não se pode esquecer que a indulgência para com os defeitos alheios é uma das virtudes que fazem parte da caridade. Antes de criticar as imperfeições dos outros, vede se não se pode dizer o mesmo de vós. Empenhai--vos, então, em possuir as qualidades opostas aos defeitos que criticais nos outros, pois esse é o meio de vos tornar superiores. Se os censurais por serem avarentos, sede generosos; se for por serem orgulhosos, sede humildes e modestos; se for por serem severos, sede dóceis; se for por agirem com mesquinhez, sede grandes em todas as vossas ações. Em resumo, agi de forma que não se possa aplicar a vós estas palavras de Jesus: Veem um cisco no olho do vizinho, mas não veem uma trave no seu.*

904. É culpado alguém que investiga as chagas da sociedade e as expõe?

– *Depende do sentimento que o move. Se o escritor visa apenas produzir escândalo, trata-se de um prazer pessoal que se proporciona, apresentando quadros que, muitas vezes, são antes um mau do que um bom exemplo. O Espírito aprecia isso, mas ele pode ser punido por esse tipo de prazer que sente em revelar o mal.*

904. a) Nesse caso, como julgar a pureza das intenções e a sinceridade do escritor?

– *Isso nem sempre é útil. Se ele escreve sobre coisas boas, que tire proveito disso; se pratica o mal, é uma questão de consciência que diz respeito a ele. De resto, se deseja provar sua sinceridade, cabe-lhe apoiar o que disser com o seu próprio exemplo.*

905. Alguns autores publicaram obras muito belas e moralmente elevadas, que auxiliam no progresso da humanidade, das quais eles mesmos não aproveitaram quase nada. O bem que suas obras fizeram ser-lhes-á levado em conta, como Espíritos?

– *A moral sem as ações é como a semente sem o trabalho. Para que serve a semente, se não a fizerdes frutificar para alimentar-vos dela? Esses homens são mais culpados, pois tiveram a inteligência para compreender. Ao deixarem de praticar as máximas que ensinaram aos outros, renunciaram a colher-lhe os frutos.*

906. O homem que faz o bem será passível de censura por ter consciência disso, e por reconhecê-lo em seu íntimo?

– *Como tem consciência do mal que faz, deve ter também a do bem, para que saiba se age bem ou mal. É pesando todas as suas ações na balança da lei de Deus, e sobretudo na da lei de justiça, amor e caridade, que poderá dizer se suas obras são boas ou más, e aprová-las ou desaprová-las. Portanto, não pode ser repreendido por reconhecer que triunfou sobre as más tendências e por sentir-se satisfeito com isso, contanto que não se envaideça, pois então cairia num outro erro.* (Ver tópico 919.)

PAIXÕES

907. Uma vez que o princípio das paixões faz parte da Natureza, ele é mau em si mesmo?

– *Não. A paixão está no excesso aliado à vontade, pois o princípio foi dado ao homem para o bem, e pode levá-lo a grandes coisas. O abuso que dela se faz é que causa o mal.*

908. Como definir o limite em que as paixões deixam de ser boas ou más?

– *As paixões são como um cavalo, que é útil quando é domado, mas perigoso quando domina. Reconhecei, portanto, que uma paixão se torna perniciosa a partir do momento em que não mais conseguis dominá-la, e que resulta num prejuízo qualquer para vós ou para outrem.*

As paixões são alavancas que multiplicam as forças do homem e o ajudam a realizar os desígnios da Providência. Mas se, ao invés de dirigi-las, o homem deixa-se dirigir por elas, ele cai nos excessos, e a mesma força que em suas mãos podia fazer o bem recai sobre ele, e o esmaga.

Todas as paixões têm seu princípio num sentimento ou numa necessidade natural. Portanto, o princípio das paixões não é um mal, uma vez que se baseia numa das condições providenciais de nossa existência. A paixão, propriamente dita, é o exagero de uma necessidade ou de um sentimento. Está no excesso, e não na causa, e esse excesso torna-se um mal quando tem por consequência um mal qualquer.

Toda paixão que aproxima o homem da natureza animal afasta-o da natureza espiritual.

Todo sentimento que eleva o homem acima da natureza animal indica a predominância do Espírito sobre a matéria e o aproxima da perfeição.

909. O homem sempre poderia vencer as más tendências através de seus esforços?

– *Sim, e, às vezes, com pouquíssimos esforços; o que lhe falta é a vontade. Ah, e há tão poucos entre vós que se esforçam!*

910. O homem pode encontrar nos Espíritos uma assistência eficaz para superar as paixões?

– *Se pedir a Deus e ao seu gênio bom com sinceridade, os bons Espíritos certamente virão ajudá-lo, pois essa é a missão deles.* (Ver tópico 459.)

911. Não existem paixões de tal maneira intensas e irresistíveis que a vontade se torna impotente para superá-las?

– *Há muitas pessoas que dizem: Eu quero, mas sua vontade está apenas nos lábios; elas querem, mas estão bem satisfeitas de que isso não aconteça. Quando se acredita não poder vencer as paixões, é que o Espírito se compraz nelas em decorrência de sua inferioridade. Aquele que procura reprimi-las compreende sua natureza espiritual. Vencê-las é, para ele, um triunfo do Espírito sobre a matéria.*

912. Qual é o meio mais eficaz de combater a predominância da natureza corporal?

– *Abnegar-se de si mesmo.*

SOBRE O EGOÍSMO

913. Dentre os vícios, qual é o que pode ser considerado radical?

– *Já o dissemos inúmeras vezes: o egoísmo – dele deriva todo o mal. Estudai os vícios, e vereis que no fundo de todos existe o egoísmo. Inutilmente tentareis combatê-los; não conseguireis extirpá-los enquanto não tiverdes atacado o mal pela raiz, enquanto não tiverdes destruído a causa. Portanto, que todos os vossos esforços se dirijam para esse alvo, pois ele é a verdadeira chaga da sociedade. Todo aquele que quiser aproximar-se da perfeição moral, já nesta vida, deve extirpar de seu coração qualquer sentimento de egoísmo, que é incompatível com a justiça, o amor e a caridade: ele neutraliza todas as outras qualidades.*

914. Uma vez que o egoísmo é fundado no sentimento de interesse pessoal, parece bem difícil extirpá-lo inteiramente do coração do homem; chegar-se-á a isso?

– *À medida que os homens se esclarecem a respeito das coisas espirituais, dão menos valor às coisas materiais. Além disso, é preciso reformar as instituições humanas que o sustentam e o incentivam. Isso depende da educação.*

915. O egoísmo, sendo inerente à espécie humana, não será sempre um obstáculo ao reino do bem absoluto na Terra?

– *É certo que o egoísmo é vosso maior mal, mas ele se prende à inferioridade dos Espíritos encarnados na Terra, e não à humanidade em si mesma. Ora, os Espíritos, depurando-se através de encarnações sucessivas, perdem o egoísmo, assim como perdem as outras impurezas. Não tendes, na Terra, nenhum homem isento de egoísmo e praticante da caridade? Eles são muito mais numerosos do que imaginais, mas pouco os conheceis, porque a virtude não busca fazer estardalhaço. Se há um, por que não haverá dez; se há dez, por que não haverá mil, e assim por diante?*

916. Longe de diminuir, o egoísmo cresce com a civilização, que parece incentivá-lo e sustentá-lo. Como a causa poderá destruir o efeito?

– *Quanto maior é o mal, mais se torna hediondo. Seria preciso que o egoísmo causasse muito mal para se compreender a necessidade de extirpá-lo. Quando os homens se tiverem despojado do egoísmo que os domina, viverão como irmãos, sem fazer mal uns aos outros e ajudando-se reciprocamente pelo sentimento mútuo da solidariedade. Então o forte será o apoio e não o opressor do fraco, e não mais serão vistos homens desprovidos do necessário, porque todos praticarão a lei de justiça. Este é o reino do bem que os Espíritos estão encarregados de preparar.* (Ver tópico 784.)

917. Qual é o meio de se destruir o egoísmo?

– *De todas as imperfeições humanas, a mais difícil de ser desenraizada é o egoísmo, porque ele deriva da influência da matéria da qual o homem, ainda muito próximo de sua origem, não pôde libertar-se. Tudo concorre para manter essa influência: suas leis, sua organização social, sua educação. O egoísmo irá enfraquecer com a predominância da vida moral sobre a vida material, e sobre-*

tudo com a compreensão que o Espiritismo vos dá sobre o vosso estado futuro real, e não desfigurado por ficções alegóricas. O Espiritismo bem compreendido, quando identificado com os modos e as crenças, transformará os hábitos, os costumes, as relações sociais. O egoísmo é baseado na importância da personalidade. Ora, o Espiritismo bem compreendido, repito, faz ver as coisas de tal altura que o sentimento da personalidade, de certa forma, desaparece diante da imensidão. Destruindo essa importância, ou pelo menos reduzindo a personalidade às suas proporções reais, o Espiritismo necessariamente combate o egoísmo.

O contato do homem com o egoísmo dos outros muitas vezes o torna egoísta, porque ele passa a sentir a necessidade de manter-se na defensiva. Vendo que os outros pensam em si mesmos, e não nele, o homem é levado a também ocupar-se de si mesmo mais que dos outros. Que o princípio da caridade e da fraternidade seja a base das instituições sociais, das relações legais de povo para povo e de homem para homem, e o homem pensará menos em si mesmo, quando vir que outros nele pensaram – sofrerá a influência moralizadora do exemplo e do contato. Diante do transbordamento de egoísmo, é preciso uma verdadeira virtude para se abdicar de sua personalidade em prol dos outros, que quase sempre não a reconhecem. É sobretudo aos que possuem essa virtude que o reino dos céus está aberto; a eles, sobretudo, está reservada a felicidade dos eleitos, pois em verdade vos digo que, no dia da justiça, quem quer que tenha pensado apenas em si mesmo será posto de lado e sofrerá pelo abandono. (Ver tópico 785.)

Fénelon

Sem dúvida, fazem-se louváveis esforços para que a humanidade progrida; incentivam-se, estimulam-se, honram-se os bons sentimentos mais do que em qualquer outra época, e, no entanto, o verme corrosivo do egoísmo é sempre a praga social. É um mal real que se espalha sobre todo o mundo, e do qual cada um torna-se mais ou menos vítima. Assim, é preciso combatê-lo como se combate uma epidemia. Para isso, é preciso proceder à maneira dos médicos: remontando à origem. Que se procure, portanto, em todas as partes da organização social, da família aos povos, da choupana ao palácio, todas as causas, todas as influências, evidentes ou ocultas, que induzem, mantêm e desenvolvem o sentimento de egoísmo. Conhecidas as causas, o remédio se apresentará por si mesmo. Restará apenas combatê-las, se não todas ao mesmo tempo, pelo menos parcialmente, e pouco a pouco o veneno será eliminado. A cura poderá ser demorada, pois as causas são numerosas, mas não é impossível. Só se chegará a isso se o mal for atacado pela raiz, isto é, pela educação. Não a educação que tende a criar homens instruídos, mas a que tende a fazer homens de bem. A educação, quando bem entendida, é a chave do progresso moral. Quando se conhecer a arte de manipular os caracteres, como se conhece a de manipular as inteligências, poder-se-á endireitá-los, como se faz com as plantas quando novas. Mas essa arte demanda muito tato, experiência, e profunda observação. É um grave erro acreditar que basta ter o conhecimento da Ciência para exercê-la de maneira frutífera. Quem quer que acompanhe o filho do rico, assim como o do pobre, desde o instante de seu nascimento, observando todas as influências perniciosas que reagem sobre ele em decorrência da fraqueza, da negligência e da ignorância dos que o conduzem, e o quão frequentemente fracassam os meios empregados para moralizá-lo, não se surpreenderá em encontrar tantos defeitos no mundo. Que se faça pela moral o mesmo que se faz pela inteligência, e ver-se-á que, se há naturezas refratárias, há, muito mais do que se imagina, as que requerem apenas uma boa cultura para produzirem bons frutos. (Ver tópico 872.)

O homem quer ser feliz, esse sentimento faz parte da Natureza. Por isso ele trabalha incessantemente para melhorar sua posição na Terra. Procura as causas de seus males, a fim de remediá-los. Quando compreender que o egoísmo é uma dessas causas – a que produz o orgulho, a ambição, a cobiça, a inveja, o ódio, o despeito, dos quais ele é vítima a todo instante, e que perturba todas as relações sociais, provocando desavenças, destruindo a confiança, obrigando-o a manter-se constantemente na defensiva em relação ao próximo, enfim, a causa que faz de um amigo um inimigo, então ele compreenderá que esse vício é incompatível com sua própria felicidade; e – acrescentamos – incompatível inclusive com sua própria segurança. Quanto mais tiver sofrido com isso, mais sentirá a necessidade de combatê-lo, assim como combate a peste, os animais nocivos e todos os outros flagelos; ele será induzido a isso pelo seu próprio interesse. (Ver tópico 784.)

O egoísmo é a fonte de todos os vícios, assim como a caridade é a fonte de todas as virtudes. Destruir um e desenvolver a outra, esse deve ser o alvo de todos os esforços do homem, se quer garantir sua felicidade tanto no mundo terreno quanto no futuro.

Características do homem de bem

918. Por quais indícios se pode reconhecer, num homem, o progresso real que lhe elevará o Espírito na hierarquia espírita?

– *O Espírito prova sua elevação quando todos os atos de sua vida corporal representam a prática da lei de Deus, e quando ele compreende antecipadamente a vida espiritual.*

O verdadeiro homem de bem é o que pratica a lei de justiça, amor e caridade, na sua mais completa pureza. Se interrogar a sua consciência sobre os atos realizados, indagará se não violou essa lei; se não fez o mal; se fez todo o bem *que podia*; se ninguém tem algo a reclamar dele, enfim, se fez aos outros o que gostaria que fizessem para ele.

O homem imbuído do sentimento de caridade e amor ao próximo faz o bem pelo bem, sem esperança de retorno, e sacrifica o seu interesse pela justiça.

Ele é bom, humanitário e benevolente para com todos, porque vê todos os homens como irmãos, sem distinção de raças nem de crenças.

Se Deus lhe deu o poder e a riqueza, considera essas coisas como um *depósito*, do qual deve utilizar-se para o bem; isso não o envaidece, pois sabe que Deus, que lhe deu essas coisas, pode tirá-las.

Se a ordem social colocou homens sob sua dependência, trata-os com bondade e benevolência, porque são seus semelhantes perante Deus. Usa a sua autoridade para levantar-lhes a moral, e não para esmagá-los com seu orgulho.

É indulgente com as fraquezas alheias, por saber que ele próprio tem necessidade de indulgência, e porque se lembra das palavras do Cristo: *Aquele que nunca pecou, atire a primeira pedra.*

Não é vingativo: a exemplo de Jesus, perdoa as ofensas para só se lembrar dos benefícios, pois sabe que *será perdoado, à medida que ele próprio tiver perdoado.*

Respeita em seus semelhantes todos os direitos que as leis da Natureza lhes concedem, assim como gostaria que seus direitos fossem respeitados. *

CONHECIMENTO DE SI MESMO

919. Qual é o meio prático e mais eficiente para aperfeiçoar-se nesta vida, resistindo à tentação do mal?

– Um sábio da Antiguidade disse: Conhece-te a ti mesmo.

919. a) Compreendemos toda a sabedoria contida nessa máxima, mas a dificuldade é precisamente a de conhecer a si mesmo. Qual o meio para se chegar a isso?

– *Fazei o que eu fazia quando vivi na Terra: no fim do dia, eu interrogava minha consciência, refletia sobre o que havia feito e me perguntava se não faltara com algum dever; se alguém tivera motivo para reclamar de mim. Foi assim que consegui conhecer-me e ver o que precisava modificar em mim. Aquele que, toda noite, recordasse todas as suas ações do dia, e se perguntasse sobre o que fez de bem ou de mal, pedindo a Deus e a seu anjo guardião para iluminá-lo, adquiriria uma grande força para aperfeiçoar-se, pois, crede-me, Deus o ajudará. Portanto, questionai-vos, e perguntai o que fizestes, com que objetivo agistes em dada circunstância; se fizestes algo que censuraríeis nos outros; se fizestes uma coisa que não ousaríeis confessar. Perguntai-vos também o seguinte: se aprouvesse a Deus chamar-me neste momento, ao entrar no mundo dos Espíritos, onde nada é oculto, eu teria razão para temer o olhar de alguém? Examinai o que podeis ter feito contra Deus, depois contra o próximo e, finalmente, contra vós mesmos. As respostas serão um alívio para a vossa consciência, ou a indicação de que um mal precisa ser curado.*

O conhecimento de si mesmo é, portanto, a chave do desenvolvimento individual. Mas, direis, como julgar a si mesmo? Não se terá a ilusão do amor- -próprio, que diminui os erros, fazendo que se tornem desculpáveis? O avarento

---

* Ver nota explicativa na página 343

se considera simplesmente econômico e precavido; o orgulhoso acredita ter apenas dignidade. Tudo isso é real, mas tendes um meio de controle que não vos pode enganar. Quando estiverdes indecisos sobre o valor de alguma de vossas ações, perguntai como as qualificaríeis se tivessem sido praticadas por outra pessoa. Se a condenais nos outros, não poderia ser legítima para vós, porque Deus não tem duas medidas para a justiça. Procurai também saber o que os outros acham disso, e não ignoreis a opinião de vossos inimigos, pois eles não têm nenhum interesse em mascarar a verdade, e muitas vezes Deus os coloca ao vosso lado como um espelho, para vos advertir com maior franqueza do que teria um amigo. Que aquele que tem o sério desejo de melhorar-se perscrute sua consciência, a fim de extirpar de si as más tendências, assim como arranca as ervas daninhas de seu jardim; que faça o balanço de sua jornada moral, assim como o comerciante avalia suas perdas e lucros, e eu vos garanto que o lucro irá sobrepor-se ao prejuízo. Se puder dizer que o seu dia foi bom, ele poderá dormir em paz e esperar, sem temor, o despertar na outra vida.

Portanto, fazei perguntas claras e precisas, e não temais multiplicá-las: pode-se perfeitamente perder alguns minutos para conquistar uma felicidade eterna. Não trabalhais todos os dias com o objetivo de juntar haveres para ter do que desfrutar nos dias de vossa velhice? Esse repouso não é o alvo de todos os vossos desejos, o objetivo que faz com que suporteis fadigas e privações passageiras? Pois bem: que é esse repouso de alguns dias, perturbado pelas enfermidades do corpo, comparado àquele que aguarda o homem de bem? Não vale a pena alguns esforços? Muitos dizem que o presente é garantido e o futuro incerto. Ora, é exatamente essa ideia que estamos encarregados de destruir em vós, pois queremos fazer-vos compreender esse futuro, de maneira que não reste nenhuma dúvida em vossa alma. Foi por isso que, primeiramente, chamamos a vossa atenção através de fenômenos naturais, para chocar os vossos sentidos, e, agora, damos instruções que cada um de vós é encarregado de divulgar. Com este objetivo ditamos O Livro dos Espíritos.

Santo Agostinho

Muitos erros que cometemos passam-nos despercebidos. Se, de fato, seguindo o conselho de Santo Agostinho, questionássemos nossa consciência mais frequentemente, veríamos quantas vezes falhamos sem perceber, por falta de examinar atentamente a Natureza e o móvel de nossos atos. A forma interrogativa tem algo de mais preciso que uma máxima, a qual muitas vezes não aplicamos a nós mesmos. Exige respostas categóricas por um sim ou um não que não deixam alternativa; são outros tantos argumentos pessoais e, pela soma das respostas podemos supor a soma do bem e do mal que há em nós.

Livro Quarto

Esperanças e Consolações

Capítulo I

PENAS E GOZOS TERRENOS

Felicidade e infelicidade relativas – Perda de entes queridos – Decepção. Ingratidão. Afeições rompidas – Uniões antipáticas – Medo da morte – Desgosto pela vida. Suicídio.

FELICIDADE E INFELICIDADE RELATIVAS

920. O homem pode, na Terra, usufruir de completa felicidade?

– *Não, pois a vida lhe foi dada como prova ou expiação; mas depende dele amenizar seus males e ser tão feliz quanto possível na Terra.*

921. Concebe-se que o homem será feliz na Terra quando a humanidade estiver transformada. No entanto, esperando por isso, cada um pode garantir para si uma felicidade relativa?

– *O homem quase sempre é o artesão de sua própria infelicidade. Praticando a lei de Deus, ele pode poupar-se de muitos males e usufruir de uma felicidade tão grande quanto sua existência grosseira pode comportar.*

O homem que está bem compenetrado de seu destino futuro vê a vida corporal como uma simples estação temporária. Para ele, é uma parada momentânea numa hospedaria precária. Consola-se facilmente de algumas contrariedades passageiras da viagem que deve conduzi-lo a uma posição tanto melhor quanto melhor ele tiver feito, com antecedência, seus preparativos.

Já nesta vida somos punidos pela infração às leis da existência corporal, através dos males que são a consequência dessa infração e de nossos próprios excessos. Se remontarmos à origem do que chamamos de nossas infelicidades terrenas, nós as veremos, em sua maioria, como consequência de um primeiro desvio do caminho reto. Desviando-nos deste, entramos num mau caminho, e, de consequência em consequência, caímos na infelicidade.

922. A felicidade terrena é relativa à posição de cada um. O que é suficiente para a felicidade de um faz a desgraça de outros. Entretanto, há uma medida de felicidade comum a todos os homens?

– *Com relação à vida material, consiste em possuir o necessário. Com relação à vida moral, consiste na consciência tranquila e na fé no futuro.*

923. O que seria supérfluo para uns não se torna necessário para outros, e assim reciprocamente, de acordo com as respectivas posições?

– *Sim, segundo vossas ideias materiais, vossos preconceitos, vossa ambição e todos os vossos ridículos defeitos, aos quais o futuro fará justiça quando compreenderdes a verdade. Sem dúvida, aquele que tinha cinquenta mil libras de rendimento e a visse reduzida a dez, iria considerar-se bem infeliz, porque não pode mais ter a mesma imagem, manter aquilo que chama o seu nível, ter cavalos, lacaios, satisfazer a todas as suas paixões etc. Acredita que lhe falta o necessário. Mas francamente, achas que ele tem do que se lamentar, quando, ao seu lado, há quem morra de fome e frio, sem ter um abrigo para repousar? O sábio, para ser feliz, olha para baixo, e nunca para cima, a não ser para elevar sua alma rumo ao Infinito. (Ver tópico 715.)*

924. Há males que independem da maneira de agir e que atingem o homem mais justo. Não há nenhum meio de evitá-los?

– *Ele deve resignar-se e sofrer sem queixas, se quiser progredir; mas sempre pode tirar um consolo de sua consciência, que lhe dá a esperança de um futuro melhor, se fizer o que é preciso para obtê-lo.*

925. Por que Deus favorece com os dons da fortuna homens que não parecem tê-los merecido?

– *É um privilégio aos olhos dos que só veem o presente. No entanto, ficai sabendo que a fortuna muitas vezes é uma prova mais perigosa do que a miséria.* (Ver tópico 814 e seguintes.)

926. Ao criar novas necessidades, a civilização não é fonte de novas aflições?

– *Os males deste mundo são proporcionais às necessidades factícias que vós criais. Aquele que sabe limitar seus desejos e que vê sem inveja o que está além de seu alcance, poupa-se de muitos aborrecimentos nesta vida. O mais rico é o que tem menos necessidades.*

Invejais os prazeres daqueles que vos parecem ser os felizes do mundo. Mas sabeis o que lhes está reservado? Se desfrutam dos prazeres apenas para si mesmos, são egoístas, e um dia virá o reverso da fortuna. Deveis lastimá--los, então, em vez de invejá-los. Deus algumas vezes permite que o homem mau prospere, mas sua felicidade não deve ser invejada, pois irá pagá-las com amargas lágrimas. Se o justo é infeliz, trata-se de uma prova que lhe será levada em conta, se ele a suportar com coragem. Lembrai-vos das palavras de Jesus: Bem-aventurados os que sofrem, pois serão consolados.

927. O supérfluo certamente não é indispensável à felicidade, mas não ocorre o mesmo quando se trata do necessário. Ora, a infelicidade dos que são privados desse necessário não é real?

– *O homem só é verdadeiramente infeliz quando sofre pela falta do que é necessário à vida e à saúde do corpo. Talvez essa privação seja culpa dele. Então, ele só deve queixar-se de si mesmo. Se essa privação for ocasionada por outrem, a responsabilidade recairá sobre aquele que é sua causa.*

928. Pela especificidade das aptidões naturais, Deus evidentemente indica a nossa vocação neste mundo. Muitos males não advêm do fato de não seguirmos essa vocação?

– *É verdade, e muitas vezes são os pais que, por orgulho ou avareza, desviam os filhos do caminho traçado pela Natureza, comprometendo-lhes a felicidade. Serão responsabilizados por isso.*

928. a) Nesse caso, acharíeis justo que o filho de um homem de elevada posição social neste mundo fabricasse tamancos, por exemplo, se tivesse aptidão para isso?

– *Não é preciso cair no absurdo, nem exagerar em nada: a civilização tem suas necessidades. Por que o filho de um homem de elevada posição social, como dizes, faria tamancos, se pode fazer outra coisa? Ele sempre poderá tornar-se útil na medida de suas capacidades, se não forem aplicadas no sentido contrário. Assim, por exemplo, em vez de um mau advogado, talvez ele pudesse ser um bom mecânico etc.*

O deslocamento dos homens fora de sua esfera intelectual é seguramente uma das causas mais frequentes de decepção. A inaptidão pela carreira abraçada é uma inesgotável fonte de reveses. Além disso, o amor-próprio vem juntar-se a isso, e impede o homem decaído de procurar um recurso numa profissão mais humilde, mostrando-lhe o suicídio como remédio para escapar do que acredita ser uma humilhação. *Se uma educação moral o tivesse colocado acima dos preconceitos estúpidos do orgulho, nunca seria apanhado desprevenido.*

929. Há pessoas que, desprovidas de quaisquer recursos, mesmo quando a abundância reina à sua volta, só têm a morte como perspectiva. Que decisão devem tomar? Devem deixar-se morrer de fome?

– *Nunca se deve ter a ideia de deixar-se morrer de fome, pois sempre se encontraria um meio de se alimentar, se o orgulho não se colocasse entre a necessidade e o trabalho. Muitas vezes se diz: não há trabalho desprezível; não é a situação que desonra – diz-se isso, porém, para os outros, e não para si.*

930. É evidente que, sem os preconceitos sociais pelos quais se deixa dominar, o homem sempre encontraria um trabalho qualquer que o pudesse ajudar a sobreviver, mesmo fora de sua área de atuação. No entanto, entre as pessoas que não têm nenhum preconceito, ou que os deixam de lado, há as que estão impossibilitadas de garantir a subsistência por motivo de doenças ou de outras causas independentes de sua vontade.

– *Em uma sociedade organizada segundo a lei do Cristo, ninguém deve morrer de fome.*

Com uma organização social sábia e previdente, o homem só passa necessidade por sua própria culpa. Mas seus próprios erros muitas vezes são resultado do meio em que ele se encontra. Quando o homem praticar a lei de Deus, terá uma ordem social baseada na justiça e na solidariedade, e ele próprio também será melhor. (Ver tópico 793.)

931. Por que, na sociedade, as classes sofredoras são mais numerosas que as felizes?

– *Nenhuma delas é perfeitamente feliz, e o que julgais ser a felicidade muitas vezes esconde pungentes aflições: o sofrimento está em toda parte. Entretanto, para responder à tua questão, direi que as classes a que chamas sofredoras são mais numerosas porque a Terra é um lugar de expiação. Quando a houver transformado em morada do bem e dos bons Espíritos, o homem deixará de ser infeliz, e, para ele, a Terra será um paraíso.*

932. Por que, no mundo, os maus quase sempre exercem maior influência sobre os bons?

– *Pela fraqueza dos bons. Os maus são intrigantes e audaciosos, os bons são tímidos. Quando estes o quiserem, predominarão.*

933. Se o homem é frequentemente o artesão de seus sofrimentos materiais, o mesmo vale para os sofrimentos morais?

– *Mais ainda, pois os sofrimentos materiais são, às vezes, independentes da vontade. No entanto, o orgulho ferido, a ambição frustrada, a ansiedade da avareza, a inveja, o ciúme, em resumo, todas as paixões são torturas da alma.*

A inveja e o ciúme! Felizes dos que desconhecem esses dois vermes vorazes! Com a inveja e o ciúme, não existe calma, não há repouso possível para aquele que é atingido por esse mal: os objetos de sua cobiça, de seu ódio e despeito se erguem diante dele como fantasmas que nunca lhe dão trégua, e o perseguem até durante o sono. O invejoso e o ciumento vivem num estado de febre contínua. Esta é uma situação desejável? Não compreendeis que com suas paixões o homem cria para si suplícios voluntários, e a Terra torna-se, para ele, um verdadeiro inferno?

Muitas expressões pintam claramente os efeitos de determinadas paixões. Costuma-se dizer: estar inflado de orgulho, morrer de inveja, secar alguém por ciúme, perder o apetite e a sede etc., e esse quadro é bem real. Às vezes, o ciúme nem tem um objeto determinado. Há pessoas ciumentas por natureza, que sentem ciúmes de tudo que se eleva, de qualquer um que escapa do lugar-comum, mesmo quando não têm nenhum interesse direto, mas unicamente por não poderem atingir o mesmo plano. Tudo o que lhes parece estar acima do horizonte as ofusca. Se fossem maioria na sociedade, desejariam rebaixar tudo ao nível em que se encontram. É o ciúme aliado à mediocridade.

Na maioria das vezes o homem só é infeliz pela importância que dá às coisas da Terra. A vaidade, a ambição e a cobiça, quando frustradas, fazem-no infeliz. Se se colocar acima do estreito círculo da vida material, se elevar seus pensamentos ao Infinito, que é o seu destino, as vicissitudes da humanidade vão parecer-lhe tão mesquinhas e pueris, como a tristeza da criança aflita com a perda de um brinquedo que representava sua felicidade suprema.

Aquele que vê felicidade somente na satisfação do orgulho e dos apetites grosseiros é infeliz quando não pode satisfazê-los, ao passo que aquele que nada deseja de supérfluo sente-se feliz com o que outros consideram calamidades.

Referimo-nos ao homem civilizado, pois o selvagem, tendo necessidades mais limitadas, não tem os mesmos motivos de cobiça e de angústias: sua maneira de ver as coisas é completamente diferente. Como civilizado, o homem reflete sobre sua infelicidade e a analisa, e por isso é mais afetado por ela. Mas ele também pode racionalizar e analisar os meios de consolação. Pode obter essa consolação no *sentimento cristão, que lhe dá a esperança de um futuro melhor, e no Espiritismo, que lhe dá a certeza desse futuro.*

PERDA DE ENTES QUERIDOS

934. A perda de entes queridos não é algo que nos causa dor tanto mais legítima quanto mais irreparável, e que independe de nossa vontade?

– *Essa causa de tristeza atinge tanto o rico quanto o pobre: é uma prova ou expiação, e a lei vale para todos. Mas é um consolo poder comunicar-vos com vossos amigos pelos meios de que dispondes,* enquanto esperais surgir outros mais diretos e mais acessíveis aos vossos sentidos.

935. O que pensar da opinião das pessoas que veem as comunicações de além-túmulo como uma profanação?

– *Não pode haver profanação quando há recolhimento, e quando a evocação é feita respeitosamente e da forma adequada. A prova é que os Espíritos pelos quais tendes afeição se manifestam com prazer. Sentem-se felizes por lembrardes deles e por se comunicarem convosco. Haveria profanação se fosse feito com leviandade.*

A possibilidade de comunicar-se com os Espíritos é uma doce consolação, pois nos proporciona o meio de conversarmos com nossos parentes e amigos que deixaram a Terra antes de nós. Por meio da evocação, aproximam-se de nós, permanecem do nosso lado, nos ouvem e respondem. Não há mais, por assim dizer, separação entre eles e nós. Auxiliam-nos com seus conselhos e nos dão provas de sua afeição e do contentamento que sentem por termos lembrado deles. Para nós, é uma satisfação saber que estão felizes, saber *através deles mesmos* os detalhes sobre sua nova existência, adquirindo a certeza de que, quando for chegada a nossa hora, a eles nos juntaremos.

936. Como as dores inconsoláveis dos que ficaram afetam os Espíritos que são o motivo delas?
– *O Espírito é sensível à lembrança e aos pesares daqueles que amou. Mas uma dor incessante e desmedida afeta-o de forma penosa, porque ele vê, nessa dor excessiva, uma falta de fé no futuro e de confiança em Deus, e, consequentemente, um obstáculo ao adiantamento, e, talvez, ao reencontro.*

Estando o Espírito mais feliz do que era na Terra, lamentar por sua vida é lamentar que ele esteja feliz. Dois amigos são trancados na mesma cela; ambos devem um dia ter sua liberdade, mas um deles irá obtê-la antes que o outro. Estaria sendo caridoso o que fica aborrecido por ver seu amigo ser libertado antes dele? Não seria mais egoísmo do que afeição de sua parte querer que o outro compartilhasse de seu cativeiro e de seus sofrimentos tanto tempo quanto ele? O mesmo ocorre com dois seres que se amam na Terra. Aquele que parte antes é o primeiro a ser libertado, e por isso mesmo devemos ficar felizes por ele, esperando, pacientemente, o momento em que também seremos libertados.

Faremos outra comparação a esse respeito. Tendes um amigo que, perto de vós, está em uma situação bastante penosa; sua saúde ou seus interesses exigem que ele vá para outro país, onde ficará melhor sob todos os aspectos. Ele não estará mais perto de vós momentaneamente, mas estareis sempre vos correspondendo: a separação será apenas material. Desgostar-vos-ia o seu afastamento, se é para o bem dele?

A Doutrina Espírita, pelas provas evidentes que dá da vida futura, da presença dos que amamos ao nosso redor, da continuidade de sua afeição e atenção, pelas relações que nos permite estabelecer com eles, oferece-nos um consolo supremo para uma das causas mais legítimas de dor. Com o Espiritismo, não há mais solidão nem abandono. O homem mais isolado sempre terá amigos ao seu redor, amigos com os quais pode comunicar-se.

Suportamos impacientemente as tribulações da vida; elas nos parecem tão intoleráveis que não compreendemos como podemos enfrentá-las. E, no entanto, se as suportarmos com coragem, se soubermos calar nossas queixas, iremos regozijar-nos por isso quando estivermos fora desta prisão terrena, da mesma forma que o paciente que sofre fica feliz ao se ver curado, por se haver submetido com resignação a um tratamento doloroso.

DECEPÇÃO. INGRATIDÃO. AFEIÇÕES ROMPIDAS

937. As decepções que a ingratidão e a fragilidade dos laços de amizade nos fazem passar não são, para o homem de bom coração, uma fonte de amarguras?
– *Sim, mas deveis lamentar os ingratos e os amigos infiéis: eles serão mais infelizes que vós. A ingratidão é filha do egoísmo, e o egoísta encontrará,*

mais tarde, corações insensíveis como ele mesmo o foi. Pensai naqueles que fizeram mais bem do que vós, que valeram mais que vós, e que foram pagos com ingratidão. Pensai inclusive no próprio Jesus, que foi injuriado e desprezado durante a sua vida, e tratado como trapaceiro e impostor, e não vos espanteis com o fato de que o mesmo aconteça convosco. Que o bem que houverdes feito seja a vossa recompensa neste mundo, e não vos importeis com o que dizem aqueles que o receberam. A ingratidão é uma prova para vossa persistência em fazer o bem; isso vos será levado em conta, e aqueles que vos desprezaram serão punidos, tanto mais quanto maior tiver sido sua ingratidão.

938. As decepções causadas pela ingratidão não existem para endurecer o coração e fechá-lo à sensibilidade?

– Isso seria um erro, pois o homem de bom coração, como dizes, sempre fica feliz pelo bem que faz. Ele sabe que, se não for reconhecido pelo bem que realizou nesta vida, será em outra, e o ingrato sentirá vergonha e remorso.

938. a) Esse pensamento não impede que seu coração seja ferido. Ora, isso não pode despertar nele a ideia de que seria mais feliz se fosse menos sensível?

– Sim, se ele prefere a felicidade do egoísta, que não passa de uma triste felicidade! Que ele saiba, portanto, que os amigos ingratos que o abandonam não são dignos de sua amizade, e que se enganou a respeito deles. A partir de então, não deve lamentá-los. Mais tarde, encontrará amigos que saberão compreendê-lo melhor. Lamentai os que vos maltratam de uma maneira que não mereceis, pois terão um triste retorno. Mas não vos aflijais com isso: esse é o meio de vos colocardes acima deles.

A Natureza deu ao homem a necessidade de amar e de ser amado. Um dos maiores prazeres que lhe foram concedidos na Terra é o de encontrar corações que simpatizam com o seu. Esse prazer lhe dá as premissas da felicidade, que lhe está reservada no mundo dos Espíritos perfeitos, onde tudo é amor e benevolência. Esse prazer é recusado ao egoísta.

Uniões antipáticas

939. Uma vez que os Espíritos simpáticos são levados a unir-se, como se explica que, entre os Espíritos encarnados, muitas vezes a afeição exista apenas de um dos lados, e que o amor mais sincero seja recebido com indiferença e até mesmo repulsa? Como, além disso, a afeição mais fervorosa entre dois seres pode transformar-se em antipatia e mesmo em ódio?

– Então tu não compreendes que se trata de uma punição, embora passageira. Além disso, quantos são os que acreditam amar perdidamente porque julgam apenas as aparências e, quando são obrigados a viver com as pessoas, não demoram a reconhecer que era apenas um interesse material! Não basta estar apaixonado por uma pessoa que vos agrada e na qual acreditais haver belas qualidades. Só vivendo realmente com ela podereis avaliar. E aliás, quantas uniões que a princípio parecem inviáveis e que, quando ambos se conhecem melhor e se analisam, se transforma num amor terno e durável, porque está assentado na estima! Não se deve esquecer que é o Espírito que ama, e não o corpo, e que, quando a ilusão material se dissipa, o Espírito vê a realidade.

Há dois tipos de afeição: a do corpo e a da alma, e muitas vezes costuma-se tomar uma pela outra. A afeição da alma, quando pura e simpática, é durável; a do corpo é perecível. Eis por que, muitas vezes, os que acreditavam amar-se com amor eterno acabam se odiando, quando a ilusão se desfaz.

940. A falta de simpatia entre os seres destinados a viver juntos também não é uma fonte de sofrimentos, tanto mais amargos por envenenarem toda a existência?

– Muito amargos, de fato. Mas trata-se de um desses males de que vós sois, na maioria das vezes, a principal causa. Primeiramente, vossas leis são erradas, pois acreditais que Deus vos obrigaria a ficar com aqueles que não vos agradam? E além disso, nessas uniões, ordinariamente buscais antes a satisfação de vosso orgulho e de vossa ambição do que a felicidade de uma afeição mútua. Então sofreis as consequências de vossos preconceitos.

940. a) Mas, nesse caso, não há quase sempre uma vítima inocente?

– Sim, e, para ela, trata-se de uma dura expiação. Porém, a responsabilidade de sua desgraça recairá sobre aqueles que a causaram. Se a luz da verdade penetrou-lhe a alma, de sua fé no futuro virá o consolo. Além disso, à medida que os preconceitos diminuírem, as causas dessas infelicidades íntimas também desaparecerão.

MEDO DA MORTE

941. O temor em relação à morte é, para muitos, uma causa de perplexidade. De onde vem essa apreensão, uma vez que eles têm o futuro pela frente?

– É errado que tenham essa apreensão; mas o que queres? Tentam convencer essas pessoas, em sua juventude, que há um inferno e um paraíso, mas que é mais certo irem para o inferno, pois lhes dizem que o que está na Natureza é um pecado mortal para a alma. Então, quando crescem, se tiverem um pouco de discernimento, não podem admitir isso, e tornam-se ateias ou materialistas. É assim que muitas dessas pessoas são levadas a acreditar que nada mais existe além da vida presente. Quanto àquelas que persistiram em suas crenças de infância, temem o fogo eterno, que as queimará sem as consumir.

A morte não inspira, no justo, nenhum temor, pois, com a fé, ele tem a certeza do futuro. A esperança o faz esperar por uma vida melhor, e a caridade, a cuja lei obedece, dá a ele a garantia de que não encontrará, no mundo para onde terá de ir, nenhum ser cujo olhar ele deva temer. (Ver tópico 730.)

O homem carnal, mais preso à vida corporal que à vida espiritual, tem, na Terra, sofrimentos e prazeres materiais. Sua felicidade consiste na satisfação fugidia de todos os seus desejos. Sua alma, constantemente preocupada e afetada pelas vicissitudes da vida, permanece numa ansiedade e tortura perpétuas. A morte o assusta, porque tem dúvidas quanto ao seu futuro, e porque teme deixar na Terra todas as suas afeições e esperanças.

O homem moral, que se elevou acima das necessidades factícias criadas pelas paixões, tem, na Terra, prazeres desconhecidos ao homem material. A moderação dos desejos dá ao seu Espírito calma e serenidade. Feliz com o bem que faz, não há para ele decepções, e as contrariedades deslizam por sua alma sem lhe deixar marcas dolorosas.

942. Algumas pessoas não hão de achar um tanto banais esses conselhos para ser feliz na Terra; não verão nisso o que chamam de lugares-comuns, de verdades batidas, e não dirão que, definitivamente, o segredo para ser feliz é saber suportar sua infelicidade?

– *Há as que dirão isso, e são muitas. Mas ocorre com elas o mesmo que com certos doentes, aos quais o médico prescreve a dieta: gostariam de ser curadas sem remédios, continuando a entregar-se a indigestões.*

DESGOSTO PELA VIDA. SUICÍDIO

943. De onde vem o desgosto pela vida que se apodera de certos indivíduos, sem motivos plausíveis?

– *Efeito da ociosidade, da falta de fé e, muitas vezes, da saciedade.*

Para aquele que exerce suas faculdades com um objetivo útil e conforme suas aptidões naturais, o trabalho nada tem de árido, e a vida se escoa mais rapidamente. Ele suporta as vicissitudes da vida com tanto mais paciência e resignação quanto mais age tendo em vista a felicidade mais sólida e durável que o espera.

944. O homem tem o direito de dispor de sua própria vida?

– *Não, somente Deus tem esse direito. O suicídio voluntário é uma transgressão dessa lei.*

944. a) O suicídio é sempre voluntário?

– *O louco que se mata não sabe o que faz.*

945. O que pensar do suicida que se mata devido ao desgosto com a vida?

– *Insensatos! Por que não trabalharam? A existência não lhes teria sido tão pesada!*

946. O que pensar do suicida que tem por objetivo escapar das misérias e decepções deste mundo?

– *Pobres Espíritos, que não têm coragem de suportar as misérias da existência! Deus ajuda os que sofrem, e não os que não têm força nem coragem.*

As tribulações da vida são provas ou expiações. Felizes dos que as suportam sem lastimar, pois serão recompensados! Infelizes dos que, ao contrário, esperam sua salvação daquilo que, em sua impiedade, chamam de acaso ou destino! O acaso ou o destino, para me servir da linguagem deles, podem, de fato, favorecê-los por um instante, mas para fazer-lhes sentir mais tarde, e de forma mais cruel, o vazio dessas palavras.

946. a) Aqueles que conduziram um infeliz a esse ato de desespero sofrerão as consequências?

– *Oh! Infelizes deles!* Responderão por um assassinato.

947. O homem que se vê às voltas com a necessidade e que se deixa morrer de desespero pode ser considerado um suicida?

– *É um suicida, mas os que o causaram ou que poderiam tê-lo impedido são mais culpados que ele, pois a indulgência o espera. No entanto, não penseis que o suicida seja inteiramente absolvido, se lhe faltou firmeza e perseverança, e se não usou de toda a sua inteligência para sair do lamaçal. Infeliz dele, sobretudo, se o seu desespero nasce do orgulho. Quero dizer, se ele é desses homens nos quais o orgulho paralisa os recursos da inteligência, desses que se enrubesceriam por dever sua existência ao trabalho das próprias mãos, e que preferem morrer de fome a abrir mão do que chamam de sua posição social! Não há cem vezes mais grandeza e dignidade em lutar contra a adversidade, em enfrentar a crítica de um mundo fútil e egoísta, que só tem boa vontade para aqueles a quem nada falta, e que vos dá as costas tão logo precisais dele? Sacrificar sua vida em consideração a esse mundo é uma estupidez, pois isso não o levará a nada.*

948. O suicida que tem por objetivo escapar da vergonha de uma má ação é tão repreensível quanto aquele que é levado pelo desespero?

– *O suicídio não apaga o erro. Ao contrário, em vez de um, acaba cometendo dois. Quando se teve a coragem de fazer o mal, é preciso ter também a de sofrer suas consequências. Deus julga, e, conforme a causa, pode, às vezes, diminuir sua severidade.*

949. O suicida é perdoável quando tem por objetivo impedir que a vergonha recaia sobre os filhos ou sobre a família?

– *Aquele que age assim não faz o bem, embora acredite fazê-lo, e isto Deus levará em consideração, pois trata-se de uma expiação que ele impôs a si mesmo. A intenção lhe atenua a falha, mas ele não deixa de cometer um erro. Encarregai-vos de abolir os abusos de vossa sociedade e vossos preconceitos, e não mais tereis suicídios.*

Aquele que tira sua própria vida para escapar da vergonha de uma má ação prova que se importa mais com a estima dos homens que com a de Deus, pois vai entrar na vida espiritual cheio de iniquidades, e se privou dos meios de repará-las durante a vida. Deus geralmente é menos inexorável que os homens;

perdoa o arrependimento sincero e leva em conta a reparação do erro. O suicídio nada conserta.

950. O que pensar daquele que tira sua própria vida na esperança de chegar mais cedo a uma vida melhor?

– *Outra loucura! Que ele faça o bem, e estará mais seguro de que a alcançará; pois o suicida retarda sua entrada num mundo melhor, e ele mesmo pedirá para vir* completar essa vida *que interrompeu por uma falsa ideia. Um erro, qualquer que seja, nunca abre o santuário dos eleitos.*

951. O sacrifício da vida não é às vezes meritório, quando tem por objetivo salvar a de outrem ou ser útil aos seus semelhantes?

– *Isso é sublime, conforme a intenção, e o sacrifício de sua vida deixa de ser um suicídio. Mas Deus se opõe a um sacrifício inútil e não pode vê-lo com prazer, se estiver manchado pelo orgulho. Um sacrifício só é meritório se for desinteressado, mas aquele que o realiza às vezes tem segundas intenções, que lhe diminuem o valor aos olhos de Deus.*

Qualquer sacrifício feito à custa da própria felicidade é um ato soberanamente meritório aos olhos de Deus, pois é a prática da lei de caridade. Ora, sendo a vida o bem terreno ao qual o homem atribui o maior valor, aquele que a ela renuncia pelo bem de seus semelhantes não comete um atentado: realiza um sacrifício. Porém, antes de realizá-lo, ele deve refletir se sua vida não pode ser mais útil do que sua morte.

952. O homem que perece vítima do abuso de paixões que, como sabia, iriam acelerar seu fim, mas às quais ele não pôde resistir, pois o hábito fez dessas paixões verdadeiras necessidades físicas, está cometendo um suicídio?

– *É um suicídio moral. Não compreendeis que, nesse caso, o homem é duplamente culpado? Há nele falta de coragem e bestialidade, além do esquecimento de Deus.*

952. a) É mais ou menos culpado do que aquele que tira sua própria vida por desespero?

– *É mais culpado porque tem tempo de refletir sobre o seu suicídio. No caso daquele que o faz instantaneamente, há às vezes uma espécie de perturbação que se assemelha à loucura. O outro será muito mais punido, pois as penas são sempre proporcionais à consciência que se tem dos erros cometidos.*

953. Quando uma pessoa se vê diante de uma morte inevitável e terrível, ela é culpada de abreviar por alguns instantes os seus sofrimentos com uma morte voluntária?

– *Sempre se é culpado por não esperar o término fixado por Deus. Aliás, como se pode ter certeza absoluta de que esse término tenha chegado, apesar das aparências, e que não se pode receber um socorro inesperado no último momento?*

953. a) Concebe-se que, em circunstâncias normais, o suicídio é repreensível; mas tomemos como suposição o caso em que a morte é inevitável, e em que a vida é abreviada apenas por alguns instantes.

– *É sempre uma falta de resignação e de submissão à vontade do Criador.*

953. b) Quais são, nesse caso, as consequências de tal ato?

– *Uma expiação proporcional à gravidade do erro, de acordo com as circunstâncias, como sempre.*

954. Uma imprudência que, sem necessidade, compromete a vida, é repreensível?

– *Não há culpa quando não há intenção ou consciência deliberada de fazer o mal.*

955. As mulheres que, em alguns países, se queimam voluntariamente sobre o corpo de seu marido, podem ser consideradas suicidas, e sofrem as consequências disso?

– *Elas obedecem a uma tradição e, muitas vezes, agem mais por serem forçadas do que por vontade própria. Acreditam cumprir um dever, e este não é o caráter do suicídio. Seu perdão está na ausência de moralidade da maioria delas e em sua ignorância. Esses costumes bárbaros e estúpidos desaparecem com o advento da civilização.*

956. Aqueles que, não podendo suportar a perda de pessoas queridas, se matam na esperança de ir reencontrá-las, alcançam seu objetivo?

– *O resultado desse ato lhes é bem diferente do que esperam. Em vez de se unirem a quem é objeto de sua afeição, dele se afastam por mais tempo, pois Deus não pode recompensar um ato de covardia e o insulto que Lhe fazem, duvidando de sua providência. Pagarão por esse instante de loucura com sofrimentos maiores do que aqueles que quiseram abreviar, e não terão, para compensar, a satisfação que esperavam.* (Ver tópico 934 e seguintes.)

957. Quais são, em geral, as consequências do suicídio com relação ao estado do Espírito?

– *As consequências do suicídio são as mais diversas: não há penas fixas e, em todos os casos, são sempre relativas às causas que o produziram. Mas há uma consequência a que o suicida não pode escapar: é o desapontamento. Além disso, o destino não é o mesmo para todos: depende das circunstâncias. Alguns expiam o erro imediatamente, outros numa nova existência, que será pior do que aquela cujo curso interromperam.*

A observação mostra, de fato, que os efeitos do suicídio nem sempre são os mesmos. Alguns há, porém, que são comuns a todos os casos de morte violenta e à consequente interrupção brusca da vida. Primeiramente, é a persistência mais prolongada e tenaz do laço que une o Espírito ao corpo, laço que se encontra quase sempre em todo o seu vigor no momento em que é rompido, ao passo que, em caso de morte natural, se enfraquece gradualmente, e muitas vezes se desfaz antes que a vida seja completamente extinta. As consequências desse estado de coisas são o prolongamento da perturbação espiritual, além da ilusão que, durante um período de tempo mais ou menos longo, faz o Espírito acreditar que ainda está entre os vivos. (Ver tópicos 155 e 165.)

A afinidade que persiste entre o Espírito e o corpo produz, em alguns suicidas, uma espécie de repercussão do estado do corpo sobre o Espírito, que sente, independente de sua vontade, os efeitos da decomposição, experimentando uma sensação cheia de angústia e de horror, e esse estado pode persistir pelo tempo que devia durar a vida interrompida. Esse efeito não é geral; mas em nenhum dos casos o suicida se livra das consequências de sua falta de coragem, e, cedo ou tarde, expia seu erro, de uma maneira ou de outra. Assim é que certos Espíritos, que haviam sido infelizes na Terra, disseram haver se suicidado em suas existências anteriores, e estar sendo voluntariamente submetidos a novas provações para tentar suportá-las com mais resignação. Para alguns, é uma espécie de apego à matéria, da qual eles inutilmente procuram livrar-se, a fim de ir para mundos melhores, mas cujo acesso lhes é interditado. Para a maioria deles, a consequência é o remorso por terem feito algo inútil, pois só encontram decepções.

A religião, a moral e todas as filosofias condenam o suicídio como algo contrário à lei da Natureza. Todas nos dizem, em princípio, que ninguém tem o direito de abreviar voluntariamente a vida. Mas por que não se tem esse direito? Por que não se é livre para dar fim aos próprios sofrimentos? Ao Espiritismo estava reservado demonstrar, através do exemplo daqueles que sucumbiram, que o suicídio não é apenas uma falta por infringir uma lei moral – consideração de pouco valor para alguns indivíduos –, mas também um ato estúpido, pois nada se ganha com ele – muito pelo contrário. Não é a teoria que nos ensina isso, mas os próprios fatos que o Espiritismo põe diante de nossos olhos.

Capítulo II

PENAS E GOZOS FUTUROS

O nada. Vida futura – Intuição das penas e gozos futuros – Intervenção de Deus nas penas e recompensas – Natureza das penas e gozos futuros – Penas temporárias – Expiação e arrependimento – Duração das penas futuras – Ressurreição da carne – Paraíso, inferno e purgatório.

O NADA. VIDA FUTURA

958. Por que o homem tem instintivamente horror ao nada?
– *Porque o nada não existe.*
959. De onde lhe vem o sentimento instintivo da vida futura?
– *Já dissemos: antes de sua encarnação, o Espírito conhecia todas essas coisas, e a alma guarda uma vaga lembrança do que sabe e do que viu no estado de Espírito.* (Ver tópico 393.)

Em todos os tempos, o homem se preocupou com seu futuro além-túmulo, o que é bastante natural. Qualquer que seja a importância que dê à vida presente, não pode deixar de considerar o quanto ela é curta, e, acima de tudo, precária, uma vez que pode ser rompida a qualquer momento, e que ele nunca está certo do dia de amanhã. Em que o homem se transformará após o instante fatal? A questão é grave, pois não se trata de alguns anos, mas da Eternidade. Aquele que deve passar longos anos num país estrangeiro se preocupa com a condição em que lá estará. Como, então, não nos preocuparíamos com a posição que tomaremos ao deixar este mundo, uma vez que será para sempre?

A ideia do nada tem algo que repugna a razão. O homem mais despreocupado durante sua vida, ao chegar o momento supremo, pergunta-se sobre o que será feito dele, e, involuntariamente, espera.

Crer em Deus sem admitir a vida futura não teria sentido. O sentimento de uma existência melhor está no íntimo de todos os homens: Deus não poderia ter-lhes colocado esse sentimento em vão.

A vida futura implica a conservação de nossa individualidade após a morte. De fato, qual seria a importância de sobreviver ao corpo, se a essência moral estivesse predestinada a perder-se no oceano do Infinito? Essas consequências para nós seriam as mesmas que as do nada.

INTUIÇÃO DAS PENAS E GOZOS FUTUROS

960. De onde vem a crença em penas e recompensas futuras que se encontra em todos os povos?

– *É sempre a mesma coisa: pressentimento da realidade trazida ao homem pelo Espírito nele encarnado, pois deveis saber que não é à toa que uma voz interior vos fala. Vosso erro está em não escutá-la o bastante. Se pensásseis bem nisso, e com maior frequência, vós vos tornaríeis melhores.*

961. No momento da morte, qual é o sentimento que domina a maioria dos homens: a dúvida, o temor ou a esperança?

– *A dúvida, no caso dos céticos obstinados; o temor para os culpados; a esperança para os homens de bem.*

962. Por que há céticos, se a alma traz ao homem o sentimento das coisas espirituais?

– *Há menos do que se acredita; muitos se fazem de Espíritos fortes durante a vida, por orgulho, mas, no momento da morte, deixam de ser tão fanfarrões.*

A consequência da vida futura está na responsabilidade de nossos atos. A razão e a justiça nos dizem que, na divisão da felicidade a que todo homem aspira, bons e maus não podem ser confundidos. Deus não pode querer que alguns gozem sem sofrimentos dos bens que outros só alcançaram com esforço e perseverança.

A ideia que Deus nos dá de Sua justiça e de Sua bondade, pelo conhecimento de Suas leis, não nos permite acreditar que o justo e o mau estejam num mesmo nível a seus olhos, nem duvidar que recebam, um dia, um a recompensa, e outro o castigo, pelo bem e pelo mal que houverem feito. Por isso o sentimento inato que temos da justiça nos dá a intuição das penas e recompensas futuras.

INTERVENÇÃO DE DEUS NAS PENAS E RECOMPENSAS

963. Deus se ocupa pessoalmente de cada homem? Ele não é grande demais e nós muito pequenos para que cada indivíduo, em particular, tenha alguma importância aos seus olhos?

– Deus se ocupa de todos os seres que criou, por menores que sejam; nada é pequeno demais para Sua bondade.

964. Deus tem necessidade de ocupar-se de cada um de nossos atos para nos recompensar ou punir? A maior parte desses atos não é insignificante para Ele?

– Deus tem leis que regulam todas as vossas ações; se as violais, a culpa é vossa. Sem dúvida, quando um homem comete um excesso, Deus não faz um julgamento contra ele para dizer, por exemplo: Foste guloso, vou punir-te. Mas traçou um limite; as doenças, e muitas vezes a morte, são a consequência dos excessos. Eis a punição; ela é o resultado da infração à lei. Isso vale para tudo.

Todas as nossas ações estão submetidas às leis de Deus; não há nenhuma, *por mais insignificante que nos pareça*, que não consista numa violação dessa lei. Se sofremos as consequências dessa violação, só devemos culpar a nós mesmos, que assim nos fazemos os próprios artesãos de nossa felicidade ou infelicidade futura.

Essa verdade se torna evidente por meio do seguinte apólogo:

"Um pai deu a seu filho educação e instrução, ou seja, os meios para saber conduzir-se. Ele lhe cede um campo para cultivo e lhe diz: 'Aqui está a regra a seguir, e todos os instrumentos necessários para tornar esse campo fértil e assegurar tua subsistência. Dei-te a instrução para compreenderes essa regra. Se a seguires, teu campo produzirá em abundância e proporcionar-te-á repouso nos dias de velhice; se a desprezares, o campo nada produzirá, e morrerás de fome'. Dito isso, deixa-o agir livremente".

Não é verdade que a produção desse campo será proporcional aos cuidados prestados à cultura, e que toda negligência prejudicará a colheita? Portanto, em sua velhice, o filho será feliz ou infeliz conforme tenha seguido ou negligenciado a regra traçada pelo pai. Deus é ainda mais previdente, pois nos adverte a cada instante se fazemos bem ou mal: envia-nos Espíritos para inspirar-nos, mas não os escutamos. Há também a diferença de que Deus sempre dá ao homem recursos, em novas existências, para reparar os erros passados, ao passo que o filho de que falamos não tem mais essa oportunidade, se empregou mal o seu tempo.

NATUREZA DAS PENAS E GOZOS FUTUROS

965. As penas e os gozos futuros da alma, após a morte, têm algo de material?

– Não podem ser materiais, uma vez que a alma não é material: o bom senso o diz. Essas penas e esses gozos nada têm de carnal e, no entanto, são mil vezes mais intensos do que os que sentis na Terra, porque o Espírito, uma vez livre, é mais sensível; a matéria não mais embota suas sensações. (Ver tópicos 237 a 257.)

966. Por que o homem faz uma ideia tão grosseira e absurda das penas e gozos da vida futura?

– Inteligência que ainda não se desenvolveu o bastante. A criança compreende como o adulto? Aliás, isso depende também do que lhe foi ensinado: é nesse ponto que uma reforma faz-se necessária.

Vossa linguagem é incompleta demais para exprimir o que vos escapa. Então, foi preciso fazer comparações, e tomais essas imagens e figuras pela realidade. Mas à medida que o homem se esclarece, seu pensamento compreende as coisas que sua linguagem não pode expressar.

967. Em que consiste a felicidade dos bons Espíritos?

– *Em conhecer todas as coisas; não ter ódio, despeito, inveja, ambição, nenhuma das paixões que fazem a infelicidade dos homens. O amor que os une é, para os Espíritos, a fonte de uma felicidade suprema. Eles não têm as necessidades, os sofrimentos, tampouco as angústias da vida material; são felizes pelo bem que fazem. Contudo, a felicidade dos Espíritos é sempre proporcional à sua elevação. É bem verdade que só os Espíritos puros gozam da felicidade suprema, mas nem todos os outros são infelizes. Entre os maus e os perfeitos há uma infinidade de graus, nos quais os gozos são relativos ao estado moral. Aqueles que estão suficientemente adiantados compreendem a felicidade dos que os precederam e aspiram alcançá-la. Mas isso é para eles motivo de emulação e não de ciúme. Sabem que depende deles atingi-la e trabalham com esse intuito, mas com a serenidade da consciência tranquila, e sentem-se felizes por não ter de sofrer o que sofrem os maus.*

968. Colocais a ausência de necessidades materiais entre as condições de felicidade para os Espíritos; mas a satisfação dessas necessidades não é uma fonte de gozos para o homem?

– *Sim, os gozos dos animais; e quando não podes satisfazer essas necessidades, é uma tortura.*

969. O que se deve entender quando dizem que os Espíritos puros estão reunidos no seio de Deus, e ocupados em lhe entoar louvores?

– *É uma alegoria que mostra a consciência que têm das perfeições de Deus, pois o veem e compreendem, mas, como tantas outras, não se deve tomá-la ao pé da letra. Tudo na Natureza, desde o grão de areia, canta, isto é, proclama a glória, a sabedoria e a bondade de Deus. Mas não penses que os Espíritos bem-aventurados estejam num estado de contemplação por toda a Eternidade, porque isso seria uma felicidade estúpida e monótona, além de egoísta, pois sua existência seria de uma inutilidade sem fim. Eles estão isentos das tribulações da existência corporal, o que já é um gozo. Além disso, como dissemos, eles conhecem e sabem todas as coisas. Empregam de maneira proveitosa a inteligência que adquiriram, para ajudar no progresso de outros Espíritos: esta é sua ocupação e, ao mesmo tempo, um prazer.*

970. Em que consistem os sofrimentos dos Espíritos inferiores?

– São tão variados quanto as causas que os produziram, e são proporcionais ao grau de inferioridade, assim como os prazeres são proporcionais ao grau de superioridade. Podem ser resumidos da seguinte forma: cobiçar tudo o que lhes falta para serem felizes e tudo o que não podem obter; ver a felicidade e não poder alcançá-la; pesar, ciúme, raiva, desespero decorrentes de tudo o que os impede de ser felizes; remorso, ansiedade moral indefinível. Têm o desejo de todos os gozos, mas não podem satisfazê-los, e nisto consiste sua tortura.

971. A influência que os Espíritos exercem uns sobre os outros é sempre boa?

– Sempre boa por parte dos bons Espíritos, nem é preciso dizer. Mas os Espíritos perversos procuram desviar do caminho do bem e do arrependimento os que acreditam ser suscetíveis de se deixar levar, e que, muitas vezes, eles mesmos arrastaram ao mal durante a vida.

971. a) Assim, a morte não nos livra da tentação?

– Não, mas a ação dos maus Espíritos é muito menor sobre os outros Espíritos do que sobre os homens, pois aqueles não estão sujeitos às paixões materiais. (Ver tópico 966.)

972. Como os maus Espíritos procedem para tentar os outros Espíritos, uma vez que não podem contar com o auxílio das paixões?

– Se as paixões não existem materialmente, ainda existem no pensamento dos Espíritos atrasados. Os maus entretêm esses pensamentos, conduzindo suas vítimas aos locais onde se lhes ofereça o espetáculo dessas paixões, e de tudo o que as possa excitar.

972. a) Mas de que servem essas paixões, uma vez que não dispõem mais do objeto real?

– É justamente nisto que consiste seu suplício: o avarento vê o ouro que não pode possuir; o devasso, as orgias das quais não pode tomar parte; o orgulhoso, as honras que inveja e das quais não pode usufruir.

973. Quais os maiores sofrimentos que os Espíritos maus podem enfrentar?

– É impossível descrever as torturas morais que são a punição para determinados crimes. Mesmo quem as sofre teria dificuldade em vos dar uma ideia, mas seguramente a mais tenebrosa é o pensamento de ser condenado para sempre.

O homem tem uma ideia mais ou menos elevada das penas e gozos da alma após a morte, segundo o estado de sua inteligência. Quanto mais ele se desenvolve, mais essa ideia se purifica e se afasta da matéria; ele compreende as coisas sob um ponto de vista mais racional, deixando de levar ao pé da letra as imagens de uma linguagem figurada. Ensinando-nos que a alma é um ser inteiramente espiritual, o raciocínio mais esclarecido nos diz, por isso mesmo, que ela não pode ser afetada por impressões que atuam apenas sobre a matéria. Mas nem por isso ela fica isenta de sofrimentos ou deixa de receber a punição pelos seus erros. (Ver tópico 237.)

As comunicações espíritas têm como resultado mostrar-nos o estado futuro da alma, não mais em teoria, mas como uma realidade. Colocam diante de nossos olhos todas as peripécias da vida além-túmulo; mas, ao mesmo tempo, mostram-nos essas peripécias como consequências perfeitamente lógicas da vida terrena e, embora livres do aparato fantástico criado pela imaginação dos homens, não deixam de ser penosas para os que fizeram um mau uso de suas faculdades. A diversidade dessas consequências é infinita; no entanto, pode-se dizer genericamente que cada um é punido por seus pecados. Assim, alguns são castigados pela incessante visão do mal que fizeram; outros, pelos desgostos, pelo temor, pela vergonha, pela incerteza, pelo isolamento, pelas trevas, pela separação dos seres que lhes são queridos etc.

974. De onde vem a doutrina do fogo eterno?

– *Imagem tomada por realidade, como tantas outras coisas.*

974. a) Mas esse temor não pode surtir um bom resultado?

– *Vede se serve de freio, inclusive entre aqueles que o ensinam. Se ensinais coisas que mais tarde a razão pode rejeitar, causareis uma impressão que não será durável nem salutar.*

O homem, incapaz de expressar por meio de sua linguagem a natureza dos sofrimentos, não encontrou comparação mais enérgica que a do fogo, pois, para ele, o fogo é o protótipo do mais cruel suplício e o símbolo da ação mais enérgica. É por essa razão que a crença no fogo eterno data da mais remota Antiguidade, e que os povos modernos a herdaram dos povos antigos. É pela mesma razão também que, em sua linguagem figurada, o homem diz: o fogo da paixão, queimar de amor, de inveja etc.

975. Os Espíritos inferiores compreendem a felicidade do justo?

– *Sim, e é nisso que consiste o seu suplício, pois compreendem que estão privados dela por sua própria culpa: é por isso que o Espírito, desprendido da matéria, deseja uma nova existência corporal, pois cada existência pode abreviar a duração desse suplício, se for bem empregada. É então que ele escolhe as provações através das quais poderá expiar seus erros; pois, sabei bem isso, o Espírito sofre por todo o mal que praticou ou de que foi a causa voluntária, por todo o bem que teve oportunidade de fazer e não fez, e por todo o mal que resulta do bem que não fez.*

O Espírito errante não tem mais véu; é como se ele tivesse saído do nevoeiro e visse o que o afasta da felicidade. Então, sofre mais, pois compreende o quanto foi culpado. Para ele, não há mais ilusão: vê a realidade das coisas.

O Espírito no estado errante apreende, por um lado, todas as suas existências passadas e, por outro, vê o futuro prometido e compreende o que lhe falta para alcançá-lo. Como um viajante que, chegando ao cume de uma montanha, vê a rota percorrida e a que falta percorrer para atingir seu objetivo.

976. A visão dos Espíritos que sofrem não é, para os bons, uma causa de aflição, e, nesse caso, em que se transforma sua felicidade, se ela é perturbada?

– *Não é bem uma aflição, pois sabem que o mal terá um fim; eles auxiliam outros a melhorar e lhes estendem a mão: esta é a sua ocupação, que se torna um prazer quando são bem sucedidos.*

976. a) Isso é concebível em relação aos Espíritos estranhos ou indiferentes; mas a visão de tristezas e sofrimentos dos que eles amaram na Terra não perturba a sua felicidade?

– *Se eles não vissem esses sofrimentos é que vos seriam indiferentes após a morte; ora, a religião diz que as almas vos veem; no entanto, encaram vossas aflições sob um outro ponto de vista. Sabem que esses sofrimentos são úteis para vosso adiantamento, se vós os suportardes com resignação. Portanto, afligem-se mais com a falta de coragem que vos atrasa do que com os sofrimentos em si, que são apenas passageiros.*

977. Como os Espíritos não podem esconder uns dos outros seus pensamentos, e todos os atos da vida sendo conhecidos, poder-se-ia concluir que o culpado fica perpetuamente na presença da vítima?

– *Não pode ser de outra forma, como indica o bom senso.*

977. a) Essa divulgação de todos os nossos atos repreensíveis e a presença perpétua dos que foram vítimas desses atos não seriam um castigo para o culpado?

– *Maior do que se imagina, mas somente até que ele tenha expiado seus erros, seja como Espírito ou como homem, em novas existências corporais.*

Quando nós estivermos no mundo dos Espíritos, todo o nosso passado estando à mostra, o bem e o mal que tivermos feito serão igualmente conhecidos. Em vão aquele que fez o mal tentará escapar à visão de suas vítimas: a presença inevitável delas será, para ele, um castigo e um remorso incessantes, até que tenha expiado seus erros. Já o homem de bem, ao contrário, só encontrará, em toda parte, olhares amigos e benevolentes.

Para o mau, não há, na Terra, tormento maior do que a presença de suas vítimas. Por isso ele as evita incessantemente. O que será dele, quando a ilusão das paixões se dissipar e ele compreender o mal que fez, vendo seus atos mais secretos revelados, sua hipocrisia desmascarada, sem poder livrar-se de sua visão?

Enquanto a alma do homem perverso está presa à vergonha, ao pesar e ao remorso, a do justo goza de perfeita serenidade.

978. A lembrança dos erros que a alma pode ter cometido quando era imperfeita não perturba sua felicidade, mesmo depois de ela ter-se purificado?

– *Não, porque resgatou seus erros e saiu vitoriosa das provações às quais foi submetida com esse objetivo.*

979. Para a alma, as provações que ainda terá de sofrer para alcançar a purificação não são uma penosa apreensão, que perturba sua felicidade?

– Para a alma ainda impura, sim. É por isso que ela só pode gozar de uma felicidade perfeita quando for totalmente pura. Mas para a que já estiver elevada, o pensamento das provações que lhe faltam sofrer não tem nada de penoso.

A alma que chegou a um certo grau de pureza já desfruta da felicidade. Um sentimento de terna satisfação a absorve: sente-se feliz com tudo o que vê, com tudo o que a cerca. Para ela, o véu se descortina diante dos mistérios e das maravilhas da Criação, e as perfeições divinas lhe aparecem em todo o seu esplendor.

980. O laço de simpatia que une os Espíritos da mesma ordem é para eles uma fonte de felicidade?

– A união de Espíritos que simpatizam no bem é, para eles, um dos maiores prazeres, pois não temem ver essa união perturbada pelo egoísmo. Nos mundos totalmente espiritualizados, formam famílias unidas pelo mesmo sentimento, e é nisso que consiste a felicidade espiritual, assim como em vosso mundo vos agrupais por categorias, e experimentais certo prazer quando vos achais reunidos. A afeição pura e sincera que eles experimentam, e da qual são o objeto, é uma fonte de felicidade, pois lá não há amigos falsos nem hipócritas.

O homem sente as premissas dessa felicidade na Terra, quando encontra almas com as quais pode relacionar-se numa união pura e santa. Numa vida mais purificada, esse prazer será inefável e sem limites, porque o homem só encontrará almas simpáticas, *que não correm o risco de se tornar indiferentes pelo egoísmo*. Pois na Natureza tudo é amor: é o egoísmo que o mata.

981. Para o estado futuro do Espírito, haverá diferença entre aquele que em vida na Terra receava a morte e aquele que a via com indiferença, e até com alegria?

– A diferença pode ser muito grande; no entanto, na maioria das vezes ela desaparece diante das causas determinantes desse temor ou desejo. Tanto no caso de temê-la como no de desejá-la, pode-se estar movido por sentimentos bem diversos, e são esses sentimentos que influenciam no estado do Espírito. É evidente, por exemplo, que no caso daquele que deseja a morte unicamente porque a vê como o termo de suas tribulações, isso é uma espécie de queixa contra a Providência e contra as provações que tem de sofrer.

982. É necessário professar o Espiritismo e acreditar nas manifestações espíritas para garantir nosso destino na vida futura?

– Se assim fosse, todos os que não acreditassem ou que não tivessem tido a oportunidade de esclarecer-se seriam deserdados, o que seria um absurdo. É o bem que garante o destino futuro. Ora, o bem sempre é o bem, seja qual for o caminho que conduza a ele. (Ver tópicos 165-799.)

A crença no Espiritismo ajuda as pessoas a se aprimorarem, fixando as ideias sobre determinados pontos do futuro. Acelera o desenvolvimento dos indivíduos e das massas, pois permite que se leve em conta o que seremos um dia; é um ponto de apoio, uma luz que nos guia. O Espiritismo ensina a suportar as provações com paciência e resignação, desviando dos atos que podem retardar a felicidade futura. É assim que ele contribui para essa felicidade, mas isso não quer dizer que sem ele não se possa consegui-la.

PENAS TEMPORÁRIAS

983. O Espírito que expia seus erros numa nova existência não tem sofrimentos materiais; assim, é exato dizer que após a morte a alma só tem sofrimentos morais?

— É bem verdade que, quando a alma está encarnada, as tribulações da vida são um sofrimento para ela, mas só o corpo sofre materialmente.

Muitas vezes dizeis que aquele que está morto não tem mais o que sofrer; isso nem sempre é verdadeiro. Como Espírito, aquele que morreu não tem mais dores físicas, mas, conforme os erros que cometeu, pode ter dores morais mais cruciantes e, numa nova existência, pode ser ainda mais infeliz. O mau rico pedirá esmola e será vítima de todas as privações da miséria, o orgulhoso passará por todas as humilhações; aquele que abusa da autoridade e trata seus subordinados com desprezo e dureza será forçado a obedecer a um patrão mais duro do que ele mesmo foi. Todas as penas e as tribulações da vida são a expiação dos erros de uma outra existência, quando não são consequência dos erros da vida atual. Quando tiverdes saído da vida terrena, compreendereis isso. (Ver tópicos 273, 393, 399.)

O homem que se considera feliz na Terra, porque pode satisfazer suas paixões, é quem menos esforço faz para melhorar. Algumas vezes, ele expia, ainda nesta vida, essa felicidade efêmera, mas certamente expiará numa outra existência também material.

984. As vicissitudes da vida são sempre a punição dos erros atuais?

— Não, já dissemos: são provas impostas por Deus, ou escolhidas por vós mesmos no estado de Espírito, antes de vossa reencarnação, para expiar os erros cometidos em outra existência. A infração à lei de Deus, e principalmente à lei de justiça, nunca fica impune. Se a punição não vem nesta vida, virá necessariamente em outra. É por isso que aquele que parece justo aos vossos olhos é frequentemente acometido por seu próprio passado. (Ver tópico 393.)

985. A reencarnação da alma num mundo menos grosseiro é uma recompensa?

— É a consequência de sua purificação, pois, à medida que os Espíritos vão se depurando, encarnam em mundos cada vez mais perfeitos, até que se despojem totalmente da matéria e se lavem de todas as suas impurezas, para então gozar eternamente a felicidade dos Espíritos puros junto a Deus.

Nos mundos onde a existência é menos material do que na Terra, as necessidades são menos grosseiras e menos intensos os sofrimentos físicos. Os homens não mais conhecem as más paixões que, nos mundos inferiores, os fazem inimigos uns dos outros. Sem nenhum motivo de ódio nem inveja, vivem em paz, pois praticam a lei de justiça, amor e caridade. Não conhecem os aborrecimentos e as inquietações que nascem da inveja, do orgulho e do egoísmo, e que fazem o tormento de nossa existência terrena. (Ver tópicos 172-182.)

986. O Espírito que progrediu em sua existência terrena pode, às vezes, reencarnar no mesmo mundo?

– *Sim, se não concluiu sua missão, e ele próprio pode pedir para completá-la numa nova existência. Mas então, para ele, não será mais uma expiação.* (Ver tópico 173.)

987. O que sucede ao homem que, sem fazer o mal, nada faz para libertar-se da influência da matéria?

– *Como não deu nenhum passo rumo à perfeição, deve recomeçar uma existência da mesma natureza que a precedente. Permanece estacionário, e dessa forma acaba prolongando os sofrimentos da expiação.*

988. Há pessoas cuja vida flui na mais perfeita serenidade, e que, por não terem necessidade de fazer nada por si mesmas, são isentas de preocupações. Essa existência feliz é uma prova de que elas nada têm a expiar de uma existência anterior?

– *Conhece-as bem? Se acreditas que sim, estás enganado. Muitas vezes, a calma é apenas aparente. Talvez tenham escolhido essa existência, mas, quando a deixam, percebem que não serviu para progredirem. Então, como o preguiçoso, lamentam o tempo perdido. Sabei bem que o Espírito só pode adquirir conhecimentos e elevar-se através da atividade. Se adormece na despreocupação, não se adianta. É semelhante àquele que (segundo vossos costumes) tem necessidade de trabalhar, mas que vai passear ou descansar, com a intenção de não fazer nada. Sabei também que todos terão de prestar contas da inutilidade voluntária de sua existência – inutilidade sempre fatal à felicidade futura. A soma da felicidade futura é proporcional à soma do bem que se tenha feito; a da infelicidade é proporcional ao mal e às infelicidades que tenha causado.*

989. Há pessoas que, sem serem realmente más – mas devido ao seu caráter –, tornam infelizes todos os que as cercam. Qual é a consequência disso para essas pessoas?

– *Essas pessoas certamente não são boas e expiarão suas faltas através da visão daqueles a quem fizeram infelizes, e, para elas, essa visão será uma repressão. Além disso, numa outra existência, sofrerão o que fizeram sofrer.*

EXPIAÇÃO E ARREPENDIMENTO

990. O arrependimento acontece no estado corporal ou espiritual?

– No estado espiritual; mas também pode acontecer no estado corporal, quando vós compreendeis corretamente a diferença entre o bem e o mal.

991. Qual é a consequência do arrependimento no estado espiritual?

– O desejo de uma nova encarnação para purificar-se. O Espírito compreende as imperfeições que o privam de ser feliz, por isso aspira por uma nova existência onde poderá expiar suas faltas. (Ver tópicos 332-975.)

992. Qual é a consequência do arrependimento no estado corporal?

– Avançar, já na vida presente, se ainda houver tempo para reparar seus erros. Quando a consciência reprova algo e mostra uma imperfeição, sempre é possível melhorar.

993. Não há homens que têm o instinto do mal e que são inacessíveis ao arrependimento?

– Eu já disse que se deve progredir sem cessar. Aquele que, nesta vida, só tem o instinto do mal, terá o do bem numa outra existência, e é por isso que ele renasce várias vezes: pois é preciso que todos avancem e atinjam o objetivo. Alguns o atingem num período de tempo mais curto, outros num período mais longo, conforme o seu desejo. Aquele que só tem o instinto do bem já está purificado, pois já teve o do mal numa existência anterior. (Ver tópico 804.)

994. O homem perverso que não reconheceu seus erros durante a vida sempre os reconhece após a morte?

– Sim, sempre os reconhece, e então sofre mais, pois ressente-se de todo o mal que praticou ou de que foi a causa voluntária. No entanto, o arrependimento nem sempre é imediato. Há Espíritos que se obstinam num mau caminho apesar dos sofrimentos por que passam. Porém, cedo ou tarde, reconhecerão haver tomado o caminho errado e o arrependimento virá. É para esclarecê-los que os bons Espíritos trabalham, que também vós podeis trabalhar.

995. Há Espíritos que, mesmo não sendo maus, são indiferentes em relação ao seu destino?

– Há Espíritos que não se ocupam de nada útil: permanecem na expectativa. No entanto, sofrem, nesse caso, proporcionalmente. E como deve haver progresso em tudo, esse progresso se manifesta pela dor.

995. a) Esses Espíritos não têm o desejo de abreviar seus sofrimentos?

– Sem dúvida o têm, mas não dispõem de energia suficiente para querer o que poderia aliviá-los. Quantas pessoas entre vós não preferem morrer de fome a trabalhar?

996. Uma vez que os Espíritos veem o mal que lhes resulta de suas imperfeições, como é que alguns agravam sua situação e prolongam o seu estado de inferioridade, fazendo o mal como Espíritos, e desviando os homens do bom caminho?

– Procedem assim aqueles cujo arrependimento é tardio. O Espírito que se arrepende pode, em seguida, deixar-se arrastar de novo ao caminho do mal por outros Espíritos ainda mais atrasados. (Ver tópico 971.)

997. Veem-se Espíritos de notória inferioridade acessíveis aos bons sentimentos e sensíveis às orações feitas em seu favor. Como se explica que outros Espíritos, que se deveria considerar mais esclarecidos, mostrem um endurecimento e um cinismo que nada pode vencer?

– *A prece só tem efeito em favor do Espírito que se arrepende. Mas aqueles que, impelidos pelo orgulho, se revoltam contra Deus e persistem em seus desvios, aumentando-os, como o fazem os Espíritos infelizes, sobre estes a prece nada pode e nada poderá, até o dia em que a luz do arrependimento neles se manifeste.* (Ver tópico 664.)

Não se deve esquecer que o Espírito, após a morte do corpo, não se transforma subitamente. Se sua vida foi condenável, é porque era imperfeito. Ora, a morte não o torna imediatamente perfeito. Ele pode persistir em seus erros, em suas falsas opiniões e preconceitos, até que seja esclarecido pelo estudo, pela reflexão e pelo sofrimento.

998. A expiação se cumpre no estado corporal ou no estado espiritual?

– *A expiação se realiza durante a existência corporal por meio das provações às quais o Espírito é submetido, e na vida espiritual por meio dos sofrimentos morais inerentes ao estado de inferioridade do Espírito.*

999. O arrependimento sincero durante a vida basta para apagar os erros e alcançar a graça de Deus?

– *O arrependimento ajuda no desenvolvimento do Espírito, mas o passado deve ser expiado.*

999. a) Se, de acordo com isso, um criminoso dissesse que, já que deve expiar o passado de um jeito ou de outro, não tem necessidade de arrependimento, o que isso lhe acarretaria?

– *Se ele se obstinar no pensamento do mal, sua expiação será mais longa e penosa.*

1000. Nós podemos, já a partir desta vida, resgatar nossos erros?

– *Sim, reparando-os. Mas não penseis em resgatá-los com algumas privações pueris, ou com doações póstumas quando não tereis necessidade de mais nada. Deus não leva em conta um arrependimento estéril, sempre fácil, e que custa apenas o esforço de bater no peito. A perda de um dedo mínimo, quando se presta um serviço, apaga mais erros do que o suplício carnal suportado durante anos mas com objetivo exclusivamente* pessoal. (Ver tópico 726.)

O mal só é reparado pelo bem, e a reparação não tem nenhum mérito se não atinge o homem em seu orgulho e em seus interesses materiais.

De que lhe serve, como justificativa, restituir após sua morte o bem mal adquirido, quando se lhe tornou inútil e já foi desfrutado?

De que lhe serve a privação de alguns gozos fúteis e de coisas supérfluas, se o dano causado a outra pessoa permanece o mesmo?

Enfim, de que lhe serve humilhar-se perante Deus, se conserva o orgulho perante os homens? (Ver tópico 720-721.)

1001. Não há nenhum mérito em garantir, após a morte, que os bens que possuímos sejam empregados de forma útil?

– *Nenhum mérito não é bem o termo, pois isso é melhor do que nada. Porém, o mal é que aquele que só faz doações ao morrer quase sempre é mais egoísta que generoso. Quer ter a honra do bem sem sacrificar-se. Aquele que se priva em vida tem uma dupla vantagem: o mérito do sacrifício e o prazer de ver a felicidade que causa. Mas há o egoísmo que diz: aquilo que dás é o tanto que subtrais de teus próprios prazeres. E como o egoísmo fala mais alto que o desinteresse e a caridade, o homem guarda para si, sob o pretexto de suas necessidades e das exigências de sua posição. Ah! Lamentai aquele que desconhece o prazer de dar, pois ele está verdadeiramente deserdado de um dos prazeres mais puros e sublimes. Deus, ao submetê-lo à prova da fortuna, tão escorregadia e perigosa para seu futuro, quis dar-lhe como compensação a ventura da generosidade, da qual ele pode usufruir já neste mundo.* (Ver tópico 814.)

1002. O que deve fazer aquele que, à beira da morte, reconhece suas faltas, mas não tem mais tempo de repará-las? Arrepender-se é o bastante, nesse caso?

– *O arrependimento acelera sua reabilitação, mas não o absolve. Não tem ele o futuro pela frente, um futuro que nunca lhe será fechado?*

DURAÇÃO DAS PENAS FUTURAS

1003. A duração dos sofrimentos do culpado na vida futura é arbitrária ou está subordinada a uma lei qualquer?

– *Deus nunca age por capricho, e tudo no Universo é regido por leis que revelam sua sabedoria e sua bondade.*

1004. Em que se baseia a duração dos sofrimentos do culpado?

– *No tempo necessário ao seu aprimoramento. Uma vez que os estados de sofrimento e de felicidade são proporcionais ao grau de purificação do Espírito, a duração e a natureza dos sofrimentos dependem do tempo que ele gaste para tornar-se melhor. À medida que progride e que seus sentimentos se purificam, seus sofrimentos diminuem e mudam de natureza.*

São Luís

1005. Para o Espírito sofredor, o tempo parece ser tão longo ou mais curto do que quando estava vivo?

– *Parece-lhe muito mais longo: para ele, o sono não existe. Somente para os Espíritos que chegaram a um certo grau de purificação o tempo se apaga, por assim dizer, diante do Infinito.* (Ver tópico 240.)

1006. A duração dos sofrimentos do Espírito pode ser eterna?

– *Sem dúvida, se ele fosse eternamente mau, isto é, se nunca se arrependesse nem melhorasse, sofreria eternamente. Mas Deus não criou seres para que fossem perpetuamente consagrados ao mal; apenas os criou simples e ignorantes, e todos devem progredir, num tempo mais ou menos longo, conforme sua vontade. A vontade pode ser mais ou menos tardia, assim como há crianças mais ou menos precoces, mas, cedo ou tarde, ela surge pela irresistível necessidade que o Espírito sente de sair de sua inferioridade e de ser feliz. Portanto, a lei que rege a duração das penas é eminentemente sábia e benevolente, pois subordina essa duração aos esforços do Espírito; nunca o priva de seu livre-arbítrio: se o Espírito faz um mau uso dele, sofrerá as consequências.*

São Luís

1007. Há Espíritos que nunca se arrependem?

– *Há alguns Espíritos cujo arrependimento é bastante tardio, mas pensar que eles nunca melhoram seria negar a lei do progresso, e dizer que a criança não pode tornar-se adulta.*

São Luís

1008. A duração das penas depende sempre da vontade do Espírito? Não há aquelas que lhe são impostas por um tempo determinado?

– *Sim, há penas que podem ser-lhes impostas por um tempo, mas Deus, que só quer o bem de Suas criaturas, sempre aceita o arrependimento, e o desejo de aprimorar-se nunca é estéril.*

São Luís

1009. Sendo assim, as penas impostas nunca seriam para a eternidade?

– *Questionai vosso bom senso, vossa razão, e perguntai a vós mesmos se uma condenação perpétua, devido a alguns momentos de erro, não seria a negação da bondade de Deus. O que é, de fato, a duração da vida, mesmo que ela fosse de cem anos, em relação à eternidade? Eternidade! Compreendei bem essa palavra? Sofrimentos, torturas sem fim e sem esperança, apenas por alguns erros! Vosso julgamento não rejeita semelhante pensamento? Que os antigos tenham considerado o mestre do Universo um Deus terrível, invejoso e vingativo, é compreensível. Em sua ignorância, emprestaram à divindade as paixões dos homens. Mas não é esse o Deus dos cristãos, que coloca o amor, a caridade, a misericórdia, o esquecimento das ofensas entre as principais virtudes: Poderia não possuir as qualidades que Ele mesmo estabeleceu como dever? Não há contradição em atribuir-lhe a bondade infinita e, ao mesmo tempo, a vingança infinita? Dizeis que, antes de mais nada, Ele é justo, e que o homem não compreende Sua justiça. Mas a justiça não exclui a bondade, e Ele não seria bom se condenasse a maior parte de Suas criaturas a penas horríveis e perpétuas. Poderia exigir de Seus filhos a justiça, se não lhes tivesse dado os meios de compreendê-la? Aliás, não é a sublimação da justiça, aliada à bondade, fazer com que a duração das penas dependa dos esforços que o culpado faz para melhorar? Nisto consiste a verdade deste preceito: "A cada um segundo suas obras".*

Santo Agostinho

Empenhai-vos, através de todos os meios que estão ao vosso alcance, em combater, em aniquilar a ideia da eternidade das penas, pensamento que blasfema contra a justiça e a bondade de Deus, além de ser a mais fecunda fonte de incredulidade, materialismo e indiferença que já surgiu entre as massas, desde que sua inteligência começou a desenvolver-se. O Espírito, prestes a iluminar-se, mal foi esboçado e logo percebeu essa monstruosa injustiça. Sua razão a repele, e então ele raramente deixa de confundir num mesmo ostracismo a pena que o revolta e o Deus a quem a atribui. Daí decorrem os inúmeros males que recaem sobre vós e aos quais vimos trazer o remédio. Tanto mais fácil será a tarefa a que vos designamos, quanto é certo que as autoridades em que se apoiam os defensores dessa crença evitaram pronunciar-se formalmente a esse respeito. Nem os concílios, nem os Pais da Igreja resolveram essa grave questão. Se, de acordo com os Evangelistas, e levando ao pé da letra as palavras simbólicas do Cristo, ele ameaçou os culpados com um fogo que não se extingue, com um fogo eterno, não há absolutamente nada nessas palavras capaz de provar que ele os tenha condenado eternamente.

Pobres ovelhas desgarradas, sabei ver o bom Pastor que, longe de querer banir-vos para sempre de sua presença, vem ele próprio ao vosso encontro para vos reconduzir ao redil. Filhos pródigos, abandonai vosso exílio voluntário; voltai vossos passos para a morada paterna: o pai vos estende os braços e está sempre pronto para festejar o vosso retorno à família.

Lammenais

Guerras de palavras! Guerras de palavras! Já não fizestes derramar sangue suficiente? Será ainda preciso reacender as fogueiras? Muito se discute sobre as palavras 'eternidade de penas', 'eternidade dos castigos'. Ignorais que o que hoje entendeis por eternidade não é o mesmo que os antigos entendiam? Que o teólogo consulte as fontes, e, como todos vós, lá descobrirá que o texto hebreu não dava a essa palavra – que os gregos, os latinos e os modernos traduziram por penas sem fim, irremissíveis – o mesmo sentido. Eternidade dos castigos corresponde a eternidade do mal. Sim, enquanto existir o mal entre os homens, os castigos subsistirão; é no sentido relativo que importa interpretar os textos sagrados. Portanto, a eternidade de penas é apenas relativa, e não absoluta. Chegue o dia em que todos os homens se revistam, por meio do arrependimento, com a veste da inocência, e, nesse dia, deixará de haver gemidos e ranger de dentes. Vossa razão humana é limitada, isso é bem verdade, mas tal qual é, é um presente de Deus; e com o auxílio da razão, não há um único homem de boa-fé que compreenda de outra forma a eternidade dos castigos. A eternidade dos castigos! O quê! Então seria preciso admitir o mal eterno. Somente Deus é eterno, e Ele não poderia ter criado o mal eterno, pois se assim não fosse teríamos de arrancar-lhe o mais magnífico de seus atributos: o poder soberano, pois não seria soberanamente poderoso aquele que pudesse criar um elemento destruidor de suas próprias obras. Humanidade! Humanidade! Não mergulhes mais teus sombrios olhares nas profundezas da Terra em busca de punições. Chora, espera, expia e refugia-te no pensamento de um Deus intimamente bom, absolutamente poderoso e essencialmente justo.

Platão

Gravitar para a unidade divina, este é o objetivo da humanidade. Para atingi--lo, são necessárias três coisas: a justiça, o amor e o conhecimento. Três coisas lhe são opostas e contrárias: a ignorância, o ódio e a injustiça. Pois bem, em verdade vos digo que falseais esses princípios fundamentais e comprometeis a ideia de Deus exagerando sua severidade; vós a comprometeis duplamente deixando penetrar no Espírito da criatura o pensamento de que há nela mais clemência, mansidão, amor e verdadeira justiça do que atribuis ao Ser Infinito. Destruís, inclusive, a ideia de inferno, tornando-a ridícula e inadmissível às vossas crenças, como o é aos vossos corações o horrendo espetáculo das execuções, das fogueiras e das torturas da Idade Média! Mas como? Quando a era das represálias cegas for para sempre banida das legislações humanas, esperais mantê-la no ideal? Oh! Crede-me, crede-me, irmãos em Deus e em Jesus Cristo, crede-me, ou resignai-vos a deixar perecer todos os vossos dogmas em vossas próprias mãos, em vez de modificá-los, ou então vivificai esses dogmas, abrindo--os às benéficas emanações que os Bons Espíritos derramam neste momento. A ideia do inferno com suas fornalhas ardentes, com caldeiras ferventes, pôde ser tolerada, isto é, perdoável, num século de ferro, mas no século XIX é apenas um vão fantasma que serve quando muito para assustar as criancinhas, no qual elas deixam de acreditar quando crescem. Ao persistir nessa mitologia assustadora, vós produzis a incredulidade, mãe de toda desorganização social; pois estremeço entrevendo toda uma ordem social abalada e desmoronando, sobre sua base por falta de sanção penal. Homens de fé ardente e viva, vanguardistas do dia da luz, mãos à obra! Não para manter fábulas ultrapassadas e desacreditadas, mas para reavivar a verdadeira sanção penal sob formas mais adequadas aos vossos costumes, sentimentos e aos conhecimentos de vossa época.

Quem é, de fato, o culpado? É aquele que, por um desvio, por um movimento falso da alma, se afasta do objetivo da Criação, que consiste no culto harmonioso do belo, do bem, idealizados pelo arquétipo humano, pelo Homem-Deus, por Jesus Cristo.

Que é o castigo? A consequência natural, que deriva desse falso movimento; uma soma de dores necessárias para fazê-lo repugnar sua deformidade, pela experiência do sofrimento. O castigo é o aguilhão que estimula a alma, pela amargura, a voltar-se sobre si mesma, e a retornar ao porto da salvação. O objetivo do castigo não é outro senão a reabilitação, a redenção. Querer que o castigo seja eterno, por uma falta que não é eterna, é negar-lhe toda a razão de ser.

Oh! Em verdade vos digo, cessai, deixai de pôr paralelamente, na eternidade, o Bem, essência do Criador, e o Mal, essência da criatura; isso seria criar uma penalidade injustificável. Ao contrário, afirmai o abrandamento gradual dos castigos e das penas pelas transmigrações, e ireis consagrar, com a razão aliada ao sentimento, a unidade divina.

Paulo, apóstolo

Procura-se estimular o homem ao bem e desviá-lo do mal pelo incentivo das recompensas e pelo temor dos castigos. Mas se esses castigos lhe são apresentados de uma forma que a razão se recusa a admitir, não terão nenhuma influência sobre o homem. Longe disso, ele rejeitará tudo: a forma e o fundamento. Mas se, ao contrário, o futuro for apresentado de uma maneira lógica, ele não o rejeitará. O Espiritismo lhe dá essa explicação.

A doutrina da eternidade das penas, no sentido absoluto, faz do Ser Supremo um deus implacável. Seria lógico dizer que um soberano é muito bom, muito benevolente, muito indulgente, que só deseja a felicidade dos que o cercam, mas que, ao mesmo tempo, é invejoso, vingativo, inflexível em sua rigidez, e que pune com o pior dos suplícios três quartos de seus súditos, por uma ofensa ou uma infração às suas leis, mesmo aqueles que erraram por não terem conhecido essas leis? Não seria uma contradição? Ora, Deus pode ser menos bom do que o seria um homem?

Outra contradição se apresenta nesse caso. Uma vez que Deus tudo sabe, ao criar uma alma, já sabia que ela viria a falhar. Portanto, desde sua formação a alma estava predestinada à desgraça eterna: isso é possível, racional? Com a doutrina das penas relativas, tudo se justifica. Deus sem dúvida sabia que a alma falharia, mas Ele lhe fornece os meios de esclarecer-se por sua própria experiência, por suas próprias faltas. É necessário que ela expie seus erros para melhor firmar-se no bem, mas a porta da esperança nunca lhe é fechada para sempre; Deus faz com que o momento de sua libertação dependa dos esforços que ela empreendeu para atingir esse objetivo. Isso é algo que todos podem compreender, e que a lógica mais meticulosa pode admitir. Se as penas futuras tivessem sido apresentadas sob esse ponto de vista, haveria muito menos céticos.

Na linguagem usual, a palavra *eterno* é muitas vezes empregada no sentido figurado para designar uma coisa de longa duração e da qual não se prevê o termo, embora se saiba que esse termo existe.

Dizemos, por exemplo, as geleiras eternas das altas montanhas, dos polos, embora saibamos que, por um lado, o mundo físico pode ter um fim, e que, por outro, o estado dessas regiões pode mudar pelo deslocamento normal do eixo terrestre ou por um cataclismo. A palavra *eterno*, nesse caso, não quer dizer perpétuo até o infinito. Quando sofremos uma longa doença, dizemos que nosso mal é eterno; o que há de surpreendente, então, no fato de os Espíritos que sofrem há anos, séculos, e até mesmo milhares de anos, dizerem o mesmo? Não esqueçamos, sobretudo, que, pelo fato de sua inferioridade não lhes permitir ver a extremidade da rota, acreditam sofrer sempre, o que é, para eles, uma punição.

No mais, a doutrina do fogo material, das fornalhas e das torturas, emprestadas ao Tártaro do Paganismo, está, hoje, completamente abandonada pela alta Teologia. É somente nas escolas que esses assustadores quadros alegóricos ainda são apresentados como verdades positivas, por alguns homens mais zelosos que esclarecidos, e muito erroneamente, pois essas jovens imaginações, quando não mais acreditam nesse terror, poderão aumentar o número de incrédulos. A Teologia reconhece atualmente que a palavra *fogo* é empregada no sentido figurado e que deve ser entendida como um fogo moral (ver tópico 974). Aqueles que, como nós, acompanharam os incidentes e sofrimentos da vida de além-túmulo nas comunicações espíritas, puderam convencer-se de que, por não terem nada de material, essas comunicações não deixam de ser pungentes. Mesmo em relação à sua duração, alguns teólogos começam a admitir, no sentido restrito ao qual já nos referimos, e a pensar que, de fato, a palavra *eterno* pode ser entendida como as próprias penas, como consequências de uma lei imutável, e não de sua aplicação a cada indivíduo. No dia em que a religião admitir essa interpretação, bem como algumas outras também decorrentes do progresso dos conhecimentos, ela reconduzirá ao redil as ovelhas perdidas.

RESSURREIÇÃO DA CARNE

1010. O dogma da ressurreição da carne é a consagração do dogma da reencarnação ensinado pelos Espíritos?

– *Como quereis que seja de outra forma? Essas palavras, assim como tantas outras, só parecem insensatas aos olhos de algumas pessoas por serem levadas ao pé da letra, e é por isso que levam à incredulidade. Mas daí uma interpretação lógica a essas palavras, e aqueles a quem chamais de livres pensadores irão admiti-las sem dificuldade, e justamente por refletirem. Afinal – e não vos enganeis a esse respeito –, esses livres pensadores não buscam senão acreditar; eles têm, assim como os outros – e talvez mais que os outros –, sede do futuro, mas não podem admitir aquilo que, para a Ciência, é algo inventado. A doutrina da pluralidade de existências é conforme à justiça de Deus. Só ela pode explicar o que sem ela é inexplicável. Como poderíeis querer que esse princípio não estivesse na própria religião?*

1011) Dessa forma, a Igreja, pelo dogma da ressurreição da carne, ensina a doutrina da reencarnação?

– *Isso é evidente. Essa doutrina é, aliás, a consequência de muitas coisas que passaram despercebidas e que não se tardará a compreender nesse sentido. Em breve, reconhecer-se-á que o Espiritismo emerge, a cada passo, do texto das*

Escrituras Sagradas. Portanto, os Espíritos não vêm subverter a religião, como pretendem alguns; ao contrário, vêm confirmá-la, sancioná-la através de provas irrefutáveis. Porém, como é chegado o tempo de não mais empregar a linguagem figurada, eles se exprimem sem alegorias, dando às coisas um sentido claro e preciso, que não possa estar sujeito a nenhuma falsa interpretação. Eis por que, dentro de algum tempo, estareis cercados de pessoas mais sinceramente religiosas e crentes do que hoje.

São Luís

A Ciência, de fato, demonstra a impossibilidade da ressurreição segundo a ideia vulgar. Se os restos do corpo humano permanecessem homogêneos, mesmo que fossem dispersados e reduzidos a pó, ainda poder-se-ia conceber sua reunião depois de um tempo determinado; mas as coisas não são bem assim. O corpo é constituído de elementos diversos, como oxigênio, hidrogênio, azoto, carbono etc. Com a decomposição, esses elementos se dispersam, mas para servir à formação de novos corpos, de tal forma que a mesma molécula de carbono, por exemplo, entrará na composição de milhares de corpos diferentes (estamos nos referindo a corpos humanos, sem contar os de todos os animais). De forma que um certo indivíduo talvez tenha em seu corpo moléculas que pertenceram aos homens das primeiras eras; e que essas mesmas moléculas orgânicas que absorveis em vossa alimentação talvez provenham do corpo de certo indivíduo que vós conhecestes, e assim por diante. A matéria existindo em quantidade definida, e sendo indefinida a quantidade de suas combinações, como cada um desses corpos poderia reconstituir-se dos mesmos elementos? Há uma impossibilidade material. Portanto, só se pode admitir racionalmente a ressurreição da carne como uma representação simbólica do fenômeno da reencarnação. E, assim sendo, não há nada que choque a razão, nada que esteja em contradição com os dados da Ciência.

É verdade que, segundo o dogma, essa ressurreição só deve acontecer no final dos tempos, ao passo que, segundo a Doutrina Espírita, ocorre todos os dias; mas já não há, nesse quadro do julgamento final, uma grande e bela figura que camufla, sob o véu de alegoria, uma dessas verdades imutáveis que não mais terá céticos quando for levada à sua verdadeira significação? Que se medite bem a teoria espírita sobre o futuro das almas e seu destino como consequência das diferentes provações que devem sofrer, e ver-se-á que – com exceção da simultaneidade – o julgamento que as condena ou absolve não é uma ficção, como pensam os incrédulos. Ressaltemos ainda que a teoria espírita é a consequência natural da pluralidade de mundos, hoje perfeitamente aceita, ao passo que, segundo a doutrina do juízo final, a Terra é considerada o único mundo habitado.

PARAÍSO, INFERNO E PURGATÓRIO

1012. Um lugar circunscrito no Universo é designado às penas e gozos dos Espíritos, conforme seus méritos?

– Já respondemos a essa questão. As penas e os gozos são inerentes ao grau de perfeição dos Espíritos. Cada um tira de si mesmo o princípio de sua própria felicidade ou infelicidade, e como eles estão por toda parte, nenhum lugar circunscrito ou fechado é especialmente designado a um ou a outro. Quanto aos Espíritos encarnados, estes são mais ou menos felizes ou infelizes conforme o mundo que habitam seja mais ou menos adiantado.

1012. a) De acordo com isso, o inferno e o paraíso não existiriam da forma que o homem os representa?

– Eles nada mais são do que figuras: por toda parte há Espíritos felizes e infelizes. No entanto, como também já o dissemos, os Espíritos da mesma ordem se reúnem por simpatia; mas podem reunir-se onde quiserem, quando são perfeitos.

A localização absoluta das regiões de penas e recompensas só existe na imaginação do homem. Provém de sua tendência a *materializar e circunscrever* as coisas cuja essência infinita não lhe é possível compreender.

1013. O que se deve entender por *purgatório*?

– Dores físicas e morais: o tempo da expiação. Quase sempre é na própria Terra que vós mesmos fazeis vosso purgatório, e que Deus vos faz expiar todos os vossos erros.

O que o homem chama de *purgatório* é realmente uma figura, pela qual se deve entender não um local determinado, mas o estado dos Espíritos imperfeitos, que estão em expiação até alcançar a purificação completa, que os elevará ao nível dos Espíritos felizes. Como essa purificação se opera em diversas encarnações, o purgatório consiste nas provas da vida corporal.

1014. Como se explica que Espíritos cuja superioridade se revela por sua linguagem tenham respondido a pessoas tão sérias a respeito do inferno e do purgatório segundo a ideia vulgar que deles se tem?

– Eles falam uma linguagem que possa ser compreendida pelas pessoas que os interrogam. Quando essas pessoas estão imbuídas de certas ideias, eles procuram não contrariá-las muito bruscamente, para não ferir suas convicções. Se um Espírito dissesse a um muçulmano, sem precauções oratórias, que Maomé não foi um profeta, seria muito mal recebido.

1014. a) Compreende-se que possa ser assim por parte de Espíritos que querem instruir-nos. Mas como se explica que Espíritos interrogados a respeito de sua situação tenham respondido que sofriam as torturas do inferno ou do purgatório?

– Quando são inferiores, e não completamente desmaterializados, conservam uma parte de suas ideias terrenas, e expressam suas impressões pelos termos que lhes são familiares. Encontram-se num meio que só lhes permite sondar parcialmente o futuro, e é isso que faz com que Espíritos errantes, ou *recém-desencarnados, frequentemente falem como se estivessem vivos. Inferno pode traduzir-se por uma vida de provações extremamente penosas, com a incerteza de uma melhora. Purgatório, por uma vida também de provações, mas com a consciência de um futuro melhor. Quando sentes uma grande dor, não dizes que sofres como um condenado? São apenas palavras, sempre em sentido figurado.*

1015. O que se deve entender por *alma penada*?

– Uma alma errante e sofredora, incerta de seu futuro, e para a qual podeis proporcionar um alívio que ela muitas vezes solicita ao vir comunicar-se convosco. (Ver tópico 664.)

1016. Em que sentido se deve entender a palavra *céu*?

– Crês que seja um lugar como os Campos Elíseos dos antigos, onde todos os bons Espíritos estão aglomerados sem nenhuma ordem, e sem outra preocupação que não seja desfrutar uma felicidade passiva por toda a Eternidade? Não. É o espaço universal, os planetas, as estrelas e todos os mundos superiores, onde os Espíritos gozam de todas as suas faculdades, sem as tribulações da vida material, nem as angústias inerentes à inferioridade.

1017. O que os Espíritos que disseram habitar o quarto, quinto céu etc., queriam dizer com isso?

– Vós lhes perguntais qual céu eles habitam porque tendes a ideia de haver diversos céus situados como os andares de uma casa. Então os Espíritos vos respondem de acordo com a vossa linguagem. Mas, para eles, essas palavras, quarto, quinto céu, exprimem diferentes graus de purificação, e, consequentemente, de felicidade. É exatamente a mesma coisa quando se pergunta a um Espírito se ele está no inferno; se está infeliz, dirá que sim, porque, para ele, inferno é sinônimo de sofrimento. Mas ele sabe muito bem que não está nas chamas. Um pagão diria estar no Tártaro.

O mesmo acontece com outras expressões análogas, tais como: *cidade das flores, cidade dos eleitos, primeira, segunda* ou *terceira esfera* etc., que são apenas alegorias empregadas por alguns Espíritos como figuras, ou, algumas vezes, por ignorância da realidade das coisas – mesmo das mais simples noções científicas.

Segundo a ideia restrita que outrora se fazia dos lugares das penas e recompensas, e sobretudo segundo a opinião de que a Terra era o centro do Universo, que o céu formava uma abóboda, e que havia uma região de estrelas, colocava-se *o céu no alto e o inferno embaixo*. Disso resultam as expressões: subir ao céu, estar no mais alto dos céus, ser atirado ao inferno. Hoje, tendo a Ciência demonstrado que a Terra é somente um dos pequenos mundos, sem importância especial entre tantos milhões de outros, e tendo traçado a história de sua formação e descrevendo sua constituição, ela provou que o espaço é infinito, que não há nem alto nem baixo no Universo, e tornou-se necessário renunciar à ideia de colocar o céu acima das nuvens e o inferno nas profundezas. Quanto ao purgatório, nenhum lugar lhe foi designado. Estava reservado ao Espiritismo dar à humanidade a explicação mais racional, mais grandiosa, e, ao mesmo tempo, mais consoladora sobre todas essas coisas. Assim, pode-se dizer que trazemos conosco nosso inferno e nosso paraíso: nosso purgatório, encontramos na encarnação, em nossas vidas corporais ou físicas.

1018. Em que sentido se deve entender as seguintes palavras do Cristo: "Meu reino não é deste mundo"?

– *Respondendo assim, o Cristo falava em sentido figurado. Queria dizer que só reina sobre os corações puros e desinteressados. Ele está em todo lugar em que o amor ao bem domine. Mas os homens ávidos pelas coisas deste mundo e presos aos bens da Terra não estão com ele.*

1019. O reino do bem jamais poderá acontecer na Terra?

– *O bem reinará na Terra quando, entre os Espíritos que vierem habitá-la, os bons prevalecerem sobre os maus. Então farão reinar o amor e a justiça, fonte do bem e da felicidade. É pelo progresso moral e pela prática das leis de Deus que o homem atrairá para a Terra os bons Espíritos, e afastará os maus. Mas os maus só a deixarão quando o homem tiver banido dela o orgulho e o egoísmo.*

A transformação da humanidade foi predita, e vós já tocais o momento que todos os homens que auxiliam o progresso estão tornando cada vez mais próximo. Ela se realizará através da encarnação de Espíritos melhores, que constituirão uma nova geração sobre a Terra. Então os Espíritos dos maus, que a morte ceifa a cada dia, e de todos os que tentam deter o ritmo das coisas, serão excluídos da Terra, pois ficariam deslocados entre homens de bem, cuja felicidade perturbariam. Eles irão para mundos novos, menos adiantados, cumprir missões penosas, onde poderão trabalhar para seu próprio adiantamento e, ao mesmo tempo, para o adiantamento de seus irmãos ainda mais atrasados. Não vedes, nessa exclusão da Terra transformada, a sublime figura do Paraíso perdido? E, no homem que veio à Terra em condições semelhantes, trazendo consigo o germe de suas paixões e os traços de sua inferioridade primitiva, a figura não menos sublime do pecado original? Considerado sob esse ponto de vista, o pecado original está ligado à natureza ainda imperfeita do homem que, por essa razão, só é responsável por si mesmo e por suas próprias faltas, e não pelas de seus pais.

Todos vós, homens de fé e de boa vontade, trabalhai, então, com zelo e coragem na grande obra de regeneração, pois colhereis cem vezes mais os grãos que tiverdes semeado. Infelizes dos que fecham os olhos à luz, pois preparam para si longos séculos de trevas e decepções. Infelizes dos que concentram todas as suas alegrias nos bens desse mundo, pois enfrentarão mais privações do que os gozos que tiverem. Infelizes sobretudo os egoístas, pois não encontrarão ninguém para ajudá-los a carregar o fardo de suas misérias.

São Luís

Conclusão

I

Aquele que, do magnetismo terrestre, só conhecesse o jogo dos patinhos imantados que se manuseia na água de uma bacia, dificilmente poderia compreender que esse brinquedo esconde o segredo do mecanismo do Universo e do movimento dos mundos. O mesmo vale para aquele que só conhece do Espiritismo o movimento das mesas. Ele vê nisso apenas uma diversão, um passatempo social, e não compreende que esse fenômeno tão simples e vulgar, conhecido desde a Antiguidade, e inclusive por povos semi-selvagens, possa estar ligado às mais sérias questões de ordem social. Para o observador superficial, de fato, que relação uma mesa que gira pode ter com a moral e o futuro da humanidade? Mas quem quiser refletir, lembrará que, da simples panela que também ferveu por toda a Antiguidade surgiu o poderoso motor com o qual o homem percorre o espaço e suprime distâncias. Pois bem! Vós, que não acreditais em nada fora do mundo material, sabei que, dessa mesa que gira e provoca vossos sorrisos desdenhosos, surgiu toda uma Ciência, assim como a solução de problemas que nenhuma filosofia tinha até então conseguido resolver. Eu apelo a todos os adversários de boa-fé, e suplico que digam se deram-se ao trabalho de estudar o que criticam, pois, de acordo com a lógica, a crítica só tem valor quando o crítico é conhecedor daquilo de que fala. Zombar de algo que não se conhece, que não se sondou com o escalpelo do observador conscientioso, não é criticar, é confirmar sua leviandade e passar uma pobre imagem de seu próprio critério. Certamente, se tivéssemos apresentado essa filosofia como obra de um cérebro humano, teria encontrado menos desprezo, e teria merecido a honra de ser examinada por aqueles que pretendem dirigir a opinião. Mas ela vem dos Espíritos. Que absurdo! Mal merece um simples olhar.

Julgam-na pelo título, como o macaco da fábula julgou a noz pela casca*. Se quiserdes, fazei abstração de sua origem: suponde que este livro seja obra de um homem, e dizei, em vosso íntimo e em vossa consciência, após o terem lido seriamente, se nele encontrastes motivo de zombaria.

II

O Espiritismo é o mais temível antagonista do materialismo. Por isso, não é de se espantar que tenha os materialistas como adversários. Porém, como o materialismo é uma doutrina que mal se ousa assumir (prova de que aqueles que a professam não se acham fortes o bastante e de que são dominados por sua consciência), ele se cobre com o manto da razão e da Ciência. Os mais céticos – coisa singular – falam inclusive em nome da religião, que não conhecem nem compreendem melhor que o Espiritismo. Seu alvo é sobretudo o *maravilhoso* e o *sobrenatural*, que não admitem. Ora, segundo eles, o Espiritismo, sendo baseado no maravilhoso, não passa de uma suposição ridícula. Seu raciocínio só se faz atacando, sem restrição, o maravilhoso e o sobrenatural, atacando também a religião. De fato, a religião é fundada na revelação e nos milagres. Ora, o que é a revelação senão comunicações extra-humanas? Todos os autores sagrados, desde Moisés, têm falado dessas formas de comunicações. O que são os milagres senão fatos maravilhosos e sobrenaturais por excelência, visto que, no sentido litúrgico, constituem derrogações às leis da Natureza? Portanto, ao rejeitar o maravilhoso e o sobrenatural, rejeitam as próprias bases da religião. Mas não é sob esse ponto de vista que devemos encarar o assunto.

Não cabe ao Espiritismo examinar se há ou não milagres, isto é, se Deus pôde, em alguns casos, derrogar as leis eternas que regem o Universo. O Espiritismo deixa, a esse respeito, toda liberdade à crença. Ele diz e prova que os fenômenos sobre os quais se apoia de sobrenatural só têm a aparência. Esses fenômenos só não parecem naturais aos olhos de certas pessoas pelo fato de serem insólitos e por estarem fora dos fatos conhecidos. Mas não são mais sobrenaturais que todos os fenômenos de que a Ciência atualmente dá a solução, e que pareciam maravilhosos numa outra época. Todos os fenômenos espíritas, *sem exceção*, são consequência de leis gerais. Revelam-nos uma das forças da Natureza, força desconhecida, ou, melhor dizendo, incompreendida até aqui, mas que a observação demonstra estar na ordem das coisas.

Portanto, o Espiritismo repousa menos no maravilhoso e no sobrenatural do que a própria religião. Aqueles que o atacam sob esse aspecto fazem-no porque não o conhecem, e, se fossem mais sábios, diríamos: se vossa Ciência, que vos ensinou tantas coisas, não vos ensinou que o domínio da Natureza é infinito, sois apenas meio sábios.

(*) Encontra-se esse episódio numa fábula de La Fontaine, "O macaco e o gato".

III

Dizeis que desejais curar vosso século de uma mania que ameaça invadir o mundo. Gostaríeis que o mundo fosse invadido pela incredulidade que procurais propagar? Não é à ausência de toda crença que se deve atribuir o enfraquecimento dos laços de família e a maior parte das desordens que minam a sociedade? Demonstrando a existência e a imortalidade da alma, o Espiritismo revigora a fé no futuro, devolve a coragem abatida e ajuda a suportar com resignação as vicissitudes da vida. Ousaríeis chamar a isso um mal? Duas doutrinas se defrontam: uma que nega o futuro, outra que o proclama e o prova; uma que nada explica, outra que explica tudo, e que, por isso mesmo, se dirige à razão; uma é a sanção do egoísmo, a outra oferece uma base à justiça, à caridade e ao amor aos semelhantes; a primeira só mostra o presente e aniquila toda a esperança, a segunda consola e mostra o vasto campo do futuro. Qual é a mais perniciosa?

Certas pessoas, e entre elas as mais céticas, fazem-se de apóstolos da fraternidade e do progresso. Mas a fraternidade pressupõe o desinteresse e a abnegação da personalidade. Para a verdadeira fraternidade, o orgulho é uma anomalia. Com que direito impondes um sacrifício a quem vós dizeis que, com a morte, tudo lhe acabará, e que amanhã talvez ele nada mais seja que uma velha máquina desmantelada e deixada de lado? Que razão terá essa pessoa para impor-se uma privação qualquer? Não é mais natural que, durante os breves instantes que lhe concedeis, ele procure viver da melhor forma possível? Disso decorre o desejo de possuir muito, para melhor usufruir; desse desejo nasce a inveja contra os que possuem mais, e dessa inveja à vontade de apoderar-se do que outros possuem, é só um passo. O que o impede? A lei? Mas a lei não abrange todos os casos. Direis que é a consciência, o sentimento do dever? Mas em que baseais o sentimento do dever? Esse sentimento tem razão de ser na crença de que tudo acaba com a vida? Com essa crença, uma única máxima é racional: cada um por si. As ideias de fraternidade, de consciência, de dever, de humanidade e mesmo a de progresso são apenas palavras vãs.

Oh! Vós que proclamais semelhantes doutrinas não sabeis o mal que fazeis à sociedade, nem de quantos crimes assumis a responsabilidade! Mas por que estou falando de responsabilidade? Para o cético, isso não existe, pois ele só rende homenagem à matéria.

IV

O progresso da humanidade tem seu princípio na aplicação da lei de justiça, amor e caridade; e essa lei é fundada na certeza do futuro. Tirai essa certeza, e tirareis da humanidade sua pedra fundamental. Dessa lei derivam todas as outras, pois ela engloba todas as condições para a felicidade do homem. Somente essa lei pode curar as chagas da sociedade. E o homem pode julgar, comparando as eras e os *povos*, o quanto sua condição melhora à medida que essa lei é bem compreendida e melhor praticada. Se uma aplicação parcial e incompleta produz um bem real, o que será, então, quando se tiver feito dela a base de todas as instituições sociais! Isso é possível? Sim, pois uma vez que se deu dez passos, pode dar vinte, e assim por diante. Portanto, pode-se imaginar o futuro a partir do passado. Já vemos as antipatias entre os povos extinguirem-se pouco a pouco; as barreiras que os separavam são derrubadas ante a civilização. Eles se dão as mãos de um extremo a outro do mundo; uma justiça maior preside à elaboração das leis internacionais; as guerras se tornam cada vez mais raras, e não mais excluem os sentimentos de humanidade. A uniformidade se estabelece nas relações; as distinções de raças e castas se apagam, e homens de crenças diferentes fazem calar os preconceitos sectários para juntarem-se na adoração de um Deus único. Falamos de povos que marcham à frente da civilização (ver tópicos 789-793). Sob todos esses aspectos, ainda se está longe da perfeição, e ainda há muitas velhas ruínas a abater até que tenham desaparecido os últimos vestígios da barbárie. Mas essas ruínas poderão sustentar-se contra a força irresistível do progresso, contra essa força viva que é, em si mesma, uma lei da Natureza? Se a geração presente é mais adiantada que a geração passada, por que aquela que nos sucederá não será mais adiantada que a nossa? Ela o será, pela força das coisas. Primeiramente porque, com as gerações, extinguem-se a cada dia alguns campeões dos velhos abusos, e, assim a sociedade vai-se formando, pouco a pouco, de novos elementos, livres dos velhos preconceitos. Em segundo lugar porque o homem, desejando o progresso, estuda os obstáculos e se empenha em eliminá-los. Tão logo o movimento progressivo se torne incontestável, o progresso que está por vir não poderá ser posto em dúvida. O homem quer ser feliz, está em sua natureza. Ora, ele só busca o progresso para aumentar a soma de sua felicidade, e, se assim não fosse, o progresso não teria razão de ser. Onde estaria o progresso, para ele, se não tivesse por finalidade melhorar sua posição?

 Mas quando conseguir a soma dos prazeres que o progresso intelectual pode gerar, ele se dará conta de que não tem a felicidade completa. Reconhecerá que essa felicidade é impossível sem a segurança das relações sociais; e essa segurança só pode ser encontrada pelo progresso moral. Portanto, pela força das coisas, ele próprio estimulará o progresso nessa direção, e o Espiritismo lhe oferecerá a mais poderosa alavanca para alcançar tal objetivo. *

---

*   Ver nota explicativa na página 343

V

Os que dizem que as crenças espíritas ameaçam invadir o mundo, proclamam, por isso mesmo, sua força, pois uma ideia sem fundamento e desprovida de lógica não poderia tornar-se universal. Portanto, se o Espiritismo é implantado em toda parte, atingindo sobretudo as classes esclarecidas, de forma que todos o aceitem, é porque existe nele um fundo de verdade. Contra essa tendência serão inúteis todos os esforços de seus detratores, e a prova disso é que o próprio ridículo a que tentaram expor o Espiritismo, em vez de deter seu impulso, parece ter-lhe dado novo vigor. Esse resultado justifica plenamente o que os Espíritos tantas vezes nos disseram: "Não vos inquieteis com a oposição; tudo o que fizerem contra vós, voltará em vosso favor, e *vossos maiores adversários defenderão vossa causa sem o querer*. Contra a vontade de Deus, não poderia prevalecer a má vontade dos homens".

Por meio do Espiritismo, a humanidade deve entrar numa nova fase, a do progresso moral, que é sua inevitável consequência. Portanto, não mais vos espanteis com a rapidez com que as ideias espíritas se propagam. A causa disso está na satisfação que proporcionam a todos os que nelas se aprofundam, e que nelas veem muito mais do que um passatempo fútil. Ora, como se quer a felicidade, antes de tudo, nada há de surpreendente no fato de que as pessoas se prendam a uma ideia que as faça feliz.

O desenvolvimento dessas ideias apresenta três períodos distintos: o primeiro é o da curiosidade provocada pela estranheza dos fenômenos que são produzidos; o segundo é o do raciocínio e da filosofia; o terceiro, o da aplicação e das consequências. O período da curiosidade já passou, pois dura apenas um certo tempo: uma vez satisfeita, abandona-se seu objeto para passar a um outro. Não ocorre o mesmo àquele que se dedica ao pensamento sério e à reflexão. O segundo período já começou, e o terceiro inevitavelmente virá. O Espiritismo progrediu sobretudo depois que foi melhor compreendido em sua essência, depois que as pessoas se deram conta do seu alcance, pois ele toca no ponto mais sensível do homem: a sua felicidade, mesmo neste mundo. Esta é a causa de sua propagação, o segredo da força que o fará triunfar. Ele torna felizes aqueles que o compreendem, esperando que sua influência se estenda às massas. Mesmo aquele que nunca testemunhou qualquer fenômeno material de manifestações pensa: "Muito além dos fenômenos, há a filosofia. E essa filosofia me explica o que *nenhuma* outra me havia explicado. Nela encontro, simplesmente pelo raciocínio, uma demonstração *racional* dos problemas da maior importância para o meu futuro. Ela me proporciona calma, segurança e confiança, livra-me do tormento da incerteza: ao lado disso, a questão dos fatos materiais torna-se uma questão secundária".

Todos vós que atacais o Espiritismo, quereis um meio de combatê-lo com sucesso? Ei-lo aqui. Substituí-o por algo melhor; indicai uma solução *mais filosófica* para todas as questões que ele resolve; dai ao homem *outra certeza* que o faça mais feliz, mas compreendei bem o alcance dessa palavra *certeza*, pois o homem só aceita como *certo* o que lhe parece *lógico*. Não vos contenteis em dizer que isso não existe, pois é muito fácil negar. Provai, não por negação, mas por fatos, que isso não existe, nunca existiu e nem *pode* existir. Se isso não existe, então dizei o que existiria em seu lugar. Enfim, provai que as consequências do Espiritismo não tornam os homens melhores, e portanto mais felizes, pela prática da mais pura moral evangélica, moral que muito se louva, mas muito pouco se pratica. Quando tiverdes feito isso, tereis o direito de atacar o Espiritismo. Ele é forte porque se apoia nas bases da própria religião: Deus, a alma, as penas e as recompensas futuras; e sobretudo porque mostra essas penas e recompensas como consequências naturais da vida terrena, e, no quadro que oferece do futuro, nada pode ser desmentido pela mais exigente razão. Vós, cuja doutrina consiste inteiramente na negação do futuro, que compensações ofereceis para os sofrimentos terrenos? Vós vos apoiais na incredulidade, o Espiritismo se apoia na confiança em Deus. Enquanto ele convida os homens à felicidade, à esperança, à verdadeira fraternidade, vós lhe ofereceis o *nada* como perspectiva, e o *egoísmo* como consolação. O Espiritismo explica tudo, vós não explicais nada; ele prova por meio de fatos, vós nada provais. Como quereis que se hesite entre as duas doutrinas?

VI

Acreditar que o Espiritismo busca sua força na prática de manifestações materiais e que, obstruindo essas manifestações, fosse possível miná-lo em sua base, seria fazer uma ideia bem falsa dessa doutrina. Sua força está em sua filosofia, no apelo que faz à razão, no bom senso. Na Antiguidade, o Espiritismo era objeto de estudos misteriosos, cuidadosamente escondidos do vulgo. Hoje, ele não tem segredos para ninguém, usa uma linguagem clara e sem ambiguidade; não há nele nada de místico, nada de alegorias suscetíveis a falsas interpretações: o Espiritismo quer ser compreendido por todos, pois é chegado o momento de fazer com que os homens conheçam a verdade. Longe de opor-se à difusão do esclarecimento, ele o quer para todos. O Espiritismo não reivindica uma crença cega, quer que se saiba por que se crê. Apoiando-se na razão, será sempre mais forte do que aqueles que se apoiam no nada.

Os empecilhos que se tentasse colocar à liberdade das manifestações poderiam sufocá-las? Não, pois produziriam o efeito de todas as perseguições: o de estimular a curiosidade e o desejo de se conhecer o que foi proibido. Por outro lado, se as manifestações espíritas fossem privilégio de um único homem, ninguém duvida que, pondo esse homem de lado, pôr-se-ia um fim às manifestações. Infelizmente, para os adversários, as manifestações estão à disposição de todos, e delas se servem tanto o menor como o maior, desde o palácio até a choupana. Pode-se proibir seu exercício público, mas sabe-se perfeitamente que não é em público que melhor se produzem, e sim na intimidade. Ora, como qualquer um pode ser médium, o que pode impedir que uma família no seu lar, um indivíduo no silêncio de seu escritório, ou o prisioneiro atrás das grades entrem em comunicação com os Espíritos, à revelia e até mesmo na frente de seus perseguidores? Se são proibidas num país, poderão ser impedidas nos países vizinhos, no mundo inteiro, uma vez que não há lugar, nos dois hemisférios, em que não haja médiuns? Para encarcerar todos os médiuns seria preciso encarcerar metade da espécie humana. Mesmo vindo a se queimar todos os livros espíritas – o que não seria tão fácil –, no dia seguinte estariam novamente reimpressos, porque sua fonte é inatacável, e porque não se pode encarcerar nem queimar os Espíritos, os verdadeiros autores.

O Espiritismo não é obra de um homem. Ninguém pode dizer que é seu criador, pois ele é tão antigo quanto a Criação. Encontra-se por toda parte, em todas as religiões, e principalmente na religião Católica, e aí com mais autoridade que em todas as outras, pois nela se encontra o princípio de tudo: os Espíritos em todos os graus de elevação, suas relações ocultas e ostensivas com os homens, os anjos guardiães, a reencarnação, a emancipação da alma durante a vida, a segunda vista, as visões, as manifestações de todo tipo, as aparições, e mesmo as aparições tangíveis. Quanto aos demônios, não passam de Espíritos maus, e, salvo a crença de que os primeiros são perpetuamente devotados ao mal, enquanto a via do progresso não é proibida aos outros, não há entre eles nada mais do que diferença de nomenclatura.

O que faz a moderna Ciência Espírita? Reúne em um só corpo o que estava disperso. Explica com termos apropriados o que era dito em linguagem alegórica; suprime o que a superstição e a ignorância criaram, para deixar somente o que é real e positivo: eis o seu papel. Mas o papel de fundadora não lhe pertence. A moderna Doutrina Espírita mostra o que existe, coordena, mas não cria nada, pois suas bases sempre existiram, em todos os tempos e em todos os lugares. Portanto, quem ousaria achar-se forte o bastante para sufocá-la com os sarcasmos e mesmo com a perseguição? Se a proscrevem de um lado, renascerá em outros lugares, num mesmo terreno de que tenha sido banida, pois está na Natureza, e não cabe ao homem exterminar uma força da Natureza nem colocar seu *veto* aos decretos de Deus.

Além disso, que interesse haveria em impedir a propagação das ideias espíritas? Essas ideias, é bem verdade, levantam-se contra os abusos que nascem do orgulho e do egoísmo. Mas esses abusos, de que alguns se aproveitam, prejudicam a massa. Portanto, o Espiritismo terá as massas do seu lado, e por adversários sérios apenas os que têm interesse em manter esses abusos. Por sua influência, as ideias espíritas tornam os homens melhores uns para com os outros, menos ávidos de interesses materiais e mais resignados aos decretos da Providência, sendo um testemunho de ordem e de tranquilidade.

VII

O Espiritismo se apresenta sob três aspectos diferentes: o aspecto das manifestações, o dos princípios de filosofia e de moral que delas decorrem e o da aplicação desses princípios. Daí há três classes, ou melhor, três graus entre os adeptos: 1º) os que acreditam nas manifestações e limitam-se a constatá-las: para eles, trata-se de uma ciência de experimentação; 2º) aqueles que compreendem suas consequências morais; 3º) os que praticam ou se esforçam para praticar essa moral. Seja qual for o ponto de vista, científico ou moral, sob o qual se considere esses estranhos fenômenos, todos compreendem que se trata de toda uma nova ordem de ideias que surge, e cujas consequências não podem deixar de ser uma profunda modificação no estado da humanidade, e todos também compreendem que essa modificação só pode ocorrer no sentido do bem.

Quanto aos adversários, pode-se também classificá-los em três categorias: 1º) os que negam sistematicamente, e sem conhecimento de causa, tudo o que é novo ou que não foi criado por eles. A essa classe pertencem todos os que nada admitem fora do que possa ser testemunhado pelos sentidos; eles nada viram, nada querem ver e menos ainda se aprofundar. Até se aborreceriam, se vissem mais claramente, com receio de serem forçados a convir que não têm razão. Para eles, o Espiritismo é uma quimera, uma loucura, uma utopia, algo que não existe: isso já foi dito. São os previamente incrédulos. Ao lado deles, pode-se colocar os que se dignaram a dar uma olhada por desencargo de consciência, para poder dizer: "Eu quis ver e nada vi". Estes não compreendem que seja necessário muito mais do que meia hora para se dar conta de toda uma Ciência; 2º) os que, sabendo muito bem em que se apoiar quanto à realidade dos fatos, mesmo assim os combatem por motivos de interesse pessoal. Para estes, o Espiritismo existe, mas eles temem suas consequências, atacando-o como a um inimigo; 3º) os que encontram na moral espírita uma censura muito severa aos seus atos ou tendências. O Espiritismo, seguido seriamente, iria atrapalhá-los. Não o rejeitam nem aprovam: preferem fechar os olhos. Os primeiros são movidos pelo orgulho e pela presunção; os segundos pela ambição; os terceiros pelo egoísmo. Concebe-se que essas causas de oposição, nada tendo de sólido, devem desaparecer com o tempo, pois em vão procuraríamos uma quarta classe de antagonistas, a dos que se apoiassem em patentes provas contrárias, atestando um estudo consciencioso e laborioso da questão. Uma vez que todos opõem apenas a negação, nenhum apresenta uma demonstração séria e irrefutável.

Seria presumir demais da natureza humana acreditar que ela pudesse transformar-se subitamente pelas ideias espíritas. Sua ação seguramente não é nem a mesma nem do mesmo grau em todos aqueles que a professam. Mas seja qual for o resultado, por menor que seja, representa sempre uma melhora. Mesmo que fosse somente o de fornecer a prova da existência de um mundo extracorporal, o que implica a negação das doutrinas materialistas. Isso deriva da observação dos fatos. Mas para aqueles que compreendem o Espiritismo filosófico, vendo nele algo além de fenômenos mais ou menos curiosos, os efeitos são outros. O primeiro e o mais genérico é o de desenvolver o sentimento religioso naquele que, mesmo não sendo materialista, é indiferente às questões espirituais. Daí surge nele o desprezo pela morte; não dizemos o desejo da morte – longe disso, pois o espírita defenderá sua vida como qualquer outro –, mas uma indiferença que o faz aceitar, sem queixa nem lamento, a morte inevitável como uma coisa antes venturosa que temível, pela certeza do estado que a sucede. O segundo efeito, quase tão genérico quanto o primeiro, é a resignação face às vicissitudes da vida. O Espiritismo faz ver as coisas de tão alto que a vida terrena perde três quartos de sua importância, e deixa-se de ser tão afetado pelas tribulações que a acompanham: disso resulta mais coragem diante das aflições, mais moderação nos desejos. Também afasta a ideia de abreviar os seus dias, pois a Ciência Espírita ensina que, com o suicídio, sempre se perde o que se queria ganhar. A certeza de um futuro cuja felicidade depende de nós mesmos e a possibilidade de estabelecer relações com seres queridos oferecem ao espírita uma consolação suprema. Seu horizonte se amplia até o infinito pelo incessante espetáculo que ele tem da vida além-túmulo, cujas misteriosas profundidades lhe é facultado sondar. O terceiro efeito é o de estimular a indulgência para com os defeitos alheios. Porém, é preciso ressaltar que o princípio egoísta e tudo o que dele decorre é o que há de mais tenaz no homem e, por consequência, o mais difícil de desenraizar. Fazem-se voluntariamente sacrifícios, contanto que nada custem, e, sobretudo, que de nada nos privem. O dinheiro ainda exerce sobre a maioria das pessoas uma atração irresistível, e bem poucos compreendem a palavra *supérfluo* quando se trata de sua pessoa. A abnegação da personalidade é o sinal mais eminente do progresso.

VIII

Os Espíritos, perguntam alguns, nos ensinam uma nova moral, algo superior ao que Cristo disse? Se a moral espírita é a mesma que a do Evangelho, para que o Espiritismo? Esse raciocínio assemelha-se singularmente ao do califa Omar, falando da biblioteca de Alexandria: "Se ela não contém mais – dizia ele – do que há no Alcorão, é inútil e, portanto, deve ser queimada. Se encerra algo mais, é má, e portanto também é preciso queimá-la". Não, o Espiritismo não traz uma moral diferente da de Jesus. Mas perguntamos, por nossa vez, se antes do Cristo os homens não tinham a lei dada por Deus a Moisés? Sua doutrina não se encontra no Decálogo? E por isso dir-se-á que a moral de Jesus era inútil? Perguntaremos ainda àqueles que negam a utilidade da moral espírita: por que a do Cristo é tão pouco praticada, e por que as mesmas pessoas que proclamam com razão a sua sublimidade são as primeiras a violar a primeira de suas leis, *a Caridade universal*? Os Espíritos vêm não somente confirmá-la, mas mostrar sua utilidade prática; tornam inteligíveis e patentes verdades que só haviam sido ensinadas sob a forma alegórica. E, ao lado da moral, vêm definir os problemas mais abstratos da Psicologia.

    Jesus veio mostrar aos homens o caminho do verdadeiro bem. Por que Deus, que o tinha enviado para lembrar sua lei ignorada, não enviaria hoje os Espíritos para lembrá-la novamente, com mais precisão, quando os homens a esquecem para sacrificar tudo ao orgulho e à cobiça? Quem ousaria impor limites ao poder de Deus e traçar os seus caminhos? Quem diz que, como afirmam os Espíritos, os tempos preditos não são chegados, e que não alcançamos os tempos em que as verdades mal compreendidas ou falsamente interpretadas devem ser ostensivamente reveladas ao gênero humano para acelerar seu desenvolvimento? Não há algo de providencial nessas manifestações, que se produzem simultaneamente em todos os pontos do Globo? Não é um único homem, um profeta que vem nos advertir – a luz resplandece em toda parte. É todo um novo mundo que se descortina diante de nossos olhos. Assim como a invenção do microscópio nos revelou o mundo dos infinitamente pequenos, que sequer suspeitávamos; assim como o telescópio nos fez descobrir os milhares de mundos que também não imaginávamos existir, as comunicações espíritas revelam o mundo invisível que nos cerca e nos envolve sem cessar, e que toma parte, à nossa revelia, em tudo o que fazemos. Dentro em breve a existência desse mundo, que nos espera, será tão incontestável quanto a do mundo microscópico e a dos globos perdidos no espaço. Assim, de nada valerá terem nos levado a conhecer todo um mundo; nos haverem iniciado nos mistérios da vida de além-túmulo? É verdade que essas descobertas, se assim podemos chamar, contrariam um pouco certas ideias estabelecidas. Mas todas as grandes descobertas científicas igualmente não modificaram, e até mesmo derrubaram, as ideias até então mais acreditadas? E não foi preciso que nosso amor-próprio se curvasse diante da evidência? O mesmo acontecerá em relação ao Espiritismo, que dentro em breve terá o merecido reconhecimento entre os saberes humanos.

    As comunicações com os seres de além-túmulo tiveram por resultado fazer-nos compreender a vida futura, fazer-nos vê-la, iniciar-nos nas penas e nos prazeres que nos esperam, conforme os nossos méritos, e, por isso mesmo, trazer para o *espiritualismo* aqueles que só viam em nós a matéria, a máquina orgânica. Também tivemos razão em dizer que o Espiritismo exterminou o materialismo por meio dos fatos. Tivesse produzido apenas esse resultado e a ordem social lhe deveria reconhecimento. Mas ele faz mais: mostra os efeitos inevitáveis do mal e, por consequência, a necessidade do bem. O número de pessoas que o Espiritismo conduziu a sentimentos melhores, neutralizando as más tendências e desviando-as do mal, é maior do que se imagina, e aumenta todos os dias. É porque, para eles, o futuro não mais é vago; não é mais uma simples esperança, é uma verdade que se compreende e explica quando se vê e se *ouve* aqueles que nos deixaram lamentarem-se ou se alegrarem pelo que fizeram na Terra. Quem quer que testemunhe isso põe-se a refletir e sente a necessidade de conhecer a si mesmo, de julgar-se e corrigir-se.

IX

Os adversários do Espiritismo não deixaram de usar contra ele algumas divergências de opinião sobre certos pontos da Doutrina. Não é de se espantar que, no início de uma Ciência, quando as observações ainda são incompletas, e cada um a encara sob seu ponto de vista, sistemas contraditórios tenham aparecido. Mas já três quartos desses sistemas estão ultrapassados, diante de estudos mais aprofundados, a começar por aquele que atribuía todas as comunicações ao Espírito do mal, como se fosse impossível para Deus enviar bons Espíritos até o homem: doutrina absurda, uma vez que é desmentida pelos fatos; ímpia, porque é a negação do poder e da bondade do Criador. Os Espíritos sempre nos disseram que não nos inquietássemos com essas divergências e que a unidade se estabeleceria: ora, a unidade já está acontecendo sobre a maior parte dos pontos, e as divergências tendem a desaparecer a cada dia. A esta questão: "Esperando que a unidade se faça, em que o homem imparcial e desinteressado pode basear-se para formular um julgamento?", eis a resposta:

"A mais pura luz não é obscurecida por nenhuma nuvem; o diamante sem manchas é o de maior valor. Julgai pois os Espíritos pela pureza de seus ensinamentos. Não vos esqueçais que entre os Espíritos há aqueles que ainda mantêm as ideias da vida terrena. Sabei distingui-los pela linguagem, julgando-os pelo conjunto do que dizem. Vede se há encadeamento lógico em suas ideias; se nada revela ignorância, orgulho ou maldade. Numa palavra, verificai se suas palavras são sempre marcadas pelo selo de sabedoria que revela a verdadeira superioridade. Se vosso mundo fosse inacessível ao erro, seria perfeito, mas está longe disso. Ainda tendes de aprender a distinguir o erro da verdade. Precisais das lições da experiência para exercer vosso julgamento e fazer-vos avançar. A unidade acontecerá no lado em que o bem nunca esteve misturado ao mal. É desse lado que os homens se aliarão pela força das circunstâncias, pois julgarão que aí está a verdade.

"Aliás, que importam algumas dissidências, que estão mais na forma que no fundo! Reparai que os princípios fundamentais são os mesmos em toda parte, e deverão unir-vos num pensamento comum: o amor de Deus e a prática do bem. Seja qual for o modo de progressão que se imagina ou as condições normais de existência futura, o objetivo final é um só: fazer o bem. Ora, não há duas maneiras de fazê-lo."

Se, entre os adeptos do Espiritismo, há os que diferem de opinião quanto a alguns pontos da teoria, todos concordam quanto aos pontos fundamentais.

Portanto, há unidade, a não ser da parte daqueles, em número bem restrito, que ainda não admitem a intervenção dos Espíritos nas manifestações, atribuindo-as ou a causas puramente físicas, o que é contrário ao axioma *todo efeito inteligente deve ter uma causa inteligente*, ou ao reflexo de nosso próprio pensamento, o que é desmentido pelos fatos. Os demais pontos são apenas secundários, e em nada comprometem as bases fundamentais. Portanto, podem existir escolas que procuram esclarecer as partes ainda controversas da Ciência; mas não deve haver seitas rivais umas das outras. Só deveria haver antagonismo entre os que querem o bem e os que fizessem ou desejassem o mal. Ora, não há – e isto não admite contradita – um espírita sincero e compenetrado nas grandes máximas morais ensinadas pelos Espíritos que possa querer o mal, ou desejar o mal ao próximo. Se uma dessas escolas estiver errada, a luz, cedo ou tarde, ser-lhe-á feita, se ela a buscar de boa-fé e sem preconceito. Esperando por isso, todas ainda têm um laço comum que deve uni-las num mesmo pensamento; todas têm um mesmo objetivo, pouco importando o caminho, desde que esse caminho conduza à meta. Ninguém deve impor-se pelo constrangimento material ou moral, pois estaria num falso caminho aquele que lançasse o anátema ao outro – evidentemente estaria agindo sob a influência de maus Espíritos. A razão deve ser o argumento supremo, e a moderação será melhor para garantir o triunfo da verdade do que as críticas envenenadas pela inveja e pelo despeito. Os bons Espíritos só pregam a união e o amor ao próximo. Um pensamento maldoso ou contrário à caridade nunca pode vir de uma fonte pura. Para encerrar esse assunto, escutemos os conselhos do Espírito de Santo Agostinho:

"Durante muito tempo, os homens se dilaceraram uns aos outros e trocaram anátemas em nome de um Deus de paz e de misericórdia, e Deus é ofendido com tal sacrilégio. O Espiritismo é o laço que um dia unirá os homens, porque lhes mostrará onde está a verdade e onde está o erro. Mas por muito tempo ainda, escribas e fariseus o negarão, assim como negaram o Cristo. Quereis saber sob a influência de quais Espíritos estão as diversas seitas que dividem o mundo? Julgai por suas obras e seus princípios. Os bons Espíritos nunca instigaram ao mal; nunca aconselharam nem legitimaram o homicídio e a violência; nunca estimularam o ódio entre partidos nem a sede de riquezas e honras, tampouco a avidez de bens terrenos. Somente os que são bons, humanitários e benevolentes para com todos são os preferidos dos bons Espíritos, e também os preferidos de Jesus, pois trilham o caminho que este lhes mostrou para chegar até ele."

Apêndice da Editora
NOTA EXPLICATIVA

"Hoje creem e sua fé é inabalável, porque assentada na evidência e na demonstração, e porque satisfaz à razão. [...]. Tal é a fé dos espíritas, e a prova de sua força é que se esforçam por se tornarem melhores, domarem suas inclinações más e porem em prática as máximas do Cristo, olhando todos os homens como irmãos, sem acepção de raças, de castas, nem de seitas, perdoando aos seus inimigos, retribuindo o mal com o bem, a exemplo do divino modelo." (KARDEC, Allan. *Revista Espírita* de 1868. 1ª. ed. Rio de Janeiro: FEB, 2005. p. 28, janeiro de 1868.)"

A investigação rigorosamente racional e científica de fatos que revelavam a comunicação dos homens com os Espíritos, realizada por Allan Kardec, resultou na estruturação da Doutrina Espírita, sistematizada sob os aspectos científico, filosófico e religioso.

A partir de 1854 até seu falecimento, em 1869, seu trabalho foi constituído de cinco obras básicas: *O Livro dos Espíritos* (1857), *O Livro dos Médiuns* (1861), *O Evangelho segundo o Espiritismo* (1864), *O Céu e o Inferno* (1865), *A Gênese* (1868), além da obra *O Que é o Espiritismo* (1859), de uma série de opúsculos e 136 edições da *Revista Espírita* (de janeiro de 1858 a abril de 1869). Após sua morte, foi editado o livro *Obras Póstumas* (1890).

O estudo meticuloso e isento dessas obras permite-nos extrair conclusões básicas: a) todos os seres humanos são Espíritos imortais criados por Deus em igualdade de condições, sujeitos às mesmas leis naturais de progresso que levam todos, gradativamente, à perfeição; b) o progresso ocorre através de sucessivas experiências, em inúmeras reencarnações, vivenciando necessariamente todos os segmentos sociais, única forma de o Espírito acumular o aprendizado necessário ao seu desenvolvimento; c) no período entre as reencarnações o Espírito permanece no Mundo Espiritual, podendo comunicar-se com os homens; d) o progresso obedece às leis morais ensinadas e vivenciadas por Jesus, nosso guia e modelo, referência para todos os homens que desejam desenvolver-se de forma consciente e voluntária.

Em diversos pontos de sua obra, o Codificador se refere aos Espíritos encarnados em tribos incultas e selvagens, então existentes em algumas regiões do Planeta, e que, em contato com outros polos de civilização, vinham sofrendo inúmeras transformações, muitas com evidente benefício para os seus membros, decorrentes do progresso geral ao qual estão sujeitas todas as etnias, independentemente da coloração de sua pele.

Na época de Allan Kardec, as ideias frenológicas de Gall, e as da fisiognomonia de Lavater, eram aceitas por eminentes homens de Ciência, assim como provocou enorme agitação nos meios de comunicação e junto à intelectualidade e à população em geral, a publicação, em 1859 – dois anos depois do lançamento de *O Livro dos Espíritos* – do livro sobre a Evolução das Espécies, de Charles Darwin, com as naturais incorreções e incompreensões que toda ciência nova apresenta. Ademais, a crença de que os traços da fisionomia revelam o caráter da pessoa é muito antiga, pretendendo-se haver aparentes relações entre o físico e o aspecto moral.

O Codificador não concordava com diversos aspectos apresentados por essas assim chamadas ciências. Desse modo, procurou avaliar as conclusões desses eminentes pesquisadores à luz da revelação dos Espíritos, trazendo ao debate o elemento espiritual como fator decisivo no equacionamento das questões da diversidade e desigualdade humanas.

Allan Kardec encontrou, nos princípios da Doutrina Espírita, explicações que apontam para leis sábias e supremas, razão pela qual afirmou que o Espiritismo permite "resolver os milhares de problemas históricos, arqueológicos, antropológicos, teológicos, psicológicos, morais, sociais etc." (*Revista Espírita*, 1862, p. 401). De fato, as leis universais do amor, da caridade, da imortalidade da alma, da reencarnação, da evolução constituem novos parâmetros para a compreensão do desenvolvimento dos grupos humanos, nas diversas regiões do Orbe.

Essa compreensão das Leis Divinas permite a Allan Kardec afirmar que:

"O corpo deriva do corpo, mas o Espírito não procede do Espírito. Entre os descendentes das raças apenas há consanguinidade." (*O Livro dos Espíritos*, item 207, p. 176).

"[...] o Espiritismo, restituindo ao Espírito o seu verdadeiro papel na Criação, constatando a superioridade da inteligência sobre a matéria, faz com que desapareçam, naturalmente, todas as distinções estabelecidas entre os homens, conforme as vantagens corporais e mundanas, sobre as quais só o orgulho fundou as castas e os estúpidos preconceitos de cor."(*Revista Espírita*, 1861, p. 432.)

"Os privilégios de raças têm sua origem na abstração que os homens geralmente fazem do princípio espiritual, para considerar apenas o ser material exterior. Da força ou da fraqueza constitucional de uns, de uma diferença de cor em outros, do nascimento na opulência ou na miséria, da filiação consanguínea nobre ou plebeia, concluíram por uma superioridade ou uma inferioridade natural. Foi sobre este dado que estabeleceram suas leis sociais e os privilégios de raças. Deste ponto de vista circunscrito, são consequentes consigo mesmos, porquanto, não considerando senão a vida material, certas classes parecem pertencer, e realmente pertencem, a raças diferentes. Mas se se tomar seu ponto de vista do ser espiritual, do ser essencial e progressivo, numa palavra, do Espírito, preexistente e sobrevivente a tudo, cujo corpo não passa de um invólucro temporário, variando, como a roupa, de forma e de cor; se, além disso, do estudo dos seres espirituais ressalta a prova de que esses seres são de natureza e de origem idênticas, que seu destino é o mesmo, que todos partem do mesmo ponto e tendem para o mesmo objetivo; que a vida corporal não passa de um incidente, uma das fases da vida do Espírito, necessária ao seu adiantamento intelectual e moral; que em vista desse avanço o Espírito pode sucessivamente revestir envoltórios diversos, nascer em posições diferentes, chega-se à consequência capital da igualdade de natureza e, a partir daí, à igualdade dos direitos sociais de todas as criaturas humanas e à abolição dos privilégios de raças. Eis o que ensina o Espiritismo. Vós que negais a existência do Espírito para considerar apenas o homem corporal, a perpetuidade do ser inteligente para só encarar a vida presente, repudiais o único princípio sobre o qual é fundada, com razão, a igualdade de direitos que reclamais para vós mesmos e para os vossos semelhantes." (*Revista Espírita*, 1867, p. 231.)

"Com a reencarnação, desaparecem os preconceitos de raças e de castas, pois o mesmo Espírito pode tornar a nascer rico ou pobre, capitalista ou proletário, chefe ou subordinado, livre ou escravo, homem ou mulher. De todos os argumentos invocados contra a injustiça da servidão e da escravidão, contra a sujeição da mulher à lei do mais forte, nenhum há que prime, em lógica, ao fato material da reencarnação. Se, pois, a reencarnação funda numa lei da Natureza o princípio da fraternidade universal, também funda na mesma lei o da igualdade dos direitos sociais e, por conseguinte, o da liberdade. (*A Gênese*, cap. I, item 36, p. 42-43. Vide também *Revista Espírita*, 1867, p.373).

Na época, Allan Kardec sabia apenas o que vários autores contavam a respeito dos selvagens africanos, sempre reduzidos ao embrutecimento quase total, quando não escravizados impiedosamente.

É baseado nesses informes "científicos" da época que o Codificador repete, com outras palavras, o que os pesquisadores europeus descreviam quando de volta das viagens que faziam à África negra. Todavia, é peremptório ao abordar a questão do preconceito racial:

"Nós trabalhamos para dar a fé aos que em nada creem; para espalhar uma crença que os torna melhores uns para os outros, que lhes ensina a perdoar aos inimigos, a se olharem como irmãos, sem distinção de raça, casta, seita, cor, opinião política ou religiosa; numa palavra, uma crença que faz nascer o verdadeiro sentimento de caridade, de fraternidade e deveres sociais." (KARDEC,

Allan. *Revista Espírita* de 1863 – 1ª.ed. Rio de Janeiro: FEB, 2005. – janeiro de 1863.)

"O homem de bem é bom, humano e benevolente para com todos, sem distinção de raças, nem de crenças, porque em todos os homens vê irmãos seus." (*O Evangelho segundo o Espiritismo*, Cap. XVII, item 3, p. 348)

É importante compreender, também, que os textos publicados por Allan Kardec na Revista Espírita tinham por finalidade submeter à avaliação geral as comunicações recebidas dos Espíritos, bem como aferir a correspondência desses ensinos com teorias e sistemas de pensamento vigentes à época. Em Nota ao Capítulo XI, item 43, do livro *A Gênese*, o Codificador explica essa metodologia:

"Quando, na *Revista Espírita* de janeiro de 1862, publicamos um artigo sobre a "interpretação da doutrina dos anjos decaídos", apresentamos essa teoria como simples hipótese, sem outra autoridade afora a de uma opinião pessoal controversível, porque nos faltavam então elementos bastantes para uma afirmação peremptória. Expusemo-la a título de ensaio, tendo em vista provocar o exame da questão, decidido, porém, a abandoná-la ou modificá-la, se fosse preciso. Presentemente, essa teoria já passou pela prova do controle universal. Não só foi bem aceita pela maioria dos espíritas, como a mais racional e a mais concorde com a soberana justiça de Deus, mas também foi confirmada pela generalidade das instruções que os Espíritos deram sobre o assunto. O mesmo se verificou com a que concerne à origem da raça adâmica." (*A Gênese*, Cap. XI, item 43, Nota, p. 292.)

Por fim, urge reconhecer que o escopo principal da Doutrina Espírita reside no aperfeiçoamento moral do ser humano, motivo pelo qual as indagações e perquirições científicas e/ou filosóficas ocupam posição secundária, conquanto importantes, haja vista o seu caráter provisório decorrente do progresso e do aperfeiçoamento geral. Nesse sentido, é justa a advertência do Codificador:

"É verdade que esta e outras questões se afastam do ponto de vista moral, que é a meta essencial do Espiritismo. Eis por que seria um equívoco fazê-las objeto de preocupações constantes. Sabemos, aliás, no que respeita ao princípio das coisas, que os Espíritos, por não saberem tudo, só dizem o que sabem ou o que pensam saber. Mas como há pessoas que poderiam tirar da divergência desses sistemas uma indução contra a unidade do Espiritismo, precisamente porque são formulados pelos Espíritos, é útil poder comparar as razões pró e contra, no interesse da própria doutrina, e apoiar no assentimento da maioria o julgamento que se pode fazer do valor de certas comunicações." (*Revista Espírita*, 1862, p. 38.)

Feitas essas considerações, é lícito concluir que na Doutrina Espírita vigora o mais absoluto respeito à diversidade humana, cabendo ao Espírita o dever de cooperar para o progresso da Humanidade, exercendo a caridade no seu sentido mais abrangente ("benevolência para com todos, indulgência para as imperfeições dos outros e perdão das ofensas"), tal como a entendia Jesus, nosso Guia e Modelo, sem preconceitos de nenhuma espécie: de cor, etnia, sexo, crença ou condição econômica, social ou moral.

A Editora

Apêndice da Editora EME

ALLAN KARDEC

DENIZARD HIPPOLYTE LÉON RIVAIL

O CODIFICADOR

Allan Kardec nasceu em Lyon, França, em 3 de outubro de 1804; seus primeiros estudos foram realizados em sua terra natal. Dali, mudou-se para Yverdun, Suíça, onde realizaria estudos orientados pelo renomado educador Henri Pestalozzi, a quem viria substituir nas atividades letivas, posteriormente.

Aos 20 anos de idade, voltou à França, mais precisamente a Paris, onde traria a público sua primeira obra, um curso de aritmética para crianças, segundo Pestalozzi. Começou a lecionar em 1834, com exatos 30 anos, em Paris, e publicou mais de uma obra didática, vindo a tornar-se membro da Real Academia de Ciências Naturais. Essa marcante fase de sua formação tem muita influência sobre a obra religiosa de Kardec. Seus textos exalam uma clareza didática gerada pela atividade letiva e pelo aprofundamento nas questões da educação. A divulgação da Doutrina Espírita deve muito a essa limpidez retórica de seu codificador, que a capacitou a espalhar-se e penetrar as múltiplas camadas sociais.

Imagem em que se vê o prédio de quatro andares na Rua dos Mártires, n° 8 (fundos), em Paris; no segundo andar viveu o Codificador. Neste apartamento manifestou-se, pela primeira vez, o Espírito de Verdade.

Os primeiros contatos de Kardec com os fenômenos espirituais datam de 1852, devido à efervescente curiosidade social levantada por tais ocorrências nos Estados Unidos, Reino Unido e Alemanha. Depois iria testemunhar, através de amigos, os fenômenos conhecidos como as "mesas girantes", os quais despertariam o seu interesse e desconfiança.

Em 1854, participa de reuniões semanais realizadas na casa do Sr. Baudin, a convite deste. As médiuns eram as irmãs Caroline e Julie Baudin – os espíritos escreviam numa lousa sob a imposição dos dedos das meninas na borda de uma pequena cesta, que continha um lápis especialmente preso num dos cantos. As respostas, dadas com uma rapidez espantosa, eram redigidas no idioma em que a pergunta havia sido feita, e até as perguntas mentais eram respondidas. O pedagogo então compreendeu que deveria haver uma inteligência estranha produzindo aqueles fenômenos. Através da escrita mediúnica assim iniciada, aliada ao método científico empregado por Kardec na formulação e direcionamento das perguntas, nasceria uma duradoura e frutífera comunicação com o mundo espiritual; deste contato nasceriam as mais significativas obras do Codificador: *O Livro dos Espíritos*, 1857; *O que é o Espiritismo*, 1859; *O Livro dos Médiuns*, 1861; *O Evangelho segundo o Espiritismo*, 1864; *O Céu e o Inferno*, 1865; *A Gênese*, 1868.

Em janeiro de 1858 surge o primeiro número da *Revista Espírita*, periódico que viria a tornar-se um apoio fundamental às obras da Codificação. Kardec, incansável, manteria a publicação dessa revista até sua morte, redigindo a quase totalidade dos textos.

ALLAN KARDEC

Os estudos de Kardec foram iniciados em Lyon, França, e complementados em Yverdum, Suíça, sob a direção do célebre Professor Pestalozzi.

O Mestre teve uma sólida instrução, servida por uma robusta inteligência.

Conhecia o alemão, o inglês, o italiano, o espanhol, o holandês, o francês, e tinha grande cultura científica.

Publicou importantes trabalhos, tais como:

Plano para melhoramento da instrução pública – 1828

Curso Prático e Teórico de Aritmética – 1829

Gramática Francesa Clássica – 1831

Soluções Nacionais das Questões e Problemas de Aritmética e Geometria – entre 1832 e 1845

Manual dos exames para os títulos de capacidade – entre 1832 e 1845

Programa dos cursos usuais de Química, Física, Astronomia e Fisiologia – 1846

Catecismo Gramatical da língua francesa para os iniciantes do idioma – 1848

Ditados especiais sobre as dificuldades ortográficas. Pontos para exames

Ditados normais dos exames da municipalidade e da Sorbonne

Alguns o apresentam como doutor em Medicina, em razão de seu hábito de curar enfermos pelo hipnotismo e pela aplicação de passes magnéticos, porém, Kardec nunca se fez passar por médico.

Bacharelou-se, entretanto, em Ciências e Letras.

Fundou a *"Société Parisiènne des Études Spirites"*.

Carlos Imbassahy
(*A Missão de Allan Kardec*. 2ª edição, Federação Espírita do Paraná, Curitiba-PR, 1988)

Retrato Físico e Psicológico de Kardec

"Pessoalmente Allan Kardec era de estatura média. Compleição forte, com uma cabeça grande, redonda, maciça, feições bem marcadas, olhos pardos, claros, mais se assemelhando a um alemão do que a um francês. Enérgico e perseverante, mas de temperamento calmo, cauteloso e não imaginoso até a frieza, incrédulo por natureza e por educação, pensador seguro e lógico, e eminentemente prático no pensamento e na ação. Era igualmente emancipado do misticismo e do entusiasmo... Grave, lento no falar, modesto nas maneiras, embora não lhe faltasse uma certa calma e dignidade, resultante da seriedade e da segurança mental, que eram traços distintos de seu caráter. Nem provocava nem evitava a discussão mas nunca fazia voluntariamente observações sobre o assunto a que havia devotado toda a sua vida, recebia com afabilidade os inúmeros visitantes de toda parte do mundo que vinham conversar com ele a respeito dos pontos de vista nos quais o reconheciam um expoente, respondendo a perguntas e objeções, explanando as dificuldades, e dando informações a todos os investigadores sérios, com os quais falava com liberdade e animação, de rosto ocasionalmente iluminado por um sorriso genial e agradável, conquanto tal fosse a sua habitual seriedade de conduta que nunca se lhe ouvia uma gargalhada. Entre as milhares de pessoas por quem era visitado, estavam inúmeras pessoas de alta posição social, literária, artística e científica. O imperador Napoleão III, cujo interesse pelos fenômenos espíritas não era mistério para ninguém, procurou-o várias vezes e teve longas palestras com ele nas Tuileries, sobre a doutrina de *O Livro dos Espíritos*."

Anna Blackwell, *senhora inglesa que traduziu para o inglês vários livros de Kardec, conheceu o Codificador em Paris, e fez a descrição do retrato do codificador que foi publicado no livro* História do Espiritismo, *de autoria de Conan Doyle.*

A COMPANHEIRA

Em 1831, o então professor e escritor de pedagogia Denizard Hippolyte Léon Rivail conhece Amèlie-Gabrielle Boudet, jovem professora, também ela uma autora de livros (*Contos primaveris*, 1825; *Noções de desenho*, 1826; *O essencial em Belas Artes*, 1828). De estatura média e bela aparência, olhos serenos, a senhorita Boudet era leitora e admiradora do professor Denizard Rivail; quando conheceu Kardec, tinha 36 anos de idade. Numa época em que poucas mulheres dedicavam-se ao estudo, a futura Madame Kardec era uma mulher culta, com uma formação especial. Ela seria a companheira dos percalços e alegrias do Codificador até o fim de seus dias – e depois.

Com a palavra, Kardec: "(...) *minha mulher* (...) *aderiu plenamente aos meus intentos e me secundou na minha laboriosa tarefa, como o faz ainda, através de um trabalho frequentemente acima de suas forças, sacrificando, sem pesar, os prazeres e as distrações do mundo aos quais sua posição de família a havia habituado*".

Na imagem acima, vemos Amèlie com 87 anos, em 1882, um ano antes de seu desencarne, a 21 de janeiro de 1883; seus despojos mortais encontram-se no mesmo dólmen-sepulcro do esposo.

UM DÓLMEN NO *PÈRE LACHAISE*

Um dos portões de entrada do Père Lachaise

O famoso cemitério de Paris, *Père Lachaise*, abriga túmulos de grandes personalidades das mais diversas áreas, e campas ornadas por esculturas de artistas mundialmente renomados. Entre essas sepulturas, há uma que tem a forma de um dólmen, a tumba dos antigos gauleses e dos druidas, seus sacerdotes. A simplicidade de suas linhas, apenas três esteios de granito, sobre o quais se apoia uma laje em forma de mesa, ligeiramente inclinada para trás "fala aos olhos e à alma a linguagem dos séculos desaparecidos, evocando a lembrança das antigas gerações que consagraram por seu culto e suas sepulturas as crenças reencontradas no Espiritismo moderno"[1]. Nela estão, desde 29 de março de 1870, os despojos mortais de Denizard Hippolyte Léon Rivail, mais conhecido por seu pseudônimo gaulês Allan Kardec.

Dólmen druídico

---

(1) THIESEN, Francisco e WANTUIL, Zêus. **Allan Kardec, pesquisa bibliográfica e ensaios de interpretação**. (Volume III.) Rio de Janeiro, FEB, 1980.

O Presente, a Caridade, o Brasil

"Nascer, morrer, renascer novamente e progredir sem cessar: esta é a lei."
Allan Kardec

Hoje, vemos uma senhora deixar um buquê de rosas vermelhas aos pés do sepulcro do mestre. Dólmen, funcionando como símbolo da crença na pluralidade de existências, o túmulo de Kardec é um dos mais visitados do cemitério parisiense Père-Lachaise. Grande é o número de brasileiros que afluem a esse local, como a distinta senhora que mencionamos acima. A despeito de ter nascido na França, foi no Brasil que o Espiritismo encontrou sua mais calorosa e enraizada aceitação – o Brasil é considerado o maior país espírita do mundo. Como o Espiritismo não mantém altares, não pratica cultos, não tem sacerdotes ou rituais, o dólmen onde jaz o corpo material de Kardec sobrevive apenas como a perpetuação da memória de um momento marcante na história dessa nascente doutrina. Ainda na infância em relação a outras religiões, mesmo que seu conteúdo e estudo remontem a manifestações extrassensoriais e de paranormalidade vindas da alta Antiguidade – a referência mais antiga consta do Velho Testamento, a materialização de Samuel a Saul (I Sam 28:7-19) –, a doutrina espírita está fundada em valores que dialogam com ideia de carma (ou causalidade moral no destino dos homens) e com os ideais iluministas e positivistas de fraternidade e evolução histórica, sucessivamente. Prega a existência de um Deus que é inteligência responsável pela criação e manutenção do universo; a existência da alma ou espírito, envolvido pelo perispírito – em que se perpetua a memória e a identidade individuais. Seu eixo central é a crença de que somente uma caridade aplicada ao trato diário entre os homens pode levá-los à salvação (ou à perfeição moral).

Com base notadamente nesse último item é que se desenvolveu a tradição espírita no Brasil, onde um povo de natureza simpática e benevolente adaptou e aprofundou conceitos, assim como colocou em prática o ideal da caridade. Além do grande trabalho de divulgação, as organizações espíritas brasileiras realizam um amplo trabalho de assistência social e fraternidade humana, com manutenção de asilos e outras instituições – fato propiciado, além do abraçamento ideológico da fraternidade e da fé na sobrevivência da alma, também pela condição de exclusão e marginalização social, frutos da pobreza que nosso país periférico vem enfrentando há séculos.

Também chamado de *kardecismo* no Brasil, em homenagem ao codificador e para marcar uma especialidade em relação a outras doutrinas espiritualistas, o Espiritismo no Brasil teve seu início em Salvador-BA, em 1865. A partir de 1877 foram fundadas as primeiras comunidades espíritas (Congregação Anjo Ismael, Grupo Espírita Caridade e Grupo Espírita Fraternidade). A mais antiga publicação espírita brasileira, *O Reformador,* data de 1883. No ano seguinte foi fundada, por Augusto Elias da Silva, a Federação Espírita Brasileira, instituição que pretendia dar um caráter unificador ao Espiritismo brasileiro, e que alcançou grande projeção na gestão do famoso médico Adolfo Bezerra de Menezes, conhecido como *o médico dos pobres*. Com forte tradição de prática e publicações mediúnicas, entre os principais médiuns brasileiros destaca-se a figura de Francisco Cândido Xavier, autor de centenas de obras em estilos e registros, discursos dos mais variados, sempre tendo como pano de fundo o princípio da caridade como móbile da progressão sucessiva dos Espíritos.

Tríplice Aspecto do Espiritismo

Disse o Espírito de Verdade a Kardec:

"A tua tarefa consiste em revolver e reformar o mundo inteiro".

Uma Doutrina visando toda a humanidade, deveria ser posta de tal forma que satisfizesse os aspectos científico, filosófico e religioso da mente humana.

Aspecto científico: *A FÉ INABALÁVEL É SOMENTE AQUELA QUE CONSEGUE ENCARAR A RAZÃO FACE A FACE, EM TODAS AS ÉPOCAS DA HUMANIDADE.*

Aspecto filosófico: *NASCER, VIVER, MORRER, RENASCER, PROGREDIR SEMPRE. TAL É A LEI.*

Aspecto religioso: *FORA DA CARIDADE, NÃO HÁ SALVAÇÃO.*

Disse Emmanuel:

"Podemos tomar o Espiritismo, simbolizando, deste modo, com um triângulo de forças espirituais.

A ciência e a filosofia, vinculam à Terra essa figura simbólica, porém a religião é o ângulo divino que a liga ao Céu.

No seu aspecto científico e filosófico, a Doutrina Espírita será sempre um campo nobre de investigações humanas, como outros movimentos coletivos de natureza intelectual, que visam ao aperfeiçoamento da humanidade.

No aspecto religioso, todavia, repousa a sua grandeza divina, por constituir a restauração do Evangelho de Jesus Cristo, estabelecendo a renovação definitiva do homem, para a grandeza de seu imenso futuro espiritual.

Disse Rubens Romanelli:

"O Espiritismo é uma luz branca, que sendo filtrada pela mente de um cientista, apresenta-se como a ciência das ciências; pela mente de um filósofo, como a filosofia das filosofias; e pela mente de um religioso, como a religião das religiões."

O Mestre e o Apóstolo

Luminosa coerência entre o Cristo e o Apóstolo que lhe restaurou a palavra:

Jesus, o Mestre.
Kardec, o Professor.

Jesus refere-se a Deus, junto da fé sem obras.
Kardec fala de Deus, rente às obras sem fé.

Jesus é combatido, desde a primeira hora do Evangelho, pelos que se acomodam na sombra.
Kardec é impugnado desde o primeiro dia do Espiritismo, pelos que fogem da luz.

Jesus caminha sem convenções.
Kardec age sem preconceitos.

Jesus exige coragem de atitudes.
Kardec reclama independência mental.

Jesus convida ao amor.
Kardec impele à caridade.

Jesus consola a multidão.
Kardec esclarece o povo.

Jesus acorda o sentimento.
Kardec desperta a razão.

Jesus constrói.
Kardec consolida.

Jesus revela.
Kardec descortina.

Jesus propõe.
Kardec expõe.

Jesus lança as bases do Cristianismo, entre fenômenos mediúnicos.
Kardec recebe os princípios da Doutrina Espírita, através da mediunidade.

Jesus afirma que é preciso nascer de novo.
Kardec explica a reencarnação.

Jesus reporta-se a *outras moradas*.
Kardec menciona *outros mundos*.

Jesus espera que a verdade emancipe os homens.
Ensina que a justiça atribui a cada um pelas próprias obras e anuncia que o Criador será adorado, na Terra, em espírito.
Kardec esculpe na consciência as leis do Universo.

Em suma, diante do acesso aos mais altos valores da vida, *Jesus* e *Kardec* estão perfeitamente conjugados pela Sabedoria Divina.
Jesus, a porta. Kardec, a chave.

Emmanuel **(Chico Xavier)** (*Opinião Espírita* – CEC)

Prece

DE CÁRITAS

Deus, nosso Pai, que sois todo Poder e Bondade, dai a força àqueles que passam pela provação, dai a luz àquele que procura a verdade, ponde no coração do homem a compaixão e a caridade.

Deus! Dai ao viajor a estrela-guia, ao aflito a consolação, ao doente o repouso.

Pai! Dai ao culpado o arrependimento, ao Espírito a verdade, à criança o guia, ao órfão o pai.

Senhor! Que vossa bondade se estenda sobre tudo que criastes.

Piedade, Senhor, para aqueles que vos não conhecem, esperança para aqueles que sofrem.

Que a vossa bondade permita aos Espíritos consoladores derramarem por toda parte a paz, a esperança e a fé.

Deus! Um raio, uma faísca do vosso amor pode abrasar a Terra; deixai-nos beber nas fontes dessa bondade fecunda e infinita, e todas as lágrimas secarão, todas as dores se acalmarão.

Um só coração, um só pensamento subirá até vós, como um grito de reconhecimento e de amor.

Como Moisés sobre a montanha, nós vos esperamos com os braços abertos, oh! Bondade, oh! Beleza, oh! Perfeição, e queremos de alguma sorte merecer a vossa misericórdia.

Deus! dai-nos a força de ajudar o progresso a fim de subirmos até vós; dai-nos a caridade pura, dai-nos a fé e a razão; dai-nos a simplicidade que fará das nossas almas o espelho onde se refletirá a Vossa Imagem.

Cáritas
(Oração recebida na noite de Natal, 25/12/1873, pela médium Madame W. Krell, num círculo espírita denominado "Grupo Comera" de Bordeaux, França)